Bernd Wagner

Die letzten Europäer

Bernd Wagner

Die letzten Europäer

Sieben Studien

edition buchhaus loschwitz

Für Klaus Lötsch

Impressum

Friedrich-Wieck-Straße 6, 01326 Dresden
www.kulturhaus-loschwitz.de

Satz und Gestaltung: werksatz dresden

ISBN 978-3-9825562-8-4

1

Die Wiege

In Paris flammen 1881 auf Betätigung eines Schalters
10 000 Kohlefadenlampen auf.
Im gleichen Jahr wird in Deutschland der erste
Ortsfernsprecherverkehr eröffnet.
1882 entdeckt Robert Koch den Tuberkelbazillus und
wird in Bayreuth das Bühnenweihespiel »Parsival« von
Richard Wagner uraufgeführt.
In Lichterfelde, am Stadtrand von Berlin, wird
versuchsweise die erste »Elektrische« eingeführt.
1883 erfindet Hiram Stevens Maxim das Maschinengewehr.
Carl Benz stellt der Öffentlichkeit 1885 seinen dreirädrigen
Kraftwagen und Gottlieb Daimler sein Kraftrad vor.
Theodor Fontanes »Irrungen, Wirrungen« erscheinen 1887.
Der Schauspieler, Schriftsteller und Maler
Albert Paris Gütersloh erblickt als Albert Conrad
Kiehtreiber in Wien das Licht der Welt.
1888 geht als »Drei-Kaiser-Jahr« in die deutsche Geschichte
ein. Nach dem Tod des »greisen Kaisers« Wilhelm I.
und des »weisen Kaisers« Friedrich III. besteigt
der »Reisekaiser« Wilhelm II. den Thron.
Nietzsche wird wahnsinnig, und van Gogh beginnt,
seine Hauptwerke in Arles zu malen.
Georg Eastman erfindet den Rollfilm-Apparat.

1889 entsteht der erste Wolkenkratzer in New York.
Auf der in Paris stattfindenden Weltausstellung wird der Eiffelturm eingeweiht.
Mit der Entlassung von Reichskanzler Bismarck durch den Reisekaiser endet im Jahr 1890 eine Epoche. Deutschland erhält Helgoland im Tausch gegen Sansibar.
1891 entsteht Frank Wedekinds *Frühlings Erwachen,* und 1892 wird eine öffentliche Aufführung von Gerhart Hauptmanns »Umsturzdrama« »Die Weber« polizeilich verhindert.
1894 wird Jürgen von der Wense in Ortelsburg/Ostpreußen geboren.
Wilhelm Röntgen entdeckt 1895 die nach ihm benannte Strahlung. Zwei Brüderpaare, die Lumieres in Paris und die Skladanowskys in Berlin, veranstalten erste Filmvorführungen.
Sigmund Freud veröffentlicht seine »Studien über Hysterie«.
1896 finden die ersten Olympischen Spiele der Neuzeit in Athen statt.
Marie Curie-Sklodowska entdeckt 1898 das radioaktive Element Radium im Uran.
1899 erwirbt Deutschland von Spanien die Karolinen-, Marianen- und Palau-Inseln.
An einem Augusttag 1900 wird Margret Boveri in Würzburg geboren.
1901 stirbt Königin Viktoria von Großbritannien.
Thomas Manns »Buddenbrooks« erscheinen.
In Kiel wird 1902 der preußischen Offiziersfamilie von Salomon der Sohn Ernst geschenkt.

Zwei weiteren Brüdern, den Amerikanern Orwille
und Wilbur Wright, gelingt 1903 der erste Flug mit
einem Motorflugzeug.
1904 beginnt mit dem Überfall japanischer Torpedoboote
auf Port Arthur der Russisch-Japanische Krieg.
*Im westfälischen Süchteln wird Frau Thelen von ihrem
ältesten Sohn Albert entbunden.*
Nach seiner Kriegsniederlage erschüttert Rußland im
Jahr 1905 eine erste Revolution. Der Zar stimmt
der Einberufung einer von allen Bevölkerungsteilen
gewählten Duma zu.
Die »Spezielle Relativitätstheorie« von Albert Einstein
erscheint.
In Dresden wird der Künstlerbund »Die Brücke« gegründet.
1906 veröffentlicht Rainer Maria Rilke sein populärstes
Jugendwerk »Die Weise von Liebe und Tod des Cornets
Christoph Rilke«.
1907 entwickelt Thomas Alva Edison das
Betongußverfahren.
*Im Kreise seiner jüdischen Familie erblickt Friedrich Torberg
1908 in Wien das Licht der Welt.*
Robert Walser veröffentlicht seinen Roman »Jakob
von Gunten«.
Frankreich, Großbritannien und das Zarenreich schließen
sich 1909 zur Triple-Entente zusammen.
Ab 1910 erscheint die expressionistische Zeitschrift
»Der Sturm«, herausgegeben von Herwarth Walden.
Erster Balkankrieg im Jahr 1912.

Rudolf Steiner gründet die »Anthroposophische Gesellschaft«.
Gottfried Benn publiziert »Morgue und andere Gedichte«.
Am 28. Juni 1914 werden in Sarajewo der österreichische Thronfolger Franz Ferdinand und seine Gattin durch Schüsse des serbischen Studenten Gavrilo Princip getötet.
Der Erste Weltkrieg beginnt.

Wenn sich in unseren Städten Anzeichen architektonischer Schönheit erhalten haben, so sind sie selten weniger als hundert Jahre alt. Die jüngsten tragen Jahreszahlen wie 1899 oder 1907 auf ihren Stirnen und zeugen von einer Zeit, die, obwohl sie das Bild der europäischen Welt wie keine andere geprägt hat, zum großen Teil unserem Bewußtsein entschwunden ist. Wenn wir in eine Allee mächtiger Platanen treten, an einer hohen Zypresse emporschauen oder vom Heuduft eines alten japanischen Schnurbaums betäubt werden, so können wir davon ausgehen, daß sie in eben dieser Zeit gepflanzt wurden, in einer Epoche, in der der Norden den Süden, Westen und Osten bei sich willkommen hieß. Wenn abends die Straßenlaternen aufleuchten, wenn wir in ein Kino gehen, wenn wir die Toilettenspülung betätigen oder heißes Wasser in eine Wanne fließen lassen, wenn wir per Telefon ein Taxi bestellen und uns von diesem zu einem Bahnhof oder Flughafen bringen lassen, um zu einer Urlaubs- oder Geschäftsreise aufzubrechen, so nutzen wir in jedem dieser Fälle Erfindungen aus der Zeit um die vorletzte Jahrhundertwende.

Und trotzdem, so behaupte ich, ist sie die unbekannteste Epoche unserer jüngeren Vergangenheit. Von allen anderen haben wir ein klares, wenn auch meist schematisches Bild, zu dem sich einprägsame Namen überliefert haben: die Gründerzeit, die Jahre des Ersten Weltkriegs und der Revolutionswirren, die aus welchen Gründen auch immer »golden« genannten Zwanziger Jahre, das Dritte Reich, die Wirtschaftswunderzeit. Die Dezennien aber an der Schwelle zum zwanzigsten Jahrhundert bleiben zumindest im deutschen Bewußtsein relativ blaß und tragen, anders als in Frankreich, wo sie als die »Belle Epoque« erinnert werden, mit dem Begriff »Wilhelminismus« ein wenig anziehendes Etikett. Ist es möglich, daß sich die Verdrängung in Deutschland vom Bereich des Bösen auf das des »Schönen« verlagert hat? Die Erinnerungsarbeit der Menschen zumindest hat sich gewandelt: von der Verklärung der »guten alten Zeit«, für die das Kaiserreich ein letztes Beispiel lieferte, hin zu einer fundamentalen Kritik alles Vergangenen als der jeweiligen Inkarnation des Verfehlten, Verirrten, ja Verbrecherischen. Doch abgesehen davon, daß sie die Vorstufe zum Ersten Weltkrieg abgaben, eignen sich das »Fin de siecle« und der Beginn des neuen Jahrhunderts auch in dieser Hinsicht nicht als Projektionsfläche.

Bemerkenswert an ihnen ist, daß sie schon von ihren Zeitgenossen als seltsam unbestimmt und konturlos empfunden wurde. Egon Friedell, der vor allem von dieser Epoche geprägt wurde, verglich sie mit den Lücken, die Goethe zwischen den einzelnen Farben seines Spektrums konstatierte. Eine Zwischenzeit also, die von den unterschiedlichsten, häufig einander widerstrebenden Tendenzen gezeichnet wurde. Ein »Abschluß der Neuzeit«, wie sie von einigen Beobachtern nicht erst im Nachhinein charakterisiert wurde, und zugleich das

Sprungbrett in ein neues Zeitalter, für das bis heute noch kein gültiger Begriff gefunden wurde.

So ist es kein Wunder, daß die in dieser Zeit geborenen Männer und Frauen schon bald als eine »Zwischengeneration« angesehen wurden, flankiert von den Gründervätern der Moderne, von Proust bis zu Musil und Thomas Mann einerseits und den Kriegs- und Nachkriegskindern andererseits. Doch wie es Zwischengenerationen oft an sich haben, sollte sie eine Zeitenwende am deutlichsten verkörpern. Denn wer kam außer den uns besonders interessierenden Autoren in ihr noch alles zu Welt:

Karl Jaspers 1883 · Franz Kafka 1883 · Ludwig Wittgenstein 1892 · Martin Heidegger 1889 Walter Benjamin 1892 · Hans Fallada 1893 Hanns Henny Jahnn 1894 · Ernst Jünger 1895 Bertolt Brecht 1898 · Erich Maria Remarque 1898 Elias Canetti 1905 · Hannah Arendt 1906

Und werfen wir einen Blick über die deutschen Sprachgrenzen hinaus, so können wir hinzufügen:

James Joyce 1882 · Ezra Pound 1885 · Fernando Pessoa 1888 · Anna Achmatowa 1889 · Ossip Mandelstam 1891 · Louise-Ferdinand Celine 1894 Witold Gombrowicz 1904 · Samuel Beckett 1906

Eine Explosion von Genie, die dem Europa des 20. Jahrhunderts sein geistiges Gepräge geben wird. Und nicht nur dies: die sogenannte »Zwischengeneration« ist diejenige, die dieses Saeculum in seiner ganzen furchterregenden Breite und Tiefe durchmessen hat; im deutschen Fall von der Kindheit im Kaiserreich über den Ersten Weltkrieg, Revolution, Inflation und Weimarer Republik, über Naziherrschaft und Zweiten Weltkrieg bis hin zum Nachkriegsleben in der Bundesrepublik oder Österreich – in der DDR hat sich keiner der Protagonisten unserer Erzählung angesiedelt.

Warum aber habe ich gerade diese sechs wenig bekannten Individuen ausgewählt, um sie einem nur mäßig interessierten Publikum nahezubringen? Nun, eben weil sie so unbekannt sind und uns fremde, bisher im Dunkel oder Zwielicht gelegene Territorien menschlichen Lebens erschließen können. Je höher der Bekanntheitsgrad ist, desto ausgeleuchteter sind Werk und Leben eines Autors, desto abgenutzter auch durch den permanenten Zugriff seiner zahllosen Interpreten und Konsumenten. Bei denen aber, die vor allem in Antiquariaten überleben, sind noch persönliche Entdeckungen möglich, kann man, ungelenkt vom öffentlichen Bewußtsein, ein eigenes Bild von ihnen gewinnen und es in seinem Seelen- und Geisteshaushalt integrieren. Besonders wenn sie sich als so scharfumrissene Persönlichkeiten herausstellen wie in den vorliegenden Fällen. Daß sie nicht so überdeutlich wie andere ins Licht der Öffentlichkeit traten oder sich dort nicht behaupteten, hängt ja mit ihrer Unfähigkeit zusammen, ihre individuelle Entwicklung den Ansprüchen einer Allgemeinheit zu opfern, die, so sehr sie diese Ansprüche auch wechselt, immer ein gewisses Entgegenkommen verlangt. Dazu kommt ein weiteres Unvermögen, das nämlich, sich einer anderen Forderung der »Neuestzeit« zu beugen, der nach dem Spezialistentum. Wer in der Rangliste des öffentlichen, und das heißt inzwischen medialen, Bewußtseins, ganz nach oben klettern will, hat sich als eine leicht identifizierbare Größe mit genau so leicht wiederzuerkennenden Produkten zu präsentieren. Dazu war aber keiner der hier versammelten Autoren bereit. Wenn wir eine Liste der Berufe und Passionen erstellten, denen diese so eigenartigen wie widerborstigen Individuen sich neben ihrem Schreiben noch hingaben, so kämen wir auf Schauspieler und Übersetzer, Erfinder, Kunstmaler und Teppichweber, Fotograf, Sprachwissenschaftler, Ethnologe, Meteorologe.

Damit gehörten sie einer aussterbenden Spezies an, waren auch in dieser Hinsicht »letzte Europäer«, als sie ein letztes Mal das von den Hellenen übernommene Ideal des Antibanausentums zu verkörpern suchten. Das wäre kaum denkbar, wenn ihre Geister nicht von der altehrwürdigen Institution des »gymnaseions« geprägt worden wären, daß zwar damals schon rechtschaffen gehaßt und durch neuere Schulmodelle in Frage gestellt wurde, von denen aber immer noch Friedells Satz galt, sein Wert zeige sich nicht an seinen Absolventen, sondern an denen, die es nicht absolviert haben. Es nicht absolviert zu haben, bedeutete, nicht in den alten Sprachen, auf denen die europäische Kultur beruht, nicht in Latein, Griechisch und Hebräisch unterrichtet zu sein, nicht zumindest zwei moderne Fremdsprachen, zumeist Französisch und Englisch erlernt zu haben, nicht mit den natur- und geisteswissenschaftlichen Grundlagen unserer Zivilisation vertraut zu sein. Diejenigen, die die Gymnasien der Jahrhundertwende durchlaufen hatten, waren es in der Regel. Und sie fanden ein Europa vor, dessen nationale und regionale Eigenarten noch ausgeprägt und die Grenzen durchlässig genug waren, um seine ganze Vielfalt wahrnehmen zu können. Die Menschen, von denen hier die Rede sein wird, wußten das zu nutzen. Nicht immer freiwillig, aber doch sehr bewußt haben sie einen großen Teil ihrer Lebenszeit in Spanien und Portugal, Frankreich, Norwegen, Großbritannien oder Amerika verbracht.

Die Startbahn dafür oder, um es dem Zeitalter gemäßer auszudrücken, die Wiege waren die beiden deutschen Reiche, die Seite an Seite mit ihren europäischen Nachbarn dem Untergang entgegengingen und dabei eine betörende Spätblüte erlebten. Da jeder Mensch auch von der Atmosphäre, in die er hineingeboren und in der er aufgewachsen ist, geprägt wird, von den ihn umgebenden Geräuschen, Gerüchen und Bildern, von der ganzen Fülle des als Kind wahrgenommen Lebens, wollen wir den Versuch wagen, sie zu verlebendigen.

Die Jahre, von denen wir sprechen, gehörten der längsten Friedensperiode an, die Europa bis dahin erlebt hatte. Uns, die nichts anderes als den Nichtkrieg kennen, mag der Frieden eine Selbstverständlichkeit sein, er ist es aber nicht. Kriege, Schlachten, Feldzüge, die verwüstete Landschaften, zerstörte Städte und geplünderte Dörfer hinterließen, gehörten zu den Erfahrungen, die keiner Generation erspart wurden, auch wenn sie selten die Dimensionen des 20. Jahrhunderts erreichten. Doch auch der »totale« Krieg war den Menschen nicht unbekannt und in Gestalt des Dreißigjährigen Krieges tief in ihr Gedächtnis eingebrannt.

Um so höher schlugen die Herzen, als nach dem vorläufig letzten Deutsch-Französischen Krieg die Waffen für immer schweigen zu wollen schienen, zumal in den deutschen Ländern, denen sie mit dem Sieg die lange ersehnte staatliche Einheit gebracht hatte. Zwar war es eine andere Einheit als die von den 48er Revolutionären angestrebte und eine andere staatliche Ordnung, nämlich die unter preußischer Vorherrschaft, doch die große Bevölkerungsmehrheit ließ sich willig von dem neuen, mit Bismarcks Namen verknüpften Aufschwung emportragen. Dies um so mehr, als er mit einer beispiellos rasanten Entwicklung von Naturwissenschaften und Technik in ganz Europa einherging, die seinem Leben ein völlig neues Gesicht gaben. Es erhielt eine Dynamik, die bis dahin unbekannt war. Mit den bald den gesamten Kontinent durchkreuzenden Eisenbahnen konnte man Reisen in Stunden absolvieren, für die man früher Tage brauchte. Die Entfernungen schrumpften, ja wurden zu nichts, seit Graham Bell die Erfindung des Telephons so perfektioniert hatte, daß man sich nicht mehr nur singend, wie bei den Apparaten des Philipp Reis aus Gelnhausen, sondern sprechend verständigen konnte. Diese Zeit kannte keine poetischen Rücksichten und schritt erbarmungslos weiter. Lebten Anfang des Jahrhunderts noch zwei Drittel der deutschen Bevölkerung auf dem Lande, so war es an seinem Ende nur noch eins. Berlin, die Metropole des neuen Reiches, verzehnfachte in diesem Zeitraum seine Bevölkerung auf vier Millionen, eine Marke, die wir erst jetzt wieder im Begriff sind zu erreichen. Die Städte wuchsen ins Ungeheure, umgeben von qualmenden Fabrikanlagen, sie ballten sich zu Ruhr- und Saargebieten zusammen, zu oberschlesischen und sächsischen Industrierevieren.

Wir kennen Nietzsches Bannflüche über den Barbarismus dieser Zeit, Raabes bitteres Lachen über ihren Materialismus;

aber wir sollten auch dem Satz Joachim Fernaus von dem »perikleischen Zeitalter« Deutschlands einiges Nachdenken gönnen. Gewiß, er betrachtete diese Epoche durch die Brille eines Nachgeborenen, der inzwischen ganz andere Barbareien erlebt hatte. Und gewiß kann auch dieser Vergleich ein leichtes Hinken nicht verbergen: Weder das Frankreich Napoleons des Ersten noch des Dritten konnte es mit dem Despotismus der Perser aufnehmen und die ähnlich wie die Hellenen in staatlicher Zersplitterung lebenden Deutschen nicht mit deren kulturellem Potential. Doch auffällig ist, daß nicht nur in dem siegreichen Deutschland, sondern in halb Europa eine ökonomische und kulturelle Hochblüte einsetzte, wie sie bisher, in ebenso wenig Jahrzehnten und ähnlicher Pracht, nur das attische Hellas unter Perikles erlebt hatte – bevor beide in mörderischen Bruderkriegen untergingen.

Um die Dimension ermessen zu können, welche sozialen und geistigen Eruptionen der Kontinent durchlebte, bevor die Granaten explodierten, sei als ein weiterer Vergleich der mit der folgenden Jahrhundertwende gestattet, die zugleich eine Jahrtausendwende war. Als 1989 die Sowjetherrschaft kollabierte, setzte ein Prozeß ein, der uns bis heute in Atem hält. In Deutschland ist man nicht zu Unrecht stolz darauf, wie in den östlichen Gebieten der Verfall der Städte gestoppt werden konnte, sie ihr altes farbiges Gesicht zurückerhielten, denen sich der neue Glanz von Stahl, Beton und Glas hinzugesellte. Was aber ist das im Vergleich zu ihrer völligen Verwandlung vor hundert Jahren, als ihre Einwohnerschaft nicht schrumpfte, sondern sich verdoppelte und verdreifachte? Was haben wir in der Zeit von 1990 bis 2014 den geistigen Eroberungen von 1890 bis 1914 entgegenzusetzen, die, um sich auf künstlerisches Terrain zu beschränken, den Wandel von Realismus und Impressionismus zu Naturalismus, Symbolismus und Expressionismus brachten? Das einzige Wort, das dafür in Frage kommt, lautet »Digitalisierung«, und was sie an Bereicherung in unseren intellektuellen und seelischen Haushalt einzubringen vermag, ist sehr zweifelhaft.

Die Mitgift, die unsere Großväter und -mütter vom Zeitalter ihrer Geburt erhielten, war eine ungleich reichere. Bleiben wir beim Bild der europäischen Stadt, so haben wir nichts weniger als ihre zweite Schöpfung zu bewundern. Bis tief ins 19. Jahrhundert hinein hatte sie ihren vom Mittelalter geprägten Charakter kaum verändert als eine erweiterte Burg- oder Marktsiedlung, häufig noch von einem Mauerring, Stadtgraben, Gärten, seltener von Vorstädten umgeben. Mit dem, was wir »industrielle Revolution« nennen, sprengte sie aber diese Fesseln und wuchs maßlos in die Breite und in den neuen Quartieren zu vorerst doppelter Höhe an. Die an der bisherigen Peripherie gelegenen Bahnhöfe, auch in kleineren Städten bald die Wahrzeichen dieser Entwicklung, bildeten neue Zentren, die mit den alten zusammenwuchsen und Ausgangspunkt eines ganzen Rings neuer Viertel wurden. In ihnen nahm das Stadtleben die Formen an, die noch heute sichtbar sind. Großzügige Kanalisation, Elektrifizierung, Gasanschluß, Pferde- und später Trambahnen, in den Metropolen unter- und überirdische Stadtbahnen waren die Errungenschaften dieser Zeit. Jedes Quartier bekam einen meist opulenten Kirchenbau, nicht weniger gewaltige Mädchen- und Knabenschulen, häufig Volks- und Bürgerparks mit Springbrunnen, Skulpturengruppen und Rosengärten, erhielt seine repräsentativen Verwaltungsgebäude,

Krankenhäuser, Markthallen und Hallenbäder im römischen oder orientalischen Stil.

Bekanntlich waren dies nicht die einzigen im Kaiserreich präsenten Stilrichtungen; im Grunde gab es keinen von Menschen jemals kreierten Baustil, der nicht aufgegriffen und paraphrasiert wurde: von Romanik, Gotik, Renaissance bis zu Barock und Klassizismus, von der chinesischen bis zur ägyptischen Architektur, vom alpenländischen bis zum niederdeutschen Bauernhaus. Diesem »Historismus« haftete von Beginn an der Geruch des Unechten, Willkürlichen, der parvenühaften Imitation an. Aber nach den Kahlschlägen des 20. Jahrhunderts und durch Restauration vom Ruß der Geschichte befreit umgibt diese Bauten heute wieder eine solche Aura von Solidität und Glanz, daß backsteingotische Kasernen zu begehrten Wohnobjekten, neoromanische Gefängnisse und Fabriken zu Kulturzentren werden.

Nicht nur sein Baustil, das gesamte Zeitalter war ein »historisierendes«. Die neureichen Fabrikanten, Bankiers, Staatsbeamten empfanden sich nicht nur als »Gründer«, sondern, getragen von den Schwingen des immer rasanter werdenden »Fortschritts«, als Vollender alles bisherigen Weltgeschehens. Vom Gipfel eines Allmachtsbewußtseins, das von der Herrschaft über bisher unbekannte technische und ökonomische Potenzen gespeist wurde, betrachtete man die Geschichte als lehrreiches Exempel, als Vorstufe und Fundus der glorreichen Gegenwart. Sie wurde nicht nur imitiert, ihr Auftrag wurde erfüllt, indem man etwa den gotischen Domen, voran dem Kölner und Ulmer, endlich ihre lange entbehrten Türme gab. Sie konnte in neuen »historischen« Museen besichtigt werden, wurde in alten und neuen Stadttheatern nachgespielt, sie füllte die Goldschnittbände der Geschichtsschreiber und belletristischen Erzähler.

Doch die Ehrfurcht vor dem Alten ging nicht so weit, daß man es nicht rigoros beiseite räumte, wenn es die Erfordernisse der Zukunft in Gestalt einer Ringstraße oder eines neuen Rathauses verlangten. Die mittelalterlichen Gassen um den Kölner Dom mußten einem Bahnhof weichen, in den die Züge über eine hochbogige Stahlbrücke einfuhren. Von der Brooklyn Bridge bis zum Dresdener »Blauen Wunder« – überall schuf diese Brückenzeit ihre stählernen Wunder, die Flüsse und Meerengen überbrückten, als wären dem Expansionsdrang der Menschen durch nichts Grenzen zu setzen. Das Tempo, das sie dabei angeschlagen hatten, bestimmte den Rhythmus der Städte, besonders der großen, deren »Haussmannisierung« nach Pariser Vorbild den neuen Schienenfahrzeugen, den ersten Fahrrädern mit Rücktritt und schließlich den Automobilen genügend Auslauf boten.

Spätromantische Sehnsucht nach der Vergangenheit und Fortschrittsgläubigkeit; hochgotische Dome mit stählernen Dachstühlen; Fachwerkgeschnitz und erste Wolkenkratzer; nackte Steingöttinnen und Frauen, die unter schwerer Atlasseide keine Haut zeigen durften – all das gehörte zu den Widersprüchen einer Zeit, die vor lauter Kraft in alle Richtungen zugleich stürmen wollte.

Eine wirtschaftliche Depression kann in solchen Phasen beruhigend wirken. Der »Gründerkrach« von 1876 dämpfte die Gemüter und forderte einen weniger forschen Gang. Je näher wir dem Jahrhundertende kommen, desto mehr Bizarrerien wurden abgelegt. Der Baukasten mit den historischen Versatzstücken wurde uninteressanter, und an die

Stelle seiner Plünderung trat ein freieres Spiel mit Formen, Farben und Materialien. Es war weniger auf protzige Zurschaustellung als auf eine fast rokokohafte Eleganz ausgerichtet. Nicht mehr die mittelalterliche Burg, sondern das Stadtpalais war das Leitbild bürgerlichen Wohnens. Jedes Mietshaus, jede vorstädtische Villa wollte ein solches sein und strebte nach aristokratischer Noblesse. Die Linien wurden klarer, die Bogenschwünge weiter; die Fassaden belebten antike Nymphen und deutsche Märchengestalten, nicht mehr gepanzerte Ritter; größere Fenster ließen mehr Licht ein, aber man lebte noch immer geborgen hinter festen Mauern. Diese waren bei aller industriellen Verarbeitung aus den althergebrachten Materialien gefügt, und so war die letzte Kulturlandschaft, die Europa hervorgebracht hat, die großstädtische, noch immer eine mit natürlichem Gepräge. Wo Porphyr anstand, glommen neues Rathaus und Bahnhof in den gleichen rötlichen Farben wie die alten Kirchen, wo Sand- oder Kalkstein in sonnig gelben oder kühl grauen, wo Basalt abgebaut werden konnte, lief man über schwarz-glänzende Pflastersteine, wo es Schiefer gab, deckte man die Dächer und die Wetterfronten der Häuser damit, und wo nichts von alledem die Erde barg, wurde sie noch immer zu Backsteinziegeln geformt, zu tiefroten im hanseatischen Norden, zu gelblichen in der kargen Mark Brandenburg.

Natürlich sorgten die neuen Transportmittel und das Repräsentationsbedürfnis der Bürgerschaft auch für den Zustrom kostbarer fremder Gesteine. Marmor und Alabaster schufen zusammen mit in Kübeln gezogenen Oleanderbüschen, Agaven und Palmen ein südliches Flair, wozu der sanfte Klimawandel nach dem Ende der bis in die Jahrhundertmitte wirksamen kleinen Eiszeit gnädig Mithilfe leistete. Sommers wehten Markisen vor den Fenstern, und in den Wintern konnte man sich in großen Treibhäusern, Palästen aus Glas und Gußeisen, an der exotischen Vegetation in den neuen Kolonien erwärmen.

Auf der Pariser Weltausstellung 1900 zog sogar ein völlig neuer Bau- und Lebensstil, der all diese Lockerungen, den Abschied von der Vergangenheit und den Aufbruch in die Zukunft zu einer Einheit formte, die Augen der Besucher auf sich: *art noveau, modern style* oder *Jugendstil*. Nach Gotik und Barock der dritte originäre Baustil des nachantiken Europa und wie diese von einem überbordenden spirituellen Schwung getragen. Allerdings war es nicht mehr das Christentum, das zum Abwurf aller irdischen Schwere und zum Flug ins Jenseits aufforderte. Dieses hatte sich im Maschinenzeitalter bereits auf den Rückzug begeben, und das hinterlassene Vakuum füllten fernöstliche Heilslehren, Naturbegeisterung und lebensphilosophische Surrogate. *Nouveau, Jugend* und besonders *modern* waren die friedlichen Schlachtrufe, denen die sandalentragenden Zeitgenossen auf ihrer Wanderung in die Zukunft folgten. Der letztere, aus dem Französischen kommend, war schon seit langem im Sprachgebrauch, aber die eigentliche Moderne als »das Ebenbild des Augenblicks, der keine Vergangenheit und keine Zukunft hat«, wie sie Hofmannsthal charakterisierte, brach jetzt erst an. Mit ihr begann die unaufhörliche Gegenwart, und es ist bezeichnend, daß wir erst seit ihrem Beginn bewegte fotografische Bilder haben, vor deren Realismus alle soeben noch angebetete Geschichte ins Mythische versinkt.

Als Kapitale dieser Moderne wird Paris allmählich von jener Metropole abgelöst, die am wenigsten durch Traditionen belastet war, von Berlin. Die alte Hauptstadt Preußens und die neue des Deutschen Reiches war die dynamischste der europäischen Städte und als »Deutschlands einzige Zitadelle der Aufklärung« (Plessner) gut auf ihre zukünftige Rolle vorbereitet. Als Kolonistenstadt hatte sie von jeher Zuströme verschiedenster Flüchtlinge aufzunehmen und zu jener gefürchteten Mentalität der Respektlosigkeit und beliebten der Toleranz zu amalgamieren gewußt. Im Grunde ist sie dies – der Vorort der Moderne – in verschiedenem Gewand bis heute geblieben. Ihre Zerstörung und jahrzehntelange Teilung hat sie auf dem Stand vom Anfang des vorigen Jahrhunderts gehalten – noch immer beherbergt sie vier und nicht zwanzig Millionen Einwohner und kann man in seinen Cafés und Kneipen davon träumen, modern und nicht postmodern zu sein.

Das hinderte den ansonsten als großen Schweiger bekannten preußischen Generalstabschef Graf von Moltke nicht daran zu konstatieren: »Wien ist schon darum schöner als Berlin, weil es krumme Straßen hat.« Die Metropole der Donaumonarchie bildete in der bipolaren deutschen Kulturlandschaft den Widerpart zur preußischen Hauptstadt: sie verkörperte das alte Reich und nicht das neue, das katholische und nicht protestantische, das geruhsame, passive, nicht das forciert aktive, das feminine, wenn man so will, gegenüber dem männlichen. Hier hatte der die Weiblichkeit feiernde, der vegetativ schwingende Jugendstil sein architektonisches und malerisches Hauptquartier, während er im nüchterneren, vom Spätklassizismus geprägten Berlin nie so recht Fuß fassen konnte. Hier trieb die Endzeitstimmung, von der Friedell sprach, ihre schillerndsten, aber auch nach süßem Tod duftenden Blüten, denn die »Jugend« dieses Stils war bereits eine angewelkte, und so konnte es nicht wundern, daß in der von Ornamenten so reichen Stadt eben diese zum Verbrechen erklärt wurden. Damit wurde der Schmuck, das Spiel, das Bedürfnis nach Schönheit zum Verbrechen erklärt. Es waren also nicht allein die äußeren Zerstörungen durch die folgenden Kriege, die ihnen ein Ende bereiteten; der innere Drang danach, der Überdruß an einer überlebten, an einer zu reich gewordenen Welt hatten ihm den Weg geebnet, so daß noch knapp hundert Jahre später der Senat von Berlin-West Prämien an die Hausbesitzer zahlte, die den Stuck von den Fassaden schlugen, und an die Mieter, wenn sie es innen taten.

Aber zurück in die Jahrzehnte vor dem großen Sterben. Und weg von den Straßen, Plätzen, Fassaden hinein in das Innere der Häuser. Da die Menschen noch steinerne Wände den gläsernen vorzogen, existierte noch die Trennung von Innen und Außen, und im Mittelpunkt des ersteren stand die Dame des Hauses. Nicht nur in Wien hatte sich die Atmosphäre feminisiert, und ob die Wiegen, Stubenwagen und Laufgitter unserer Protagonisten dort oder in Würzburg oder Kiel standen, immer wurden sie von Parfümduft umweht, hörten sie die Stimmen schwatzender oder singender Frauen, die der Mütter, Ammen, Tanten, der Dienstmädchen. Denn wir befinden uns in allesamt »guten« Häusern. Gewiß gab es auch die dunklen Hinterhäuser, deren Höfe in Berlin selten größer waren, als daß darin eine Feuerwehrspritze wenden konnte, aber dorthin verirrte man sich nicht, wenn man das Haus an der Hand der Mutter oder des Dienstmädchens verließ, in den nächsten Park, zur Promenade, zu Sonntagsausflügen. Vor allem aber spielte sich das Leben der gutbürgerlichen Kreise hauptsächlich innen ab, in den Wohnungen. Wenn man nach ihren baulichen Hinterlassenschaften geht, lebten diese Kreise auf größerem Fuß, als es sich unsere gern dunklen Vergangenheitsvorstellungen ausmalen; nie zuvor und nie danach dürfte ein solch breiter Bevölkerungsanteil in derart behaglichen, ja luxuriösen Verhältnissen gewohnt haben.

Von ihrer weiblichen Prägung zeugen noch die Namen, die man den Häusern, wie Schiffen, gern gab: »Villa Elisabeth«, »Villa Dorothea«, »Haus Edeltraut«. Im Gegensatz zu ihren geschäftigen Männern waren die Frauen an das Haus gebunden und sorgten für das leibliche und atmosphärische Wohlergehen der Familie. Die zeitgemäße Wohnung war inzwischen vom schlimmsten Gründerzeitkitsch entrümpelt, das Mobiliar stand wieder, wie im Biedermeier, auf zierlicheren Füßen, und dies in Räumen, die, obwohl ihre Bewohner etwas kleiner als wir waren, höher waren als unsere. Auch die Garderobe, die die Dame von Welt mindestens dreimal täglich wechselte, hatte, wie sie selbst, deutlich an Gewicht verloren. Krinolinen und Tournüren verschwanden, die Korsetts sollten folgen, bis zum Knie schmiegten sich die Kleider an den Körper, bevor sie in einer Schleppe ausliefen, unter der vorn jedoch etwas Bein zu zeigen erlaubt wurde. Die angestrebte Wespentaille erforderte Maßhalten bei den Mahlzeiten, geschminkt wurde sich zart, und wenn es außer Haus ging, gehörten mit Federn verzierte Hüte, der Sonnen- oder Regenschirm, ein kleiner Beutel am Handgelenk zur Ausstattung.

Trotzdem zwangen die schweren Stoffe die Frauen noch immer zu langsamen Bewegungen, so daß sie den natürlichen Ruhepol in einer durch Vervielfachung der Räder immer temporeicher werdenden Außenwelt wurden. Diese war die Domäne der Männer, die inzwischen die Halsbinde ab- und sich eine Krawatte zugelegt hatten und auch ansonsten, in ihren Sakkos und andersfarbigen Hosen, in ihren jetzt »Cutaways« genannten Gehröcken und Schuhen mit niedrigen Absätzen einen ausgeprägten Hang zur Nüchternheit zeigten. Bärte trugen die Väter allerdings immer noch – von ihren in diesem Buch porträtierten Söhnen wird es keiner mehr tun; seit ihren großen Vorgängern ein Jahrhundert zuvor ist es die erste Generation, die wieder ihr nacktes Gesicht zeigt.

Die Kindheit muß damals eine recht lebendige gewesen sein. Die Sprößlinge blieben nie allein, der Familienverband war groß und nachmittags Besuchszeit. In vielen Häusern wurde abends musiziert, das klassische Repertoire nach Czerny stand auf dem Programm, doch auch an Klavierauszüge aus den Sinfonien von Mahler und den Opern von Richard Strauß wurde sich schon gewagt. Die Kinder bekamen Klavier- oder Violinunterricht, und auch wenn sich manche dagegen gesträubt haben mögen, so gibt es doch Schlimmeres, womit man ihre Ohren quälen kann. Diese wurden überhaupt stark beschäftigt, denn diese Zeit war eine redselige. Die Gesellschaft bestand, ein letztes Mal, aus den Gesellschaften, die man gab und besuchte, und diese, wie die Salons, wie die Kaffeestunden der Damen, die Stammtische der Herren, wurden dominiert vom gesprochenen Wort. Wer eine Vorstellung von der ihm möglichen Kraft und Subtilität gewinnen möchte, sollte am besten Fontane befragen.

Man braucht dabei nicht einmal bis zum Stechlin hinaus zu fahren, um dort Ohrenzeuge einer der höchsten jemals existierenden Gesprächskulturen zu werden, der des preußischen Landadels; es reicht ein Gang in die Köpenicker Straße, wo der neureiche Holzhändler Treibel sein Domizil hat und darin Reden schwingt wie sie heute kein Bundestagsabgeordneter, kein Talkshow-Gast, kein Universitätsprofessor mehr zustande bringt.

Redekunst verlangt wie jede ständige Übung; das Fundament dazu wird mit dem gelegt, was man als Kind in der Familie, auf der Straße, in der Schule hört. Durch das Latein bleibt man mit einer Kultur verbunden, die mündlich geprägt und in der die Rhetorik ein wichtiges Universitätsfach war. Goethe, und nicht nur er, diktierte die meisten seiner Schriften. Und als noch andere Bücher als die Bibel in die Hände der Menschen gerieten, wurde aus ihnen laut vorgelesen, wurden die Gedichte und Balladen auswendig gelernt und deklamiert. Es waren immer mehr die Hände von Frauen, in denen die neuen Gedichtbände von Rilke, George und Hoffmannsthal, die Novellensammlungen von Maupassant, die Romane der Russen lagen. Die Männer lasen lieber Bismarcks Erinnerungen oder in den nachgelassenen Werken Nietzsches. Aber auch sie wurden auf den Weg in das Innen gelockt, den die Literatur eingeschlagen hatte, nachdem sie lange genug auf den verholzten Pfaden einer häufig historisierenden, äußerlichen Abbildnerei gewandelt war. Da dieser Weg von Kierkegaard gewiesen wurde, war er einer voller erotischer Verführungen und meditierender Intellektualität gleichermaßen. Das Erotische wurde zur Zuflucht des Humanen vor den Anmutungen des Maschinenzeitalters, wie überhaupt wenige Generationen in einer ähnlich sinnlichen Atmosphäre aufgewachsen sein dürften wie die unsere.

Womit alles waren die Hände ihrer Väter beschäftigt, die die Dinge dieser Welt zwar mit maschineller Hilfe schufen, aber sie noch nicht einfach vom Fließband laufen ließen.

Als Möbel- und Kunsttischler, als Parkettleger, die
mit feinsten Hölzern umgingen
als Zimmerleute, die komplizierte Dachgestühle,
Fachgewerke und Treppenhäuser errichteten
als Glaser, deren Fenster bleigeäderte Bilder waren
als Maler, die Fresken auf Innen- und Außenwänden
zu verfertigen hatten
als Stukkateure und Vergolder
als Bronzegießer, Kunst- und Goldschmiede
als Skulpteure von Brunnenfiguren, Karyatiden und
Friedhofsengeln,
als Steinsetzer, die auf den Bürgersteigen kunstreiche
Mosaike auslegten
als Gärtner in den zahlreichen Parks und Gartenanlagen
als Damen- und Herrenschneider,
als Schuh- und Handschuh-, Putz- und Hutmacher,
als Orgel-, Geigen und andere Instrumentenbauer,
als Konditoren, Schokoladiers, Semmel- und Brotbäcker
als Metzger, Schlächter, Fleischer
als Köche, Klavierstimmer und andere Koryphäen

Vom Reichtum dieses Lebens, der im Reichtum der Begabungen der in dieser Zeit geborenen Kinder nachhallt, spürte man, anders als bei den französischen und englischen

Romanciers, in der deutschen Literatur wenig. Sie kannte vor allem zwei Prototypen, den verelendeten Proletarier aus Berliner Hinterhöfen oder schlesischen Weberstuben und den zur Karikatur überzeichneten Karrieristen vom Schlag des Untertanen Diederich Heßling. Mit Fontanes und Raabes Verstummen war die Skala der literarischen Figuren, die das reale gesellschaftliche Leben spiegelten, deutlich ärmer geworden. Man sammelte sich unter den Fahnen der Klassenzugehörigkeit, und dem, der der zunehmenden Ideologisierung entkommen wollte, blieb häufig nichts als die Flucht in einen der zahlreichen neu erbauten Elfenbeintürme. In ihnen und ihrem Umkreis, besonders in südlicheren Breiten, fristete als Dritter im Bunde der literarischen Prototypen der Dandy sein Leben, angewidert vom vulgären Treiben um sich her und von tiefer Lebensmüdigkeit erfaßt.

End- und Neuzeitgefühle durchdrangen sich auf merkwürdige Weise. Die Sehnsucht nach einem Neubeginn war zugleich die nach etwas sehr Altem, Ursprünglichen, Reinen, nach der seit Rousseau als unschuldig empfundenen Natur, an deren Brust man sich als Wandervogel, Vegetarier oder Bewohner einer der von Ascona bis Worpswede erblühenden ländlichen Künstlerkolonien schmiegen konnte. Auch den Großstädtern rückte sie näher. In Freibädern und Seen erlernte man die Kunst des Schwimmens, die ersten Frauen warfen die Korsetts weg und schlüpften in Reformkleider, nicht wenige Männer wurden aus Zech- und Kegelbrüdern zu Ruderern, Radfahrern und Seglern. Und junge Familien zogen gern in die neuen, von Wohnungsbaugenossenschaften errichteten Gartenstädte.

So gesundheitsfördernd das sein mochte, bedeutete es doch, daß dem erreichten Gipfel europäischer Urbanität der Abstieg in die Täler der Zersiedelung folgte, daß mit dem neuen Saeculum auch die Entbürgerlichung der Gesellschaft begann. Unter anderem zeigte sie sich daran, daß der *Bürger*, häufig mit dem Zusatz *Spieß*, zum gängigen Schimpfwort wurde. Dabei war er es, der Bürger, Bourgeois, Citoyen, der diese neue Gesellschaft errichtet und ihr die Form wenn auch nicht immer einer parlamentarischen Demokratie, so doch eines Rechtsstaates abgerungen hatte. Auch im Deutschen Reich, in dem der Adel länger als bei seinen westlichen Nachbarn eine dominierende Stellung behauptete, war das Bürgertum in Begriff, das Erbe der Aristokratie anzutreten, sie und alles Althergebrachte in sich aufzunehmen, bevor der große Gleichmacher Krieg das Werk der Egalisierung beschleunigen und seinem Ende entgegenführen wird. Die von Jakob Burckhardt konstatierte »Schnellfäule« erfaßt auch das Bürgertum, das diesen rasenden Fortschritt getragen hat und wird es zu einem der Opfer des für den Schweizer »bevorstehenden Barbarenzeitalters« machen.

Einen ähnlich unangenehmen Beigeschmack wie das »Bürgerliche« hat inzwischen alles angenommen, was vom Begriff der »Nation« abgeleitet werden kann: Nationalismus, Nationalstaat, Nationalstolz. Nur die Nationalmannschaft bildet noch eine Ausnahme und erinnert an die Zeit, als in ganz Europa die Klassenfahnen eingerollt wurden und man sich für die bevorstehenden Kämpfe unter den jeweiligen Nationalflaggen sammelte. Der Ausgang der Kämpfe rechtfertigt diese Skepsis. Und doch sei an einige Tatsachen erinnert, die zu ihrer Relativierung beitragen können. Erstens wurde das

Europa diesseits des Rheins noch von den multinationalen Reichen der Hohenzollern, Habsburger, Romanows und Osmanen beherrscht, und der vom »Selbstbestimmungsrecht der Völker« legitimierte Nationalstaat als alleiniges Ordnungsprinzip war ein Resultat von deren Niederlage. Zweitens bildeten die Nationen, die sich zuvor in Westeuropa in homogenen Staaten organisiert hatten, den Rahmen und das Vorbild für jene Entwicklung zu Parlamentarismus und Demokratie, die wir jetzt so gefährdet sehen; die schwarzrotgoldene Fahne wehte nicht den kaiserlichen Truppen voran, sondern den Republikanern von 1848. Nach der Familie, dem Stamm, der Stadt und der autonomen Region ist die durch gemeinsame Sprache und Kultur verbundene Nation das letztmögliche Strukturierungsprinzip vor der formlosen Masse, in die jedes Imperium seine Bevölkerung zu verwandeln droht.

Die Begriffe haben es an sich, auf unterschiedlichste Weise gedeutet werden zu können. An dem von »Europa« zeigt sich ein weiteres Merkmal: daß ihr allzu häufiger Gebrauch das Verschwinden ihrer Inhalte anzeigt, weil man die Existenz einer Sache durch sprachliche Beschwörung sichern will. Das ist nicht erst heute so. Golo Mann berichtet von Bismarck: »Das Hantieren mit dem Begriff ›Europa‹ hat er Zeit seines Lebens für einen Betrug erklärt.« Warum? Glaubte er, daß hinter der pathetischen Rhetorik zu viele handfeste, vor allem merkantile Interessen steckten? War er aus der deutschen Erfahrung heraus überzeugt, staatliche Vereinigungen, also auch die Europas, seien nur durch »Blut und Eisen« möglich? Sprach er deshalb von der Saturiertheit des Reiches, weil er eine solche Zwangseinheit, wie sie vor ihm die

Franzosen und nach ihm die Deutschen erstrebten, für ein Unglück hielt? Und zwar deshalb, weil ein solches Europa nichts mehr mit dem zu tun haben würde, daß er noch erlebt hatte. Europa ist keine geographische Tatsache wie Afrika, Asien und Amerika, sondern eine ideelle. Sie besteht darin, daß so viele Völker, als Herdersche »Gedanken Gottes«, auf so engen Raum wie möglich zusammenleben, sich befeuern, befehden, aneinander messen und miteinander austauschen. Zu dieser Idee scheint die Eskalation zu gehören, in die dieser Wettbewerb am Beginn des vorigen Jahrhunderts durch einen explosionsartigen Zuwachs an Wissen, Wohlstand, technischen Möglichkeiten und schierer Menschenzahl führte.

Das alte Europa begann zu sterben als es, jegliche Grenzen mißachtend, zur Europäisierung der gesamten Welt schritt. Auch das Deutsche Reich hatte das Fieber der Kolonialisierung ergriffen, und allenthalben war das Wort »Welt« zu hören: in der »Weltstadt« Berlin, in »Welthandel«, »Weltwirtschaft« und im Traum von der »Weltmacht«, der folgerichtig im »Weltkrieg« untergehen sollte. Selbst sein Ausbruch war noch Anlaß zum Jubel. Ein letztes Mal vereinte sich der Halbkontinent in der allgemeinen Begeisterung, mit der man zu den Waffen griff. Das in den Abgrund marschierende Europa entließ seine Kinder.

2

Jürgen von der Wense

Wanderer und Mönch

Als im März 1944 der Abiturient Dieter Heim nach Göttingen kommt und, um die Zeit bis zu seinem Studium zu überbrücken, eine Arbeit in den »Physikalischen Werken« aufnimmt, lernt er als seinen Abteilungsleiter einen lang aufgeschossenen, hageren Herren kennen, der sein angegrautes Haar militärisch kurz trägt, aber nicht fassoniert wie deutsche Offiziere, sondern eher im Bürstenschnitt der slawischen Kriegsgefangenen. Er stellt sich ihm als Jürgen von der Wense vor. Heim erlebt ihn als einen Chef, der genau so gewissenhaft die Herstellung von Radiosonden für die militärische Wettervorhersage überwacht wie er sich um die privaten Sorgen seiner Angestellten, zumeist Frauen, kümmert. Als der angehende Student seine Schüchternheit überwunden und Zutrauen gefaßt hat, lädt ihn von der Wense zu einem Besuch auf sein Zimmer ein, das er bei dem Kunsthistoriker Graf Vitzthum bewohnt.

Es ist ein winziger, kaum möblierter Raum, in dem dennoch eine ganze, Dieter Heim unbekannte, Welt Platz hat. Eine große Sternenkarte hängt an der Wand, daneben collagenartig verarbeitete Zeitungsausschnitte. Vor dem Fenster ein Teleskop. Tisch, Diwan und Fußboden sind von Manuskriptmappen, Landschaftsfotografien, Partituren übersät.

Ein Klavier gibt es allerdings nicht. Auch Bücher sind nur wenige vorhanden, weil der Hausherr für seine Studien die Lesesäle der Universitätsbibliothek nutzt, wegen deren reichem Bestand an ethnologischen Schriften er sich überhaupt in Göttingen niedergelassen hat, wie er seinem jungen Freund erklärt.

Später führt ihn von der Wense in die am Stadtrand gelegene Wohnung seiner Mutter, in der ein Flügel steht, auf dem der Sohn allabendlich der alten Dame vorspielt. Heim hört Bach, Mahler, zum ersten Mal Buxtehude und schließlich auch kurze, zugleich harte und zärtliche Klavierstücke, Kompositionen von der Wenses, aus einer Zeit, als er noch nicht zwangsverpflichtet zur Arbeit in den PHYWE-Werken war.

Anfangs hatte er dort fünf, später zehn Stunden täglich zu arbeiten. Aber die Sonntage waren zumeist frei, und an einem nahm er Heim auf eine seiner ausgedehnten Fußmärsche mit, denn der Freiherr war nicht nur der Komponist, Astronom, Schriftsteller und vielseitige Wissenschaftler, als der er sich in den Gesprächen offenbarte, sondern vor allem ein exzessiver Wanderer. Von der Wense näherte sich nie unbewaffnet der Natur. Vor der ersten gemeinsamen Wanderung (und vor den zahlreichen, die ihr noch folgen sollten) hatte er seinem Schüler aus der Bibliothek Literatur zu der zu erforschenden Gegend zusammengestellt; in seiner Ledertasche befanden sich Meßtischblätter und eine Lupe, mit der er sie studierte, eine einfache Foto-Box für drei Reichsmark und als Tagesverpflegung für jeden ein Riegel Bitterschokolade.

Ihre Gänge führten häufig nach Süden, in die Täler von Werra und Fulda, durch den Kaufunger Wald, über die Höhen des Eichsfeldes und schließlich hinauf zum Vulkankegel des Meißner, der für von der Wense das kahle Haupt der mitteldeutschen Hügellandschaft darstellte. Der Schritt, den er vorgab, war stürmisch, so wie sein liebstes Wetter. Gerastet wurde kaum, geredet vor allem über das, was ihnen vor Augen kam, über den Wechsel der Gesteinsformationen, der Flora, über die Geschichte der Dörfer und Wüstungen, durch die sie kamen, der von ihnen gern benutzten uralten Handelswege. Trotz seines reichen Wissens, berichtete Heim später, gab ihm sein älterer Gefährte nie das Gefühl der Unterlegenheit, wurden die Gespräche nicht zu einseitigen Belehrungen.

Später – das war, als Dieter Heim als Professor an der Universität Mainz bereits selbst Geologie lehrte und in freien Stunden den Nachlaß seines Freundes ordnete und kommentierte. Das war, nachdem, die frühesten Wanderungen abrupt beendend, Heim zur Wehrmacht eingezogen worden war, nachdem er den Krieg überlebt hatte und 1946 verwildert und halbverhungert aus der Gefangenschaft nach Göttingen zurückgekehrt war, um dort endlich sein Studium aufzunehmen, nachdem er einen Lehrstuhl erobert, eine Familie gegründet und ein Haus gebaut und über zwanzig Jahre hinweg die Freundschaft mit den noch immer in unmöblierten Zimmern hausenden Gelehrten gepflegt hatte und schließlich dafür sorgte, daß weitere zwanzig Jahre nach dessen Tod sein Werk zu einem öffentlichen wurde.

Wer war dieser Jürgen von der Wense? Oder *Wense*, wie er von Heim genannt wurde und wie er selbst die meisten seiner zahllosen Brief unterschrieb.

Wense wurde als Freiherr Hans Jürgen von der Wense am 10. November 1894 im ostpreußischen Ortelsburg geboren, wo sein Vater als Hauptmann in einem Jäger-Bataillon stationiert war. Bis zu seinem achten Lebensjahr wuchs er im östlichsten Siedlungsgebiet der Deutschen auf, das gleichzeitig Europas Grenzregion war, wenn man es als eine politische und kulturelle Einheit auffaßt. Bis hierher und bis in die baltischen Hansestädte hatte sich im Mittelalter das Magdeburger Stadtrecht ausgebreitet, hatte es im Schutze urbaner Selbstverwaltung bürgerliche Gesittung und Rechtssicherheit geschaffen, die sich gegenüber einer vorwiegend agrarisch und von aristokratischer Willkür geprägten Umgebung zu behaupten wußte. Wense hatte früher polnisch als deutsch sprechen gelernt – und, wie seine Mutter berichtet, früher Noten als Buchstaben lesen gekonnt. Luise, geborene Freifrau von Nettelbladt, entstammte einem Rostocker Patriziergeschlecht, das seit dem 15. Jahrhundert eine stattliche Folge von Gelehrten, Geistlichen, Justizbeamten, Professoren und Bürgermeistern hervorgebracht hat. In ihrem Elternhaus, kann man in einem ihrer Briefe lesen, wurde keiner für voll genommen, der nicht dichtete oder musizierte. Sie tat beides, spielte vor allem Piano und erfreute ihren Sohn häufig mit Gesang. Neben ihren musischen und geistigen Talenten erbte der Junge offensichtlich auch ihre lebensfrohe und weltoffene Gemütsart, deren nervöse Grundierung, wie sich zeigen sollte, allerdings nie vor Gefährdungen sicher war.

Der Vater hingegen, in noch jungen Jahren wegen seines ernsten und schweigsamen Wesens von den Soldaten »der alte Wense« genannt, war einer jener nicht seltenen Melancholiker in Uniform, die diese vor allem der Familientradition verdankten. In der Ahnenreihe der seit dem Mittelalter in der südlichen Lüneburger Heide ansässigen von der

Wenses finden sich neben Großvoigten, Landdrosten und Landschaftsdirektoren zahlreiche Offiziere unter welfischen, preußischen oder dänischen Fahnen. Pflichttreu und geschätzt von seinen Untergebenen versah der Vater seinen Dienst, doch ohne Enthusiasmus. Auch von seinem Sohn sind keinerlei Neigungen zu Kriegsspielen bekannt; kaum weniger als das Piano der Mutter faszinierte ihn aber deren Nähmaschine, damit schon frühzeitig seine Doppelbegabung für alles Musische und Technische verratend. Er wuchs allein auf, denn nach dem schweren Kindbettfieber der Mutter wünschte der Vater keine weiteren Schwangerschaften. Trotzdem darf von einer unbeschwerten Kindheit die Rede sein, deren Höhepunkte weite Reisen durch die masurischen Wälder, die Besuche bei Verwandten in Mecklenburg und Niedersachsen bildeten.

Sie endete abrupt nach der Umsiedlung der Familie ins Mecklenburgische. Hauptmann Adolf Friedrich August von der Wense war zum Major und Bataillonskommandeur im Leibregiment des Großherzogs von Mecklenburg-Schwerin ernannt und in die Landeshauptstadt versetzt worden. Hier ereignete sich jene traumatische Szene, die man mit Fug und Recht als Tragödie bezeichnen kann, weil sie den Neunjährigen schlagartig entwurzelte und sein Leben fortan zu einer Folge von Fluchten, vorzugsweise ins Reich des Phantastischen, machte. Vom Tod des Vaters hat Wense, wie von seinen meisten Lebensstationen, ungefähr so viele Varianten hinterlassen, wie es Adressaten seiner Briefe gab – Versuche, seine Vita zu korrigieren, zu verschleiern, durch Transformation in die eigene Hand zu bekommen. Wir folgen auch hier der Version Dieter Heims. In Anwesenheit des Hofstaats und seiner Familie fand eine Felddienstübung statt, bei der Wenses Vater an der Spitze seines Bataillons ritt – *dann ist der Fuchsel plötzlich scheu geworden, hat sich aufgebäumt, der Herr Major hat mit beiden Händen in die Luft gegriffen und ist vom Pferd geglitten.* Nicht der Sturz vom Pferd tötete ihn, sondern der dabei erlittene Herzinfarkt. Die Mutter versinkt in eine tiefe Depression, wird in die Nervenheilanstalt Gehlsheim bei Rostock eingeliefert, von Betäubungsmitteln abhängig und entmündigt. Der Sohn wird sie in den Folgejahren nur in Anstalten treffen, auf Bahnhöfen, in Kaffeehäusern und Wohnungen von Verwandten; er wird hunderte Briefe mit ihr gewechselt haben und zwanzig Jahre alt sein, als er sie, die ihm von nun an wie ein Schatten folgten wird, wieder in Freiheit begrüßen kann.

Wense kommt vorerst bei zwei Tanten in Rostock unter, bevor er seine gymnasiale Ausbildung in Bad Doberan, der Sommerresidenz der mecklenburgischen Herzöge und Pflanzstätte des Landadels zu absolvieren hat. Hier, unter seinen Standesgenossen wird sein Leben zu dem permanenten Wechsel von Flucht und Aufstand, daß es bis zu seinem Ende bleiben wird. Er ist ein Fremder unter ihnen. Die Junkerssöhne werfen sich mit Begeisterung auf die neuen, aus England importierten Sportarten – Wense haßt sie schon deshalb, weil er nicht das Geld für Tennisbekleidung oder Ruderclubsmitgliedschaft aufbringen kann; sie radeln ins »Kaiserbad« Heiligendamm, um sich im bis vor kurzem unbekannten Strandleben zu üben – er zieht sich in den Wald zurück und *fotografiert eine Wolke;* sie tyrannisieren auf ihren abendlichen Kneipenzügen durch Doberan die Stadtbevölkerung – er spielt unterdessen in der Aula Beethoven, komponiert erste Klavierstücke und sehnt sich nach Freundschaft. Die Verbindung zum Liebsten, was er in der Welt besitzt, seiner Mutter, ist nur schriftlich möglich. Darüber hinaus beginnt er 1911 in Geheimschrift Tagebuch zu führen, das er bis Ende 1918 fortsetzen, später in normale Schrift übertragen und das Original vernichten wird. Beides, Briefe und Tagebuch, Dialog und Monolog, werden die bestimmenden, nur selten überschrittenen Formen seines schriftlichen Werkes bleiben, die ihm einerseits ins kaum gedruckte Dunkel des Persönlichen verbannen, andererseits zu dem Menschen machen, von dem wir so viel wissen, so viel wissen können, wie von keinem anderen. Denn von Beginn an schreibt Wense über alles; über das Wetter und die Weltgeschichte, über Kaisergeburtstag; Kameradenterror, über Lektüre und erste Verliebtheiten, über seinen so früh einsetzenden und nie endenden hohen Gedankenflug durch alle ihm zugänglichen Wissens- und Erfahrungsbereiche und die scheinbar nichtigen Alltäglichkeiten, wie in der Antwort auf die Frage der Mutter, ob er nicht eine schöne Aktentasche brauche – *Bloß nicht. Das sieht immer aus, als ob man von einer Hinrichtung kommt. Ich trage meine Siebensachen stets in der Hand oder in den großen Manteltaschen.*

Den »Regesten« (von Registraturen), wie er seine frühen Tagebücher nennt, kann er die ihm täglich zugefügten Quälereien und Demütigungen anvertrauen. *Gleich nach Tisch fallen sie über mich her und schlagen mich halbtot. Ich flüchte mich oft aufs Closet und bete. Wenn ich spazieren gehe, lauern sie mir auf oder sie nehmen meine Bücher weg.* Sie werfen seine Zeichnungen in den Schmutz, zerreißen seine Noten. Er lernt das Alleinsein lieben als den sichersten Schutz vor Gefahren.

Er fürchtet die zwanghaften Versammlungen in der Menge. Wenn dann »*Deutschland, Deutschland über alles*« gesungen wird, *habe ich immer Angst*. Er gibt sich Reiseträumen und Weltfluchtplänen hin. *Ich lerne wie jeden Sommer das Kursbuch auswendig. Ich habe sämtliche internationale Züge Europas im Kopf.* Er entdeckt die menschenlose Natur als Quelle des Trostes, den Himmel als Antipoden der gewalttätigen Erde. *Es gibt nichts Schöneres auf der Welt als die Sonne. Ich möchte selbst ein Stück Sonne werden und nur Licht atmen und Farbe trinken.* In Heiligendamm begeistert er sich an den im Sommer dort vollführten Flugübungen. Er findet einen kräftigen Freund, der seine Liebe zur Luftfahrt teilt und ihm vor den Nachstellungen im Internat beschützt. *Ich diktiere der ganzen Klasse Aufsätze, jedem in einem anderen Stil. Für das Geld kaufe ich mir Ibsen.*

Nicht nur Ibsen kauft und liest er, auch Hofmannsthal, Rilke und George, Verlaine und Mallarmé, alles an ihm erreichbarer moderner europäischer Literatur, die, vaterlos geworden wie Wense, sich wie dieser von Erdenschwere und Autoritäten zu befreien und eine neue Gestalt im Äther zu gewinnen versucht. Von den Alten entdeckt er Jean Paul für sich, den luftschiffenden Artisten, dessen »Titan« ihn ein Leben lang wie ein Ballon aus rettender Phantasie umschweben wird. Auch in der Musik gelangt er zu neuen Ufern. Er sieht sich nicht mehr auf der Linie Schumann-Brahms, sondern auf der Linie Schubert-Bruckner. Hinzu kommen Mahler, Strauss, Schreker und Schönberg, deren Partituren er sich zusammen mit allerlei sozialistischen Blättern aus Berlin kommen läßt. Als der Pastor (*verderbter als die ganze Literatur*), in dessen Hause Wense wohnt, von seiner Verbindung mit den »Pankower Individualanarchisten« erfährt, ruft er die Mutter zu einer Konferenz herbei, in der über die Zukunft des Sohnes befunden werden soll. Man legt einige seiner Briefe vor, die auf der Post geöffnet wurden, brütet über seinen aufsässigen Aufsätzen, erwägt die Einweisung in eine Nervenanstalt. Schließlich beläßt man es bei letzten Ermahnungen, warnt ihn vor der modernen Literatur, verschließt seine Bücher in einer Kiste auf dem Dachboden und rät ihm, Trost in der lateinischen Grammatik zu suchen und Buttermilch zu trinken.

Die Mutter setzt ihre Hoffnungen in eine musikalische Karriere, und, einmalig in seinem Leben, schwebt auch dem Sohn ein Berufsziel vor: er bereitet sich auf ein Vorspielen bei Arthur Schnabel in Berlin vor, um danach Musik zu studieren und Kapellmeister zu werden. Doch dazu soll es auf Hintertreiben des Pastors nicht kommen. Trotzdem führt der Weg des jungen Wense nach Berlin. *Ich muß in eine große Stadt, wo mich keiner kennt und liebt.* Nach dem Abitur zieht er im März 1914 in die Reichshauptstadt, quartiert sich als Pensionsgast in Johannisthal ein, wo er früh vom Röhren der Motoren auf dem nahen Flugfeld geweckt wird, und beginnt an der Technischen Hochschule Nationalökonomie und Maschinenbau zu studieren.

Um nicht gekannt und nicht geliebt zu werden, konnte der Neunzehnjährige keinen besseren Ort als die »Weltstadt« Berlin wählen. Schon Gottfried Keller hatte sie als »Korrektionsanstalt« bezeichnet, doch in dem seit seinem Aufenthalt vergangenen 70 Jahren hatte sie ihre Einwohnerzahl verdreifacht und schickte sich an, Paris, die »Hauptstadt des

19. Jahrhunderts«, abzulösen und die stilbildende Metropole des neuen Säculums zu werden. Nirgendwo sonst schossen so viele materielle und geistige Energien zusammen, fand das Neue so wenig Widerstand in einer organisch gewachsenen Historie.

Für den jungen Wense konnten die Herausforderungen nicht groß genug sein. Mit dem Flieger Thelen steigt er frühmorgens um 5 vom Johannisthaler Flugfeld auf, *wo die Stadt dunkelrot wogend unter uns lag mit einer langen langen Staubfahne.* Er schreibt Sportartikel für eine Zeitschrift namens *Motor;* doch als ihm die Rolle der Flugzeuge als zukünftige Bombenträger bewußt wird, nimmt er seinen Abschied von der Fliegerei. In der Großstadt erprobt er jetzt jenes Vagabundenleben, wie er es später in ganz Deutschland führen wird. Er zieht von Pensionszimmer zu Pensionszimmer, von Stadtteil zu Stadtteil, teilt Wohnungen mit zumeist nur flüchtigen Bekannten, später häufig mit seiner nun aus Anstalt und Vormundschaft entlassenen Mutter, die, ihrem Hang zum mondänen Leben folgend, eine geräumige Wohnung am Tiergarten bezieht. In dieser steht ihm wieder ein Klavier zur Verfügung, auf dem er, angefeuert von dem pulsierenden Kulturleben der Stadt, seine ersten Kompositionen zum Abschluß bringt.

Im Nachhinein wird er die Jahre zwischen 1910 und 1917 als die letzte Periode großer Kunstschöpfungen ansehen, während er den »goldenen« Zwanzigern nur die begrenzte Qualität eines revolutionären Aufschreis zubilligt. Jene Zeit verband sich ihm mit Namen wie Mahler, Strauss und Schönberg, Rilke, Werfel und George, Kandinsky und Nolde, die für ihn niemals etwas von ihrem betörenden Klang verlieren sollten. Einem späten Schüler charakterisiert er diese Jahre mit den Worten. »*Nun mußt du bedenken, dass damals das geistige Leben nicht neben dem bürgerlichen irgendwo kaum beachtet daher trottete (wie heute), sondern das Anliegen aller war.*«

Insbesondere die Tonkunst war es und zwar auf eine uns kaum noch vorstellbare Weise. Zwar gibt auch heute die Musik den Takt des Kulturlebens an, doch handelt es sich um eine gänzlich differente Erscheinung. Die Musik, von der Wense spricht, die sogenannte »klassische«, ist seinen späteren Worten zufolge mit Jean Sibelius im Jahr 1957 gestorben und wird es in diesem Sinne nie wieder geben. Ihre Quellen liegen in der kirchlichen und höfischen Musik, die auch andere Kulturen kennen, aber nicht jene weite Verzweigung in solistische und orchestrale, in sinfonische, in Opern- und Hausmusik, die nur in Europa blühte. Was wir heute im Radio, in Opern- und Konzertsälen davon hören, sind Beschwörungen vergangener Epochen – musikalisch leben wir in allen Zeiten und keiner zugleich. Lebendige Gegenwart war diese Musik zuletzt in den ersten Dezennien des vergangenen Jahrhunderts, getragen von der Begeisterung eines selbst noch musizierenden Publikums, das sein Seelenleben darin ausgesprochen fand. Als die Oper ihre letzten Triumphe feierte, wurde deren Komponist Richard Strauss von jungen Enthusiasten auf Schultern aus dem Saal getragen; in Wien hörte Wense einen Kutscher noch Motive aus einer Bruckner-Sinfonie pfeifen.

Doch die gleichen Enthusiasten, und Wense unter ihnen an der Spitze, waren es auch, die diese Musik zu Grabe trugen. Das gesamte Kulturleben durchzog ein Bewußtsein der Vollendung, eines letzten Höhepunktes, dem nur die

Zerstörung und ein konsequenter Neubeginn folgen konnte. Die Revolution begann vor dem Krieg, in den Köpfen einer Jugend, die die Vergangenheit als Last empfand, die vierzigjährige Friedenszeit als eine der Versumpfung in Reichtum, Überfluß und *komfortablen Ungeschmack*. Noch nie hatten Menschen innerhalb einer kürzeren Zeit so gewaltige Veränderungen ihres Lebens erfahren; sie waren mit ihnen geschehen, getragen von der großen Welle der Weltbewegung, ohne daß der Einzelne das Gefühl der eigenen Tat dabei empfinden konnte. Aber nach dieser, der Tat, verlangt es dem Menschen, und sei es in einem Krieg. *Dem Menschen gebührt die Not,* schrieb Wense später und untermauerte es mit der Beobachtung, daß Tierlaute am menschenähnlichsten klingen, wenn sie Leidensschreie sind.

Als Wense im September 1915 bei Arnold Schönberg seine »Fünf Klavierstücke« vorspielte und danach wortlos die Wohnung verließ, konnte sich Schönberg angesichts der soeben gehörten Leidensschreie der Tränen nicht enthalten. Wie kommt man überhaupt zum Vorspielen bei Schönberg? Nun, die Wohnungen standen offen damals, nicht nur für Salons, Tees und Gesellschaften, auch für unangemeldete Besucher wie Wense. Er hatte den berlinischen Überbietungswettbewerb an Arroganz, Zynismus und Destruktion angenommen und die alles entscheidende Frage »Wie werde ich berühmt?« für sich mit der Maxime beantwortet: *Man geht zu allen berühmten Leuten und macht sich unmöglich.* »*Mein Reim ist Sense*« pflegte er sich mitunter vorzustellen. Hermann Scherchen wurde sein lebenslanger Freund, nachdem er in dessen Konzert laut gepfiffen und anschließend durch den Saaldiener in die Garderobe des schon damals ruhmbedeckten Dirigenten gebeten wurde. Erdmann wiederum gewann er, weil er inmitten des Proteststurms des Publikums aufgestanden und laut »Bravo!« gerufen hatte. Und in jedem Kreis, den er betrat, wurde er durch seinen jugendlichen Furor, durch sein offenkundiges Genie und die Fähigkeit, dieses in Urklängen auszudrücken, auf die er die Musik zurückzuführen für notwendig befand, schnell zum Mittelpunkt. Auf »Ich hatt einen Kameraden« verfaßte er eine futuristische Parodie, von der Scherchen meinte, es sei das Tollste an Musik, was er je gehört habe. Er entwirft einen »Marsch der Topfblumen«, komponiert ein »Trio für Klavier, Klarinette und freihängendes Blechsieb«, will Pistolenschüsse hinter der Bühne abfeuern lassen und wird 1919 in der *Aktion* ein Pamphlet mit dem Titel »Die Abschaffung der Musik« veröffentlichen.

Mit Franz Pfempferts Kampfblatt der modernen Kunst war er in nähere Berührung gekommen, nachdem er in der Buchhandlung Calvary als Verkäufer zu arbeiten begonnen hatte. In der *Aktion* veröffentlichte er auch seine ersten Gedichte – *Wild! Lall-Schreie! Exzesse!!* Darin trieb er die expressionistische Manier auf die Spitze und erwarb sich so den begehrten Ruhm als führender Repräsentant der jungen Avantgarde. Eine Zeitlang verstand er sich als Dadaist, doch als er in deren Kreise vordrang, gestand er sich: *Ich kann nichts mit ihnen anfangen. Der einzige Dadaist, den ich anerkenne, ist Till Eulenspiegel.*

Und zwischendurch entflieht er dem Berliner Getümmel immer wieder nach Heiligendamm. Eines Tages folgt er, Arm in Arm mit dem russischen Jungaristokraten Ljoscha, dem auf den Dünen mit der Fürstin Thurn und Taxis promenierenden Rainer Maria Rilke. Er ist sein angebeteter Held und gleichzeitig der ob seiner Vollkommenheit, die nichts als die Sprachzertrümmerung zu tun übriggelassen hat, zu stürzende Feind. Da rennt ihm sein ehemaliger Mitschüler Hanne Bumm mit dem Ruf »Attentat, eben Extrablatt, Franz Ferdinand ermordet!« entgegen.

Wense fährt nach Berlin zurück und erlebt dort den Kriegsausbruch: *Es war ganz schauerlich. Tausende von Menschen wälzten sich durch die Straßen und schrien. Es war ein ungeheures Attentat auf das Leben.* Auf ein Leben, das gerade Anlauf zum großen Flug genommen und die ersten Runden gedreht hatte, um nun abrupt abzustürzen. Nach der Musterung stellte ihm der mecklenburgische Großherzog zwar ein Attest aus, das ihm vor der Einberufung geschützt hätte, doch Wense war zu stolz es zu nutzen. Am letzten Abend in Berlin besucht er zusammen mit seiner Mutter eine Aufführung von Shakespeares »Sturm«. *Es war sehr voll und wir saßen getrennt. Auf dem Rang thronte Gerhart Hauptmann und wurde gefeiert. Das war mein letzter Eindruck von Europa: ein Abziehbild.*

Wegen seiner schwächlichen Konstitution wird Wense erst im August 1915 eingezogen, zu einem Reserveregiment. Im Oktober geht der Transport nach Ostpreußen ab, das Land, in dem er geboren wurde. Durch ein Versehen gerät er in einen *Verbrechertransport*. Die Gesellschaft ist ihm nicht fremd, hat er sich zuvor doch häufig in *Verbrecherkellern* herumgetrieben, auch von Nächten als Stricher im Tiergarten ist die Rede. Er nahm seinen Kragen ab, schob den Hut tief ins Gesicht und bemühte sich um den entsprechenden Jargon. Im

Tagebuch bekommt jetzt seine Sprache jene Plastizität und vibrierende Schärfe, die ihn nicht wieder verläßt. *Wir waren in unserem Abteil neun Mann, selbst in den Gepäcknetzen lagen zwei, alles schwere Jungen, besonders ein polnischer Tischler mit feuerroten Fäusten, Typ eines Wüstlings; dann ein Berliner Schneider, ein Lockenkopf, queck und witzig, und ein schlesischer Trunkenbold, der die Bibel las. Er wurde Jesus genannt und vor den Bauch getreten. Mich hielten sie für einen Zuhälter. Die Gespräche hatten nur drei Themen: Syphilis, Verbrechen und Fahnenflucht.* Und dann die fällige Verzauberung durch ein besonders apartes Exemplar in dieser Raritätensammlung. *Meine beiden Freunde sind Artisten, der eine »Tänzer«, ein ganz fabelhafter Mensch, ein Apache, wenn seine schwarzen Locken fliegen, seine tiefdunklen Augen blitzen, er seine Lippen fest zusammenpreßt, sich wie ein Bogen spannt, steil in die Luft springt und sich überschlägt. Jeden Abend zieht er sich nackt aus und tanzt. Er heißt Wagner. Ich habe aus seinem Munde nie eine Zote gehört. Er ist wie ein Kind.*

Der Krieg, den er von Beginn als *Apotheose der Dummheit* empfindet, führt ihn danach zur zweiten Station seiner Kindheit zurück, nach Schwerin. Er führt ihn an einen Schreibtisch, an dem er *500 000 mal das Wort »Patronenhülse« abschreiben muß*. Im Zimmer des Feldwebels hängt ein Bild seines Vaters, was ihn nicht daran hindert, von kommender Anarchie zu träumen, von einer *Diktatur der Not*, einem *Aufstand aller jungen Herzen gegen das Alter.* Als er eine neue Uniform bekommt, geht er damit nicht aus, um nicht grüßen zu müssen. Stattdessen schleicht er täglich in den Dom und spielt dort Orgel. Er entdeckt eine Fuge von Buxtehude, den er *viel viel größer als Bach* empfindet, der von der anbetungswütigen

Musikwelt zum Meer erklärt worden ist, neben dem alle anderen Barockkomponisten zu Nebenflüssen verkümmern mußten. Auch Wense will anbeten, aber andere, neue Götter. Gleichzeitig fühlt er sich der alten, versinkenden Welt tiefer verbunden als ihm lieb ist. Nach einem Besuch mit der Mutter im herzoglichen Schloss notiert er: *Am wohlsten und natürlichsten fühle ich mich an Höfen. Denn dort leben Phantasten und wir erzählen ihnen Märchen* – um dann fortzufahren *Aber es ist das letzte Weihnachten, das wir euch zugestehen.*

Es ist das Weihnachten 1917. Inzwischen war er auf Krankenurlaub mehrmals in Berlin, hat, nicht ohne Furcht, daß man ihn bei Entdeckung seiner Autorschaft vor ein Kriegsgericht stellt, seine Gedichte veröffentlicht und wird schließlich als wissenschaftlicher Hilfsarbeiter in die Generalstabsbibliothek der Reichshauptstadt versetzt. Hier trifft er Pfemfert, den im Dachgeschoß einer Kirche hausenden Herausgeber der *Aktion.* Ihm graust vor dessen Fanatismus und vor der Gleichgültigkeit, mit der seine russischen Gäste in aller Ruhe die Vorbereitungen zu einer möglichst blutigen Revolution besprechen. Trotzdem betet er jede Nacht für ihren Ausbruch. Nichts sonst kann dem Zusammenbruch aller alten Ideale noch zu einem Sinn verhelfen. Auch die neuen sind nicht seine, dazu ist er zu sehr Aristokrat. Als er in einer Gesellschaft von Sozialisten die Diskussionen über die zukünftige Republik mit Ebert als Präsidenten und die notwendige Erhöhung der Abgeordnetengehälter anhört, fragt er sich flehend: *O Gott, hast du Menschen geschaffen oder Bürger?* Der Sozialismus ist lediglich ein Schritt für ihn, der zurück gegangen werden muß, um vorwärts springen zu können. Wohin, ist unklar, letztlich auch unwichtig, denn Befreiung kann allein die Tat bringen, auch wenn sie bewußtlos ist. In jedem Fall hat sie mit Gott zu geschehen, nicht gegen ihn – das ist es, was ihn von den anderen Verschwörern unterscheidet, von denen es in Berlin wimmelt. Er trifft sie in den Straßen und auf Parkbänken, in den Kneipen, Kaffeehäusern und den Gesellschaften, auf denen er unaufhörlich Klavier spielt, *wo dazu mit Ketten und Armbändern geklappert wird.* Er befreundet und befeindet sich mit allen. Sitzt in der schmutzigen Stube des Dichters und Fischer-Lektors Loerke, bestaunt den Gnom Max Herrmann-Neiße. An Walter Hasenclever, der sich vom Kriegsfreiwilligen zum Pazifisten gewandelt hat, schreibt er einen *ganz langen und gemeinen Brief* und überreicht ihn dem Dichter zehn Minuten vor Beginn seiner Kerzenlichtlesung des Antikriegsdramas *Antigone.* Er läuft in wüste Arbeiterversammlungen im Osten Berlins.

Dann, im Oktober 1918, wird er als Kurier zur Front geschickt und erlebt die Auflösung des Heeres, gerät in Bombardements, Meutereien, Lynchmorde an Offizieren, in die Ströme der Desertierenden. Als er zurück in Berlin ist, löst sich seine Mannschaft auf, das war am 9. November. *Ich riß meine Kokarde ab und ging in die Stadt.* Von jetzt an bleibt er auf der Straße, geht nicht mehr zum Dienst, nur noch selten in die Wohnung der Mutter. Ist jede Nacht in Versammlungen, hält *gellende Reden, ungeheure Ansprachen an die Masse, die Ich bin.* Er wird in den Soldatenrat gewählt, tritt wieder aus, denn in allem Aufruhr des Herzens bleibt er kühlen Verstandes. *Ich will alles beobachten um viel zu lernen. Dann will ich es tun oder lassen. Ein Feldherr werden oder Mönch.*

Vorerst ist er keins von beiden. Ein entlassener Soldat, ein Blatt im Herbststurm. Als im Januar die zweite Welle der Revolution losbricht, setzt er alle Hoffnungen auf die Spartakisten, wird aber niemals eine Waffe in die Hand nehmen. Zwischen den Schießereien führt er Tagebuch. Das Leben ist dazu da, um aufgeschrieben zu werden.

In der Wilhelmstraße die Scheide-Männer, in der Siegesallee die Lieb-Knechte. In den Seitenstraßen die Ladenmädchen. Adlon vergittert. Ich ging Zeitungen lesen ins Café. Eine Bombe knallte herein. Glas, Marmor und Blut. Drei Tote, die meisten blieben sitzen.

Ja, ich weiß, es sind die Verruchtesten, aber in ihnen ist doch die unbesiegbare Gegenwart eines lebendigen Gottes.

In der ganzen Stadt ist Krieg.

Und wo stehe ich? Niemals in Parteien. Aber doch mitten im Menschen.

Abends unter Kanonendonner spielte ich Gretry: Colinette a la cour.

Nein, ich marschiere nicht gleichen Wegs mit den Aufrührern. Aber überall, wo Aufruhr marschiert, marschiert Gerechtigkeit mit.

Zuhause mich eingeschlossen und geweint.

Nach der Niederschlagung des Aufstands und der Ermordung Liebknechts und Rosa Luxemburgs flüchtet Wense nach München. Hier ist er bei den Mayers zu Gast. Wilhelm Mayer, von seiner Ehefrau aus Abscheu vor dem Kaisernamen »Pitt« genannt, ist ein jüdischer Psychiater und Kunstsammler. An den Wänden der großen Wohnung hängen Bilder von Feininger, Nolde, Heckel. Die lebhafte Elisabeth Mayer zog Münchens Künstlerschaft in ihr Haus. Rilke kam zu Besuch, Wense gibt sich gleichgültig und schweigt. Er lernt Erich Heckel und Paul Klee kennen. Er fährt mit Elisabeth zu deren Freundin Clara Zetkin nach Stuttgart. Ist beeindruckt von ihrem temperamentvollen Wesen, das ihn an das einer Wahrsagerin oder Hexe erinnert. Er fühlt sich geringschätzig behandelt und verfällt in tiefe Schwermut, die sich erst löst, als er zu einer Wanderung in die Schwäbische Alb aufbricht. Hier fühlt er sich der Zeit entronnen, ist unerreichbar, gehört niemanden. Er schöpft Atem, schmiedet Pläne. Will sich an der Universität einschreiben, am Konservatorium studieren, ein eigenes Orchester gründen.

In München zerstieben die Pläne, findet er nur Halt am Klavier in der Mayerschen Wohnung. Die Stadt ist ihm zuwider, wie er sich sein Leben lang von den Kunstmetropolen abgestoßen fühlen und ihnen nüchterne Geschäftsstädten wie Hamburg und Frankfurt vorziehen wird. In seiner ewigen Selbstanpreisung und Wiederholung erinnert ihn München an Richard Wagner. Biergesaufe, *alte Meister und die Mutter Gottes. Ich werde hier völlig Junker und Welfe.* Auch als die allgemeine Gärung in die Ausrufung der Räterepublik mündet, bleibt Wense skeptisch. Landauer tut ihm leid unter all den Schwätzern, deren einzige Idee vom Neuen in der Umbenennung Bayerns in Baiern und der Abtrennung vom Reich besteht, dem die alleinige Kriegsschuld zugewiesen wird. Als er zur Sitzung aller »fortschrittlichen« Künstler beim neuen Minister für Sozialisierung geladen wird, verläßt er sie angesichts dessen ahnungsloser Arroganz. *Es ist dies eine echt Münchner Revolution. Pompös und dilettantisch.* Er stürzt zurück ans Klavier, komponiert wüste Märsche. Er liefert der Revolution die Musik, die er bei ihren Paraden vermißt. Auch als unter Kanonendonner und MG-Feuer die Weißen die Stadt nehmen, hämmert Wense bei offenem Fenster in die Tasten. Landauer wird erschossen. In der Nacht nach der Kapitulation durchsucht eine Patrouille die Wohnung. *Der Doktor hatte seine Papiere unter den Stuhl gebunden, es wurde nichts gefunden.* Als Wense dem 17jährigen Offizier seinen Namen nennt, salutiert er und stellt sich als eine Art Vetter vor.

Wense irrt weiter durch Deutschland. Zurück nach Berlin, wo er seine Mutter mit von einem Sturz zerschundenen Knien vorfindet. Es wird gehungert. Die Mutter vermietet die Wohnung, der Sohn verkauft seine Bücher. Er lernt die Familie Spies kennen, die zur Vorhut der dieses Jahrhundert durchströmenden Flüchtlingszüge gehört. Sie kommt aus Moskau, wo sie seit Generationen in Konsulsdiensten stand, bei Kriegsanbruch interniert wurde und in den Revolutionswirren den Weg nach Deutschland fand. Der älteste Sohn heißt Ljowa, wird ob seiner Zartheit und Güte *der liebe Gott* genannt, und da er obendrein ein talentierter Musiker ist, schließt Wense mit ihm seinen ersten Götterjünglingsbund. Alles was zuvor schwärzeste Zerstörung war, blüht jetzt in schillernden Farben.

Als die Familie in ihr aus Friedenszeiten erhalten gebliebenes Sommerhaus in Dresden zieht, folgt ihr Wense. Der Ortsteil Hellerau gehörte damals zur Kette der von Capri bis Worpswede reichenden Künstlersiedlungen, in denen die Beduinen der Reformbewegung und aller denkbaren Künste Station machten. Es war die erste Gartenstadt Deutschlands, deren Zentrum die von einem Möbelfabrikanten gegründeten »Dresdner Werkstätten für Handwerkskunst«

und ein großes Festspielhaus bildeten. Hierhin zog es Literaten und Musiker, die Maler Dix und Kokoschka kamen aus der Innenstadt herüber, Mary Wigman zeigte hier ihre ersten Ausdruckstänze.

Die Spiesens sind hier zuhause. *Alle liegen in herrlichen, ganz russischen Gewändern und sehen schön aus.* Doch ohne Gewitterwolken wäre dieser Sommertag seines Lebens kein Wensescher. Ljowa, mit bürgerlichen Namen Leo Spies (und nach 1945 Orchesterleiter der Komischen Oper unter Felsenstein), ist verlobt mit einer jungen Frau, deren Name *Elisabeth* für Wense Krieg bedeutet. Es wird nicht das letzte Mal sein, daß ein von Wense geschmiedeter hoch geistig-erotischer Bund zerbricht an den Verlockungen des Sexus und den Aussichten auf gesicherte Verhältnisse. Doch zum Glück trifft Ljowas Bruder Walter oder Walja in Dresden ein und zieht alle Aufmerksamkeit auf sich, einer von Wense noch nie erblickten Schönheit, seiner *blonden Hemmungslosigkeit* und *russischen Gebärden* wegen. Bei ihm länger zu verweilen, ist unumgänglich, da er Wenses ebenbürtigster Gefährte und, was seinen späteren Lebenslauf betrifft, sein Antipode war.

Auch seine Begabungen hätten zu einem halben Dutzend Karrieren ausgereicht, die er allesamt verschmähte, weil er, wie Wense, das Leben selbst als das entscheidende Kunstwerk begriff. Er war aus seinem Internierungslager im Ural geflohen und zu Fuß durch die implodierenden Reiche des Zaren und des Kaisers gezogen, als er in Dresden eintraf. Er sprach baschkirisch und hatte die Sprachen der Türken und Perser gelernt. Aus den Jurten der Nomaden brachte er eine tiefe Verachtung der europäischen Lebensweise mit. Auf dem Klavier spielte er die Lieder der Baschkiren und sang mit Kopfstimme dazu. Er tanzte ihre Tänze. Auf seinen Bildern mischten sich die Einflüsse ihrer Volkskunst mit denen Chagalls, den er auf den Ausstellungen im Moskauer Haus seiner Eltern kennengelernt hatte.

Nach seiner Dresdner Zeit mit Wense zog er bei Friedrich Wilhelm Murnau in Berlin ein, malte dessen Wohnung aus und zeichnete für die Lichtgestaltung in dessen frühen Filmen verantwortlich, während von der Wense sich um die tonale Untermalung kümmerte. Murnau war es auch, der Walter Spies aus Europa und auf seine eigene, ihm gemäße Bahn trieb. Er hatte dem Freund mit Erschießung gedroht, wenn er Berlin und das Kokain nicht verließe. Zusammen mit dem Abenteurer und Schriftsteller Heinrich Hauser bestieg Walter Spies 1923 in Hamburg einen Kohlendampfer und reiste als blinder Passagier nach Java. Während Wenses Lebenskreise sich fortan verengten und vertieften, weiteten sie sich für Spies mit dieser Reise ins Unbegrenzte. In Batavia spielte er Klavier in einem Kino, in Yogyakarta wurde der Sultan auf ihn aufmerksam und machte ihn zum Kapellmeister seines Orchesters. Doch mehr als die europäische Festmusik interessierte ihn das traditionelle Gamelanorchester am Hofe. Auch seine Leitung übernahm er schließlich und entwickelte eine Notenschrift, mit der die Klangfolgen der Gongs, Xylophone und Bambusflöten aufgezeichnet werden konnten.

Bis zum östlichsten und letzten Punkt seiner Lebensreise gelangt Walter Spies, als er die Nachbarinsel Bali kennenlernt. Hierhin hatten sich vor Jahrhunderten javanische Hindus vor dem Islam geflüchtet und eine antike Hochkultur konserviert, die von den holländischen Kolonialherren nur wenig angetastet wurde. Der Fürst von Ubud schenkte Walter Spies Land, auf dem er sich ein Haus und, im gleichen altbalinesischen Stil, eine kleine Hotelanlage errichten konnte. Hier empfing er in den dreißiger Jahren die prominenten Pioniere des Flugtourismus: Charlie Chaplin, der statt einer drei Wochen blieb, trug stets ein Bild von Spies mit sich, von dem er sich nicht trennen konnte, Rabindranath Tagore und Cole Porter waren seine Gäste, Vicki Baum schrieb im Hotel unter seiner Mithilfe ihren zauberhaften Roman *Liebe und Tod auf Bali*. Der Privatgelehrte Baron von Plessen drehte hier seinen Film *Insel der Dämonen*, für den Spies die Szenerie entwarf und einen Kecaktanz kreierte, der von der Inselbevölkerung noch heute getanzt wird. Das Andenken des blonden Deutschen wird auch nach seinem Tode in hohen Ehren gehalten. Er hat die Ölmalerei auf Bali eingeführt und die Schule von Campuan gegründet, die die traditionelle, am Schattenspiel seiner Marionetten orientierte Malerei der Hindus mit Elementen des Surrealismus verbindet und in Indonesien stilbildend geworden ist. Er hat eine große Sammlung alter Gamelaninstrumente angelegt. Als ihm das Treiben in seinem Hotel zu turbulent wurde, schuf er sich in den Bergen ein neues Domizil, verbrachte Wochen auf einem Zeltfloß, um seltene Fische zu fangen, deren bemalte Gipsabgüsse er in dem von ihm initiierten Meeresmuseum von Denpasar ausstellte.

Aber Walter Spies war unfähig, seine Existenz vor den weltpolitischen Stürmen der Jahrhundertmitte zu sichern. Zum ersten Mal wurde er im Rahmen einer Kampagne der Kolonialverwaltung gegen die Homosexualität verhaftet – das Gamelanorchester seines Dorfes zog zum Gefängnis und spielte unter seinem Zellenfenster. Auch nach seiner Entlassung versäumte er es, die holländische Staatsbürgerschaft zu erwerben, so daß er mit Beginn des Zweiten Weltkrieges zum zweiten Mal interniert wurde. Man sah ihm noch in einem Lager, halbverhungert und mit einer Leinwand unterm Arm. Dann brachte man ihn auf das Schiff, mit denen die Holländer ihre Gefangenen nach Ceylon überführen wollten. Trotz Rot-Kreuz-Flagge wurde es von den Japanern bombardiert. Die Matrosen warfen noch Schlüssel in die Gefängniszellen, bevor sie die Rettungsboote bestiegen. Mit vierhundert anderen Deutschen ertrank Walter Spies im Indischen Ozean.

In Dresden entfachte er Sturm. *Als wir im Garten saßen und ich sprach von München, stand er auf und stieß den Tisch um. Dann goß er seiner Mutter Wasser in den Nacken. Ach, er riß auch Wäsche von der Leine und in den Schmutz. Dann stieg er auf einen Baum und lachte uns aus.* Mit Wense lief er Hand in Hand durch die Stadt, ein Paar, das Blumen verschenkte und Sehnsucht in allen entfachte, die sie erblickten. Sie spielten vierhändig Mahler. Als Wense an einem Konzertabend seine eigenen Stücke spielte, stellte sich ihm anschließend eine Dame als die reichste Frau Deutschlands vor und fragte ihn, ob sie ihm fortan 222,22 Reichsmark im Monat zahlen dürfe. Es war Hedwig Wöhrmann, Tochter eines Hamburger Reeders, Malerin und in ihrer Pariser Zeit die Geliebte Rodins und Freundin Rilkes, zurzeit in Hellerau ein Haus mit nie geschlossenen Türen bewohnend, in dem adoptierte Kinder, Hunde, Freunde und wildfremde Gäste ein und aus gingen. Wense zog bei ihr ein. Aber er wäre nicht er selbst, wenn er

Hellerau und seinen kollektiven Rausch des Individualismus lange aushielte. Zunehmend fühlt er sich wie *Gulliver unter den Pferden*, sieht statt Konfession nichts als *Konfektion*, und als sein Hinundhergeworfensein zwischen dem extatischen Walja und dem sanften Ljowa immer auswegloser erscheint, reagiert er auf seine, dem Reimwort Sense angemessene Weise: *Ich taumele durch die Menschen und verwunde sie. Ich komme um in den Kerkern meines Herzens.*

Er entflieht ihnen nach Berlin. Doch auch hier, im Umkreis von Murnau und seinem Spießgesellen Walter, kann er keinen Halt finden. Seine Abstürze werden immer jäher, seine Depressionen tiefer, bis er einen der zwei, drei rettenden Entschlüsse seines Lebens faßt, die ihm immer wieder einen Neubeginn ermöglichen. Er reist nach Warnemünde und mietet sich in eins der Kapitänshäuser am Alten Hafen ein.

Wense wandelte hier auf den Spuren seiner Familie. Sein Rostocker Urgroßvater war einer der ersten Schwimmer in der Ostsee gewesen, die die schlichte Schiffersiedlung zu einem luxuriösen Badeort erhoben. Der verarmte Enkel bezog seit 1920, vor allem in den billigeren Wintern, die verglasten Veranden von Fischerfamilien oder er behütete eine riesige Pension mit über hundert leeren Zimmern, von Stürmen umjault, mit auf- und zuschlagenden Türen. Hier übte er sein Mönchsleben ein. Es bedeutete, daß er allein unter fremden, zumeist sehr einfachen Menschen leben lernte, an der Ostsee unter Fischern, später häufig unter Bauern, in ihren Scheunen oder über ihren Kuhställen, in den Städten als Untermieter im Kreis kleinstbürgerlicher Familien. Er suchte Anonymität und fand zusätzlich oft schlichte Wärme bei ihnen.

Durch seine Berliner, Münchner, Dresdner Notizen hallt regelmäßig der Hilferuf nach Einsamkeit als des einzig ihm angemessenen Zustandes, der ihn von den Spannungen des Zusammenseins mit ihn begehrenden und liebenden, abstoßenden und verlassenden Menschen befreien kann. Hier an der Küste, auf dem letzten Streifen belebten Landes vor dem menschenlosen Meer findet er sie.

Die Einsamkeit, die Sehnsucht nach und die Furcht vor ihr (die Wense ebenso gut kannte) ist so alt wie der Mensch. Aber als sein Alleinsein ist sie ein relativ neues Phänomen, das erst im 20. Jahrhundert zu voller Blüte gelangte. Wenn zuvor ein Schriftsteller über seine Einsamkeit klagte, so konnte man davon ausgehen, daß ein Diener in seiner Nähe war, eine Schwester, irgendein anderer Verwandter. Einsamkeit bedeutete vor allem, ohne festen Lebens- und Liebespartner existieren zu müssen. Ansonsten war man so gut wie nie allein. Der Mensch ist ein geselliges Tier, und so lange er in überschaubarer Zahl die Erde bewohnte, schloß er sich so eng wie möglich zusammen, in Familien, Sippen, Arbeitsgemeinschaften, in winzigen Wohnungen. Erst, seitdem technischer und wissenschaftlicher Fortschritt immer größere Menschenmassen und mit ihnen das produzierten, was Hanna Arendt den »überflüssigen Menschen« nennt, seitdem auch die Arbeit immer stärker von einem gemeinsamen menschlichen Werk zum Akt eines Einzelnen mit einer Maschine geworden ist, hat sich das geändert und jener Typus von Mensch entwickelt, der mit dem trostlosen Begriff »Single« bezeichnet wird.

Wense ahnte die allen Utopien widersprechende Gestalt des »neuen Menschen« und nahm sie an. *Mir Zettel in die Schuhe gesteckt, in die Hosentasche, in die Mütze, ans Hemd, zwischen die Wäsche, ins Bett: »Völlige Einsamkeit«.* Da sein Wesen, das er einmal als das eines durch und durch mittelalterlichen Menschen erklärte, nach einer Verbindung zur Vergangenheit und der Unterordnung unter eine Idee verlangte, wuchs in ihm das Leitbild des Mönches. Es verbürgte zumindest die Zugehörigkeit zu einem Orden, zu einer großen Tradition. Das Mönchstum war die kulturtragende Schicht des Mittelalters gewesen. Dem Soldatischen nicht fremd hatte es die Rolle der Legionäre übernommen und mit dem römischen Reichsgedanken die Reste antiker Kultur in das Barbarenland nördlich der Alpen getragen. Dem fühlte sich Wense verpflichtet. Gegen Ende seines Lebens konnte er konstatieren, daß er alle drei Mönchsgelübde gehalten hat: das Keuschheitsgelübde (auf dessen Feld wir uns später begeben), das Gelübde, auf Besitz zu verzichten, und das zur Gehorsamkeit; letzteres mit der Einschränkung, daß es keinen erfahrenen Mönch gab, dem er als seinem geistlichen Vater folgen konnte, und er Gott selbst diese Rolle zugedachte.

Wenses Gottesglauben machte viele Wandlungen durch, war aber stets das Zentrum seines Denkens und Fühlens. Dem vaterlosen Kind war der Christengott sicher Ersatz für die fehlende männliche Autorität, ihren fehlenden Schutz, ihre Führung. Im Gebet fand er auch später immer wieder Trost und Stärkung, doch die Instanz, die er dabei ansprach, erweiterte ihr Wesen in dem Maße, in dem er durch seine Studien mit fremden Kulturen und Religionen in Berührung kam. Da er Gott immer als ein und denselben sah und er es wichtig fand, ihn in Gemeinschaft zu bekennen und zu feiern, besuchte er protestantische und katholische Gottesdienste und würde, wie er schrieb, auch islamische besucht haben, wenn er könnte. Die tiefinnersten Saiten in ihm brachte der Katholizismus zum Klingen, seine Herkunft aus dem Imperium Romanum, seine Musikalität, das Weiterleben alter Mythen in ihm. Mit der Entmythisierung der Welt, mit der Kanalisierung des Lebens in ein Bett des Rationalismus, des Glaubens an Fortschritt und Wissenschaft konnte sich Wense nie abfinden. Kierkegaard (den er auf Dänisch las) charakterisierte den Glauben, im Gegensatz zu dem auf Gewißheit bedachten Wissen, als Leben im Risiko, das eines Aktes des Willens, eines Beschlusses bedarf. Wense hat diesen Beschluß nie widerrufen. Sein Risiko blieb immer ein persönliches, denn zu den durchaus vorhandenen Remythisierungsversuchen seiner philosophierenden Zeitgenossen hielt er Abstand. Grundsätzlich konnte er mit Goethe sagen, daß er sich »glücklicherweise« zeitlebens von der Philosophie freigehalten habe. Nietzsches Übermenschen zählte er zur Gattung der Riesen und sie, wie die Zwerge, zum Gesindel; Heideggers Denken war für ihn eine Ansammlung von Holzwegen. Wense war zu sehr selbst Philosoph, zu sehr der Suche nach einer eigenen, das Leben tragenden Idee verpflichtet, als daß er sich von fremden hätte dominieren lassen.

Es gab eine Phase, in der er sich seinen eigenen Götterhimmel schuf, mit *APEIRON*, dem Weltengott des Grenzenlosen an der Spitze und anderen, das Leben, die Zeit oder die Nacht verkörpernden Gottheiten darunter. Als er die Resultate der Quantenphysik wahrnahm, waren sie eine Bestätigung seines Weges weg vom dualistischen Weltbild der vorderasiatischen Religionen hin zu einem monistischen, der sich durch seine Übersetzungen aus dem Chinesischen vorbereitet hatte. In ihm ist alles mit allem verbunden und hat als Ausdruck der Einheit alles Existierenden seine Berechtigung. Wenses Gott, seine Götter sind Formen der Bejahung des Lebens. An ihr festzuhalten in einer immer entseelter werdenden Welt, empfand er als eine seiner Grundaufgaben. *Denn an Gott glauben, heißt, an seine Seele glauben. Man muss an seine Seele glauben, weil sie ein Teil der Weltseele ist.*

Ihr fühlte er sich in klaren Ostseenächten besonders nahe. Tagsüber arbeitete er zeitweise auf der Zollbehörde, nach Sonnenuntergang aber lief er strandlängs auf der Suche nach einer vor den kreisenden Leuchtturmstrahlen geschützten Stelle, von der aus er den Sternenhimmel beobachten konnte. Er hatte sich ein Teleskop angeschafft, in seinem Zimmer hing eine große Sternenkarte, die er auswendig lernte. Er lernte arabisch und altgriechisch, um anhand alter Handbücher den Schritt von der Astronomie zur Astrologie gehen und seine ersten Horoskope stellen zu können. Sie zählten für ihn zum ältesten Wissensfundus der Menschheit und hatte somit eine Fortführung verdient. Hunderte Horoskope wird er in seinem Leben stellen, nicht nur von Menschen, auch von Gebäuden und Institutionen wie dem Eiffelturm und der Humboldt-Universität. In der Astrologie konnte er unter Ausklammerung der Gegenwart eine Brücke von der Vergangenheit in die Zukunft schlagen. Gesprochen hat er wochenlang nur mit seinem Vermieter, dem Nebelhornwärter Fritz Brathering. Dann brach er plötzlich auf und lief hinüber auf den Darss, wo Hedwig Woehrmann mit ihrem Gatten inzwischen ein reetgedecktes Haus in Wustrow bewohnte. Einmal hat er die 42 Kilometer in viereinhalb Stunden bewältigt, vom Ostwind wie ein Ballon entlang der Küste getrieben, durch Buchenwälder und über Trockenmoore.

Die Gegenwart war für ihn das Wetter, ein Phänomen, das den Menschen am stärksten berührt, wenn er allein ist. Er kann dann jeden Windhauch spüren, jeder Regenschauer ist ein Ereignis, und das Aufblitzen der Sonne dazwischen betrifft ihn persönlich. Je deutlicher er die Wandlungen der Witterung wahrnimmt, desto mehr fühlt er sich im Zentrum des Weltgeschehens, ist Teil seiner Bewegung. Wense gibt sich dem bewußt hin. Im März 1921 macht er die vorläufig letzte Eintragung in sein Tagebuch und eröffnet mit einem kleinen Oktavheft die Reihe seiner Wetterbücher, die er bis zum Jahr 1927 führen wird. An jedem in Warnemünde verbrachten Tag mißt er Temperatur und Luftdruck und notiert sie zusammen mit den von ihm beobachteten Wettererscheinungen. Sie führen zu wahren Wetterschlachtengemälden, in denen der Autor seiner Liebe zu seltenen Worten frönen und die Sprache mit dem Vokabular aus Meteorologie, Astronomie, Fischerei- und Forstwesen aufladen kann. Zur höchsten Anspannung seiner deskriptiven Fähigkeiten forderte ihn die Beobachtung einer aurora borealis in den Pfingstnächten 1921 heraus.

Alles war in bestandigem Wechsel, der keinem Gesetz unterworfen schien. Leuchteten einmal nur einzelne helle Punkte im Osten des Bogens auf wie sehr hohe durch einen starken Mond beleuchtete Cirren, so konnten sie sich im nächsten Augenblick plötzlich wellenartig über den ganzen Bogen verbreiten und so eine höchst lebhafte Szene unregelmäßig miteinander fliegender Blitze hervorbringen. Wie bei einer Feuersbrunst die Glut mitunter zurückweicht um sich zu neuem Angriff zu sammeln, so wechselten hier mattes Leuchten mit einem tollen Strahlenfeuerwerk. Die mittleren Strahlen griffen bis zum Polarstern, andere verloren sich in der Milchstraße, wieder andere schossen nur wie kurze aber doppelt erbitterte Protuberanzen aus dem schwarzen, dem Meere aufliegenden Kugelsegment heraus.

Mit dem Erlebnis des Nordlichtes beginnt für Wense eine neue Etappe seines Lebens, deren Quintessenz die Aphorismensammlung *Epidot*, eine seiner seltenen Publikationen zu Lebzeiten, eröffnen wird: *Die Erde ist ein Stern. Wir leben im Himmel.* Alle seine Sinne sind nach Norden gerichtet. Mit Europa im Rücken suchen seine Blicke hinter dem Horizont nach Eisfeldern, Fjorden und schneedurchstürmten Tundren, erklärt er den Winter zu seiner Jahreszeit. Außer Dänisch lernt er, um Ibsen im Original lesen zu können, auch Norwegisch, versenkt sich, der *Edda* und den irischen Barden zuliebe, ins Altisländische und Keltische. Neben seinen Wetterbüchern füllt er jetzt Hefte mit Abschriften altnordischer Dichtungen und seinen Übersetzungen, eine Arbeit, zu der er regelmäßig in die Rostocker Universitätsbibliothek fährt, die in grauer Vorzeit von einem seiner mütterlichen Vorfahren geleitet wurde.

Doch die Verbindung zu seinem früheren Leben reißt nicht vollständig ab. Besucher kommen und werden meist kurz abgefertigt. Briefe fliegen hin und her. In den Sommern, wenn die Badegäste die Küste überfluten und die Zimmerpreise für ihn unerschwinglich werden, zieht er durch die größeren Städte. Zur Mutter nach Schwerin oder nach Berlin, aus dem er jedes Mal mit dem Gefühl zurückkehrt, ein schlechterer Mensch geworden zu sein. Er fällt in tiefe Depressionen, liegt wochenlang mit einer Herzkrankheit zu Bett. Er entsteigt ihm, als die Ostsee bis Dänemark zufriert, und jagt kilometerweit auf einem Segelschlitten zwischen den

Eisbarrieren dahin. Er beginnt wieder zu komponieren, isländische, irische und spanische Lieder, in einem neuen, noch kargeren Stil, den man in Donaueschingen »Neoprimitivismus« nennen wird. *Dissonanzen – ich brauche sie nicht mehr. Auf solche Gedanken kommt man nur in den großen Städten.* Nach Donaueschingen, zu den 1922 erstmals stattfindenden, später weltberühmten Musiktagen, hat ihn deren Initiator Scherchen eingeladen. Wense hat Großes dabei vor. Er tritt als preußischer Junker mit gräßlich gestreiften Socken und einem Monokel auf, von dem ihm Manteuffel, ein adliger Verehrer seiner Mutter, gesagt hat, es erzöge mehr als die ganze Ethik, da es nicht zulasse, mit dem Kopf zu schütteln. Was Wense nicht daran hindert, nach seinem Auftritt ein Klavier mit blutigen Tasten zu hinterlassen. Man ist schockiert, die Musikkritiker, bis auf wenige Ausnahmen, verreißen ihn. Der Verlag Simrock erfüllt den Vertrag über den Druck seiner Lieder nicht. Wense stellt die Mitarbeit an der von Scherchen geleiteten Musikzeitschrift *Melos* ein.

Er ist unfähig, an diesem Kulturbetrieb teilzunehmen, der von Leuten beherrscht wird, die ihr Zuwenig an lebendiger Kreativität durch äußere Aktivitäten kompensieren müssen. Wense dagegen ist voll von Schaffenslust, aber die grundsätzlichen Zweifel an seiner Berufung zum Musiker wachsen. Hat er nicht zu viel Hitze dafür und zu wenig Wärme? Und sind nicht zu viele Worte in ihm, die ihre eigene Musik zu spielen gewillt sind? Ist der Ausdruckswille nicht überhaupt nur eine Seite eines intensiven Lebens und kommt vor dem Geben nicht das Aufnehmen, nämlich so viel von Naturerlebnissen, von menschlichen Begegnungen unterschiedlichster und häufig schmerzhafter Art, von den in den Bibliotheken zugänglichen Geistesprodukten seiner Vorläufer aus allen Zeiten und Weltregionen? Für Wense waren beide Aspekte, sowohl das Geben- wie das Nehmenkönnen, immer gleich anziehend. Auf die ihn sich stets aufs Neue stellende Frage, ob er eigentlich ein Musiker, Schriftsteller, Dichter, Übersetzer oder Wissenschaftler sei, antwortete er mit einem umfassenden Nein. Er wolle nichts als ein voller Mensch sein, sein Kunstwerk ein erfülltes Leben.

Jetzt begannen ihn die fernöstlichen Weisheitslehren in ihren Bann zu ziehen. Um Konfuzius und Laotse besser verstehen zu können, lernte er Chinesisch und brachte es so weit, seine Schriftzeichen ähnlich fließend wie die arabischen lesen zu können. Daß Wense Übersetzungen aus über 100 Sprachen hinterließ, ist ein Phänomen, das er einmal in einen Brief an seinen Mäzen Niemeyer zu erklären versucht. Er behauptet darin, daß er, obwohl er schon als Kind von fremden Sprachen fasziniert war und sie zu erlernen versuchte, im Grunde über kein Sprachtalent verfüge. Er behelfe sich mit einem einfachen System, indem er zuerst die Grammatik einer Sprache zu erfassen versuche und dann mit Hilfe eines Wörterbuches die Texte Wort für Wort ins Deutsche übertrage – der Rest sei Intuition. Wörterbücher, Grammatiken und Forschungsberichte mit Originaltexten gab es in der Rostocker Universitätsbibliothek in Fülle. Wenn Wense beteuert, daß er trotz seiner tiefen Aversionen in keinem anderen Jahrhundert als dem zwanzigsten gelebt haben möchte, so denkt er an die ungeheure Menge von Kenntnissen, die dem Europäer jetzt aus aller Welt zuströmten. Wir reden von der Globalisierung wie von einer neuen Erscheinung. Sie ist aber im Gange seit den ersten Entdeckungsreisen der Portugiesen und Spanier und erlebte einen ihrer Höhepunkte in den Kolonialisierungen des späten neunzehnten Jahrhunderts. Anders als in der Gegenwart bewegten sich damals nicht nur Waren, Informationen und Finanzen in höchstmöglicher Geschwindigkeit um den Globus, sondern kam es zu wirklichen Begegnungen von Menschen und Kulturen. Colonos bedeutet nichts anderes als sich ansiedeln, und seit den Hellenen war Kolonisierung ein Sichausbreiten europäischer Lebenswelten. So lange sie von Staaten getragen wurde, bedeutete das auch die Realisierung eines gewissen Zivilisationsprogrammes, den Aufbau eines Schul- und Rechtssystems, eines moderneren Verkehrs- und Gesundheitswesens. Den ersten Siedlern folgten nicht nur Missionare, Soldaten, Ärzte und Ingenieure, sondern auch Ethnologen, Anthropologen und Sprachforscher, die dafür sorgten, daß die indigenen Kulturen in einem Gegenstrom den Weg nach Europa fanden, bevor sich ihre Vertreter selbst auf diesen machten. Das Ende des Kolonialsystems bedeutete auch das Ende aller Verantwortlichkeit und ebnete die Bahn für jene ärmliche, nur an ökonomischem Profit orientierten Form der Globalisierung, die wir heute erleben.

Wenses Entdeckerfreude war eine primär geistige. Sein Körper hat Europa nie und Deutschland nur selten verlassen. Er mußte sich die Welt in seine vier Wände holen. Die alten Chinesen begleiteten ihn von Anfang an und bildeten einen der Kerne jenes *Welt-Buches,* in dem er seine Übersetzungen zu versammeln begann. Seine neue Ordnung und Übertragung des *taoteking* faszinierte Hedwig Wöhrmann so sehr, daß sie, da Wense jeden Verlegerkontakt verschmähte, 200 Exemplare des Buches drucken und verschicken ließ.

Die taoistische Spruchdichtung und die ihr verwandte des Heraklit, die Wense ebenfalls neu ordnete und übertrug, dürften ihn auch zu einer neuen Ausdrucksform seiner eigenen Gedanken inspiriert haben. Die aphoristische Kürze zwang ihn zur Konzentration und ließ eine Verschmelzung rationaler Erkenntnisse mit irrationalen Erwiderungen zu, wie sie seinem Naturell und der Vorliebe für das Paradoxon, für die gleichzeitige Knappheit, Weite und Vieldeutigkeit von Orakeln entsprach – Gott, als er die Welt schuf, war kein Ingenieur, sondern ein Poet. Von Novalis übernahm er die Bezeichnung *Fragmente* für seine Notate. Wenn Wense neben dem Barock die Romantik als die ihm nächsten Stilausprägungen der Vergangenheit nennt, so meint er damit die Frühausprägungen. Die späteren Weltfluchten mitsamt ihrer idealistischen Terminologie blieben ihm fremd. Aber Novalis suchte nicht nur nach der blauen Blume, als Mineraloge grub er auch nach handfestem Gestein; August Wilhelm Schlegel und Tieck übersetzten auf grandiose Weise Shakespeare, Calderon und Cervantes; durch die Schlegels wurde das Sanskrit und mit ihm die für Wense so bedeutsame Vedendichtung in Deutschland eingebürgert; Carl Ritter verband mystische Spekulationen mit wissenschaftlicher Erdkunde und wurde zu einem Vorläufer dessen, was man heute »Kulturökologie« nennt; die neben den Schlegels anderen beiden Dioskurenpaare der Grimms und Humboldts vertieften und erweiterten die Weltsicht auf fast allen Feldern der Geisteswissenschaften. Was Wense an diesen Romantikern immer wieder inspirierte, war die Berührung, ja die Aufhebung scheinbarer Gegensätze: von Poesie und konkreter Wissenschaft, vom Versenken in die deutsche Vergangenheit und der Aufnahme aller nur denkbaren, auch außereuropäischen Einflüsse.

Der Kultus der Jugend und mit ihr der emphatischen Freundschaft war ebenfalls ein Erbe der Romantik. Nach Dezennien des von bärtigen Männern forcierten Geld- und Wissenserwerbs erlebte er um die Jahrhundertwende eine zweite Blüte. Es gab nicht nur den Jugendstil; seit aus den Klassenfahrten des Steglitzer Gymnasiallehrers Hermann Hoffmann eine Organisation namens »Wandervogel« geworden war, sprach man von einer »Jugendbewegung«, die sich neben anderen Aspekten der »Lebensreform« auch der Freikörperkultur widmete. Der Wanderführer war dabei die zentrale Figur, um die sich die jungen Adepten in häufig homoerotisch getönter Anhänglichkeit scharten. Im Kreis um Stefan George wurde die Knabenliebe antik drapiert, und auch Jürgen von der Wense bemüht sich, seine Neigungen kulturhistorisch herzuleiten, von den Dorern, Samurais und Tempelrittern bis zu den Zimmermannsgesellen auf der Walz, mit deren breitem Hut und Manchesterhosen er sich kleidete, als er sich in einen von ihnen verliebte. Wense datierte die Skandalisierung der gleichgeschlechtlichen Liebe ab den Verfolgungen der Röhmputschisten, davor habe sie zu den Selbstverständlichkeiten gehört, über die man nicht sprach. Tatsächlich war die gesamte Sphäre menschlichen Zusammenlebens im vorindustriellen Zeitalter viel erotisierter als heute, weil auf der Berührung beruhend. Vor Breschnew und Honecker küßten sich auch Kaiser und Päpste auf den Mund, obendrein auf Hände, Füße und Knie. Nicht erst Spies und Wense liefen Hand in Hand durch Dresden, das taten junge Männer schon früher, erwachsene gingen Arm in Arm, wie wir es heute nur noch bei Zuwanderern aus dem Süden sehen. Daß man einen Mann, einen Jungen als »schön« empfindet, gehört nicht mehr zu unserem Vokabular, genauso wenig, daß jemand »geliebt« wird ohne sexuellen Unterton – das in angelsächsischer Verdünnung zurückkehrende »I love you« ist dafür ein schwacher Ersatz.

Wenses Liebesbeziehungen verblieben ganz in der Sphäre des Kultes von Jugend und Freundschaft. Genie, das war für ihn die Fähigkeit, lebenslang jung zu bleiben, und im Zusammensein mit Knaben und jungen Männern erhielt er sich die eigene Jugendlichkeit. Freundschaft und Liebe, die für ihn eins waren, bedeuteten Steigerung der Vitalität in einem gemeinsamen »Wir«. Sie kannten die Leidenschaft in allen Facetten, mit euphorischem Beginnen, abrupten Brüchen, tränenreichen Wiedervereinigungen – aber sie verschmähten die Sexualität. *Knabenliebe ist mir ein Höchstes. Aber alle Sexualität zu Knaben ist mir krank.* Er gestand, daß er von zwei Dingen nichts verstand, vom Geld und von der geschlechtlichen Liebe. Die Versuchungen der letzteren bekämpfte er in Warnemünde mit Streichen von Stranddisteln. Hedwig Wöhrmann verbuchte alle seine Probleme, die Krankheiten, Schwermutsanfälle, das Unvermögen, seine künstlerischen Arbeiten zu vollenden oder gar zu vermarkten, auf das Konto verdrängter Sexualität. Sie gehörte zu den Frauen, die ihn von diesem Komplex gern befreit hätten, durch seine Verweigerung andererseits bis ins Alter an seiner Seite gehalten wurden, allerdings mit einem gewissen Abstand, denn sein Bedarf an weiblicher Nähe war durch seine Mutter mehr als gedeckt. Auch auf seinen späteren Wanderungen duldete er nur selten die Gesellschaft von Frauen, ihre *banale Sinnlichkeit* verhinderte jene *uranische Liebe*, jenen gemeinsamen geistigen Höhenrausch, den Wense nur in der Form spiritualisierter Homoerotik fand.

Seine jüngste Liebe war ein extravaganter Jüngling namens Heinrich Dannehl, *der fast immer einen verschlossenen Geigenkasten mit sich trug, darin eine schwarze Fahne und die Haut einer Riesenschlange*. Nächtens schrieb er wilde Gedichte, und da der reich gewordene Murnau Geld geschickt hatte, wollten die beiden im Sommer 1925 auf Reisen gehen. Um den Beitrag von Hedwig Wöhrmann abzuholen, liefen sie nach Wustrow. Hedwig hatte das Fahrgeld in einen Umschlag gesteckt, den sie Wense über den Gartenzaun hinweg eine halbe Stunde lang immer wieder vor die Nase hielt und entzog, bis sie resigniert das Paar mit dem Geld ziehen ließ. Die Reise in die Schweiz wurde ein Fiasko, wie auch die Folgezeit, in der er mit ihm zusammenwohnte: *alles geteilt über ein Jahr, aber ihn nie berührt*. Wense resümierte, daß er in einem Menschen nur die eigene Idee von ihm zu lieben imstande ist. Was am Schlangenmenschen Heinrich für die Familie ein untüchtiger Phantast, für die Ärzte ein Schizophrener war, war für ihn die Inkarnation des Jünglings. Der Jüngling ist in dieser Epoche von Untergang und Aufbruch nicht nur die Idealgestalt Wenses: Gombrowicz feiert ihn in *Ferdydurke*, George betet ihn an, Rimbaud verkörpert ihn bis zu seinem Ende in Afrika – der norddeutsche Aristokratensohn ist es bis zu seinem Lebensende.

Das bedeutet regelmäßige Zusammenbrüche als Voraussetzung dafür, das Leben immer wieder neu zu beginnen. Inzwischen ist Wense dreißigjährig, und die Suche nach neuen

Ufern treibt ihn immer häufiger weg aus Warnemünde. Zumeist setzt er sich, der es als seinen natürlichen Zustand empfindet ein Reisender zu sein, in einen Zug und läuft bei Ankunft in einem fremden Ort zu Fuß weiter. Als er an einem Frühlingstag das Weserstädtchen Karlshafen erreicht, passiert Einschneidendes. *Meine Seele ist am 8. Mai 1932 in Karlshafen eine ganz andere geworden …* Was war geschehen? Wense hatte einen der Weserberge erstiegen und dabei zum ersten Mal bewußt den Fels unter seinen Füßen gespürt, den er, während der Eiszeit zu Sand zermahlen, in nördlichen Breiten entbehrt hatte. Zwar war er schon in den Tiroler Alpen gewandert, doch deren Erhabenheit hatte ihn, wie die der See, immer wieder niedergeworfen und erschöpft am Wegrand pausieren lassen. Jetzt entdeckt er die deutschen Mittelgebirge, die, sich wellenartig ausbreitend, von jedem erstiegenen Bergkamm aus dem Auge weitere Hügelwelten zeigen und die Füße zu unablässigen Fortschreiten auffordern. Seine *12 Landstreicher – Gnadenjahre* begannen. Er nahm sich in Karlshafen Quartier und kehrte nach einigen Wochen nur nach Warnemünde zurück, um seine Wohnung aufzulösen, seine spärliche Habe bei Hedwig Wöhrmann und seiner Mutter in Berlin zu deponieren und dann erneut in den Süden aufzubrechen, der Weser flußaufwärts folgend, der Werra, der Fulda. Er schlief in Bauerngehöften, in Dorfgasthöfen und unter freiem Himmel, mietete sich in Pensionen kleiner Städte ein.

Zu seinem *Wetterbuch* und dem *Weltbuch* tritt in dieser Zeit das *Wanderbuch*, Briefe verkünden seine Entdeckungen, seine permanenten Wiedergeburten, zu denen jede seiner Wanderungen gerät. Seine Wanderungen sind Wallfahrten und alle Berge heilige Berge, *vor denen man zehntausendmal die Knie beugen muß, sie zu bezwingen.* Er entdeckt das allen gemeinsame Ur-Menschliche in sich, nämlich ein Wanderer zu sein. Pascal sagte zwar, alles Unglück der Menschen komme daher, daß sie nicht still in einem Zimmer sitzen können, doch auch alles Glück kommt daher. Von Anfang an wanderte der Mensch, wie die Wolken, die Sterne, die Tiere. Alles Leben ist Bewegung, ist Wanderung. Immer bewegte der Mensch seine Beine, auf der Suche nach Nahrung, nach dem, was hinter der nächsten Bergkette ihn erwartet, auf der Flucht vor Feinden, Hunger, Feuersbrünsten und Überschwemmungen. Als das Mittelalter den Nordeuropäer zur Seßhaftigkeit zwang, durchschauerte ihn immer wieder der alte Bewegungsdrang, machte er sich auf zu Pilgerfahrten nach Rom und Santiago de Compostela, zu Kreuzzügen ins Heilige Land, zu Wallfahrten und Geißlerzügen. Bewohner ganzer Landstriche zogen als Kolonisten in Richtung Osten. Handwerksgesellen, Bettler, Spielleute und anderes fahrendes Volk durchströmten das Land, Heerscharen mit ihren Landsknechten, Söldnern, Marketenderinnen.

Wellen dieser Wanderlust durchliefen Deutschland bis ins vorige Jahrhundert. Seine großen Künstler waren häufig auch große Wanderer gewesen, doch eine Geschichte der Kunst, insbesondere der Literatur, unter Berücksichtigung der Rolle bedeutender Fußmärsche wartet noch immer auf ihren Autor. Er hätte überreiches Material zu verarbeiten.

Dürers Wanderjahre am Oberrhein zwischen
1490 und 1494
Bachs Marsch von Arnstadt nach Lübeck, um Buxtehude
an der Orgel zu hören.

Lessings sonntäglicher Gang von Wolfenbüttel nach Braunschweig, wo er auf dem Marktplatz der Ziehung der Lottozahlen beiwohnte.
Seumes »Spaziergang nach Syrakus«, der im Muldental bei Grimma begann.
Büchners Flucht aus Hessen nach Straßburg.
Lenzens Irrgänge durch die Vogesen rund um Waldersbach.
Die Steintröge für das Vieh, in denen er seinen Kopf abkühlte, stehen noch immer auf den Koppeln.
Goethes zum Teil nächtliche Wanderung von Wetzlar nach Koblenz, nach der er den »Werther« schrieb.
Hölderlins Fußmarsch zurück aus Bourdaux nach Schwaben.
Jean Pauls täglicher Gang zur Rollwenzelei, um im Obergeschoß des Gasthofes zu schreiben.
Tiecks und Wackenroders Wanderung über Bamberg und Bayreuth nach Nürnberg im Sommer 1793
Brentanos und von Arnims Wanderungen im Rheintal.

Man kann zwei Arten von Literatur unterscheiden: eine, die ersessen, und eine, die erfahren wurde. Der schon immer übergroße Anteil der ersteren ist in dem Maße gewachsen, in dem der Mensch zu einem sitzenden Wesen geworden ist, rasend in einem Automobil oder still gebannt vor einem Computer. Sie hat wenig mit Erfahrung zu tun, ein Wort, das auf den »fahrenden« Arzt, Philosophen und Abenteurer Paracelsus zurückgeht. Ein »Fahrender« zu sein, bedeutete, auf Pferde- oder Eselsrücken, am häufigsten auf seinen Füßen unterwegs zu sein. Die Literatur der fahrenden Sänger nutzte die Schrift nur für das abschließende Notat, häufig aus der Feder Fremder. Wolfram von Eschenbach behauptete von sich, Analphabet zu sein, was ihn nicht hinderte, in drei verschiedenen Sprachen zu dichten. Er und seinesgleichen fanden und memorierten ihre Worte in der Bewegung, um damit später die Ruhe ritterlicher Burgen zu beleben.

Wenn Wense auch weiterhin Sitzfleisch in den Lesesälen bewies, die entscheidenden Gedanken, Ideen, Erkenntnisse sammelte er fortan im Gehen. Die Wanderungen waren für ihn Kunstwerke, in denen er der Landschaft und sich selbst so nahe wie nur irgend möglich zu kommen suchte. Auf seinen Märschen verunendlichte er sich und fand zugleich Unendlichkeiten an Leben, wenn er sich in die menschliche Historie, die Geologie, die Pflanzen- und Tierwelt der von ihm durchstreiften Gebiete versenkte. Er schuf sich feste Stützpunkte, zumeist in lokalen Zentren mit Bibliotheken, Museen oder Archiven, in denen er seine Wanderungen vor- und nachbereiten konnte. Selten blieb er dort aber länger als drei Monate, weil er dann sauer wie Milch in der Schwüle zu werden drohte. Mitunter vergrub er sich in ländlicher Einsamkeit, wie auf jenem Bauernhof im Sauerland, von dem aus er das ihn besonders fesselnde Westfalen erkundete. Landschaften waren für ihn wie Persönlichkeiten, deren innere und äußere Physiognomien er zu lesen bestrebt war, und Westfalen hatte durch seine Gegensätze eine besonders charaktervolle. Zum einen war es das Stammland der heidnischen Sachsen, zum anderen der nördlichste Ausläufer des Katholizismus. Es war Bauernland, in dem zugleich Städte mit gewaltigen romanischen Kathedralen wuchsen, so das grünsandsteinerne Soest und Paderborn, in dessen Pfalzburg Karl der Große und Leo III. das römische Reich wiedererstehen ließen.

Aber *die Mitte ist überall.* Überall entdeckte der Wanderer geheimes, mitunter jahrhundertelang verschüttetes Leben. *Ich fand die alte Goldgrube der Mönche von Bredelar, woraus der Welfenschatz gefertigt, und die grässlichen Bleigruben, wo istländische Knappen das Blei brachen für die Bleikammern Venedigs.* Er suchte nach vergessenen Steinkreuzen in Hessen, katalogisierte sie und richtete sie wieder auf. Er forschte nach Wüstungen in der Rhön. Er ist ein *Schatzgräber und Schatzvergräber,* denn an entlegenen Orten versteckt er Botschaften in kleinen Rohren. Als man ihm einen billigen Fotoapparat schenkt, wird sie zu seinem dritten Auge, so genau wie poetisch. Er findet die Box fabelhaft, weil er sie in die Hosentasche stecken kann, nichts einzustellen braucht und trotzdem jedes Bild gelingt. Gegenstände nimmt er scharf in den Blick, Landschaften, obwohl er mitunter lange um den richtigen Standort ringt, verwackelt er gern, *denn nur leicht verwischte Fotografien haben Seele.* Er faßt sie nicht als dokumentarische Aufnahmen auf, sondern als Paraphrasen des Lichts, Übersetzungen, die den genius loci einer Landschaft möglichst genau zu erfassen haben. Menschen zu fotografieren fällt schwerer. Zigeuner schmissen Steine nach ihm aus Angst um ihre Seelen. Dabei spricht er gern mit einfachen, festgesinnten Menschen, selbst wenn sie, wie der Bauer auf dem Feld, von Hitler als ihrem Gott sprechen. Er weiß, es ist ihr letzter, danach wird nur noch das Geld kommen, *werdens noch schwer haben* kommentiert er und zieht weiter. Weiter und weiter. Die Gespräche am Wegrand, mit dem Viehhirten auf der Weide, mit dem orgelspielenden Knaben in der Dorfkirche – sie sind kurze, wohltuende Episoden. So liebte er das Leben: *Ein Vorbeifliegen, ein Sich-Herablassen und Beschenken – ein Auf und Davon.*

Bei allem seligen Sichverlieren sind diese Wanderungen doch vor allem Fluchten, darüber ist sich Wense im Klaren. Fluchten vor der Großstadt, vor zu viel Menschennähe, vor dem Kunstbetrieb und den eigenen, einmal damit verbundenen Ambitionen und immer mehr vor den Zumutungen, die das Dritte Reich an jeden Einzelnen stellt. Da er nirgendwo gemeldet war, hatten auch die Behörden, einschließlich der militärischen, keinen Zugriff auf ihn. Andere wandern aus, entstand das Bonmot, Wense wandert herum. Eine einsame, schmerzliche Flucht. *Es ist schauerlich, von seinem eigenen Volk verlassen zu sein,* denn was für den westfälischen Bauer noch Privatreligion war, wird zu der des Regimes: *es gibt keinen Gott als den Staat. Du bist Staatsbürger. Mehr Ehre hast du nicht.* Sollte er, der immer auf Umbrüche, auf Neuanfänge begierig war, anfangs Illusionen in dieser Richtung gehabt haben, so sind sie schnell dahin: *Danach dieser Höllensturz von Enttäuschung, von krassem Betrug.* Er empfindet eine ungeheure Verarmung des Lebens, seine Eingleisigkeit. Aufführungen von Mahler-Werken werden verboten, seine musikalischen und literarischen Kampfgefährten verschwinden im inneren oder äußeren Exil. Schon sein Aristokratismus verbietet jede Anbiederung an die neuen Verhältnisse, sie sind für ihn Ausdruck der Massenochlokratie, der Herrschaft der Minderwertigen. *Ich bin leer und mutlos wie noch nie in meinem Leben. Angst und ohne Vertrauen. Zunehmender Druck im Lande, gänzliches Erlöschen der Freiheit. Vermassung und Minderwertigkeit.* 1940, während des triumphalen Feldzugs in Westeuropa, stellt Wense Hitler ein Horoskop und prognostiziert seine katastrophale Niederlage mit anschließendem Selbstmord.

Unter diesen Bedingungen werden seine Wanderungen auch ein Abschied vom alten Europa, vom alten Deutschland. Während sich das neue in Selbstanmaßung aufbläht, sucht er das vergehende in seinen Dörfern, Städten, Fluren, Kirchen. Eine in anderthalb Jahrtausenden gewachsene Kulturlandschaft will vor ihrem Ende von ihm aufbewahrt werden. In Kassel fotografiert er Haus für Haus die Altstadt, die wenig später in Flammen aufgehen wird. Die Ahnung davon begleitet ihn ständig, in den großen Städten sieht er zukünftige Wüstungen. Im Archiv des Reichskammergerichts Wetzlar, *wo mein Vorfahr Präsident war und mit der Kasse durchbrannte*, fertigt er Aktenauszüge, als ob es die letzte Gelegenheit dazu sei. In der gleichen Stadt findet er den Hof seines Ururgroßvaters Christian Nettelbladt aus Stockholm, dessenthalben Goethe nach Wetzlar kam. Es ist ja nicht nur im bildlichen Sinn das Land seiner Vorfahren, das er durchzieht, sondern im wörtlichen. Überall trifft er auf ihre Spuren. Deshalb auch geht er keinem Friedhof aus dem Weg. Auf einem Wiesbadener stößt er auf einen Grabstein mit der Aufschrift *Hans Jürgen von der Wense* – ein nassauischer Generalleutnant, gestorben 1740. In Göttingen, wo er den Toten nachts Klopstock vorliest, hört auch ein Urgroßvater seines Vaters zu, *René le Roy de Chateaubourg, ein Offizier aus Orleans*. Die Geschichte Europas ist nicht zuletzt die Geschichte seines Adels, dessen Internationalität sich Wense stets bewußt war.

Durch die Mutter, die nie die Fährte des Sohnes verlor, kam er immer wieder mit den Repräsentanten seiner untergehenden Klasse in Berührung. In Kassel, das für einige Zeit zu Wenses Stammsitz geworden war, kommt sie in einem Seitenflügel des Schlosses unter und pflegt dort täglichen

Umgang mit der Wittelsbacher Prinzessin Malfalda, nimmt mit ihr Tanzunterricht, spielt Karten mit ihr. Wense spielt auf dem Flügel, sie singen dazu. Durch Geburt fühlt er sich dem Adel verbunden, *aber im eigentlichsten, im ersten gehöre ich der Natur.* Als er erstmals zu einem Familientreffen auf dem Stammgut der Wenses in Niedersachsen fährt, wird er als Unikum beklatscht, weil er dritte Klasse angereist ist. Er fühlt sich stockfremd – *diese Adligen Perlhühner sind unmöglich.* Er zieht weiter: Schwerin, Wustrow, Berlin, Dresden, die alten Orte, alte und neue Bekannte, die ihn nicht seiner Schwermut entreißen können. Zurück in Kassel meldet er sich beim Arbeitsamt, das ihn – *Die Kerle hatten zuweilen doch recht* – als Schriftsetzer und nicht -steller führt. In einem angeforderten Antrag auf Aufnahme in die Reichsschrifttumskammer hatte er zuvor alle 85 Fragen mit *Nein* beantwortet und wurde demzufolge abgelehnt. Die Verweigerung geht so weit, daß sie zu somatischen Schreibproblemen führt und er sich wegen Arm- und Schulterbeschwerden in Gießen mit Röntgenstrahlen behandeln lassen muß. Dann der erste Fliegeralarm in Kassel, die ersten Bombardierungen. Die Zeit des Untergangs der Dome, den er wie seinen eigenen Tod erwartet, ist gekommen. Die Bibliothek wird geschlossen – Signal für von der Wenses Umzug nach Göttingen.

Daß die niedersächsische Universitätsstadt zu seinem letzten und längsten Domizil wurde, lag nicht an einer besonders innigen Bindung zu ihr. Im Grunde mochte er die Stadt nicht, fand das Schönste an ihr den Güterbahnhof, sein nächtliches Lichtermeer. Der universitäre Dünkel, gespeist von einer großen Vergangenheit, die neben jedem zweiten Fenster das Namensschild einer dahinter gehaust habenden Koryphäe, aber sonst nicht viel mehr hinterlassen hat, stieß ihn ab. Doch auch die ihm nahen Lichtenberg, Gauß und Forster hatten vor ihm hier gelebt, Göttingen war das mathematische Zentrum der Welt gewesen, und zugleich wurde in dieser Atmosphäre des nüchternen Positivismus die deutsche Romantik geboren – in Gestalt des in einem nahen Wäldchen *mit einer abgeschmackten Bierbrauerei* gegründeten »Hainbundes«. Das aber war lange her. Inzwischen hatte sich dicker Mehltau über das nationalsozialistisch gleichgeschaltete Universitäts- und Stadtleben gelegt. Wense lebte weiter das Leben eines Außenseiters, der seine Wohnungen vor allem zum Schlafen nutzt. Was ihn an Göttingen band, waren die schier unergründbaren Schätze seiner Universitätsbibliothek und die für sein Anliegen exquisite Lage. Wenn er aus den stets offenen Fenstern am »Weißen Stein« in Richtung Süden blickte, konnte er über die Bergwellen hinweg jenes Tal bei Witzenhausen erahnen, an dessen Rand nach Alexander von Humboldts charmanter Übertreibung Skandinavien und Sizilien aneinanderstoßen. Wense liebte Übertreibungen, denn wie sonst sollte der eigene Flug an Höhe gewinnen, und pflegte die Vorstellung, daß er hier, wo sich Norden und Süden, Flach- und Bergland begegneten, in der Mitte der Mitte, an zentraler Stelle nicht nur Deutschlands, sondern Europas saß. Von hier aus konnte er in östlicher Richtung ins katholische Eichsfeld ausschwärmen, nach Westen und Süden in das protestantische, nichtsdestotrotz hochgotisch geprägte *Zauberland* Hessen und darüber hinaus in das von ihm noch immer am tiefsten geliebte Westfalen und ins Rheinland.

Er tut es, bis man ihm im März 1943 zum Arbeitsdienst in die Physikalischen Werkstätten beordert. Von nun an kann er das Schicksal der Städte nur noch über die Rundfunkmeldungen verfolgen. *Wetzlar zerbrach bis auf den Grund, Giessen auch, Siegen, Kirchhain, Boppard, Koblenz, Bingen und Soest. Paderborn steht noch, Fritzlar fast.* Die Arbeit mit den Radiosonden stört ihn nicht, ja bringt sogar Abwechslung, besonders als der zukünftige Student Dieter Heim auftaucht. Wense, der von sich behauptet, ebenso gut Staatssekretär wie Mitropakellner sein zu können, widmet sich auch dieser Aufgabe mit Akribie. Und versucht es mit Gleichmut zu nehmen, als er im November 1944 in den Volkssturm eingereiht wird und zusammen mit Professoren der Universität, deren Bekanntschaft ihm nach Kriegsende noch von Nutzen sein wird, Panzergräben ausheben, Trümmergrundstücke räumen muß. Denn inzwischen haben die Bombergeschwader auch den Weg nach Göttingen gefunden. *Ich war im Stadtpark. Auf den üblichen Abendalarm achtet niemand. Plötzlich dunkel. Knall. Die erste Bombe. Im Gaswerk. Explosion. Viele Tote … 150 m von meinem Haus Trichter, Wehrmeldeamt und Kaserne zerstört. Bei mir Fenster, Türen und Dach fort. Man kann von der Strasse so an mein Bett gehen. Unbehaglich, aber mir völlig gleichgültig, da alle Materie mich nicht aufregt. Inzwischen leicht repariert.* Für ihn ist die von ihm prophezeite Zerstörung Teil des unabänderlichen, von ewigem Wandel geprägten Weltgeschehens. Ihm bleibt nur, es zu beobachten und, wenn sich mitten in einem Fliegerangriff ein Sonnenring zeigt, es zu notieren.

Denn seit er eine feste Bleibe hat wird ihm das Schreiben wieder dringlicher. Inmitten des Tumults übersetzt er weiter aus dem Chinesischen, drängen wieder Fragmente nach Formulierung, erfindet er neue Ordnungen für seine Arbeiten, fertigt für den Fall ihres Untergangs während der Bombardements ein Verzeichnis von ihnen, ja geht daran, seine Revolutionstagebücher zu einem autobiographischen Roman umzuschmelzen. Es ist das einzige Mal, daß er sich auf dieses Gebiet begibt, und läßt ihn unbefriedigt zurück. Die etablierten Formen insbesondere des fiktionalen Schreibens erregten schon immer seinen Verdacht. Thomas Mann war für ihn *der große Verunechter*, Ernst Jünger, *was sehr hart zu sagen ist, durch und durch falsch*. Unvorstellbar für ihn, zu einem professionellen Verfasser von Romanen zu werden, denn es bedeutete, *grosse Dinge zu kennen und doch so kleine zu wagen*. Was Menschen dennoch dazu trieb, war für ihn *die unbegreifliche Abwesenheit von Scham*. Er selbst war zu dieser Verunechtung unfähig, all seine Energien brauchte er, um das von ihm erfahrene Lebenswunder in adäquate Formulierungen zu fassen, Formulierungen, die die von uns allen benutzten Versatzstücke verschmähten und stets wie neugeboren wirkten. Dazu brauchte er die direkte Ansprache, in dialogischer Form in den Briefen, seinem *Sprachrohr*, oder in der monologischen seiner Tagebuchnotizen. Mit diesem stand er in seinem Jahrhundert keineswegs allein. Seit Valery und seinen *Cahiers* haben Schriftsteller, wie etwa Gombrowicz, Ernst Jünger und zuletzt Walter Kempowski, insbesondere in ihrem Spätwerk und nicht zu dessen Nachteil den Weg der Erfindung von Realität verlassen und sich deren Dokumentation und Kommentierung in ihren Journalen zugewendet. Aber keiner hat wie von der Wense sein gesamtes Werk ausschließlich auf diesen Boden gestellt.

Plötzlich Zischen und ein furchtbarer Schlag wie von einer Faust … Wieder lange Stille … Wir essen Suppe. Plötzlich rollen die Panzer … Es sind amerikanische. Am 8. April wird Göttingen nach kurzen Kämpfen von den Alliierten eingenommen. Die Amerikaner beschlagnahmen Wenses Zimmer beim Grafen von Vitzthum, zerscherbeln eine Flasche mit Schiff, brennen seinen Sternenatlas an, lassen Bücher mitgehen und hinterlassen ein kostbares Stück Seife und einen Füllfederhalter. Polnische und russische Zwangsarbeiter bewaffnen sich mit Eisenstangen und Knüppeln und werden, als sie plündernd durch die Stadt zu ziehen beginnen, von den Briten zurück in ihr Lager getrieben, wo sie *brüllen, toben pfeifen bis in die Nacht.*

Dann wird Wense von den Alliierten zu einem Gespräch eingeladen, *was ein alter Jude vermittelte, dem ich die Treue gehalten.* Zeitlebens fühlte sich Wense zu den Juden hingezogen, weil sie Bescheid wissen. Er sah in ihnen die Reste antiker Großstadtkultur fortleben, ein gehetztes, heimatloses Volk, dem er sich als Abkömmling der Aristokratie verwandt fühlt, weil es ebenfalls international denkt und Haltung zu bewahren gelernt hat in den ernstesten Situationen. Durch die Fürsprache seines jüdischen Freundes galt Wense als zuverlässig und wurde um Rat gebeten beim Aufbau der neuen Universität. Er konnte ihn geben, weil er die Professorenschaft beim Umgang mit Hacke und Schaufel in den Diensten des Volkssturms genau kennengelernt hatte. *Ich aber lief mit Jubel wieder zurück auf meinen alten und eigenen Weg, in meine Freiheit, meine tätige Einsamkeit. Es ist jetzt die schönste und reichste Zeit meines Lebens.*

Sie war es, weil sich von ihm und seinen empfindsameren Zeitgenossen eine Fessel gelöst hatte, weil er, aufgefordert von diesen, seine Eremitenhöhle erstmals wieder verließ und Widerhall auf seine Arbeit erfuhr. Ende Juni sind in Göttingen fünf seiner Lieder im Konzertsaal zu hören, was ihn zu neuen Kompositionen nach Gedichten von Yeats und Texten von Jean Paul beflügelt. Später tauchen seine Freunde Erdmann und Krenek aus der Versenkung auf und versuchen, Wense wieder für das Musikleben zu gewinnen, Scherchen kann das Versprechen, seine Werke wieder aufzuführen, zwar nicht halten, nimmt ihn aber regelmäßig als Inspirator auf seine Konzertreisen mit. Wichtiger noch sind die neuen Horizonte, die sich ihm auf literarischem Gebiet eröffnen. Professor Dr. Herrmann Nohl, ein Pädagoge und Leidensgefährte aus Arbeitsdienstzeiten gründet 1946 die Monatsschrift *Die Sammlung* und bringt Ausschnitte aus Wenses inzwischen ins Unübersehbare gewachsenem Werk. Zuerst einen Aufsatz über *Die Schaukel,* später *Der Lebensmüde,* die Übersetzung des ältesten aus dem Ägyptischen überlieferten Textes. Am folgenreichsten für ihn wird die Publikation einer Auswahl seiner Fragmente, die er ständig erweitert, variiert und neu geordnet hat und jetzt unter dem Titel *Epidot* erscheint, Name eines isländischen Gesteins, das außen schwarz, innen tiefblau glänzt. Diese Maximen und Reflexionen, die durch die Erfahrung der Naziherrschaft an Bedeutung gewonnen haben und über sie eine Brücke in Vergangenheit und Zukunft schlagen, müssen die Leser tief beeindrucken oder verschrecken.

Wenn ich glaube, steige ich. Warum also sollte ich zweifeln?
Wenn der Geist wachsen will, muß er Feinde haben. Jedes Werk ist ein Sieg.
Ein plötzliches Glück ist ein großer Verlust, darum werden wir ja daran wie krank, weil es unsere Gewohnheiten unterbricht, unsere Eitelkeiten zerrüttet, wenn wir merken, wie lange uns die Gemeinplätze des Gefühls genügten.
Das Lachen ist die Koloratur des Denkens. Wir lachen, weil wir uns irren. Wenn wir ohne Irrtum lebten, wären wir Tiere.
Verzweifeln, mein Menschenrecht.
Jeder Augenblick ist ein König der Ewigkeit.
Ihr täuschenden Errungenschaften! Wir sind einverstanden mit der Welt.
Was kümmert's mich, ob die Welt Verfall ist oder Energie: Sie ist immer das, was ich gerade bin*! Die Weltgeschichte ist meine Pflicht.*

Die Reaktionen auf die Veröffentlichung waren erstaunlich. Es gab empörte Zuschriften und Drohungen, das Abonnement zu kündigen, so daß Nohl den versprochenen zweiten Teil der Fragmente nur in einer stark gekappten Version zu publizieren wagte. Andererseits erfuhr der Autor viel Zuspruch, insbesondere durch die von ihm so geschätzte Jugend, es fand sich in einem Göttinger Gymnasium eine Klasse, die einen seiner Sprüche zum Aufsatzthema wählte. Dem Romanisten Ernst Robert Curtius verblaßte die gesamte zeitgenössische Literatur angesichts des *Epidot* zu einem Nichts. Unter den vielen enthusiastischen Leserbriefen wurde einer für Wense besonders wichtig, der des Hamburger Kunsthistorikers Wilhelm Niemeyer, Wiederentdecker Matthias

Grünewalds und Förderer der Brücke-Künstler. Da Hedwig Wöhrmann, die inzwischen allein (ihr Mann hatte sich bei Einmarsch der Russen erschossen) im ostzonalen Wustrow saß, nicht mehr für den alten Freund sorgen konnte, übernahm Niemeyer einen Teil der finanziellen Unterstützung, schickte ihm obendrein abgelegte Garderobe, darunter etliche Unterhosen, die zu kurz für Wenses lange Beine waren. Der revanchierte sich mit langen Briefen, in denen er über Jahre hinweg jeweils freitags Rechenschaft über seine Wanderungen, Arbeiten, Projekte ablegte. Einmal fuhr in Göttingen ein blauer Mercedes vor, der ihn nach Hamburg brachte, wo er sich in dem hanseatischen Familienmilieu Niemeyers dermaßen beengt fühlte, daß er abreiste, bevor es zu der angebahnten Begegnung mit Hanns Henny Jahnn kam. Hanns Henny Jahnn, der Dramatiker, Prosaist, Orgelbauer, Pferdezüchter und Herr von Ugrino, der ebenfalls in diese Reihe großer Außenseiter gehörte, wenn ihn nicht sein später Ruhm in eine andere Sphäre gehoben hätte.

Trotz Wenses ausgeprägten Fluchtreflexen schuf er sich einen Kreis von Freunden und Verehrern, die sein Überleben sicherten. Scherchen schickte immer wieder Geld, der Ultraschallarzt aus Gießen behandelte kostenlos und lud ihn regelmäßig in den Kreis seiner Familie ein; die Braunschweigerin Heddy Esche ließ sich von den mißglückten gemeinsamen Wanderversuchen nicht schrecken und sandte Pakete mit Reißzwecken, Papier und Honigkuchen. Es ist erstaunlich, wie in den Zeiten vor der Monopolisierung der Kunstförderung durch den Staat noch das private Mäzenatentum funktionierte.

Das war auch bitter notwendig, denn die ersten Nachkriegsjahre waren die letzte Epoche, in der in Deutschland gehungert wurde. Es war zugleich die Zeit, in der die bürokratische Erfassung jedes Einzelnen einen neuen Kulminationspunkt erreichte. Wense mußte von Behörde zu Behörde laufen und sich von Professor Nohl schließlich bestätigen lassen, daß er »Privatgelehrter«, außerdem noch »Schriftsteller und Komponist« sei, um eine Lebensmittelkarte zu erhalten. Die Fett- und Fleischanteile tauschte er gegen Kohlen für seine Mutter, die ihm längst nach Göttingen gefolgt war; er selbst saß in Niemeyers Pelzmantel im ungeheizten Zimmer, das sich jetzt »Am Weißen Stein 31« befindet, vermietet von der Familie Müller. Als unvermutet der bereits verschollen geglaubte Dieter Heim auftaucht, halb verhungert und verwahrlost, nimmt der alte Freund ihn bei sich auf. Heim ist gezeichnet (heute würde man sagen traumatisiert) von Krieg, Gefangenschaft und Flucht, hat keine Zuzugsgenehmigung, weil keine Studienzulassung. Wense, für den zu retten tiefes Bedürfnis war, kümmert sich um ihn, teilt mit ihm seine einzige warme Mahlzeit am Tag, die in der Bahnhofswirtschaft für 2,50, verschafft ihm die Universitätszulassung, kauft ihm später ein Fahrrad, das *Sinnbild der Freiheit*. Der junge Student, jetzt in einer Dachkammer untergekommen, *lebt von genau 53 im Monat!! Es gibt in Göttingen niemanden, der so hungert und nie klagt*. Wense stärkt sich an dieser Stärke, daran, daß Dieter *sehr erdfest* ist *wie alle Armen*.

Auch für ihn, den »Privatgelehrten«, öffnet sich wieder die Universität. Nach siebenjähriger Schließung kann er 1949 im Lesesaal den angestammten Platz 97 ein- und seine Studien wieder aufnehmen, an neuen Übersetzungen arbeiten, anhand von Meßtischblättern seine nächsten großen Wanderungen vorbereiten. Die Wellen des öffentlichen Interesses sind abgeebbt, eine letzte erreichte ihn aus Frankfurt, wo der Verlag Vandenhoeck, der *Die Sammlung* herausgab, sich für das Gesamtwerk seines Autors interessierte. Wense schleppte zwei volle Koffer an, *der Schweiß brach ihnen aus, sie prüfen es,* um ihm nach sechs Wochen mitzuteilen, was er zuvor von vierzehn Verlegern gehört hatte, bei seinem Werk handele es sich um *Feinschmeckerei,* zu poetisch für die Wissenschaftler, zu wissenschaftlich für die Poesieliebhaber.

Wense verbot sich fortan alle Hoffnung auf eine Publikation zu Lebzeiten, aber nicht die, seine Arbeit in eine für spätere Leser nachvollziehbare Ordnung zu bringen. Bei seinen Wanderungen ging er systematischer denn je vor. Die Meßtischblätter waren für ihn *Partituren der Landschaft,* die er sich gehend zu lesen und hinterher das Erfahrene in Sprache zu übersetzen bemühte. *Ganz anders als diese breiten Sohlentäler mit ihrer hochlyrischen Stimmung, wahre Paradiese der Botaniker, sind die finsteren, engen, klammartigen Kerbtäler im Norden des Waldes bei Laubach (oberer Kartenrand links); es sind einsam-wilde Schluchten mit Felsgeröll und zerrüttetem Hochwald, die ich im Herbstregen am liebsten immer wieder beging, wenn die Wolken um mich herumschnoben wie Geister und Wölfe.* Der Adressat dieser Zeilen zum Meßtischblatt Hedemünden ist Dieter Heim, der, oft sein Begleiter, aber nun, da er in Studium und Leben eigene Wege geht, mit diesen Schilderungen zu weiterer Anteilnahme bewegt wird. Heim blieb seine festeste Stütze. Klarer als Wense selbst ist ihm, daß er jeden Gedanken an Publizität hinter sich lassen muß, weil deren Implikationen in direktem Gegensatz zum Wesen seines hochadligen, tiefreligiösen und gänzlich auf das Durchleben höchster Augenblicke angewiesenen Freundes ist.

Um seine Inventarisierung der Schöpfung zu vervollständigen, verliert sich Wense in möglichst abseitige, von den letzten Verwüstungen unversehrte Gegenden, in Hochmoore, unzugängliche Täler, in die Nadelwaldwüsteneien des Harzes. Zugleich kann er den zerstörten Städten nicht aus dem Weg gehen. Als er Braunschweig wiedersieht, Paderborn, Kassel, Münster, spricht er vom *fast antikischen Verfall unserer Zeit*. Dieser ist mit dem Schweigen der Waffen nicht beendet. Als ob die Deutschen, die die menschliche Zerstörungslust in den letzten Kriegsjahren weniger ausleben konnten als sie sie am eigenen Leibe erfahren mußten, etwas nachzuholen hätten, gehen sie daran, die Überreste ihrer alten Städte zu eliminieren und unter Schichten von Beton, Asbest und Asphalt zu begraben. *Der Faschismus hat den Krieg verloren,* konstatiert Wense, *aber den Frieden gewonnen*. Er meint damit nicht nur den uniformen Wiederaufbau, sondern sieht die von ihm so genannte Massenochlokratie, wenn auch in einem gewechselten Gewand, so doch in ihrem ursprünglichen Kern triumphieren, in der Einebnung alles Individuellen, der Verstaatlichung der Seelen. Der neue Schlachtruf nach »Freiheit« erscheint ihm, der neue ethische Bindungen für das Gebot der Stunde hält, für die moderne Form einer Heuchelei, die nur den Hang zur Verantwortungslosigkeit kaschieren soll. Für die aktuelle Politik hatte er nur Spott übrig. Sie bestand für ihn aus Liebedienerei gegenüber dem Westen und Häme gegenüber dem Osten, dessen deutschen Teil er niemals aufgab und dessen staatliche Anerkennung er für angemessen hielt. Als ihn 1953 die Nachrichten vom Arbeiteraufstand erreichten, erwachte in ihm das alte Anarchistenblut, das zu den Waffen eilen und die Grenze durchbrechen wollte. Dazu kam es nicht. Seine Beziehungen zu den Brüdern und Schwestern im Osten blieben auf den Briefwechsel mit Hedwig Wöhrmann und die Lieferungen von Köstritzer Schwarzbier eines thüringischen Verehrers beschränkt.

Die größte Gefahr für den Menschen sah Wense ohnehin in seinem hemmungslos wachsenden Wohlstand. Nur die Not, nur der Widerstand gegen die Fährnisse eines schweren Lebens konnten seine besseren Eigenschaften aktivieren, seine Geduld, Ausdauer, Demut, seine Fähigkeiten zu Fürsorge und Liebe; der Überfluß erstickte sie und hinterließ beklemmende Leere. Am deutlichsten brachte das sein Vermieter, von Beruf Tischler, zum Ausdruck: *Ich war erst kommunist, dann sozialdemokrat, was bin ich heute?? Ein bürger. Sehen Sie sich mal meine neue dusche an mit kachelwänden. Wir haben alles. Wir sind reich (…), aber wir werden immer dümmer.* Wense notierte das in Kleinschrift, um auf seiner neuen Schreibmaschine den Gedankenfluß nicht zu behindern. Sie und sein, ebenfalls geschenkter, voluminöser Radioapparat, auf denen er begeistert oder verärgert die Konzertübertragungen des WDR verfolgte, waren die wesentlichsten Errungenschaften seiner Wirtschaftswunderzeit.

Auch in ihr blieb er konsequenter Widerpart: *während die Menge immer ärmer wird an ihrem verblödenden Reichtum, werde ich immer reicher im Herzen und Geiste in meiner begnadeten Armut.* Während jeder Klempner seinen Urlaub inzwischen im zitronenblühenden Italien verbrachte, entdeckte Wense noch immer Wunder zwischen Rothaargebirge und Harz, Meißner und Eichsfeld. Während er weiterhin darauf bestand, die Erde mit seinen Fußsohlen zu ertasten, erkunden, erobern, durchrollte das Land eine immer rapider anschwellende Blechlawine. In guten Stunden hegte er die Hoffnung, daß man in zwanzig Jahren *über diese krachwütigen, stinkenden und ordinären gestelle lachen* würde, in schlechteren ahnte er, daß das erst der Beginn der Verräderung des Menschen bedeutete, seiner Flucht in die Geschwindigkeit, seiner Unterwerfung unter die Zahl, die nur noch Quantitäten kennt und keine Qualitäten mehr.

Seine einsame Position spürte er besonders schmerzlich, wenn er mit der großen Welt der Kunst in Berührung kam. In der Musik hatte er anfangs noch Hoffnungen, befreundete sich auf einem der Scherchenschen Konzerte mit dem jungen Luigi Nono, wechselte einige Briefe mit ihm. Mit Hans Werner Henze, dessen große Begabung er ebenfalls anerkannte, war es schwieriger: ihn mußte er einmal ohrfeigen, um ihn aus dem Himmel der Arroganz auf den Boden der Tatsachen zu holen. Jede neue Generation tritt mit einem Gefühl der Überlegenheit gegenüber ihren Vorgängern an (und Wense kannte dieses Gefühl aus seiner eigenen Jugend), aber das der ersten Nachkriegsgeneration war für den Revolutionsveteranen unerträglich, weil es sich mit geistiger und seelischer Enge und einem Unmaß moralischer Selbstgerechtigkeit paarte, die Schuld ausschließlich an die Alten verteilte und für sich die Unbeflecktheit von Engeln beanspruchte, und zwar die von Racheengeln. Dabei waren diese dünkelhaften jungen Männer mit ihrer Humorlosigkeit, ihren Hornbrillen und Lederschlipsen unendlich viel älter und saturierter als der ewige, noch immer von Häutung zu Häutung eilende Jüngling von der Wense. Die Musik teilte sich immer schroffer in eine teils heimatdeutsch, teils amerikanisch geprägte Unterhaltungsmusik und eine *Geheimwissenschaft,* von der er sich wegen Nichtzugehörigkeit verabschieden mußte. Und was er, der nie ein großer Leser von Belletristik war, von deren moderner Spielart mitbekam, langweilte ihn tödlich ob ihres monotonen Neins zum Leben, während er alle Energie darauf verwandte, sein Ja immer tiefer, voller und komplexer klingen zu lassen. Selbst Joyce legte er nach anfänglichem Enthusiasmus beiseite und kehrte zu Jean Paul und Wilhelm Raabe zurück, in denen er den inneren Monolog und die anderen formalen Neuerungen bereits vorgeformt und seiner Gedankenwelt näher glaubte. Am ehesten hatte er Zugang zu den bildenden Künsten, wie sie sich auf den Documentas im nahen Kassel präsentierten. Die von 1964 fand er *mutstärkend* und daß sie ihm *wieder Gefährten bescherte.* Diese aber waren Amerikaner, Japaner und Afrikaner, während er die deutschen Artisten noch immer in Borniertheit und Enge gefangen befand.

Um so erstaunlicher ist, daß er unter der Jugend seiner näheren Umgebung einen Kreis von Bewunderern und Schülern um sich scharen konnte. Er nannte sie seine Kinder. Die feinsinnige Tochter seines Gießener Arztes, der Zimmermannslehrling Hartwig, dem zuliebe er selbst einen Schlapphut trug, einen jungen Dichter, auf dessen Veröffentlichung in einer Kasseler Zeitung er mit einem anfeuernden Leserbrief geantwortet hatte. Er nahm sie mit in Konzerte, las und spielte ihnen vor, faßte sein Wissen, etwa über Bruckner oder Mahler, über die provencalischen Trobadore, die mittelalterlichen Bauhütten oder die Vulkane in der Eifel, in Aufsätzen zusammen, die seine Eleven vor den Banalisierungen des öffentlichen Bildungssystems schützen sollten, das *zu gehirnfunktionären erzieht.*

Unter seinen Altersgenossen lichteten sich dagegen die Reihen. Niemeyer kommt in ein Pflegeheim, in dem ihn nur noch Wenses Briefe aus der Lethargie zu reißen vermögen, bevor er 1960 stirbt. Walter Colsman und Friedel Claus, seine Göttinger Freunde und Unterstützer, sterben, und als er von Hedwig Wöhrmanns Tod in Wustrow erfährt, notiert er verstört: *Ihre Bilder kommen zunächst in ein magazin der östlichen kunstkammer, werden dort vermodern. Arme kunst, arme leidenschaft. Unser armes törichtes liebes herz …* Um Wense wird es einsamer. Dieter Heim, der die Phase seiner Bergfluchten, in der er nichts als verwildern wollte, überwunden hat, ist inzwischen Professor der Geologie in Mainz und hat ein Haus für seine Familie im Taunus gebaut. Dort kann der alternde Freund Kraft schöpfen. Aber sie reicht nicht mehr für große Wanderungen, und auch seine Schreibarbeit ist ins Stocken geraten. 1963 mußte er seine Wohnung am Stadtrand verlassen, irrte wochenlang durch das Land, um irgendwo eine möglichst weltferne Bleibe zu finden, im Sauerland oder Chattengau, bis er dann doch nach Göttingen zurückkehrte, um eine Dachwohnung in der Roten Straße 29 zu beziehen. Es ist, in seinem 66. Lebensjahr, sein erstes mit eigenen, das heißt geschenkten, Möbeln möbliertes Zimmer. Als einmal ein Stuhl unter ihm zusammenbricht, bricht Wense seinerseits in Lachen aus. *Die meisten Besucher sind bestürzt, daß ich kein Fließwasser habe und die Fenster achtgeteilt sind und mit kleinen Riegeln und Haken.* Es sind deren dreizehn, *ganz kleine,* und sie sehen allesamt auf eine innerstädtische Kreuzung, über die sich der von ihm so gehaßte Autoverkehr wälzt. Wense versucht sich abzuhärten, indem er nach alter Gewohnheit die Fenster offen läßt und seine Ohren trainiert, vor allem den Glockenklang der nahen Kirchen wahrzunehmen. Er versucht auch diese, seine letzte Lebensstation, mit einem Neubeginn zu verbinden. Da Krankheiten ihn in der Wohnung festhalten (1965: *Dies Jahr kein einmal draußen*), geht er an eine Neufassung, die *generale endaufschrift* seiner Werke. Über die Ordnungsprinzipien ist er sich immer noch unschlüssig. Er versucht es mit einem Lexikon Von *Aal bis Zylinder*, schmilzt es zu einem *All-Buch* um, in dem sich Fragmente, Briefe, seine Tagebücher, Gedichte und Übersetzungen zu einem gewaltigen Konvolut der Weltbeschreibung und -erklärung vereinigen sollen. Doch das Feuer lodert nicht mehr so hoch in ihm wie früher. Nach all den Entflammungen seines Lebens hat sich eine solide Schicht von Asche angesammelt, unter der es noch glüht, und diese Glut ist nicht die der Resignation, aber doch der milden Einsicht in seine Grenzen. *Das Vollendete ist ohne Sehnsucht und macht mich respektlos.* Er weiß, daß ihm Vollendung nicht gegeben ist. Er weiß aber auch, daß man nach seinem Tod in seinem Zimmer eine ganze Welt finden wird.

Der pocht immer deutlicher an seine Tür. Alle ihm wohlbekannten Krankheiten, Bronchitis und Migräne, Herz-, Blasen- und Darmleiden, scheinen sich nun zu seiner Schwächung zu vereinen, bis er Anfang Oktober 1966 ins Krankenhaus Neu-Mariahilf eingeliefert wird, wo man Darmkrebs diagnostiziert. Es ist zu spät für Heilung. Heddy Esche kommt aus Braunschweig, um ihm beizustehen. Sie wacht auch in seiner letzten Nacht, der zum 9. November, an seinem Bett. Morgens 7 Uhr tut er den letzten Atemzug. In seinem neben dem

Kopfkissen liegenden Tagebuch findet sich der Satz *Ich habe mich ausgeströmt.*

In Göttingen wollte Jürgen von der Wense nicht beerdigt werden. Zu seiner Begräbnisfeier im nahen Diemarden fanden sich neben dem Pfarrer neun Personen ein, auf Wunsch Wenses wurde keine Rede gehalten. Der Friedhof mit seinem etwas abgesonderten Grab liegt auf einem Hügel, von dem aus man auf das blickt, was der große Wanderer und Mönch die *Fieberlinien der Mittelgebirge* nannte.

Zu den wenigen Trauergästen gehörte auch Dieter Heim. Die Welt, die er im Zimmer des Freundes vorfand, umfaßte 315 farbige Mappen mit 30 000 zumeist beidseitig beschriebenen losen Blättern, 40 Tagebücher, 258 Meßtischblattbeschreibungen, rund 40 Kompositionen, 3000 Fotos, annähernd 6000 Briefe und die Übertragungen und Nachdichtungen aus über 100 Sprachen und Dialekten.

Heim wurde zum wichtigsten von Wenses Gefährten, weil er kein Künstler, auch kein verhinderter, war, sondern sich zu einem Wissenschaftler strenger Observanz gebildet hatte und als solcher dem ihm so vertrauten Werk des Freundes neben Achtung auch Distanz, den für eine Herausgabe nötigen ruhigen Überblick widmen konnte. Er hatte frühzeitig gewußt (und ihn darin bestärkt), daß Wenses Genius einer des fortwährenden Schaffens und nicht der Zusammenfassung, des Abschlusses oder auch nur des Gewinnens einer überzeugenden Ordnung war. Jetzt ging er selbst an diese Arbeit. Es dauerte rund zwanzig Jahre, bis er in den Herausgebern von *Der Pfahl* Interessenten fand, die nun in steter Folge Briefe, Übersetzungen und Aufsätze des großen Außenseiters publizierten. 1987 gelang es ihm, Matthes & Seitz für eine erweiterte und von ihm kommentierte Ausgabe des *Epidot* zu gewinnen. Im gleichen Verlag gab Heim 1999 die umfangreiche *Geschichte einer Jugend* heraus, in der er die Tagebucheintragungen und Briefe der Jahre bis 1927 mit seinen eigenen Erläuterungen, Anmerkungen und einem »Exkurs über Jürgen von der Wense und sein Werk« zu einer großen Erzählung über eines der ungewöhnlichsten Dichterschicksale dieses Jahrhunderts verbindet. Es folgten 2006 die *Wanderjahre,* in denen er, ergänzt durch Fotografien, dieses Projekt bis zum Tode Wenses fortführt und abschließt. Inzwischen war die Germanistik auf Jürgen von der Wense aufmerksam geworden. Bei Zweitausendeins erscheinen eine Sammlung von Aufsätzen über und Erinnerungen an von der Wense, in einem 1500seitigen Opus wird Wenses Idee aufgegriffen, die Welt »Von Aal bis Zylinder« lexikraphisch zu ordnen, allerdings nur anhand seiner Briefe, denen ein bemerkungswert ausführlicher und genauer Anmerkungsapparat beigefügt ist.

All dies gäbe es ohne die Pionierarbeit Dieter Heims nicht. Ohne ihn würde Jürgen von der Wense für uns nicht existieren. Aber ohne die bedeutendste Gabe Wenses, die zur Liebe und Freundschaft, gäbe es diesen Dieter Heim nicht. Insofern ist auch er ein Teil seines Werkes.

3

Albert Vigoleis Thelen

Don Quichote vom Niederrhein

Zwischen Kartoffeln und Bischöfen

Was dem einen sin Nachtigall, ist dem andern sin Uhl. Was Jürgen von der Wense eine Sehnsuchtslandschaft »germanischer Antike« war, war für Albert Vigoleis Thelen, der in der niederrheinischen Ebene aufwuchs, eine Last, die er ein Leben lang wie einen Klumpen zu schwerer Erde an den Schuhen mit sich schleppte. Er verabscheute diese Erde wie die Kartoffeln, von ihm auch Tuberkeln, Tartuffeln, Erdäpfel, Knollen und Bataten genannt, die darin wuchsen, wie das Bier, das hier gebraut wurde, wie den deutschen Katholizismus, der in dieser Flur seinen nördlichsten Ausläufer hatte.

Auch wenn in seinen rund zweitausend Seiten autobiografischer Prosa nicht ein Kapitel seiner Kindheit und Jugend in Süchteln an der Nierse gewidmet ist, so erfahren wir doch genügend von ihr, wenn wir sie aus seinen Einschüben, Auswüchsen und Entgleisungen herausfischen, die seinen Erzählstrom nicht eigentlich unterbrechen, sondern bilden. Wie alles sind es Anekdoten, die im mündlichen, möglichst publikumswirksamen Erzählen vorgeformt, zugespitzt, transformiert und dann schriftlich geläutert und fixiert wurden. Die erste betrifft seine Wiedertaufe, die von seiner männlichen Verwandtschaft (zwar erzkatholisch, doch Münster war nicht fern), gefeiert wurde, indem sie mit dem Täufling von Kneipe zu Kneipe zog, ihn auf die Tresen legten, um ihn mit Spülwasser zu besprühen, und auf deren letzten ihn schließlich vergaßen. Man schrieb das Jahr 1903.

Das Haus, in das den kleinen Albert die Wirtsfrau brachte, war ein durchaus bürgerliches. Der Vater Louis dürfte bei dem Umtrunk nicht zugegen gewesen sein, denn er wird von seinem Sohn als ein umgänglicher, friedliebender und verschlossener Mann geschildert, den er nur ein einziges Mal weinen sah, beim Tode Stresemanns. Also demokratisch gesinnt, ein heimatlich tief verwurzelter »Mußpreuße«, der den Lebensunterhalt der Familie als Buchhalter verdiente. Den Namen Thelen, den er seinen vier Söhnen weitergab, deutet der etymologisch versierte dritte Sohn folgendermaßen: »Der Völkernde bin ich, der Zeugende, wie es in dem aus Thelen entarteten Worte deutsch noch unheimlich fortvölkert und fortsichzeugt.« Ein Allerweltsname am Niederrhein, außerhalb davon eine Rarität. Daß der zukünftige Poet schwesternlos, unter der Fuchtel zwei rabiater älterer Brüder aufwuchs, förderte seine schon früh zutage tretenden Tendenzen zur Absonderung. Weil die Brüder sein weniges Spielzeug okkupierten, begann er mit Puppen zu spielen, und das, obwohl ihm aus dem Spiegel ein alles andere als feminines Antlitz entgegenblickte. Seinen wohlgeratenen, sich später bis zu 1,78 Meter Größe auswachsenden Körper krönte ein mächtiges Haupt, an dem die von ihm als »habsburgisch«, »Eselskinnlade« und »barocker Risalit« apostrophierte Unterpartie dominierte. Den Puppen folgten die Bücher der Familienbibliothek, die neben den gängigen Klassikern vor allem Lexika und Enzyklopädien als väterlichen und Heiligenlegenden als mütterlichen Erbteil bereithielt. Beide werden Einzug halten in Thelens Werk, so wie auch die zwei gipsernen Totenschädel, die den Großen Brockhaus säumten, ihn nicht mehr verlassen werden.

Die Mutter Johanna konnte das weibliche Element, dessen ihr Sohn so sehr bedurfte, nur unzureichend repräsentieren. Jeden Freitag sperrte sie ihn in den Keller, weil er partout seinen Möhrenbrei nicht essen wollte, den er dann an die wegen unerwünschtem Gluckdrang ebenfalls im Keller internierten Hühner verfütterte. Anders als zu den Menschen entwickelte er zu den Tieren früh ein inniges Verhältnis; als Kind züchtete er Sittiche bis zur Überfüllung der Käfige, in der Schweiz baute er später den Feuersalamandern ein Terrarium, und den Siebenschläfern oder Bilchen widmete er eine köstliche Monographie, in der Natur und Phantasie eine Traumhochzeit feierten. Die Mutter war überfordert von ihrem Knaben. Sie war zu fromm für diese Welt und suchte Trost bei der Heiligen Römischen Kirche und deren zahlreichen Dienern. Diese schafften es, des Wiedertäuflings Ehrfurcht vor dem göttlichen Schöpfer schon bald in bloße Furcht zu verwandeln. Einer der Priester schlug dem Jungen ein Schlüsselbund an den Mund und die Zunge blutig, als er sie bei der Kommunionsprobe nicht weit genug herausstreckte. Bei dem heiligen Akt selbst schmeckte dann die Oblate nur noch nach Pappe, und die Erleuchtung blieb aus. In die Kirche mußte trotzdem gegangen werden, was ihm der »blanke Groschen« erleichterte, den die Großmutter spendierte, wenn er ihren Platz freihielt. Nach ihrem Tod blieb diese Belohnung aus, und die Sonntage dehnten sich in einer immer tödlicheren Langweile, die schließlich auch die Wochentage überflutete.

Die Schule trug dazu nicht unwesentlich bei. Sie lag in den Händen verknöcherter Lehrer und von Kaplanen, die Buch führten über die Kirchgänge ihrer Zöglinge, aber zu deren lebensnaher Bildung nichts beizutragen hatten. Albert Thelen, der »unter dem Meeresspiegel unserer reichsdeutschen Bildung« liegende Zensuren erhielt, empfand sich als den sprichwörtlich dumm geborenen, dem nicht gegeben war, etwas hinzuzulernen. Beispielsweise konnte er nie akzeptieren, daß minus mal minus plus ergeben soll. Sein Geist, von dessen Fülle an selbsterworbenem Wissen seine Prosa einmal überschäumen würde, sperrte sich derartig hartnäckig vor der Aufnahme verordneter Wahrheiten, daß er das Gymnasium in Viersen nach einjährigem Besuch verlassen und eine Schlosserlehre aufnehmen mußte. Das gleiche Gymnasium lieferte 50 Jahre später den Beweis, daß es selbst durchaus hinzuzulernen vermag, indem es seinen mißratenen Zögling zum Ehrenabiturienten erklärte, eine in der Welt einmalige Auszeichnung, auf die er besonders stolz war.

Wenn Thelen später, als er schon Don Vigoleis war, behauptete, er glaube an alles, nur nicht an Gott, war das nur ein Teil der Wahrheit. Wie Luther mit dem Teufel rang, so rang er ein Leben lang mit Gott. Er konnte von ihm nicht loslassen. Den deutschen wie den iberischen Mystikern fühlte er sich zeitlebens verwandt, besonders solch ketzerischen wie dem Jesuitenpater Antonio Vieira, der Gott öffentlich beschimpfte und den Gehorsam für den Fall aufkündigte, daß er den Holländern die Erstürmung der brasilianischen Hauptstadt gestattete. Nicht zum letzten seine Neigung zur Strafpredigt veranlaßte Vigoleis zum Geständnis, daß an ihm ein Priester verlorengegangen sei und es allein an der geeigneten Kirche fehle, um aus ihm einen guten Bekenner und Bekehrer zu machen. Es hätte eine sein müssen, die dem tiefen Melancholiker die Hoffnung auf kein Leben nach dem Tode belassen würde, auf das »Nichts, dem mir so Süßen«. Darüber mit seinem Onkel Jean oder Johann zu debattieren, der, ein Stolz der weitverzweigten Familie, in Münster als Weihbischof fungierte, war eine der größten Freuden des jungen Thelen. Sie taten es lateinisch, damit der Tischdiener nicht der häretischen Inhalte ihrer Gespräche gewahr wurde, denn der anarchische Trotz, häufig gepaart mit einem dunklen Humor, machte im niederen Rheinland auch vor den Kirchenpforten nicht halt.

Vor allem aber begegnete ihm Thelen in Gestalt des einzigen von ihm verehrten, ja geliebten Lehrers, Dr. Kremers aus Süchteln, Drahtzieher und Hintermann der Separatistenbewegung, die mit der verunglückten Ausrufung der Rheinischen Republik 1923 ihren Höhepunkt und ihr Ende finden sollte. »Zu viele Schnapsnasen, Biersäcke und angeklebte Bärte« resümierte Thelen später. Ihr Anführer, von der katholischen Behörde gemaßregelt und von der Öffentlichkeit geschmäht, fand bei Thelen senior immer ein offenes Haus und bei dessen drittem Sohn weit geöffnete Ohren. Er weitete dessen Blick über Landschafts- und Landesgrenzen hinaus, fütterte ihn mit der Lektüre der großen Deutschen Lichtenberg, Schopenhauer und Nietzsche, die zugleich die größten Deutschenkritiker waren, und legte damit den Grund für den Kosmopolitismus, von dem sich Thelen nie mehr abwenden wird. In diesem Fall war er ein so guter Schüler, daß Dr. Kremers für ihn das Amt des rheinländischen

Kulturministers reservierte, eine Ehre, die ihm später noch von den Exilanten der Republik Honduras widerfahren sollte.

Seine reale Ausbildung hatte sich allerdings auf das Feld manueller Tätigkeit verlagert, der er auch im späteren Leben gern seine überschüssige Energie widmete. Von Thelen als Erfinder, Konstrukteur und Erbauer der abenteuerlichsten Maschinerien wird bei passenderen Gelegenheiten noch die Rede sein. Vorerst schloß er seine Schlosserlehre ab, arbeitete kurze Zeit als technischer Zeichner bei der Firma Schäfer in Viersen und längere auf dem Geflügelhof seines älteren Bruders. Ein Jahr lang besuchte er die Textilfachschule in Krefeld, bevor er sich 1925 dazu durchrang, doch noch höhere akademische Weihen anzustreben, und sich an der Universität Köln immatrikulieren ließ, um Germanistik, Philosophie und Kunstgeschichte zu studieren. Sein Wechsel an die Westfälische Wilhelms-Universität in Münster dürfte mit den offenen Armen seines bischöflichen Onkels zusammenhängen, die ihn dort empfingen. Hier war es auch, wo ihm Kommilitonen den dankbar angenommenen Spitznamen »Vigoleis« gaben, nach dem Versepos *Wigalois* des Wirnt von Grafenberg, dessen Held als Helmzier ein Rad auf dem Kopf trug. Thelens Rad drehte sich *im* Kopfe und begann Worte zu produzieren. Unter anderem formten sie sich zum »Süchtelner Stadtlied«, um das der Bürgermeister beim Vater des sprachgewaltigen Sohnes nachgefragt hatte und das zusammen mit den Noten des Stadtmusikus Karl Seepe im Druck erschien: »die worte des liedes rührten meine mutter zu tränen, mein vater nickte beifall, meine brüder grinsten.« Auch die erste Presseveröffentlichung hatte familiäre Hintergründe. Das Porträt des Malers Hermann Schmitz erschien in der

Vereinigten Drei-Städte-Zeitung, der Nachfolgerin der *Viersener Volkszeitung*, die einstmals von dem eine Druckerei betreibenden Großvater des Autors gegründet wurde. Es folgte 1930 die Novelle »Sargmacher Quirinus« in *Der Türmer*, einer »Monatsschrift für Gemüt und Geist«. Ungleich zahlreicher als die Veröffentlichungen waren jedoch die Absagen, die Thelen von Redaktionen und Verlagen erhielt und seinen ersten Anlauf, sich als Schriftsteller zu etablieren, im Sande verlaufen ließ. Zum Glück hatte er aber zu diesem Zeitpunkt schon jenen Menschen kennengelernt, der, den wieder einmal Verzweifelten vor dem Gang in den Rhein bewahrend, ihm zur Seite stehen und treuer sein sollte als jeder Verleger.

Mit Beatrice in die Welt

Das geschah in Köln, wohin Thelen zurückgekehrt war, um beim Aufbau der Internationalen Presseausstellung PRESSA seine Finanzen aufzubessern. Hier traf er auf seinen bedenklich zur Verkrachung neigenden Baseler Kommilitonen Peter Zwingli Bruckner, an dessen nie abgeschlossenen Lexikon der Flüche er zeitweise mitgearbeitet hatte, und, was wichtiger war, auf dessen ebenfalls in Köln studierende Schwester Béatrice Adéle Bruckner. Ein zweiter Bruder namens Albert Theophil, bereits promovierter Kunsthistoriker, gehörte ebenfalls zu dieser Eidgenossenschaft, die ihre sprunghaften Gespräche zur Verblüffung Thelens zumeist mehrsprachig führte. Das hatte seine Gründe nicht nur in der Herkunft aus der polyglotten Schweiz, sondern im besonderen in ihrer Familiengeschichte. Die Bruckners gehörten zu dem

Teil des Baseler Patriziats, das, wie die mit ihnen versippten Burckhardts (»mit ck und dt« und Jakob an der Spitze), sein bürgerliches Standesbewußtsein mit einer fundierten Gelehrsamkeit zu untermauern verstand. Der Vater, ein bedeutender Theologe, empfand aber die Mauern Basels als allzu dick und entfloh ihnen mit seiner Familie in die argentinische Pampa, um den Gauchos und Indios das Wort Gottes zu predigen, wobei er sich allerdings mit Flecktyphus infizierte und verstarb. Die Mutter kehrte mit den Kindern nach Europa zurück.

Für den alles Exotische liebenden Don Vigoleis floß in Beatricens Adern Inkablut. Zierlich, schwarzhaarig und mit leichtem Bartanflug wurde sie häufig für eine Jüdin gehalten. Sie trug Herrenschnitt, rauchte Zigaretten in einer langen Spitze (Thelen war und blieb Nichtraucher) und liebte es, in vielerlei Zungen zu reden. Zuletzt beherrschte sie acht Sprachen, und diejenige, in der sich das Paar im Laufe ihres langen gemeinsamen Lebens am liebsten unterhielt, wurde das Portugiesische. Vorerst aber schrieb Thelen seine allnächtlichen, im Durchschnitt dreißig und nur einmal achtzig Seiten langen Liebesbriefe mit Hilfe eines Wörterbuches auf Französisch. Der Eros, der die beiden verband, hatte einen stark geistigen Akzent, und dieser half, allen Anfechtungen zu widerstehen, denen der männliche Part von anderer, sinnlicherer Seite ausgesetzt war. Als Beatrice eine Stellung als Erzieherin in einem reichen Amsterdamer Haus angeboten wurde, verließ das junge Paar das erwachende Deutschland, um erst im hohen Alter zurückzukehren. Ohne daß ihm jemals Heimweh geplagt hätte, lebten »der geborene Emigrant« Vigoleis Thelen und seine Gefährtin fortan im Ausland, die längste

Zeit in der Schweiz, aber auch acht Jahre in Portugal, sieben in den Niederlanden und fünf in Spanien. »Meine Heimat bin ich selbst« , resümierte Thelen und benannte damit das Ziel, wohin ihn seine Flucht vor dem von ihm als unannehmbar empfundenen Schicksal geführt hatte, ein Deutscher und ein Christ zu sein.

Das benachbarte Holland war dafür eine günstige Ausgangsposition. Obwohl der erste Aufenthalt nur kurz war, konnte er in Amsterdam doch genügend Kontakte zu den Literaten, insbesondere zur bedeutenden Lyrikerszene, knüpfen, um sein zukünftiges Schriftstellerleben auf ein neues Fundament zu stellen. Der Furcht, das weiße Papier mit seinen eigenen Worten zu besudeln, kann er entgehen, indem er fremde übersetzt. In elf Tagen und Nächten überträgt er seines Generationsgefährten Menno ter Braaks *Karneval der Bürger* ins Deutsche, worauf, als das Buch erscheint, ihn derselbe Thomas Mann, der Thelens eigenen Roman später ausführlich würdigen wird, vorübergehend für einen holländischen Autor hält. Die Übersetzungsarbeiten sichern Thelen das tägliche Brot, aber nicht viel mehr. Wenn es ihm nach Fleisch gelüstet, geht er zum Metzger und erzählt ihm von den Dressurerfolgen seines Rassepinschers, um für ihn Fleischreste zu bekommen. »Ich arbeitete viel, verdiente aber fast nichts« – dieser Refrain wird in seinem Lebenslied nicht verstummen.

Aus der Amsterdamer Misere wurde das Paar befreit durch den Sturz in eine viel tiefere, allerdings auch farbigere und, wie sich herausstellen sollte, den Stoff für einen Jahrhundertroman bergende. Als es sich auf dem Weg zu Beatricens erkrankter Mutter in Basel machen wollte, erreichte es ein

Telegramm aus Palma de Mallorca mit der alarmierenden Nachricht »*Liege im Sterben. – Zwingli.*« Die Schwester in Beatrice überstimmte die Tochter, man packte seine Siebensachen, fuhr im Zug nach Barcelona und bestieg dort die »Ciudad de Barcelona«, um nach zehnstündiger Überfahrt die Hauptstadt der Insel zu betreten, die Thelen als die »des zweiten Gesichts« benennen wird.

Was ist Spanien?

Die südlichen Sehnsuchtsziele der nordalpinen Europäer, insbesondere der deutschen, lagen in Hellas und vor allem in Italien. Dort blühten die Zitronen, dorthin zogen die Kaiser mit ihren Landsknechten, um sich krönen zu lassen, dorthin auf der Suche nach dem mediterranen Erweckungserlebnis die jungen Künstler und Literaten, dorthin auch die ersten Mittelmeertouristen. Die iberische Halbinsel lag zu abseits für solche Ambitionen, abgeriegelt durch die Pyrenäen, eine geschlossene Welt, die in mancherlei Beziehung Afrika näher lag als Europa. Es hatte einen zwiespältigen, eher dunklen Ruf. Wenn jemandem etwas »spanisch vorkam«, meinte er: verdächtig, unverständlich, fremd. Dabei gibt es eine sehr alte Verbindung, die Spanien mit dem nördlicheren Europa, mit Deutschland und insbesondere Österreich verknüpfte. Seit die Habsburger sich zu Beginn der Neuzeit in den Besitz der spanischen Krone gebracht hatten, zog sich eine Schiene von ihren Erblanden und den ebenfalls von ihnen regierten niederländischen Territorien bis zur Pyrenäenhalbinsel, der auch unser Paar gefolgt war.

Die holländischen Unabhängigkeitskämpfer, die Reformatoren, die konkurrierenden Franzosen und Engländer säumten in ihrer Propaganda nicht, Habsburg und Spanien zum Hort der europäischen Reaktion zu erklären. Seitdem bestimmen mit kinskischem Wahnsinn geschlagene Konquistadoren, foltersüchtige Inquisitoren, Jesuiten, Majas, Hexen und Stierkämpfer das Bild von Spanien, für das Goya die eindringlichsten Vorlagen geschaffen hat.

Doch sehen wir genauer hin. Spanien gehörte zu den reichsten und kultiviertesten Provinzen des Römischen Reiches, dessen Erbe nie vollständig untergegangen ist. Als die Araber den Großteil der iberischen Halbinsel besetzten, wurde sie gewissermaßen zu einem Stück Morgenland im Abendland und hat auch diesen Charakter nie ganz verloren. Die Rückeroberung des Landes erforderte einen Menschenschlag, der zu großen Schlachten, zähem Kleinkrieg, aber auch dazu in der Lage war, sich mit seinen Besiegten in Beziehung zu setzen. Trotz der nicht nur in Spanien üblichen Versuche der ethnischen Säuberung bildete sich ein verwegener Menschenschlag heraus, der, aus latinischen, keltiberischen, germanischen, maurischen, jüdischen und – in Gestalt der stark vertretenen Gitanos – indischen Wurzeln entsprossen, doch miteinander zu leben verstand.

Seine größte Herausforderung hatte er jenseits des Ozeans zu bestehen, auf einem Kontinent, von dem bis vor kurzem niemand wußte, daß er existierte. Wir haben uns daran gewöhnt, die Conquista Amerikas als eine Geschichte des Goldraubs, der Ausbeutung und Auslöschung der indianischen Bevölkerung zu sehen. Doch sie ist auch die der Entdeckung, Besiedlung und Kultivierung einer Neuen Welt durch ein kleines Volk, das die Welt zuerst als eine Kugel erfahren hat. Wir können bedauern, daß Cortez und seine 670 Mann unter Verbrennung ihrer Schiffe je mexikanischen Boden betraten, weil es die Zerstörung Tenochtitlans und des aztekischen Reiches bedeutete. Dessen unterjochte Nachbarn begrüßten ihn allerdings als Befreier von einem mörderischen Regime, das sie vor allem als Spender von Menschenblut betrachtete. Stattdessen wird heute auf dem halben Kontinent der sanften Maria und ihrem Sohn gehuldigt. Wir nennen ihn *Lateinamerika,* weil mit der spanischen und portugiesischen Sprache und Kultur auch das Erbe der europäischen Antike verpflanzt wurde; der Katholizismus wurde nicht nur der Zwangsbekehrer der Indios, sondern auch ihr Beschützer, seine Kirchen und Klöster wurden zu Zentren einer bis dahin unbekannten urbanen Kultur.

Ähnlich weit wie mit den Iberern hat Europa nur mit den Angelsachsen in die Welt hinausgegriffen. Diese brachten ihr vor allem die Rationalität, während jene auch der Irrationalität, mithin der Poesie eine Heimstatt boten.

Die Heimat wurde indessen von den Edelmetallen aus den amerikanischen Minen und Schatzkammern überflutet, doch weniger das handgreifliche Gold als das, was in den Köpfen und Herzen der Menschen dieser Zeit funkelte, gab der Epoche den Namen *siglo de oro*. Ihren Höhepunkt erreichte sie, wie nicht selten in der Geschichte, als bereits der ökonomische und politische Niedergang das Land erfaßt hatte. Der verarmte Hidalgo Don Quichote de la Mancha begann seinen Triumphzug über die Halbinsel und bezeichnete die Geburt des modernen, sich aus älteren, pikaresken Quellen speisenden Romans. Über die zahllosen Bühnen des Landes brandete in den Stücken de Vegas und Calderons ein Leben, das nur im elisabethanischen England eine Parallele hatte. Anders als man von den adelsstolzen Spaniern annehmen könnte, war das keineswegs eine elitäre Angelegenheit, sondern ein Volksvergnügen. Baltasar Gracian schrieb in dieser Zeit sein Handorakel, und Gongora und de Quevedo befehdeten sich auf eine Weise, die ganz der hispanischen Streitlust entsprach, ihrem Gefallen an rhetorischem Überschwang, Sarkasmus und Selbstironie. Nicht weniger blühten Musik, Architektur und bildende Künste. Das Land schmückte sich mit klangerfüllten Kathedralen, Kapellen und Palazzi, Velazquez hob die Malerei aus ihrem mystischen Dunkel in ein klares, mitunter grausam kühles Licht.

Daß das Land danach in dieses für nördliche Augen undurchdringliche Dunkel zurückfiel, daß es zwei Jahrhunderte lang von der europäischen Geschichte abgekoppelt erschien, hatte seine Ursache in dem der spanischen Lebensweise zutiefst fremden Verlauf dieser Geschichte. »Aufklärung« entbehrte unter dem brennenden Himmel Kastiliens jedes Sinnes, eine Emanzipation des Bürgertums konnte es nicht geben, weil es kaum ein Bürgertum gab, die industrielle Revolution mußte sich in einer konservativen, vorwiegend agrarisch geprägten Gesellschaft ebenso schwertun, wie die wissenschaftliche in den klerikal geprägten Köpfen.

Um so erstaunlicher war es, daß der wie ein Hidalgo sich gern Don Vigo nennende Thelen und seine eidgenössische Gefährtin in ein Land kamen, in dem sie zwar das aus dem nördlichen Europa längst verbannte vormoderne Leben in allen seinen Facetten erfahren konnten, doch auch auf die deutlichen Spuren einer neuen Epoche trafen. Die Jahrzehnte, die wir als »Wiege« für das späte Europa beschrieben, waren dies auch für Spanien. Besonders augenfällig war das am Bild der großen Städte, in dem der Jugendstil, das Erbe des Barocks aufnehmend, seine Triumphe feiern konnte, ohne sich vom Weltkrieg aufhalten zu lassen. Doch auch durch die dem Mann des Wortes Thelen besonders naheliegende Welt der Literatur wehte ein starker, belebender Wind. Ortega y Gasset mühte sich unablässig, die geistigen Fäden zu Europa, insbesondere Deutschland, wieder zu knüpfen, und de Unamuno, das so weite wie strenge Gewissen Spaniens, hatte im Frühjahr 1931 die Zweite Spanische Republik proklamiert. In den Opernhäusern ließ dazu Bizet seine Carmen tanzen, in den Konzertsälen intonierte man Manuel de Falla und Ravels »Suite espagnole«, die Singspielhallen barsten vor den Massen, süchtig nach der Aufführung der neuesten Zarzuela. Und in der Dichtung sorgte für die Renaissance die »silberne Generation«, für deren blendendsten Vertreter Garcia Lorca Thelen noch die Ehre haben würde, ein Zimmer zu bereiten, das ihn auf der Flucht vor den Franquisten aufnehmen sollte.

Das Zimmer blieb unbenutzt, weil Lorca auf dem Festland füsiliert wurde. Es lag in Palma de Mallorca, wo das junge Paar am 1. August 1931 an Land ging.

Ouvertüre

Ortega behauptet von den südlichen Städten, daß sie nicht als Handelszentralen oder zur Verteidigung ihrer Bewohner, sondern als Stätten geschaffen wurden, an denen sie miteinander sprechen konnten. Auch Palma de Mallorca war vor allem eine große Bühne, auf der sich das ganze seit dem Mittelalter bekannte spanische Personal produzierte, Nonnen und Prostituierte, Priester, Händler und Handwerker, Militärs, Matrosen, Marktfrauen, Müßiggänger und, seit Chopin und George Sand die Insel entdeckten, Sonnensucher aus aller Herren Ländern. Schon auf dem Schiff hatte sich Thelen heimisch gefühlt, als er die in seiner Familie unbekannte Eleganz und Gerechtigkeit eines Familienvaters bewundern durfte, mit der er seine Ohrfeigen unter der zahlreichen Nachkommenschaft verteilte. Beim Betreten der Stadt verwandelte er sich endgültig in jenen Don Vigo, als der er nach zügigem Erlernen der Sprache eine nicht unwichtige Rolle auf ihrer Bühne spielen sollte. Bis zu seinem 50. Lebensjahr dauerte es, daß er, den Bitten eines Verlegers folgend, im verregneten Amsterdam den Stoff zu unzähligen Erzählungen, Briefen und Skizzen als Stoff für einen Roman anerkannte und verarbeitete. Er nannte das Ergebnis allerdings nicht »Roman«, sondern »angewandte Erinnerungen« und im Titel *Die Insel des zweiten Gesichts*. Das ist zumindest doppeldeutig: ein doppelter Blick, Erinnerungen, die gewendet und verwandelt wurden, für die aber stets der Satz aus der »Weisung für den Leser« gilt: »In Zweifelsfällen entscheidet die Wahrheit.«

Dieses 800 Seiten starke, in einem elfmonatigen Schreibrausch verfaßte Buch ist selbst eine barocke Bühne, auf der eine unübersehbare Anzahl von Akteuren ihr Leben vorführt. Impressario, Regisseur, Autor und Hauptfigur des Stückes ist Don Vigoleis Thelen. Da es ihn langweilen würde, dieses Leben in ein enges Romankorsett zu pressen, praktiziert er die von ihm mündlich so oft geprobte autobiographische

Erzählweise. Sie ist bei ihm so facettenreich wie seine Persönlichkeit. Er begnügt sich nicht mit dem »Ich« als Erzähler, sondern wechselt häufig in die dritte Person oder spricht sich selbst in der zweiten an.

In jedem Fall aber ist die Voraussetzung dafür, daß aus solch einem Bericht Poesie wird, ein poetisch geführtes Leben. Und daran war bei Vigoleis kein Mangel. Wir brauchen nur dem Buch zu folgen, um die für ihn wichtigste Station seines Aufenthalts auf Erden lebendig werden zu lassen. Es beginnt mit dem Absender des Telegramms, mit Zwingli Bruckner, der anders als sein Namenspate keineswegs ein schlicht protestantisches Leben auf der Insel führt. Auch liegt er nicht im Sterben, wiewohl sein desolates Leben deutliche Zeichen des Verfalls in Gesicht und Gestalt von Beatricens Bruder gemalt hat. Seine Augen sind tiefschwarz gerändert, desgleichen der rechte Kleinfingernagel, den er sich wie ein die körperliche Arbeit verachtender Brahmane hat lang wachsen lassen; er erscheint unrasiert und unfrisiert am Hafen, hustend und in heruntergekommener Kleidung.

Der Grund für seinen Zustand wird deutlich, als er sie in seine Wohnung führt, gelegen in einem Wohnblock namens »Apfel« in der »Straße der Einsamkeit«, der Calle de soledad. Er ist dort nämlich keineswegs einsam, sondern teilt das geräumige Quartier mit einer gewissen Maria Pilar, einer ehemaligen Prostituierten, und deren, einer gräflichen Verbindung entstammenden, Tochter Juiletta. Die Mutter heißt in Thelens auf breiten Flügeln daherrauschender Sprache auch »Strunze«, »Schlunze« oder »Bettzumsel«. Sie ist es, die aus Zwingli, dem erfolgreichen Geschäftsführer des Hotels Principe, einen arbeitsunfähigen Geschlechtskranken in zweifacher Bedeutung gemacht, ihn in Schulden und ihre sehr spezielle Matratzengruft getrieben hat. Die beiden Neuankömmlinge beziehen in der Wohnung ein Zimmer, Beatrice bezahlt aus dem Fonds einer ihr inzwischen zugeflossenen Erbschaft die Schulden des Bruders.

Auch ein Klavier wird angeschafft und die Tür möglichst geschlossen gehalten. Doch dies ist kein Hindernis für die Pilar, ihre Verführungskraft an dem stattlichen Don Vigoleis zu erproben. Er, von »potenter Keuschheit«, wird von erotischen Herausforderungen jenseits seiner Beatrice sowohl angezogen als auch abgestoßen. Als er, scheinbar allein in der Wohnung, im dunklen Flur plötzlich auf die Pilar trifft, fühlt er seine letzten Abwehrkräfte schwinden, doch beim Blitzen eines schmalen toledanischen Dolches in ihrer Hand sogleich wieder mobilisiert. Er flieht vor der vermuteten Lustmörderin, die den Dolch ihm aber nicht nachwirft, sondern ruhig auf einem Konsölchen ablegt. Es gibt viel Dunkel in dieser Wohnung, und bei dessen Durchtasten treffen Vigoleis' Hände einmal auf den zarten Leib des schlafenden Töchterchens. Auch hier Flucht und damit Verdoppelung des weiblichen Angriffspotentials. Zwar ist Julietta noch nicht durch die »Bettmauser« gegangen, doch Beweise ihrer erwachenden Leidenschaftlichkeit erbringt sie auf der Straße, die sie täglich mit Flamencotänzen zum Kochen bringt. Sie wird sie später zu ihrer Profession machen, doch vorerst muß sich ihr junges Zigeunerblut in häuslicher Umgebung austoben. Als das der eifersüchtigen Mutter zu weit geht und sie ihre Tochter wieder einmal grausam zu züchtigen beginnt, tritt der große Schlichter Vigoleis dazwischen – und wird seinerseits von beiden verprügelt. Die Situation spitzt sich immer mehr zu. Ein Versuch Zwinglis, seiner Geliebten durch die Einrichtung eines Eissalons eine erfüllende Beschäftigung zu geben, scheitert noch am Tage der Eröffnung am Widerstand der Hauptperson. Und diese weiß sich später endgültig Luft zu machen, indem sie schreiend das wenige Hab und Gut der alemannischen Eindringlinge die Treppe hinunter in die Entrada des gräflichen Hauses wirft, ihre Kleider, Schuhe, Bücher, beschriebenen Papiere und zuletzt das Klavier, das sie vorher mit einem Beil zerschlagen hat.

Wohin mit dem Kram und seinen unglücklichen Besitzern? Zum Glück gab es einen Trödler und Landsmann namens Emmerich, in dessen Hinterstube sie vorerst Zwischenstation machen und von da aus in die »Pension del Conde« in einer der zum Hafen führenden Gassen ziehen konnten. Auch sie also ein gräfliches Etablissement, aber welches war das nicht im alten Palma? Vigoleis liebte den Verfall als Voraussetzung des Schöpfertums und also auch den verarmten spanischen Adel. Die Pension in dem heruntergekommenen Palacio war sein treffliches Abbild: verkümmerte Pisangpflanzen und zerschlissene Möbel im Salon, über dem Doppelbett im engen Zimmer gerahmt die Zehn Gebote, ein Affe Beppo und ein nicht weniger streitsüchtiger Kakadu, die sich gegenseitig oder gemeinsam die Gäste malträtierten. Diese kamen aus ganz Europa. Die Hotels und Pensionen des Kontinents waren damals seine Schmelztiegel, in denen man gemeinsam speiste, in diversen Sprachen parlierte, sich die Abende mit Lesen, Bridge- und Klavierspiel verkürzte. Der heutige Pauschaltourist kann sich von dieser Atmosphäre ebenso wenig eine Vorstellung machen wie von dem Personal, das dort zusammentraf. Neben den Festlandspaniern gab es die obligatorischen Ladies von der Nebelinsel, ein russisches Emigrantenpaar, einen pfeiferauchenden Dänen und einige Deutsche, von denen sich zwei um den Roman besonders verdient machten.

Da war in vorderster Front der monokelblitzende Hauptmann a. D. Joachim von Martersteig, ein flugunfähig geschossener Pilot aus Magdeburg, der seine lädierten Knochen seit geraumer Zeit in der Sonne Mallorcas wärmte. Äußerst standesbewußt und nebenbei noch homosexuell (»auch darin alte preußische Tradition«), führte er einen Rachefeldzug gegen das wilhelminische Militär, indem er es als Material für seinen von Beppo inspirierten Roman *Das Affenheer* benutzte. Nicht weniger imposant war die weibliche Hauptperson in der Pension. Die ehemalige Hofschauspielerin Adele Gerstenberg logierte hier mit ihrem ungelenken Sohn Friedrich und löste in Beatrice einen seltenen Moment der Rührung aus, als sie sich erinnerte, ihrer Zimmernachbarin einst im Wiener Burgtheater zugejubelt zu haben. Auch die Gerstenberg schrieb, und zwar an ihren Memoiren, und so konnte es nicht ausbleiben, daß gemeinsame Vorleseabende vereinbart wurden. Zu diesen kam es aber erst einige hundert Seiten später, weil das junge Paar schon nach wenigen Wochen die gräfliche Pension wieder verlassen mußte. Diesmal unter weniger spektakulären Umständen als in der Calle de soledad, sondern aus schlichter Geldnot.

Auch jetzt wußte der Kölner Emmerich Rat. Er besorgte einen Tafelwagen und einen Esel, mit denen unsere Helden sich und ihre Habseligkeiten einige Meilen vor die Stadt transportieren konnten, in ein Anwesen namens »Torre del Reloj«, wo sehr preisgünstige Zimmer vermietet wurden.

Im Turm der Uhr

Sie zog einem fürchterlichen Gestank entgegen, diese heilige Familie ohne Kind. Ein Schlachthaus lag an ihrem Wege, dessen verwesende Abfälle Ratten, Kolkraben und Wolken von Schmeißfliegen anzog. Dann tauchte ihre Herberge auf, ein verstreutes Anwesen mit bruchsteinernen Gebäuden und einem Turm in der Mitte, der seinen Namen einer Sonnenuhr mit Weinstock als Zeiger verdankte. Don Asenio, der Herr dieser Baulichkeiten, empfing sie inmitten seiner 23 über den Hof wimmelnden Kinder, zahlreicher anderer Familienmitglieder und Domestiken mit großer Gebärde. Er persönlich führte sie in ihr neues Heim, eine von sechzig Boxen mit Bett, Stuhl, Waschschüssel und »Bidetta«, unabdingbar für den periodisch, insbesondere während der Stierkämpfe, hier stattfindenden Bordellbetrieb. Jetzt standen sie leer, und das Paar konnte seine Häupter ungestört von allzu menschlichen Geräuschen zur Ruhe betten. Allerdings bekamen sie Besuch von den Schlachthausratten, und da das Zimmer keine Decke hatte, flogen große Hirschhornkäfer und warnblinkende Glühwürmer ein und aus. Durch die Lücken des mit »Mönchen« und »Nonnen« gedeckten Daches konnte man die Sterne sehen, die Don Vigoleis zwei Jahrzehnte später dem Himmel entleihen wird (»wo niemand ihr Fehlen merkt«), um die Kapitel seines Buches zu unterteilen.

Vorerst hatte er jedoch anderes zu tun. Er hatte die Inkaprinzessin und schweizerische Patriziertochter an seiner Seite von diesem Sturz in die Abgründe iberischen Lebens aufzurichten und konnte dies am besten tun, indem er, Zuversicht verbreitend, das Heim nach ihren Bedürfnissen umgestaltete. Hierbei konnte Vigoleis seine Fähigkeiten als mit den Techniken des Jahrhunderts, in das es ihn verschlagen hatte, vertrauter »Steinzeitbastler« voll entfalten. Beatricens Stuhl kam, wenn ungenutzt, an einen Haken an der Wand, das Bett wurde ihr Leselager, die fehlende Zimmerdecke durch ein System von Seilen ersetzt, an denen sie mit Wäscheklammern ihre Nahrungsvorräte, ihre ebenso spärliche Garderobe und Vigoleis seine sich täglich vermehrenden Manuskriptseiten vor dem Zugriff der Nagetiere bewahren konnten. Denn Vigoleis' Schreibmaschine stand niemals still. Einen Tisch hatte er aus Brettern zusammengezimmert und zum Schreibstuhl das Bidet umgearbeitet, jenen rauschenden Beweis der Überlegenheit der südlichen über die nördliche Zivilisation. Die Flut der Ereignisse produzierte in ihm eine Flut von Gedichten, nachmals allesamt dem Feuer übergeben. Für geringen Sold schrieb er das *Affenheer* des Hauptmanns von Martersteig ab, und, um selbst bei den geplanten Lesungen glänzen zu können, begann er mit der Abfassung des Kriminalromans *Der Leichenmord im Torre del Reloj*, in dem er mit Beatrice ein Detektivpaar bildet, das sich der Überführung der serienmordenden Schlunze Maria Pilar widmet.

Dieses ebenfalls verlorengegangene Schauerstück dürfte kaum aufregender ausgefallen sein als die Realität, von der uns der Autor berichtet. Asenio, der Don mit der breiten Schärpe um den Leib, erwies sich als Haupt einer weitverzweigten Räuberbande, der sein Bordell nur nebenberuflich betrieb. Das Hauptgeschäft war der Opiathandel mittels eines Unterseebootes, das von einem ebenfalls abgedankten echten deutschen Kapitänleutnant gesteuert wurde. Regelmäßig gab es deshalb Besuche milizionärer Überfallkommandos, gelegentlich auch Schießereien auf dem Gehöft, Verhaftungen und Entlassungen mangels Beweisen. Denn Don Asenio, der ungekrönte König der Insel, wurde seinerseits vom reichsten Mann Spaniens, einem gewissen Ivan March alias »Verga« gestützt, der zu seinem Vermögen durch Getreidehandel im Ersten Weltkrieg gekommen war und später gemeinsam mit dem Papst die Hilfe für den Caudillo Franco organisieren sollte. Außerhalb seiner Geschäfte war Don Asenio ein liebenswerter Mensch. Er ließ die verhungerten Deutschen mitunter an der Hoffütterung teilhaben und steigerte fortwährend das Angebot, mit dem er Beatrice in den Kreis seiner Putas einreihen wollte. Sie lehnte dankend ab, konnte aber nicht verhindern, daß sie, ob ihrer Vielsprachigkeit, und der nicht minder verdächtige Vigoleis für Verbindungsleute der Bande mit dem Ausland angesehen wurden. Bei der nächsten Hausdurchsuchung wurden also auch sie von der Miliz beehrt, die aber nach Besichtigung ihrer armseligen Bleibe abwinkend von dannen zog.

Eine andere Besucherin konnte ihr Entsetzen in deutscher Sprache ausdrücken. Als die Hofschauspielerin Adele Gerstenberg mit ihrem Sohn in das Zimmer trat, erstarrte sie zu Salzsäule und faßte ihren Eindruck in den Worten »und so was bringt sich nicht um« zusammen.

Warum eigentlich nicht? Vor dieser Frage stand der »Erzweltschmerzler« Albert Vigoleis Thelen nicht zum ersten Mal, doch als in der Inselhauptstadt die Woche der großen Corrida begann, stellte sie sich auch Beatrice mit einer Dringlichkeit, auf die sie keine Antwort wußte. Die sechzig Boxen reichten kaum aus, um all die leichten Mädchen aufzunehmen, die in dieser Woche das Geschäft des Jahres machten. Manche waren auch etwas schwerer, wie das rheinländische Kathrinchen, Ehefrau eines überbeanspruchten Geschäftsmannes und aus reiner Lust an der Sache dabei. Sie mischte ihre schrille Stimme in den Chor der Huren, die mit dem Ruf »Mas, mas, mas!«, also dem nach Immermehr, die blutberauschten Toreros, Matadores und Picaderos, die Stierzüchter, Pferdehalter und Eselstreiber der Insel zu immer neuen Heldentaten anspornten. Auch für die Kinder auf dem Gehöft waren das Festtage. Sie hingen über den Wänden der deckenlosen Zimmer und sahen dem wilden Treiben zu. Wenn sie in das Zimmer unseres Paares blickten, sagte sie: »Sie tun es immer noch nicht.« Nein, sie taten es nicht. Sie lagen paralysiert auf ihrer Bettstatt, und das einzige Geräusch, das sie von sich gaben, war das Knurren ihrer Bäuche, weil die Hoffütterung eingestellt worden war und sich in ihren Taschen keine Pesete mehr fand. Sie hatten es schon seit Tagen mit Fasten versucht, um sich dem irdischen Leben zu entfernen und dem himmlischen zu nähern; jetzt waren sie so weit, den entscheidenden Schritt zu tun. Beatrice plädierte für Veronal, das wegen beider zerbrechlichen Schlafes immer in ihrer Nähe war, der dramatischer veranlagte Vigoleis hatte sich bereits einen hohen Felsen in Hafennähe als den lykäischen ausersehen, von dem man sich gemeinsam in die Tiefe stürzen könnte. »Hand in Hand Hand an sich legen« nannte es der Dichter.

Sie zogen los. Durch die stinkende Einöde, über der Geier und Kolkraben kreisten, hinein in die wimmelnde, von den »Olés« der Stierkampfarena widerhallende Stadt, hinunter bis zur Hafenpromenade. Dort drüben im Freihafen wartete ihre Bibliothek noch immer auf die entscheidenden Stempel. Und dahinter ragte der Felsen zu einer Höhe auf, die erst erklommen werden wollte. Sie ließen sich mit gesenkten Häuptern auf einer Bank nieder. Als sie sie wieder hoben, in die Gegenwart zurückgeholt durch einen ihnen bekannten Pfiff, sahen sie in das Gesicht ihres Bruders und Schwagers Zwingli Bruckner. Jetzt war es an ihm zu erschrecken. Während er selbst längst wieder rasiert und sein nachgewachsener kleiner Fingernagel gesäubert und poliert war, saßen vor ihm zwei so von Hunger und Verzweiflung gezeichnete Gestalten, daß er sie umgehend zu seinem Hotel brachte und mit Tee und Zwieback fütterte. Leider konnte er das von ihnen geborgte Geld nicht lockermachen, aber doch einige Peseten und gute Ratschläge, die ihnen wieder auf die Beine helfen konnten. Warum gab Beatrice nicht Sprachunterricht, für den er ihr Kunden vermitteln könnte, und Vigoleis sollte sich schleunigst zum deutschen Konsul bemühen, um seine Paß- und sonstigen Angelegenheiten zu klären. Vorerst gingen die beiden jedoch auf ihrem zögernden Rückweg an der Post vorbei, von der bisher nie ein Bote den Weg zu ihnen gefunden hatte. Als Vigoleis jetzt selbst die Briefstapel durchwühlte, fiel ihm all die vergeblich erwartete Post der letzten Monate in die Hände, darunter auch Honoraranweisungen, zwar nicht die große einer von ihm mit einem Skript belieferten Filmfirma, doch einige kleine.

Aber zum wirklichen Neubeginn bedurfte es eines weiteren Desasters. In der Zwischenzeit hatten die Ratten die Abwesenheit der Mieter genutzt, um die Stricke zu durchbeißen und sich in Ermangelung von Lebensmitteln über Vigoleis' Manuskriptseiten herzumachen. Inmitten der Überreste kostete er, obwohl ungedruckt, bereits vom schlimmsten Schicksal eines Autors, dem, sein eigenes Werk überlebt zu haben.

Er zog jetzt Drähte von Wand zu Wand, und als sich der Turm halbwegs geleert hatte, nahm das Paar seinen normalen Tagesablauf, ergänzt durch die von Zwingli angeregten Aktivitäten, wieder auf. Beatrice erster Schüler war ein ungeratener Sohn Don Asenios, dem mit dem Englisch einiger Weltschliff beigebracht werden sollte. Es war vergebene Liebesmühe, doch in der Stadt ergaben sich noch andere Möglichkeiten. Eine zukünftige Hotelbetreiberin entlohnt sie neben dem Honorar mit einem für Vigoleis bestimmten Freßkorb. Auch er selbst kann wieder zum Lebensunterhalt beitragen. Durch die nun geordneten Postverhältnisse erneuert er seine Kontakte zu den holländischen Verlegern und übernimmt deren Übersetzungsaufträge; und die Briefe aus seiner niederrheinischen Heimat inspirieren ihn zu einem Romanprojekt, in dem die katholische Hochburg Süchteln bei Erschallen der ersten Heil-Hitler-Rufe geschlossen vom Glauben ab- und einem neuen in die Arme fällt, der sie zu den ausgefallensten Barbarismen befähigt.

Auf Mehlsäcken, Kirchenbänken und dreibeinigen Stühlen

Als die Regenzeit ihre ersten Schauer durch das brüchige Dach schickte, wurde es Zeit, sich eine neue Bleibe zu suchen. Sie fanden eine in der Innenstadt, »Straße des Generals Bartelo, im Hause Nummer 23, eine Treppe hoch«, und genau zu Heiligabend bezog sie das Paar. Als Weihnachtsbaum diente ein Kaktus der Gattung *opuntia natalis*, auf dessen Nadeln Vigoleis bleistiftdünne Lichter steckte, die er aus zwei geschmolzenen Kerzen und selbstgedrehten Dochten gewonnen hatte. Als sie erloschen, erfand er im Geiste leuchtende Druckerschwärze, mit der man auch im Dunklen lesen könnte. Dann ging das Paar zur Kathedrale. Vor dem Portal redeten sie ein paar Worte mit dem krummen Bettler Porfirio, dessen Zunftgenossen drinnen auf einer Bank schnarchten, während zur »Misa del Gallo« ein Mohrenknabe maurische Gesänge ableierte.

Auf dem Nachhauseweg waren sie noch immer arm, doch die Straßen legten sich um sie wie ein dünner wärmender Mantel. Und in diesen pulsierenden Straßen und verschwiegenen Gassen sollte Vigoleis bald eine so bekannte Erscheinung werden, daß er kaum einen Schritt tun konnte, ohne in ein Gespräch verwickelt, in eine Wohnung oder Geschäft gezogen zu werden. An Tagen mit Geld in der Tasche kaufte er auch ein. An einem solchen gab er, der bisher Sommers wie Winters in Alpargatas für 50 Centimos unterwegs war, beim Schuster ein Paar Schnabelschuhe in Auftrag, die so groß ausfielen, daß er sich später in der Schweiz Bergstiefel daraus fertigen ließ. In der Bäckerei von Don Matias ließ er sich regelmäßig auf einem Mehlsack nieder, um mit dem ehemaligen Lehrer über den »Krausismus« zu debattieren, während die Kunden sich selbst bedienten. Karl Christian Krause, im Deutschland des 19. Jahrhunderts verspottet wegen seiner Visionen von einem Völkerverein und einer universalen Weltsprache, hatte in Spanien eine eifrige Anhängerschaft gefunden. Krausen Gedanken aller Art waren auch die honduranischen Exilanten zugänglich, die sich ebenfalls in der Backstube versammelten. Ihr Haupt war der einarmige General Patuco, dessen Tochter, in die sich der Backgehilfe verliebte, immer nur auf dem linken Arm getragen wurde und deshalb schielte. Vom General wurde Vigoleis im unausbleiblichen Falle der Machtergreifung das Amt eines Sonderbeauftragten für die Bekämpfung des Analphabetismus angeboten. Analphabetismus war auch im Mutterland Spanien die Regel (gerade die voraufklärerischen Zustände waren es, die die zivilisierten Nordländer anzogen), was aber nicht bedeutete, daß in den niederen Kreisen auch die Gesittung eine niedere war. Ortega y Gasset überliefert den Satz einer Dienstmagd im Palast eines Gouverneurs, mit dem sie sich für dessen hochnäsige Behandlung seines Gastes, des britischen Gesandten, entschuldigte: »Nehmen Sie es dem Mann nicht übel, er hat keine Erziehung.« Bildung und Erziehung sind verschiedene Dinge, und wer der Schrift nicht mächtig war, konnte trotzdem human und weltoffen, Philosoph und Lieddichter, Sängerin und Tänzerin oder einfach ein Mensch mit Mutterwitz sein. Wer aber schreiben konnte, der schrieb zwangsläufig auch Gedichte; so der honduranische Jungrebell, der an der zukünftigen Nationalhymne seines Landes dichtete und zu dessen Anregung Vigoleis gern Hölderlin zitierte und in hymnisches Spanisch übersetzte. Die Bäckerei des Don Matias war also der Sitz einer zünftigen »tertulia«, wie man in Spanien einen Zirkel von gewöhnlich in Kaffeehäusern und Bodegas tagenden Männern nannte, und sie hätte in dieser Zeit ihren Namen nicht verdient, wenn man während der Gespräche nicht an Bomben bastelte – die Honduraner füllten Marksknochen mit Pulver.

Den Zugang zu den höheren, ja zu den höchstadligen Kreisen der Insel eröffnete sich durch Beatricens Sprachunterricht. Auch ein Sproß des Fürstengeschlechts der Suredas, Don Pedro, wollte die neue Weltsprache Englisch lernen. Während des Unterrichts zeichnete er gern, besonders den markanten Schädel des Don Vigoleis, was dieser mit der Bemerkung quittierte: »Wenn ich so schlecht schriebe, wie er zeichnet, würfe ich mich vor die Straßenbahn.« In den Stadtpalast der Sippe wurde unser Heldenpaar erstmals zum 100. Todestag Goethes eigenladen, an dem der, wie so viele Aristokraten, germanophile Hausherr einen Empfang gab. Zu diesem Zwecke saß er auf dem einzigen, einem dreibeinigen Stuhl des Salons und reckte sein stattliches Hörrohr in die Höhe, das der geborene Hofnarr Vigoleis für eine Trompete hielt, auf der ihm etwas vorzublasen er den Besitzer vergeblich bat. Tee gab es nicht, weil kein Geschirr im Hause war. Auch das Dienstpersonal hatte sich zu großen Teilen verflüchtigt, weil der nicht nur von Schwerhörigkeit, sondern auch von Hämorrhoiden geplagte Fürst auf seinen stundenlangen Klositzungen allzu lautstark deutsche und altgriechische Vokabeln memorierte. Er fand Gefallen an Vigoleis, und so hatte der Gelegenheit, den Treffen einer weiteren Tertulia beizuwohnen, die zwar nicht eigenhändig Bomben baute, aber doch die konspirativen Fäden knüpfte, die ihrem Caudillo, der immerhin General war, einen ähnlichen Aufstieg wie dem Gefreiten Hitler ermöglichen sollte.

Der Dualismus, die Spaltung der Gesellschaft in zwei feindliche Lager ist nicht nur in den romanischen Ländern, aber besonders in ihnen eine historische Konstante. Wir kennen sie seit der Antike, deren Herz der agonale Kampf ist.

Dabei sind die Opposition von Armen und Reichen und die damit durchaus nicht deckungsgleiche von Aristokraten und Demokraten nur zwei von mehreren Varianten; in Byzanz etwa waren die Grünen und Blauen Anhänger verschiedener Wagenlenker-Crews und gesellschaftlich kaum voneinander zu scheiden. Auch in Spanien, obgleich von den aktuellen Klassenkampftheorien nicht unberührt, verlief die Frontlinie nicht stracks zwischen Oben und Unten, sondern wurde von ethnischen, religiösen und anderen ideologischen Motiven mitbestimmt. Am tiefsten dürften die Gräben zwischen den Klerikalen und ihren Gegnern gewesen sein, und die verliefen quer durch alle Gesellschaftsschichten. So lange die Deutschen nicht ins Spiel kamen, so lange auf Mallorca keine KdF-Schiffe und über Guernica keine Juncker auftauchten, so lange eine von wem auch immer geworfene Bombe noch Stadtgespräch war, konnte Vigoleis das Treiben fast unparteiisch wie einen der von ihm geliebten Stierkämpfe betrachten. Später sollte sich das dramatisch ändern.

Doch zum Glück für ihn und seine Leser blieb ihm noch eine genügend lange Frist, um das vorrevolutionäre Inselleben in all seinen Facetten wahrzunehmen.

Diener zweier Herren und einer Dame

Nach Deia, schon damals eine Künstlersiedlung mit exklusivem Habitus, hatte sich Hauptmann von Martersteig zurückgezogen. Vigoleis besuchte ihn dort, um sein Honorar abzuholen, eine kunstgeschnitzte Familientruhe, von der sich der ahnenstolze Besitzer im letzten Moment dann doch nicht trennen wollte. Dafür lernte unser niederrheinscher Hidalgo seinen nächsten Auftraggeber kennen, den imposanten und deshalb von seinem Nachbarn Martersteig herzhaft gehaßten Robert Ranke-Graves. Der Brite mit partiell deutschen Historikerwurzeln hatte Bände von Mythennacherzählungen und -interpretationen geschrieben, in denen sich Analytik und Poesie wunderbar mischten, und war mit seinem historischen Roman *Me, Claudius* zu europäischem Ruhm gelangt. Er drehte Martersteig regelmäßig den Strom ab, für Vigoleis aber wurde er zum Segen, weil er ihm die diesmal ausreichend honorierten Reinschrift seiner Memoiren mit dem apodiktischen Titel *Strich drunter!* übertrug.

Don Vigoleis war nämlich Don Quichote und Sancho Pansa in einer Person, das Dienen ihm nicht weniger fremd als der Lanzenkampf mit Windmühlen. Seine Scheu vor der Präsentation eigener Werke machte ihn nicht nur zum »Langstreckenübersetzer« fremder, sondern auch zu deren idealem Abschreiber, Lektor und Korrektor. Diese Scheu hatte neue Nahrung erhalten bei der nun endlich über die Bühne der gräflichen Pension gegangenen Lesung aus seiner Kleinstadtgroteske *Hünengräber ohne Hünen*. »Wer sind Sie eigentlich, Vigoleis?« hatte die Gerstenberg gefragt, fassungslos ob der Brillanz des Vorgetragenen, der sie sich nur, wie früher seine Gymnasiallehrer, erwehren konnte, indem sie es des Plagiats verdächtigte. Nun also in die Haut von Ranke-Graves geschlüpft, was ihm ob seiner aufrichtigen Bewunderung leichtfiel, aber schwer, weil seine sprachliche Ausdruckskraft turmhoch über der all seiner Auftraggeber lag und er sie vor allem zu bändigen hatte.

Das galt auch für Graf Harry Kessler, der in Vigoleis' Schreibkabinett trat, als der, der Sonne wegen, nackt und mit Regenschirm in ihm umherspazierte, worüber der Besucher wortlos hinwegsah. War er es wirklich, der hochberühmte »rote Graf«, der Mann, der Nietzsche die Augen geschlossen, der Piłsudski aus dem Magdeburger Gefängnis entführt und nach Warschau verbracht hatte, der Herausgeber der legendären Cranach-Presse, Kunstsammler, Revolutionssympathisant und Weltreisende in Sachen eines globalen Pazifismus? Ja, in höchsteigener Person, obwohl diese, wie Vigoleis gewöhnlich auch, nur einen schlichten mallorquiner Drillichanzug trug und in der von Beatrice mit Zeitungspapier ausgelegten Entrada die Schuhe hatte ausziehen wollen. Mit Beatrice ergaben sich sogleich Anknüpfungspunkte für ein Gespräch, denn Kesslers Vater war in St. Gallen als Sproß einer alteingesessenen Humanistenfamilie aufgewachsen, bevor er zu großem Reichtum, einer irisch-britischen Aristokratin als Ehefrau und zu einem von dem mit ihr befreundeten Kaiser Wilhelm I. verliehenen eigenen Adelstitel gekommen war. Der junge Harry durfte zum Kaiser »Onkel« sagen. Daß er nicht, wie Gerüchte behaupten, dessen illegitimer Sohn war, sollte das erste Kapitel seiner Memoiren beweisen, um dessen Mithilfe bei der Abfassung er nun Vigoleis bat. Denn: »Er begänne, wo ihm der Weg von vorne abgeschnitten sei, zurück zu leben.« Der Weg nach vorn wurde dem Grafen abgeschnitten, als er zu einer Besprechung in einem Privatzimmer des Adlon saß und der Kellner mit der Nachricht kam: »Der Reichstag brennt.« Umgehend floh er, der sich auf einer schwarzen Liste der Nationalsozialisten wußte, nach Paris und von da aus, da man sein Vermögen beschlagnahmt hatte, weiter auf das billigere Mallorca. Auf Empfehlung eines nicht weniger ungewöhnlichen Grafen, Hermann von Keyserlingk war er vorerst im Hotel Principe abgestiegen, um später vor den Toren der Stadt, in Bona Nova, ein eigenes Häuschen zu beziehen.

Bevor es an die Memoirenarbeit ging, hatte Vigoleis, der bald zum regelrechten Sekretär Kesslers wurde, dessen Unterlagen im Rechtsstreit mit dem Deutschen Reich für einen spanischen Anwalt zu übersetzen. Der Graf sprach seit seiner Mexikoreise zwar etwas spanisch, aber nicht so vollkommen wie das Französische und Englische, in deren Kulturen er ebenso zu Hause war wie in der deutschen. Er las auch fließend Latein und Griechisch; geschrieben hat er vorzugsweise deutsch, und zwar seine Briefe in lateinischen und seine Manuskripte in gotischen Lettern, worin Vigoleis die »große künstlerische und geistige Spaltung seiner Persönlichkeit« sah – »in seinen Episteln war er der Mensch der Völker, in Dichtung der Nachfahre Goethes und der Romantiker.« Die schwer zu entziffernde gotische Handschrift des Grafen war nicht die einzige Schwierigkeit. Immer wieder brachte er neue Fassungen, allesamt in sogenanntem K.u.K.-Deutsch geschrieben, dessen »an Hahnenfedrigkeit gemahnende Orthographie« seinen Sekretär an die Schreiberwillkür mittelalterlicher Mönche gemahnte – er demokratisierte sie nach dem Regelbuch des Deutschen Buchdruckervereins e.V. Nicht nur das, er betätigte sich »teils als Schürfer, teils als Gölder der Sprache« des Grafen, für den er zur letzten Instanz in Stilfragen des Manuskriptes wurde, auf dessen Abgabe Samuel Fischer in Berlin sehnsüchtig wartete. Der Verleger sollte sie nicht erleben, da er vorher starb. Auch sein Verlag wurde zerschlagen und 1935 der erste der auf drei Bände angelegten *Gesichter und Zeiten* verboten. Zu ihrer Vollendung sollte es nicht mehr kommen, denn als mit Ausbruch des Bürgerkriegs der Graf nach Frankreich floh, versuchte Vigoleis, die Zusammenarbeit zwar brieflich aufrecht zu erhalten, doch die Energie Kesslers war erschöpft.

Noch war es aber nicht so weit. Vorerst hatten sich der Autor und sein Faktotum des Ansturms des zweiten Grafen zu erwehren. Hermann von Keyserlingk, nicht zu verwechseln mit seinem Vetter, dem ebenfalls baltischen Erzähler Eduard von Keyserlingk, hatte eine seiner Vortragsreisen nach Mallorca geführt und dort natürlich im Hotel Principe Quartier genommen. Die großen Hotels waren sein Zuhause, und diese schätzten sich glücklich, ihn in seinen besten Suites kostenlos nächtigen, opulent speisen und Unmassen von Weinflaschen leeren zu lassen, weil ihm ein Schwarm von heimatlosen Gräfinnen, amerikanischen Millionärinnen und sonstigen Verehrerinnen folgte, die seinen Unterweisungen in der »Schule der Weisheit« lauschen wollten. Im Deutschen Reich hatte der Philosoph Redeverbot, doch ansonsten wurde er allerorten gefeiert, insbesondere in Spanien, daß er kürzlich in den Rang eines neuen Hellas erhoben hatte. Was nach einer großen Harlekinade klingt, hatte einen sehr ernstzunehmenden Hintergrund, wie seine hinreißenden Schriften etwa über die Korrespondenz des asiatischen mit dem europäischen Geistesleben beweisen, die zu verfassen er auf seinen weiten Reisen unbegreiflicherweise Zeit fand.

Für den Schwadroneur Vigoleis stand natürlich der clowneske Aspekt seines Pendants im Vordergrund. Obwohl er in Livland und Graf Kessler zwölf Jahre später in Paris geboren war, behauptete Keyserlingk steif und fest, mit ihm die Schulbank gedrückt zu haben, und allein das verpflichte sie zu einem gemeinsamen Auftritt im Hotel Principe. Wie immer wolle er das Publikum um eine Problemstellung bitten, über die er dann frei meditieren würde, diesmal solle Kessler die Rolle des Animateurs übernehmen und zwar mit einer Frage zur »Maschine als Parvenu unseres Jahrhunderts«, auf die er sich entsprechend vorbereiten würde. Zwingli seinerseits hatte den Abend bestens vorbereitet. Im großen Hotelsaal drängte sich außer den gewöhnlichen Schülern und Schülerinnen der Weisheit die Creme de la Creme Spaniens, eines Landes, das nach Vigoleis nie eine Philosophie hervorgebracht hat, weil es aus lauter Philosophen bestand. Er, Don Vigoleis, hielt sich wie Graf Kessler in einer der hinteren Reihen versteckt, während der schon gut mit Wein gefüllte und alle um Haupteslänge überragende Keyserlingk mit einem jeden der wichtigeren Gäste in dessen Zunge parlierte. Der Conde de Kessler stellte seine Frage auf Französisch, und auch Keyserlingk antwortete in der Sprache des Fin de siècle, dem beide entsprungen waren. »Paukenschlag, Peitschenknall, das rosa Hemd verbeugte sich, giftig schillerte der grüne Schlips – ›Mesdames et Messieurs, la machine comme parvenu … nous verrons‹.« Und weiter im unverwechselbaren Deutsch Vigoleis Thelens: »Es war einfach genial, wie er das Thema anpackte: sofort ging er in die Tiefe. Harry hatte ihm ja keine Kaffeekanne zugeworfen. Hermann gründelte nicht, er tauchte. Geheimnisse der Tiefsee, Fische mit Rückstrahler, Lanzettaugen, Leuchtquallen, Meerungeheuer mit elektrischer Hochspannung: das waren die Vorbilder der Parvenus auf dem festen Land, ein ganzes Aquarium voll. Langsam stieg Hermann an die Oberfläche und kroch nun als Amphibie der Weisheit weiter, einem noch genialeren Ende zu ... Der Beifall war stark, ehrlich und verdient.« Doch dann bat der andere Graf, unabgesprochen, doch nicht unvorbereitet, um das Wort und erhielt es. Der Redner, tausendmal Verzeihung, hätte es geschafft, in die Tiefe zu gehen, ohne in die Tiefe zu gehen, und »Stück für Stück holte Harry die Tiefseeungeheuer, Strahltiere, Medusen, Quallen an die Oberfläche, wo sie eines nach dem anderen platzten. Als das Aquarium leer war, war auch Hermann erledigt ...« Donnernde Ovationen, die selbst der Conde de Keyserlingk mit seinen Riesenpranken nicht überklatschen konnte, der sich anschließend mit sechs Flaschen Wein in seine Suite zurückzog und am nächsten Tag, nach Lektüre der Morgenzeitungen, seine Inseltournee abbrach, um auf dem Festland wieder festeren Boden unter den Füßen zu gewinnen.

Zu den erlauchten Gästen der Veranstaltung gehörte auch eine Millionenerbin aus der neuen Welt, die ihr Vermögen, das sie dem mit Dr. Oetkers Backpulver erfolgreich konkurrierenden »Royal Back Powder« ihres Vater verdankte, lieber in der alten Welt durchbrachte und deren Haus auch für Beatrice und Vigoleis stets ein offenes war. In ihm und ihrem Palazzino in Wien, auf den Gütern ihres verblichenen Gatten, eines Esterhazy, in Ungarn oder auch in ihren Residenzen in New York und Paris waren schon die erlesensten Geister der Weltliteratur zu Gast gewesen, deren Namen Vigoleis in den Widmungen ihrer Bücher nachlesen konnte: Gide, Valery, Rolland, die großen Engländer und Amerikaner, d'Annunzio, Pirandello. Immer sonntags empfing »Manu« ihn, der nicht nur an seinem eigenen Hofe, sondern auch gern an fremden

den Narren spielte, zu einem so opulenten wie ausgefallenen Essen. Er war ihr »goldiges Mannerl« und sie bestellte ihn, samt seiner Gefährtin, auch an ihr Sterbelager, als sie sich wegen eines Nierenkrebsleidens auf diesem zu liegen wähnte. Seine ergötzlichen Reden im Wechsel mit den Gebeten von Vertreterinnen der »Christlichen Wissenschaft«, die ebenfalls zu ihrem Kreis gehörten, gaben sie dem Leben zurück. Die Szientistinnen, in deren vielsprachigen, doch nie deutschen Gebeten immer öfter der Namen »Hitler« auftauchte, waren eingeschworene Feindinnen des gottlosen Spötters. Doch Manu hielt ihre beringten Hände über ihn und hatte große Pläne mit dem Paar. Zu dritt würden sie einen wirklich großen Palast beziehen, in dem Beatrice nach Herzenslust nicht nur Piano, auch Orgel spielen und Vigoleis die von ihr diktierten Memoiren schreiben könnte – wenn, ja wenn sie endlich den Prozeß gegen den Backpulverkonzern um ihr Erbe gewinnen würde, wozu sie nur noch runde tausend Fränkli an Anwaltskosten benötigte. Beatrice hob sie von ihrem Schweizer Notkonto ab und sah sie nie wieder.

Auch andere Projekte trieben die schönsten Blüten, um niemals den Zustand erntereifer Früchte zu erlangen. Zwingli etwa, der sich inzwischen erfolgreich »entpilarisiert« und zur Heilung seiner Syphilis in die Schweiz begeben hatte, kehrte voller Tatendrang zurück. Ermutigt von dem Spektakel um das gräfliche Duell wollte er eine Internationale Universität gründen, mit Vigoleis als Direktor und Professor für den leider in Vergessenheit geratenen Studiengang der Rhetorik an der Spitze, wozu es nur des nötigen Startkapitals bedurfte. Dazu wollte der Schwager – Beatrice und ihr Schatz hatten sich kürzlich in Barcelona standesamtlich getraut – endlich an die Vermarktung der Erfindungen gehen, die unaufhörlich Don Vigoleis' Kopf entsprangen, wenn dieser keine Gedichte von sich geben wollte. Sie wurden notiert und, vom zeichnenden Englischschüler Pedro de Sureda illustriert, an die Wand gepinnt. Der sich selbst spitzende Bleistift – leider schon erfunden. Dito der Haftschreiber, der als Kugelschreiber kurz darauf seinen Siegeszug durch die Welt antrat. Was war mit dem Regenschirm mit Buchhalterung zum Gedichtlesen im Regen, unter dem Vigoleis im Adamskostüm den Grafen Kessler empfangen hatte und der inzwischen durch Leselampe und seidenen Vorhang perfektioniert worden war? Kein Interesse. Und der pneumatische Schlafanzug mit Löchern zum Atemholen, auch als Rettungsanzug gegen Ertrinken geeignet? Ein Modell wurde bei einer heimischen Gummifabrik in Auftrag gegeben, die aber vor dessen Erledigung leider abbrannte.

So mußte sich Don Vigoleis sein karges, von ihm nicht weniger als die Kartoffeln gehaßtes Brot weiterhin durch tägliche Fronarbeit verdienen. Die bestand zum einen in seiner Tätigkeit als Touristenführer, die ihm der deutsche Konsul vermittelt hatte, nachdem ihm die Redegabe seines Besuchers schwer beeindruckt hatte. Zum anderen zahlte sich die Treue zu seinen holländischen Freunden aus. Manno ter Braak, dessen Roman er übersetzt hatte, war inzwischen Literaturredakteur bei *Het Vaderland* und zu einem wichtigen Kämpfer gegen die nationalsozialistischen Geistesvergiftung geworden; unter dem Pseudonym Leopold Fabrizius besprach Vigoleis Thelen regelmäßig die deutsche Exilliteratur und verschmerzte dabei, daß allzu Bissiges über Hitler (oder den Papst) gestrichen wurde, weil Deutschland schon damals der größte Abnehmer holländischen Gemüses war. Die Zusammenarbeit dauerte bis 1940, als die Reichswehr in den Niederlanden einmarschierte und sich ter Braak das Leben nahm.

Schiffe, Schüsse und Weinbergschnecken

Nun war also auch Don Vigoleis zu einem Führer geworden, wenn auch nur der von deutschen Touristen, die als Vorfahren der modernen Kreuzfahrer von ihren KdF-Schiffen aus die Baleareninsel überfielen. Er verachtete sie nicht weniger wie der andere Führer seine Untertanen, und wie dieser log er für sie das Blaue vom Himmel. Nicht immer entscheidet in Zweifelsfällen die Wahrheit, sondern mitunter auch die Phantasie. Da Vigoleis ohnehin ein gespaltenes Verhältnis zur Historie hatte und auch Beatrice gegenüber, die von ihr fasziniert war, immer das Recht der Legenden, Märchen und Sagas verteidigte, kam er nie in Verlegenheit, wenn ein Bildungshungriger irgendein Detail erklärt haben wollte. »Herr Führer, in welchem Bett hat nun George Sand und in welchem Chopin gelegen?« »Sie haben immer nur in einem gelegen, mal in dem und mal in dem.« Sie waren im Kartäuserkloster von Valldemossa, das früher zu den Besitztümern der Suredas gehört hatte. Einer der ihren hatte aus dem Heiligen Land einen Nagel vom Kreuz Christi mitgebracht, der nun gerahmt in der Kapelle hing. »Was ist das da, Herr Führer?« »Oh, das ist die Miniatur einer Pechfackel, die bei einer Bittprozession im 13. Jahrhundert die Insel vom Schwarzen Tod befreite. Ein Mönch hat sie nachgebildet, und noch heute wird sie aller 13 Jahre von der Wand genommen und unter Gebeten und Gesängen durchs Dorf getragen.« »Aber beim letzten Mal hat man uns gesagt …«

»Sehen Sie lieber nach draußen, meine Dame. Wissen Sie, was da auf der Leine flattert? Das sind die Unterhosen der George Sand, die man ihr zu Ehren niemals …«

Diebische Freude bereitete es ihm, als die Herde völlig kopflos über die Insel stolperte, weil sie auf dem Schiff die Nachricht vom Röhmputsch erreicht hatte. Für einen Moment lang war Vigoleis der einzige Führer und nutzte dies mit Freuden aus. Ein Blatt vor den Mund hatte er nie genommen, so daß man eine hochrangige schützende Hand über ihn wähnte, welchen Eindruck er noch verstärkte, indem er Geschichten aus der gemeinsamen Schulzeit mit Goebbels erzählte. Jetzt aber konnte er sich an den ohnmächtigen Windungen seiner Landsleute unter seinen rhetorischen Säbelhieben und Degenstichen weiden, die allerdings umgehend an das Konsulat gemeldet wurden, als der Putsch niedergeschlagen war. Der Konsul, ein ehemals roter, inzwischen von den Zeitumständen und nicht von der Sonne Mallorcas gebräunter Emporkömmling, bestellte Vigoleis ein und forderte ihn vergeblich auf, eine Treueerklärung zu Führer, Volk und Vaterland zu unterschreiben. Auch über Beatrice waren Beschwerden laut geworden, die bei ihren Führungen mit den ausländischen Gästen gern in ihren Sprachen parlierte, was von den Deutschen als eine wahrscheinlich jüdische Zumutung empfunden wurde. Als alle mallorquinischen Auslandsdeutschen auf ein Schiff gebeten wurden, um in internationalen Gewässern »bei Speckbrot, Bier und Düsseldorfer Senf« ihre Stimme für den Reichstag abzugeben, fuhr sogar der

Affengeneral Martensteig mit, nicht aber Vigoleis und nicht Beatrice, die bei ihrer Hochzeit dummerweise die schweizerische Staatsbürgerschaft abgegeben und die ihres Mannes angenommen hatte.

An Versuchen, den Schriftsteller Vigoleis Thelen für die reichsdeutsche Propagandaarbeit zu gewinnen, mangelte es trotzdem nicht. Als ihm ein Mitarbeiter des Außenpolitischen Amtes der NSDAP die Leitung einer deutschen Zeitung in Madera anbot, schlug Vigoleis die Entlohnung von 1000 Peseten und freier Unterkunft aus und warf den Bonzen aus der Wohnung. Der hatte alles über ihn gewußt, über seine Briefwechsel, seine holländischen Verbindungen, seine Spottgedichte über den »Parteigenossen Molch«. Dabei hätte der brotlose Künstler jede Pesete brauchen können: Da das von der Pilar zertrümmerte Klavier noch immer unbezahlt war, hatte die Firma »Llado« das Mobiliar des Paares gepfändet und Vigoleis das Schlafzimmer in »Sala immaculata« umbenannt, weil sie auf mit Kleidung durchmischter Zeitungsmakulatur schlafen mußten. Aber auch diese Reste waren eine Hausdurchsuchung wert, während Don Vigoleis und Dona Beatriza in Valldemosa weilten. Zum Glück hatte der sich selbst gern als Feigling bezeichnende Autor sein wichtigstes Manuskript, das von den hünenlosen Hünengräbern, zuvor in Kunststoff verpackt und im Hofbrunnen versenkt – aus Furcht vor einem Brand und nicht aus der vor der Gestapo. Diese wird dem Roman erst später einen wässrigen Tod bescheren.

Merkwürdige Schüsse hörten sie in Valldemossa. »Wiedehopf-, Raben-, Schnepfenschießen?« Aber des Nachts? »Fledermäuse?« Nein, es waren Menschen, denen die nächtlichen

Jagden galten, und tags brummten, ohne Reklamefahnen, Flugzeuge über den Himmel auf dem Weg zur Bombardierung Barcelonas. Der franquistische Aufstand hatte die Insel frühzeitig, in der Nacht vom 18. auf den 19. Juli, erreicht; daß unser Paar nicht in seiner Wohnung war, hatte ihm das Leben gerettet, denn es stand, wie der Konsul ihnen bestätigte, auf einer Todesliste. Zurück in Palma tauchte der zeichnende Englischschüler Don Pedro de Sureda bei ihnen auf, jetzt in Uniform, und wollte sich überzeugen, ob die beiden wirklich erschossen wären, wie die Fama behauptete. Der Hochadel frohlockte und nahm Rache an den Linken, die während ihrer Regierungszeit der Kurie das Erziehungsrecht entzogen, die Klöster aufgelöst, die Priester, Mönche und Nonnen verfolgt und ihre Kirchen in Flammen hatte aufgehen lassen. Wenn Vigoleis jetzt das Haus verließ, hatte er immer das weihbischöfliche Schreiben seines Onkels dabei, mit dem der ihn der Huld der katholischen Kirche empfohlen hatte. Traf er auf einen Bekannten, so begrüßten sie sich wie zwei von den Toten auferstandene. Was war mit dem Schuster Ulua geschehen, der ihm die Schabelschuhe gefertigt hatte? »Den hätte man lebend in eine Zisterne geworfen, Stein drüber, seine Frau in eine andere, Stein drüber.« Als Vigoleis Bücher in die Leihbibliothek des Don Jaime zurückbrachte, erfuhr er von ihm, daß er keineswegs ein Linksradikaler, sondern geheimes Mitglied der Franco-Bewegung war; daß er den Erschießungsbefehl für Vigoleis und Beatrice mit der Begründung an sich genommen hatte, ihn selbst vollstrecken zu wollen, hatte den beiden das Leben gerettet. Auch die Honduraner, Krausisten und Mehlsackphilosophen seiner Tertulia waren zu den Francisten übergelaufen und verrammelten die Türen, wenn ihr einstiger Freund daran klopfte. Nur in der Pension des bombenbauenden Grafen hielt man noch die Stellung, postierte Wachen auf den Dächern, um die Razzien der Guardia Civil, der Carlisten, Falangisten und Legionäre auszuspähen. Zumeist waren es blutjunge Soldaten, die in den Krieg ausrückten, der, nach Vigoleis »ein Stahlbad der Pubertät« war und nach Don Pedro »ein heiliger Krieg zur höheren Ehre Gottes und seiner Generäle.« Die Massenmorde trieben die Fremden von der Insel, die Hotels standen leer oder dienten als Gefängnisse und Lazarette. Die jüdische Millionärswitwe Manu hatte auf ihrer Flucht den Raben »Rabindranath« freigelassen, den ihr Vigoleis einst geschenkt hatte und der jetzt fett wurde von den Kriegstoten. Beatrice und ihr Gefährte hatten es schwerer, satt zu werden. Da auch die Banken geschlossen, sie also ohne Geld waren, nährten sie sich von Kaktusfeigen und Weinbergschnecken, die sie nachts, unter dem Knattern von Maschinengewehren suchten. Und sie übersetzten wöchentlich die spanischen Kriegsberichte und verschickten sie an ausländische Zeitungen, worauf die Todesstrafe stand.

Dem angeblichen Feigling Thelen wächst in der Gefahr – und diese vor allem ist es, die Charaktere offenbart – ein Mut zu, der seine »Untüchte« aufhebt. Er bewährt sich auch, als Ende 1936 die vorletzte Schnecke verspeist ist und die Flucht organisiert werden muß. Dem Konsul, der ihm mit dem Panzerkreuzer »Deutschland« zur Umerziehung heim ins Reich schicken will, wirft er die Pässe auf den Tisch und bürgert sich selbst aus. Ihm schwebt anderes vor; auf dem britischen Konsulat hat er die Erlaubnis erwirkt, sich und Beatrice auf einem englischen Zerstörer evakuieren zu lassen. Der deutsche Konsul, in dessen Brust sich das ältere seiner beiden Herzen bemerkbar macht, bringt ihm die Pässe nach, läuft mit Vigoleis wieder zurück, weil die letzten Stempel fehlen – »Anständig zu fliehen ist auch eine Quichoterie«. Am Hafen dann erscheint wieder der Konsul, um einen Brief für Marseille zu übergeben. Vigoleis steckt ihn zu den anderen 200 Briefschaften, für deren Transport er standrechtlich erschossen werden könnte. Er hat, wie auch Beatrice, nur ein Köfferchen mit den für ihn wichtigsten Büchern bei sich: Cervantes, Augustin, Novalis … Auf dem Schiff dann werden sie erfahren, daß der Konsul sie falsch informiert hatte und alle anderen ihre Habe mit sich führen, während die ihre versteckt auf der Insel liegt. Doch noch ist es nicht so weit. Der Zerstörer verspätet sich. Vigoleis läuft mit den gefährlichsten Briefen und seinem Hünenmanuskript zurück in die verlassene Wohnung, zerreißt sie, nicht ohne letzte Korrekturen am Roman vorzunehmen, in dreistündiger Arbeit zu kleinen Schnipseln und spült sie die Toilette hinab.

Dann endlich entern sie das Schiff und – Leinen los! Zwei Tage kreuzen sie ohne Nahrung zwischen Palma de Mallorca und Genua. Auf einer Taurolle sitzt Franz Blei, der Verfasser des von Vigoleis geschätzten *Bestiarium*, und sein Vorgänger als Sekretär Graf Kesslers. Als sie sich wieder einmal Genua nähern, hält er auf Englisch eine flammende Rede, mit der er den Kapitän überzeugt, sie nicht an die Italiener auszuliefern. Nach einem Zwischenhalt in Barcelona können sie endlich in Marseille an Land gehen und auf kleinen Umwegen die Schweiz ansteuern.

Lusitanische Weinprobe

Zu den Büchern, die Vigoleis in die Eidgenossenschaft begleiteten, gehörte eines, das hauptverantwortlich für die Vertreibung des Personals des alten Sureda und für die Verzweiflung seiner Familie war, weil er bei seinen langen Stuhlgängen ausgiebig daraus zitierte: *San Pablo*, ein Werk des Portugiesen Teixeira de Pascoaes, mit einem Geleitwort von Miguel de Unamuno. Die goldene Hämorrhoidenader des Fürsten hatte es also Vigoleis zugeführt und dessen goldene Ader für die iberische Mystik getroffen. Der Gottesflüchtling war ihm, Gottvater, vielleicht in dessen nordischer Gestalt entkommen, doch im Süden, wo heißer um und mit ihm gerungen wurde, begegnete er ihm auf Schritt und Tritt wieder. In den Kirchen und Klöstern, auf den Straßen während der Prozessionen und in den Bekenntnissen des Johannes vom Kreuz, den Aufzeichnungen der Tereza von Aquila und des Reimundus Lullus, für die immer Geld aufgetrieben wurde, wenn sie in den Antiquariaten auftauchten. Auch für die Meditationen über den heiligen Paulus, für die Vigoleis portugiesisch lernte, weil er die spanische Fassung als fragwürdig empfand. Die Mystik des Portugiesen mußte ihn besonders treffen, da er Gott als Schöpfer einer unzulänglichen Welt in die Menschenschar der Sünder einreihte. Er schrieb einen enthusiastischen Brief an den Autor, erbat und erhielt die Übertragungsrechte, verschickte seine Übersetzung vergeblich an 37 Verlage, worüber ihn der Portugiese mit den Worten tröstete, in Zeiten, in denen es mehr Schreiber als Leser gäbe, sei es doch ein Erfolg, derer 37 schon gewonnen zu haben. Der Briefwechsel intensivierte sich, und als, trotz Beatricens reaktivierter

Familienbande, die Situation in der Schweiz immer schwieriger, weil kostspieliger wurde, nahm das Paar die Einladung aus Portugal dankend an, auf Schloß Pascoaes überzusiedeln.

Es handelte sich um einen uralten Familiensitz mit ausgedehnten Ländereien, auf denen vor allem Weinbau und die Zucht edler Pferde betrieben wurde, so edel, daß sie sehr viel später, antirassistische Instinkte beflügelnd, von den Nelkenrevolutionären abgeschlachtet wurden. Die Schloßherrschaft übte die tyrannische Mutter des Philosophen aus, dem Vigoleis in den folgenden neun Jahren zum engen Freund, Übersetzer, Biographen und »Leibhumanisten« wurde, wie es Memo ter Braak ausdrückte, in dessen holländischer Heimat die Paulus-Monographie zum ersten Mal in fremder Sprache erschien. Auch erfindet Vigoleis die Unterwasseratmung mittels an Bojen befestigter Schläuche, mit der er den deutschen U-Booten Paroli bieten will. Und er schreibt Gedichte, die, ihm zu wichtig, um sie zu verbrennen, so lange aufbewahren wird, bis er sie Jahrzehnte später in kleinen deutschen Verlagen veröffentlichen kann. Die wohl schönste Sammlung heißt *Saudade*, und dieser Hang zu Vergeblichkeit und Melancholie ist es, der Vigoleis nach Portugal gezogen und in ihm so lange festgehalten hat. Er vergleicht das Land mit einem Gebäude, das nicht erst, wie Spanien, mit der Schlüsselübergabe dem Verfall preisgegeben ist, sondern bereits mit seiner Grundsteinlegung. Daran teilzuhaben, scheinen ihm und Beatrice ein tiefes Bedürfnis gewesen zu sein; auch später noch sprachen beide vornehmlich portugiesisch miteinander, träumte und sinnierte der Dichter in dieser Sprache.

Viel mehr wissen wir nicht über diese Jahre, denn sie tauchten in seinem Werk immer nur episodisch auf, wohl zurückgehalten für eine Fortsetzung der »Insel«, von der uns aber nichts überkommen ist als eine Rundfunklesung und die Meldung von ihrem Verlust nach dem Tod seines Autors.

Wir können uns also dessen wichtigster Arbeit in dieser Zeit widmen, dem Verdolmetschen fremdsprachiger Texte. Natürlich ist es auch ein Gelderwerb, gerade aber bei Pascoaes wird es auch zum Dienst am bewunderten Werk eines Kollegen. Das Dienen wie das Empfangen von Diensten ist eine in Zeiten der Egalisierung und des permanenten Aufrufs zur Selbstverwirklichung vergessene Fähigkeit des Menschen geworden, und doch beruht das Fundament der europäischen Literatur auf ihm. Wo es gelegt wurde, in den Schreibstuben der Klöster, war der Dienst am fremden Werk die vorzügliche Beschäftigung der Mönche; sie schrieben (wie Vigoleis die Ranke-Gravesschen und Kesslerschen Memoiren) die Hinterlassenschaften der Kirchenväter und antiken Autoren ab, sie kompilierten und kommentierten sie, faßten sie in *Summae* zusammen und übersetzten sie aus und in verschiedene Sprachen. Besonders die deutsche Literatur, die lange Zeit eine empfangende war, fußt auf Übersetzungen. Das größte Werk der mittelalterlichen Epik, der *Parzival,* geht auf eine altfranzösische Themenversion des Chrétien des Troyes zurück; Wolfram von Eschenbach spickte, obwohl nach eigener Aussage Analphabet, sein »wilde maere« mit französischen und lateinischen Ausdrücken. In den Zeiten ohne Urheberrechte bestand ein großer Teil der deutschen Renaissance- und Barockliteratur aus mehr oder weniger freien Übertragungen französischer, italienischer, englischer Bestseller. Auch in der klassischen Periode gehörte das Übersetzen zum selbstverständlichen Handwerk der meisten Schriftsteller;

Goethe betrieb es aus dem Italienischen und Französischen; Schiller dazu noch aus dem Englischen und Altgriechischen. Und interessanterweise war die Romantik, die sich der nationalen Rückbesinnung verschrieben hatte, gleichzeitig die am weitesten in fremde Geistesreiche ausgreifende Literaturströmung, weil sie die Eigentümlichkeiten aller Nationen, nicht nur der deutschen faszinierte. Durch Novalis wurde »Europa« für sie zum zentralen Begriff; August Schlegel und Tieck bürgerten Shakespeare, Cervantes und Calderon in Deutschland ein; Friedrich Schlegel übersetzte aus dem kürzlich entdeckten Sanskrit. Das neunzehnte wurde auch in Deutschland, das am wenigsten an den kolonialen Eroberungen teilhatte, zum ersten globalen Jahrhundert. Friedrich Rückert erschloß durch seine Nachdichtungen des Hafis und Kalidasa dem Deutschen völlig neue Ausdrucksmöglichkeiten. Was diese Sprache an Reichtum, Plastizität und Differenziertheit zu bieten hat, wurde besonders deutlich in den Übertragungen französischer, angelsächsischer und russischer Lyrik in der ersten Hälfte des vorigen Säkulums. Die Reihe der bedeutenden Nachdichter reicht von Rilke, Celan und Arno Schmidt bis zu Adolf Endler; sie endet erst, als die Literatur endgültig zu einem Industriezweig wurde, in dem das Übersetzen in die Hände zumeist schlecht bezahlter Fachleute wanderte.

Albert Vigoleis Thelen aus Süchteln am Niederrhein war einer der letzten Diener am fremden, zumeist spanischen, portugiesischen oder niederländischen, Wort. Er stellte diesen Dienst erst ein, als er seinen eigenen Wortstrom in ein Deutsch zu übersetzen begann, das so noch nie erklungen war.

Entohnigungen

Nach Portugal waren auf verschlungenen Landwegen Beatrice und Vigoleis 1939 gekommen, im Jahr des Ausbruchs des Zweiten Weltkrieges; sie verließen es in Richtung Amsterdam zwei Jahre nach Kriegsende. Zu den Niederlanden waren die Verbindungen nie abgebrochen und besonders eng geworden, seit der Verleger van Oorshot die Pascoaes-Übersetzungen mit einigem Erfolg herausbrachte. Er, van Oorshot, war es auch, der von den Mallorca-Erzählungen des Neuankömmlings so fasziniert wurde, daß er ihn animierte, sie in ein Buch zu verwandeln. 1951 wurde ein Vertrag abgeschlossen, nach dem die Erinnerungen als *Het tweede Gezicht* und nicht unter dem ursprünglichen Titel *Das Tal der Entohnigungen* erscheinen sollten. Was sich der Autor bei dieser Wortschöpfung gedacht hat, bleibt sein Geheimnis. Sagen wir einfach »nicht ohne«, und so, nämlich mit allem gepfeffert, was ihm die deutsche Sprache zur Verfügung stellte, war das von Albert Vigoleis Thelen in den folgenden neun Monaten zu Papier Gebrachte. Beatrice spricht vom Schönsten, »was man sich vorstellen kann«, wenn sie abends aus dem Munde ihres Geliebten seine Tagesarbeit vorgelesen bekam. Was er zu erzählen hatte, wissen wir inzwischen, aber wie es ihm gelang, bei Beatrice und jedem Leser, der die Lektüre nicht nach drei Seiten wegen Überforderung eingestellt hat, ein, mit Kopfschütteln wechselndes, befreiendes Lachen hervorzurufen, bedarf näherer Betrachtung.

Vigoleis Thelen sprach und schrieb in fünf Zungen, doch den ganzen Kosmos seines Denkens und Empfindens konnte er nur in der Sprache seines Heimatlandes ausdrücken, vor dem er bis ins hohe Alter auf der Flucht war. »Erst im Ausland«, bekennt er, »habe ich mir, das Ohr ständig umtönt von Lauten fremder Sprache, die eigene wirklich zueigengemacht.« Sie war seine Mitgift, die ihm, anders als die materiellen Besitztümer, niemand nehmen konnte, sein geistiges Erbe, das er gehütet und vermehrt hat. Sie pflegte er in Gesprächen mit seinen Landsleuten, in der Arbeit an Übersetzungen und eigenen Texten und vor allem in den zahllosen Briefen an seine Freunde, in denen er sich »jahrzehntelang literarisch verpulvert« hatte. Ein Briefwechsel ist ein Dialog, in dem ein »Ich« ein anderes anspricht, und diese Form des Gesprächs, die niemals die Herkunft aus dem Mündlichen verleugnet, in dem Vigoleis so brillierte, bestimmt auch den Gestus seiner Erinnerungen. Gesprächspartner ist der Leser, gebannt von einer Sprache, die ihm völlig neue Lebens- und Denkwelten offenbart. Diese Sprache birgt den wohl größten Wortschatz, den je ein deutscher Autor zur Verfügung hatte. Als Doktoranden 1990 ein Vigoleissches Wörterbuch erarbeiteten, listeten sie 179 unbekannte Ausdrücke in den Sparten Archaismus, Neologismus, Fachsprache, Umgangssprache und landschaftlich gebundene Sprache auf. Unter letzterer ist vor allem die seiner niederrheinischen Heimat zu verstehen, die ihm nicht nur rheinfränkischen Witz zum einen und norddeutschen Lebenszweifel zum anderen vererbt hat, sondern auch einen reichen Fundus an seltsamen, bis ins Mittelalter zurückreichenden Vokabeln. Was eine »Strunze«, »Lunze«, »Zulle« oder »Schöke« ist, können wir uns in Zusammenhang mit der Maria Pilar leicht vorstellen, auch eine »laurige« Inselnacht mit »durchgleimter« Finsternis ist erahnbar; was aber bedeutet »hochgebrötet«,

»gesteipert«, »blutt«, was eine »Tättel«, »Küpe«, »Schrute« und eine »Muhrepruchel«? – Es war die Möhrensuppe seiner Kindheit, die Vigoleis die nordalpine Küche für immer verleidet hat. Wie die Gerichte des Südens mundeten ihm auch seine Sprachen und fanden als spanische, portugiesische oder lateinische Versatzstücke Eingang in sein Werk. Um ein so reiches Vokabular und die damit verbundene Gedankenflut zu bändigen, bedurfte es eines etwas komplexeren syntaktischen Apparates, als er heute üblich ist, da, wie es der entfernte Nachfahre Thomas Kapielski ausdrückt, die Parataxe über die Hypotaxe »obsiegt« hat. Hier kam Don Vigoleis seine Vorliebe für die Rhetorik, insbesondere die barocker Art entgegen. Der Hang zur Rhetorik kennzeichnet häufig die *zu* Klugen, die *zu viel* Wissenden, die mit Worten das von ihnen erkannte Nichts überspielen müssen und, wenn ihnen das künstlerische Wortschöpfertum verwehrt ist, gern als zynische Ärzte oder Anwälte praktizieren.

Beim Barock oder Baroque wiederum handelt es sich um jene Epoche, in der die Rhetorik ihre größten Triumphe feierte. An ihm ist alles auf Pracht, Schmuck und Ornament angelegt, auf die Überwindung des Irdischen durch Abflug in einen Himmel, der nicht nur vom christlichen Gott, seinen Engeln und Heiligen bevölkert ist, auch von antiken Göttern und Heroen. Dieser Himmel strahlt zurück auf die Erde und läßt sie und seine Geschöpfe in feiertäglichem Licht erglänzen. Für Spanien war das Barock das prägende Zeitalter, und auch auf seine ehemaligen nördlichen Besitzungen fiel noch ein Abglanz, den Albert Thelen gekostet hatte, bevor er Don Vigoleis wurde. Als er nun, zurück in den niederen Landen, daran geht, seine Erinnerungen in einem einzigen großen Strom der Erzählung zusammenzufassen, schlägt er eine der Bühnen auf, wie sie das Spanien des Goldenen Zeitalters schmückten. Er spielt darauf Welttheater, ist der schon erwähnte Autor, Regisseur, Hauptakteur, eigener Narr und Kommentator in einer Person. Ihm zur Seite steht die barocke Tradition des südlichen Europas, insbesondere des pikaresken Romans, der auf der iberischen Halbinsel geboren wurde und im Don Quichote de la Mancha seinen strahlenden Haupthelden fand. Auch auf deutschem, von dreißigjährigem Krieg erschütterten Boden hatte er seine einfältigen Brüder im Geiste, allen voran den Grimmelshausenschen Simplicius; doch konnte der seinen Ruhm, obwohl er es verdient hätte, nicht wie der kastilische Hidalgo über die Grenzen seines Landes und seines Zeitalters hinaustragen. Dazu fehlte es dem zersplitterten Deutschen Reich an Weltgeltung, an einem zentralen Hof, an einer Metropole, die das geistige Leben des Landes hätte zusammenfassen und in alle Himmelsrichtungen zurückstrahlen können. Während in Madrid Cervantes, Calderon und Lope de Vega, in Paris die klassizistisch abgeklärten Racine und Corneille, in London zuvor schon Shakespeare und die metaphysischen Poeten um John Donne zu den tragenden Säulen ihrer nationalen Kulturen wurden, verschwand das literarische Barock deutscher Zunge als Inbegriff von Schwulst, Wirrsinn und perückenhafter Künstlichkeit in der Dunkelkammer der Historie. Ihre klassische Ausprägung erfuhr die deutsche Sprache und Literatur reichliche hundert Jahre später, nachdem sie durch das Eisbad der Aufklärung gegangen war. Neben Reinigung des Himmels von seinen Göttern und Geistern bedeutete sie vor allem auch die Forderung nach einer Klarheit der

Sprache, wie sie fortan zur allgemeinen Norm wurde. Unterirdisch allerdings verebbte nie ganz ein Fluß, in dem das Wort, der Satz, die Periode als ein Kunstwerk an sich fortlebte, als Ausdruck barocker Lust an der geglückten, originellen Formulierung. Wir hören ihn rauschen in Hamanns Spekulationen, preußisch gebändigt bei Kleist, in den Romanen Jean Pauls und auf dem »Hochplateau« des späten Schaffens Wilhelm Raabes. Zu Ende des Jahrhunderts, als Technik und Naturwissenschaften, samt des dazugehörigen materialistischen Weltbildes ihre großen Triumphe feierten, kam er als Gegenströmung stärker ins allgemeine Bewußtsein. So technizistisch und zukunftsfixiert sich der Expressionismus gebärden konnte, seine geheimen Quellen entspringen irrationaleren Zeitläuften. Wir wissen vom Bekenntnis von der Wenses zum Barock als einen seiner Bezugspunkte und können seine Nachwirkungen im süddeutschen und österreichischen Sprachraum und zuletzt im sächsischen bei Guntram Vesper und Uwe Tellkamp verfolgen.

Auch den Rückgriff von der Wenses auf die Romantik kann man bei Vigoleis Thelen finden: »Ich bin wundersüchtig, Romantik liegt mir im Blut.« Das Wunder, die Rückkehr zum Glauben angesichts zu vielen Wissens verbinden die Romantik mit dem Barock wie, für Vigoleis besonders wichtig, die Sehnsucht nach dem Tode. Sie schließt keineswegs den Humor aus, der, will er tiefere Dimensionen erreichen, bekanntlich mit der Melancholie gepaart ist. Was ist die »Ironie« der Romantiker anderes, als den Zwiespalt im Menschen zwischen seiner Todesverfallenheit und Lebenslust durch Lachen oder zumindest Lächeln zu überbrücken? Den Namen, den sich die Bewegung gab, leitete sie übrigens vom

»Roman« her, den sie als ein Reservoir von Wundern, als eine artifizielle Gegenwelt zur Wirklichkeit auffaßte.

So wunderbar die mallorquinischen Erlebnisse auch anmuten, ist doch in diesem Sinne die *Insel* kein Roman, was ihr Autor immer wieder durch Formulierungen wie »Wäre dies ein Roman und ich sein Verfasser« betont. Seine Quelle ist die durchlebte Realität, und das Fantastische, das Fabelhafte an ihr beruht auf der Fähigkeit des Protagonisten, sich in fabelhafte, fantastische Situationen zu begeben und sie mit Hilfe seiner Formulierungskunst zuzuspitzen. Denn im Unterschied zum klassischen, auch zum »romantischen« Roman ist der Held hier ein authentisches »Ich«, das ein Sprachrohr für seine Leiden und Lüste sucht. Damit ist Vigoleis Thelen nicht allein. Seit den *Confessiones* des Augustin kennt die Literatur die autobiographische Erzählung, durch die sie immer wieder Würze und Bodenhaftung erfährt; doch um die vorletzte Jahrhundertwende wird sie zu einem wesentlichen Strang im Geflecht epischer Prosa. Die Zeit war zu kompliziert, zu individuell zerfasert geworden für die großen Gesellschaftspanoramen, wie sie die französischen, englischen und russischen Romanciers entrollt hatten; ihren Nachfahren traten Autoren zur Seite, die ihre Rettung im möglichst emphatischen Ausdruck der eigenen Persönlichkeit und ihrer Erfahrungen suchten. Hamsuns *Hunger* bildete den Auftakt, und der Titel zeigte an, wohin, über Celine und Henry Miller, die Reise gehen sollte: Lebenshunger, aber auch der im wörtlichen Sinn, durchlittene Elendsjahre, die eine Berichterstattung lohnten, waren der Fundus, aus dem diese, die Grenzen zwischen Autobiographie und Roman aufhebenden Bücher schöpften. In deutschen Landen hatte Karl Philipp Moritz mit seinem *Anton Reiser* einen Markstein für diese selbstbiographisch geprägte Literatur gesetzt, dem Franz Jung, Hermann Lenz und Walter Kempowski die ihren folgen lassen sollten.

Albert Vigoleis Thelen gehört in diese Reihe und ragt gleichzeitig durch die Virtuosität heraus, mit der er die Entfaltung seines Selbst mit der seiner Epoche, mit einer Welt ungeheuren geistigen Reichtums verknüpfte. Ihr Wissen lebte und tanzte in seinem Kopf, formte sich zu Märchen, Legenden, Episoden. Er gehörte zu der raren Schicht von Menschen, die nach Goethe eine ganze Akademie für sich waren, oder, um es ins Heute zu übersetzen, ein höchst individuell ausgewähltes Wikipedia. Sie gab es einmal, als sich die menschliche Intelligenz weniger mit der Konstruktion und Bedienung von Maschinen als mit dem lebendigen Austausch untereinander beschäftigte, weniger künstliche als natürliche Intelligenz war. Vigoleis hatte nie Tagebuch geführt oder Notizen gemacht, auf die er sich bei der Abfassung seiner Erinnerungen hätte stützen können. Alles lag in ihm bereit, um sich bei Öffnung der Schleusen in einem mächtigen Sprachfluß auf das Papier zu ergießen. Dieser Fluß war der einer verschriftlichten Rede. Als Gabriele von Arnim ihn in seinem vorletzten Domizil in Lausanne besuchte, dauerte die Antwort auf ihre erste Interviewfrage acht Stunden. Vigoleis' Schreiben war immer eine Fortsetzung seines Sprechens. Damit war er innerhalb dessen, was wir Moderne nennen (um von deren Post gar nicht zu reden) ein Außenseiter; sie war auf dem durch Kanzlisten vorgegebenem Pfad der Schriftsprache fortgeschritten und in ihre sauerstoffarmen Höhen und Tiefen gelangt. Die orale Komponente der Sprache, die ihr eigentliches Lebenselixier ist, lebte in Thelen und den anderen Autoren fort und auf, die sich in ihren Bekenntnissen möglichst unverwechselbar aussprechen mußten und dazu am Mündlichen orientierte Individualsprachen schufen. Die Vigoleissche ist eine mit dem ganzen Körper, vorzüglich dem Schwanz geschriebene, womit er allerdings nicht sein Geschlechtsorgan meint, sondern den des Wales, mit dem der sich durch die Weltmeere bewegt; der von ihm verehrte Graf Kessler hingegen »gehörte zu den Ausläufern einer untergegangenen Kopfkultur.« Animalische Instinkte leiteten also Vigoleis durch die Gewässer seines Lebens und ließen ihn jeweils dort verweilen, wo es genügend Plankton gab. Und das war praktisch überall der Fall, denn dieser Erzähler findet Nahrung überall, jeder Augenblick, jedes Phänomen, jedes kleine Detail kann ihm Auslöser für Abschweifungen, Vor- und Rückgriffe und ganze Abhandlungen werden. Das »Anekdotisieren«, das Novalis vom Roman fordert, liegt dem Niederrheinländer im Blut, für den Menschheitsgeschichte nicht anders als in Geschichten denkbar ist; und da für ihn zumeist »der Umweg der kürzeste Weg« ist, wachsen sich seine Erinnerungen zu einer Pflanze von phantastischen Maßen und Formen aus. Das Ganze vollzieht sich jedoch nicht plan- oder gar stillos. »Kaktusstil« nennt der Autor sein Verfahren, weil der auf Mallorca reichlich vorhandene Feigenkaktus »gerade da Augen ansetzt, wo man sie nicht erwartet.« »Zwei Bräuche« beobachtet er des Weiteren bei der Niederschrift: zum einen die Unterteilung des Buches in Bücher, die jeweils durch mindestens zwei Motti seiner Favoriten, wie Pascoaes, Lichtenberg, Cervantes oder Jean Paul, in die große Literatur- und Menschheitshistorie eingebettet werden; zum anderen »am Ende jeder gemeinsam durchwanderten Strecke das Parzengeplausch an der Wiege der Heldenkinder, die wir im Schlaf geborgen wissen«.

Als Vigoleis Thelen sein Manuskript mit »fínis operis« abschließt, liegt ein Werk vor, daß der Niederländer Maarten 't Hart einige Jahrzehnte später in einer Umfrage der *Zeit* als »das größte Buch dieses Jahrhunderts« bezeichnen wird.

Auf dem literarischen Jahrmarkt

Durch seine Übersetzertätigkeit war Albert Vigoleis Thelen vertraut mit den Tücken des Verlagslebens und hatte sie in den Nebensätzen seines Hauptwerkes gern aufs Korn genommen. Mit dem Erwerb der Rechte für eine deutsche Ausgabe durch den Eugen Diederichs Verlag begannen seine diesbezüglichen Erfahrungen sich aber auf eine Weise zu steigern, daß er schließlich das bemerkenswerte Fazit ziehen mußte, mit den Nazis sei er in seinem Leben fertig geworden, nicht aber mit den Verlegern. Ohne Sinn für den höchsten Karatwert seines ausufernden Erzählens hatte der Verlag ihm angetragen, das Manuskript um die Hälfte zu kürzen und es von A bis Z vom Lektorat sprachlich und grammatikalisch überarbeiten zu lassen. Da Vigoleis pro geschriebener Seite 100 Deutschmark dafür verlangte, scheiterte das Ansinnen, und die *Insel* konnte in ihrer ursprünglichen Form erscheinen. Und sie erregte Aufsehen. Paul Celan etwa, dem der Schriftsteller Rolf Schroers das Buch geschenkt hatte, schrieb enthusiastisch an seine Frau: »Einen neuen deutschen Roman gelesen, der mir ein wahres Kunstwerk zu sein scheint.« Und in der *Welt am Sonntag* vom 17. Januar 1954 erscheint eine Würdigung von Siegfried Lenz, in der er die ungewöhnliche Schreibweise des Autors in den Kontext der deutschen Literatur zu stellen versucht: »Er verwendet die Illusionszerstörung der Romantiker, er übernimmt die verschmitzte Weitschweifigkeit Jean Pauls, er wartet mit aphoristischen Zuspitzungen auf, die Lichtenbergs Schule verraten.« Den Höhepunkt der Anerkennung, der Vigoleis zum Kauf eines neuen Anzugs zwingt, bildet schließlich die Verleihung des Fontanepreises 1954 durch den Senat von Berlin.

Die wichtigste Weichenstellung für die Rezeption seines Werkes hatte allerdings einige Monate zuvor, beim Treffen der »Gruppe 47« in Bebenhausen, stattgefunden. Ein Presseberichterstatter faßte die Reaktionen wie folgt zusammen: »Die Zuschauer erschienen zuerst befremdet und gelangweilt, aber zusehends entspannten sie sich ins Zeithaben und landeten schließlich bei dem Mehrheitsvotum, daß hier ein großer Romancier heraufkäme« Sie fielen allerdings, wie die gesamte Literaturwelt, schnell in den Zustand der Gelangweiltheit angesichts eines Unikums zurück, das so sehr dem Zeitgeist widersprach. Dieser wehte aus der entgegengesetzten Richtung, die nicht den Reichtum von Sprache, Seele und Geist anvisierte, sondern Kahlschlag. Besonders in Deutschland gehört es zu den festen Prinzipien der kulturellen Genese, daß jede Generation die vorangehende zu bekämpfen und zu entthronen hat, und die des Nachkriegs lieferte dabei Meisterliches. Scheinbar legitimiert durch die verdiente historische Züchtigung, die ihre Vorgänger erfahren hatten, reklamierten sie, als Vertreter des Neuen, das nun zu beakkernde literarische Feld für sich, auf dem die Älteren, seien sie nun innere oder äußere Emigranten, nichts mehr zu bestellen hatten. Die Arroganz der Spätergeborenen, ihre Fertigkeit in moralischen Schuldzuweisungen an andere wurde zu einer Konstante der bundesrepublikanischen Literatur. Das paßte gut zu einer apodiktischen kargen Sprache, der der Vigoleissche Redestrom ein in den Ohren klingelndes Greuel sein mußte. Erst drei Jahre später hatte Günter Grass mit seiner schlichteren kaschubischen Variante eines vom Barock inspirierten Deutsch bei seinen Kollegen von der »Gruppe 47« eine Chance und bekam deren Preis zugesprochen.

Von der Lektüre seines Werkes oder dem des Kölners Böll schreckte Vigoleis Thelen deren Engagement in der Tagespolitik ab. Als es darauf ankam, hatte er zur Genüge bewiesen, daß er zur Verteidigung persönlicher Freiheit gegenüber politischen Machtansprüchen in der Lage war; die nie endenden Geburtswehen der Demokratie glaubte er nicht kommentieren zu müssen und hielt sein Schreiben frei davon. Damit blieb er in mehrfacher Hinsicht Außenseiter: als Emigrant, der einfach nicht nach Hause kommen wollte, als Narr unter den ernsthaft Beflissenen, als Artist ohne Zirkusmanege, als kosmopolitischer Geistesaristokrat in einem sich immer mehr provinzialisierenden und plebejisierenden Europa.

Verleger, Literaturkritiker und Publikum ließen es ihn wissen. Seine Gedichte wurden unter Ausschluß der Öffentlichkeit nur von Kleinstverlagen publiziert. Als der Tierfreund, der Honig in seinem Zimmer verschmierte, um Fliegen in die Netze der Spinnen zu locken, unter dem Titel *Glis-Glis* eine köstliche Würdigung der von ihm verehrten Siebenschläfer veröffentlichte, blieb das eine bibliophile Rarität für Kenner. Und sein 1956 erschienener zweiter Roman

Der schwarze Herr Bahßetup, der ohne sein Hauptwerk zu den strahlendsten Sternen am deutschen Prosahimmel gezählt werden müßte, wurde nach kurzer Zeit makuliert, weil er nicht mit einer ähnlich brisanten Thematik wie der Erstling aufwarten konnte.

Er spielt in der Amsterdamer Zeit, als Vigoleis in seiner ärmlichen Wohnung, und wieder einmal in Nachbarschaft von Prostituierten, seine mallorqinischen Erinnerungen verfaßte. Zwecks Gelderwerb hatte er sich bereit erklärt, einem brasilianischen Juristen als Dolmetscher und Begleiter zum Völkergericht in Den Haag zu dienen. Er stellte sich als ein kahlköpfiger, bebrillter Mann von dunkler Hautfarbe heraus, mit herrschaftlichem Gebaren und losen Dollarscheinen in den Taschen, die er überall hin, aber in seiner Zerstreutheit nicht an Vigoleis verteilte. Seinen Namen verdankte er dem lauten Ruf »bath – tub«, mit dem er im Erste-Klasse-Hotel auf die Verbrühung seiner Hand wegen verwechselter Wasserhähne reagiert. Die ganze Zeit über ist er seltsam geistesabwesend, seine Augen schwimmen schnell in Wasser, er interessiert sich mehr für Kosmetikartikel als Rechtsangelegenheiten und ist zum Leidwesen des Vigoleis ein Verehrer der niederländischen aardappel, von denen er einige Zentner nach Brasilien überführen will. Sein Cicerone versucht, ihn durch die ihm eigene Art unablässigen Schwadronierens aufzumuntern, von der er selbst sagt, daß sie im Grunde seine Verlegenheit und Menschenscheu kompensiert. Es hilft nichts: Als er den Brasilianer endlich dazu bewegt, Den Haag aufzusuchen, steht er dort stumm in Bibliothek und Gerichtssaal und bricht sein Schweigen erst am letzten Abend, als ihn Vigoleis schwer schluchzend auf dem

Hotelbett überrascht und er ihm seine Lebensgeschichte erzählt, die von zwei Traumata gerahmt wird. Schon als Ungeborener wurde er im Bauch seiner Mutter vom holländischen Plantagenbesitzer gepeitscht, und eine Woche vor dem Abflug aus Rio de Janeiro wurde seine Tochter Opfer eines Autounfalls. Eine bewegende Erzählung von der Fremdheit zwischen Menschen und ihrer möglichen Überwindung, getragen von einer Sprache, die sich noch nicht durch die Anpassung an gesellschaftlich verordnete Regeln den Blick auf das Menschliche verstellen ließ.

Das Buch gelangte nie ins Bewußtsein einer größeren Leserschaft, aus dem die *Insel* wiederum langsam entschwand. Dies war kaum übersetzt worden und somit nicht in die höheren Sphären der seit Goethe sogenannten Weltliteratur aufgestiegen – der Weimaraner hatte den Begriff nicht geprägt, sondern zu seinem späteren Bedauern aus dem Französischen übernommen und popularisiert. Solch komplexe Wortwelten wie die Vigoleissche können nur, und auch da nicht ohne Verluste, von besessenen Nachdichtern übersetzt werden, wie er selbst einer war. Das ist das im Laufe ihrer Dauer sich immer mehr verschärfende Problem der »Weltliteratur«. Im Deutschland Goethes bestand sie aus den frisch übersetzten Klassikern der europäischen Nachbarn, aus Kalidasa, Hafis und Homer; heute aus Joanne K. Rowling, skandinavischen und italienischen Krimis. Das sprachliche Ideal ist ein seit Shakespeares Zeiten unendlich verarmtes Englisch, die uniformierte lingua franca unserer globalisierten Welt. Für eine anarchistische Wortgewalt wie in der »Insel des zweiten Gesichts« oder adäquaten, uns unbekannten Schöpfungen fremder Zunge ist darin kein Platz.

Doch auch in den deutschsprachigen Staaten blieb Vigoleis Thelen das Steckenpferd einzelner Liebhaber, die in den achtziger Jahren zwar eine gewisse Renaissance seines Werkes bewirkten, aber nie die verdiente Hochachtung und Popularität. In den gängigen Literaturgeschichten spielt er ebenso wenig eine Rolle wie in ihren kanonischen Verzeichnissen, schon gar nicht im Reich-Ranickischen. Vigoleis, Don Vigo, Albert Vigoleis Thelen blieb das Schicksal nicht erspart, das er als das schlimmste eines Schriftstellers bezeichnet hatte, seinen eigenen, nur allzu kurzen, Ruhm überlebt zu haben.

»Wir hatten unsere Amsterdamer Existenz aufgelöst und wußten wieder einmal nicht, wohin unser Haupt tun, denn meine ›Insel‹ war auf verlegerische Abwege geraten … Da erschloß sich uns die Rocca Vispa, wo ich zum Entgelt für das königliche Obdach Einbrecher verbellen, Motten vertreiben, Zimmer lüften und auch sonst nach dem Rechten sehen muß.«

Finis Operis

Die Rocca Vispa war die prächtige Villa einer diesmal mexikanischen Millionärin namens Elita Lüttmann und stand im schönen Ascona. Ein Buchhändler aus Locarno hatte die Verbindung zu Vigoleis hergestellt, der, um seine Unabhängigkeit zu wahren, für seine Hauswarts-, Zimmerer-, Klempner- und Buchhaltertätigkeit von der abwesenden Besitzerin kein Gehalt, sondern nur das Wohnrecht für sich und Beatrice forderte. Inzwischen erhielt er eine bescheidene Wiedergutmachungsrente, auf die man ihn fünf Jahre hat warten lassen, da er ja ohne Not und schon vor der Machtergreifung Hitlers das Land verlassen habe. Sie und die hin und wieder doch fließenden Honorare reichten dem Paar, um zwischen Millionären und Milliardären ein Leben nach seinem Gusto zu führen. Umgeben von lothringischen Madonnen, etruskischen Urnen und aztekischen Reliefs konnte sich Beatrice ausgiebig dem Klavierspiel und der Lektüre widmen, Vigoleis eine »Unsinnsmaschine« bauen, seinen Feuersalamandern ein Terrarium errichten und auf einem Zahnarztstuhl, den ihm ein Gönner zu Weihnachten geschenkt hatte, an seinen Texten schreiben. Ja, was schrieb er eigentlich für Texte in dieser Zeit? Unverkäufliche Gedichte; den *Glis-Glis*, den auch niemand wollte, bis sich der Hildesheimer Verleger Olms erbarmte; die verlorengegangenen lusitanischen Erinnerungen und Übersetzungen des Pascoaes, für die es keine Abnehmer gab. Das alles unverdrossen und ohne Verbindung zur deutschschweizerischen Literaturszene, die sich weder in Gestalt des alten Schriftstellerverbandes noch in der des neuen, von Frisch, Dürrenmatt und Bichsel gegründeten, um ihn bemühte.

Als Vigoleis die Arbeit in dem großen Anwesen über den Kopf wuchs, zog das Paar in eine kleinere, aber nicht weniger noble Villa in La Collina bei Montreux am Genfer See um. Das war 1961. Ein Jahrzehnt später – so schnell flieht die Zeit, wenn sie nicht von angewandten Erinnerungen festgehalten wird – finden wir es in einem Appartement am Stadtrand von Lausanne inmitten der Kakteen und einiger Möbel der Mexikanerin, die wegen Krankheit ihre Immobilien veräußert hat. Beide waren jetzt um die 70 Jahre alt, Beatrice häufig krank, doch hatte sie noch kein graues Haar und ihrem Don Vigo das Versprechen gegeben, ihn zu überleben, »da ich sonst hilflos dastünde«. Sie hat es gehalten.

Gemeinsam verlebten sie ihre letzten Jahre in der niederrheinischen Heimat des Albert Vigoleis Thelen. Den Umzug in das Seniorenhaus des St.-Cornelius-Stiftes in Viersen-Dülken hatten einige späte Ehrungen und Auszeichnungen erleichtert. Vigoleis war nicht nur Ehrenabiturient seines Gymnasiums geworden, Johannes Rau hatte ihm im Namen Nordrhein-Westfalens auch zum Professor gekürt und Richard von Weizsäcker das Bundesverdienst an die Brust geheftet. Am 9. April 1989 starb der große Don Quichote der deutschen Literatur im Alter von 85 Jahren. Beatrice folgte ihm knapp drei Jahre später.

4

Ernst von Salomon

Der Preuße

Warum nennen Sie Ernst von Salomon »Der Preuße«?

Gewiß, ich hätte ihn auch »Der Krieger«, »Der Kadett« oder »Der Soldat« nennen können, alles Bezeichnungen, die er mit dem gleichen Recht tragen könnte und die ebenfalls aus unserem Leben verschwunden sind oder an ihren Rand verbannt wurden. Aber das Militärische ist nur ein Aspekt in Salomons Leben, und in seinem *Fragebogen* hat er auf die Frage nach seiner Staatsangehörigkeit mit innerer Wahrhaftigkeit, die oft mit Ironie verwechselt wurde, »Preuße« geantwortet und das, was es ihm bedeutete, immer wieder in seinen Büchern erörtert. Seinem Verständnis nach war er zuerst Preuße, dann Soldat und ziemlich zuletzt Schriftsteller. In einer weiteren der ihm vorgelegten 131 Fragen, hat er seinen Berufsstand zwar als »Schriftsteller« angegeben, doch hinzugefügt, daß er ihn stets als eine nicht ganz ernstzunehmende Profession betrachtet habe. Der schreibende Krieger ist übrigens keine so ungewöhnliche Erscheinung, wie man gemeinhin denkt. Cäsar und Moltke waren glänzende Schriftsteller, von Friedrich dem Großen ganz zu schweigen, und Äschylos ließ auf seinem Grabstein seine Tragödiendichtungen unerwähnt, nicht aber seine Teilnahme am Feldzug gegen die Perser.

Wie kam Salomon zum Schreiben?

In einer Nervenheilanstalt. Als er die fünfjährige Haft wegen seiner Beteiligung am Rathenauattentat und einem versuchten Fememord abgesessen hatte, war er sechsundzwanzig Jahre alt. Nachdem er vergeblich versucht hatte, Fäden seines früheren Lebens in die Hand zu bekommen, ließ er sich in ein Krankenhaus einweisen, in der ein Frl. Dr. Querfeldt Oberärztin war. Sie gehörte zu jenem Typus Frauen, die erst das zwanzigste Jahrhundert hervorgebracht hatte: Vor ihrer Familie war sie als junges Mädchen nach Paris geflüchtet, um Künstlerin zu werden, hatte sich mit Kriegsausbruch aber zum Lazarettdienst gemeldet, später Medizin studiert und führte nun mit rauher Stimme eine Nervenklinik, »grauhaarig und derbsohlig im schlichten Kleid.« Obwohl sich der Soldat Salomon im Kreise von Frauen stets wohl fühlte, verharrte er in seiner im Zuchthaus eingeübten Abwehrhaltung. Fräulein Querfeldt verstand, sie aufzubrechen, als sie ihn im Gespräch bat, die Erlebnisse seines ersten Tages in der Freiheit zu schildern. Das dauerte fast so lang, wie der Tag gewesen war. Hinterher forderte ihn die Ärztin auf, dies aufzuschreiben, und zwar »so, wie Sie es erzählt haben.«

Ernst von Salomon tat es. Der Aufsatz erschien im Feuilleton der *Deutschen Allgemeinen Zeitung*, und fortan lernte er, statt Maschinengewehr und Karabiner die Schreibmaschine als Waffe in der fortwährenden Rebellion zu nutzen, die sein Leben war. Nach dem Klinikaufenthalt zog es ihn nach Berlin, wo er, der jugendliche Held der rechtsnationalen Bewegung, Zugang zu den Konservativen Revolutionären und Nationalbolschewisten um Hielscher, Bronnen und Ernst Jünger fand und in deren Presse veröffentlichte. Aber das Zündeln konnte er deswegen nicht lassen. Gemeinsam mit seinem Bruder Bruno engagierte er sich für die »Landvolkbewegung« im heimatlichen Schleswig-Holstein, zuerst publizistisch, später mit einem fingierten Bombenanschlag auf den Reichstag, den man ihm allerdings nicht nachweisen konnte. In der zweimonatigen Untersuchungshaft vollendete er sein erstes Buch, zu dem ihn der Verleger Ernst Rowohlt angeregt hatte, *Die Geächteten*.

Das geht zu schnell. Ich bitte Sie, einige Schritte zurückzutreten und etwas über Herkunft und Kindheit Salomons zu sagen.

Da einer der Brüder Salomon die damals geforderte Ahnenforschung sehr ernst nahm, wissen wir über die Herkunft der Familie recht gut bescheid. Den ungewöhnlichen Namen, der seine Träger immer wieder lästigen Nachfragen aussetzte, hatte ein venezianischer Vorfahre von den Kreuzzügen aus dem Morgenland mitgebracht. In diesen Salomons floß also italienisches Blut, das sich allerdings im Laufe der Jahrhunderte vielfach vermischte. Lange waren Salomos oder Salomons in Elsass und Lothringen als königliche Steuereintreiber tätig, bis einer von ihnen den Fuß über den Rhein setzte und in der Festung Wesel in preußische Dienste trat. Von ihm schreibt sich der deutsche oder preußische Zweig des Geschlechts her, deren männliche Mitglieder vorzüglich in Militär- oder andere Staatsdienste traten, denn über Grundbesitz verfügten sie nicht. Als gemeinsame Charakterzüge wurde ihnen Zorneswütigkeit und eine Sturheit attestiert, die leicht in Wankelmut umschlagen und sie ihren Hut nehmen lassen konnte, um im Nirgendwo zu verschwinden. Für Ernsts Großvater war dies London, wo er, ein Novum in der Familie, Kaufmann wurde, auf großem Fuß lebte, pleiteging und unter anderem den Vater unseres Autors zeugte. Dieser Vater trat wieder ins militärische Reih und Glied zurück und später der Kriminalpolizei bei, die ihn nach Kiel entsandte, wo er mit einer in Rußland aufgewachsenen Preußin eine Familie gründete, zu der auch der verarmte Großvater stieß; er bewohnte ein »rosenumbuschtes Häuschen« in Laböe und verkörperte die Poesie in diesem Milieu.

In des Kaiserreichs wichtigstem Kriegshafen dominierte ansonsten die straffere, die militärische Seite des Lebens. Das Stadtleben prägten die hier stationierten Marineeinheiten, und die männliche Nachkommenschaft wurde in die bald reichsweit begehrten »Kieler Anzüge« gesteckt, in denen sie am Strand nicht Sandburgen bauten, sondern sich zu stöckebewehrten »Strandkompanien« formierten und die Schlachten vergangener und kommender Kriege schlugen. Vornweg die vier Salomonbrüder, deren Wildheit die Mutter sich nur durch handfeste Ohrfeigen zu erwehren wußte; ihre Söhne würden es später auf zwanzig Haftjahre bringen und in einem davon alle vier gleichzeitig einsitzen. Am abendlichen Küchentisch wachte der Vater, der inzwischen nach Frankfurt am Main versetzte Herr Kriminalkommissar, über die Ordnung, doch auch er konnte nicht verhindern, daß Ernst am nächsten Vormittag im Gymnasium regelmäßig Schiffbrüche erlitt und verursachte. Für Mathematik beispielsweise hatte er »kein Organ«, desgleichen nicht für Musik, Lyrik und Religion. Als er die Unterschrift unter eine vermasselte Klassenarbeit fälschte, war das Faß voll, und die Mutter fuhr, nachdem sie ihm die obligatorischen Prügel verabreicht hatte, mit ihrem Zweitgeborenen nach Karlsruhe, um ihn in der dortigen Kadettenanstalt abzuliefern, wo ihn schon Bruder Bruno erwartete, der es auf so viele Karzertage bringen sollte wie keiner vor und nach ihm. Ernst war elf Jahre alt, als er seine Familie verließ und sie gegen die der Kadetten eintauschte.

Erzählen Sie bitte etwas über den Charakter und die Geschichte dieser Anstalten!

Ihr grundlegendes Kennzeichen war, daß hier Männer und zukünftige Männer unter sich waren. Gediente Militärs erzogen Knaben zu ihren Nachfolgern. Obwohl der Name aus dem Französischen kommt – cadets hießen die jüngsten Söhne des Adels –, handelte es sich bei der Institution um eine preußische Erfindung. Als nach dem Dreißigjährigen Krieg die entwurzelten Aristokratensöhne marodierend durch das zerstörte Land zogen, versuchte der Große Kurfürst sie zu zähmen, indem er sie in eigenen Korps zusammenfaßte. Dieses Beispiel machte in Frankreich Schule, wo man sie in regelrechten Anstalten ausbilden ließ und sie, insbesondere »die Gascogner Kadetten« Cyrano de Bergeracs, zu Ruhm gelangten. Von Paris aus breiteten sich über ganz Europa diese Einrichtungen aus, in denen der ärmere Adel seine jüngeren Sprößlinge versorgen und soldatisch erziehen lassen konnte.

Mit anderen Worten, sie wurden zu Mördern erzogen.

Sie spielen auf Tucholskys Formulierung an, die mitten im mörderischen 20. Jahrhundert nachvollziehbar, aber dennoch töricht war. Sie leugnet, daß der Mensch ein Teil der Natur ist und als solches zum Kampf um sein Leben verurteilt ist.

Seit die Kriege, wie auch große Teile der Ökonomie, zu einer Angelegenheit der Technik geworden sind und auf den Menschen weitgehend verzichten können, hat dieser sein diesbezügliches Schicksal verdrängt und lebt es nur noch im Sport oder virtuell in Computerspielen, Filmen und martialischen Tätowierungen aus. Ernst von Salomon aber gehörte zu der letzten Generation, die den Krieg noch als einen selbstverständlichen Aspekt des Daseins empfanden und den zu führen vor allem jungen Männern oblag. Bewaffnete Macht war das zentrale Fundament jeden Staates. Seine Frauen, Kinder, Alten vor den Angriffen anderer Männer zu schützen, war der spezielle Auftrag jener Männer, die den Soldatenstand bildeten. Für sie bedeutete er sowohl Beruf als auch Berufung. Sie zu erfüllen, war ohne ein strenges Ethos undenkbar, das auf altersher tradierten Eigenschaften wie Ritterlichkeit, Treue, Disziplin und Todesverachtung fußte.

In dem Kolonialland Preußen, das seine innere und äußere Existenz militärischen Tugenden verdankte, war diese Tradition besonders lebendig. Die Kadettenschule in Karlsruhe verkörperte sie auf exemplarische Weise; sie bildete eine in sich geschlossene Welt, in der der junge Zögling zum ersten Mal die Herrschaft eines Gesetzes erfuhr, nicht die der Willkür. Sie wurde gesichert durch einen Lehrkörper, der in der Mehrzahl aus ehemaligen, für den militärischen Drill verantwortlichen Kadetten bestand, während die weniger geachteten zivilen Angestellten den hauptsächlich an praktischen Gesichtspunkten orientierten Fachunterricht leiteten. Daß dieser eher dem der Realgymnasien als dem der humanistischen entsprach, kam Salomon entgegen – vom potentiellen Sitzenbleiber wurde er zu einem der Klassenbesten.

Schwerer tat er sich mit der Unterordnung unter das alles beherrschende militärische Reglement. Jede Minute des Tagesablaufs war geregelt; wenn man nicht in den Schulbänken saß, wurde exerziert, sich körperlich ertüchtigt, mit der Waffenpflege oder dem Polieren der Uniformknöpfe beschäftigt. Alles geschah auf Befehl und in einer Gemeinschaft, die keinerlei Ausnahmen duldete. Hier erfuhr das Kind, was der Erwachsene noch in Gefängnissen und Lagern durchleben sollte: die Einsamkeit inmitten einer Masse, die ihn niemals allein sein ließ. Anders als dort hatte sie aber in der Kadettenanstalt ein von ihm selbst akzeptiertes Ziel: zum treuen Diener eines Staates erzogen zu werden, deren erster in Preußen bekanntlich der König war, der seinen bewaffneten Landeskindern die Ordre vorgelebt hatte, nicht nur anständig töten, sondern auch sterben zu können. Einen Krieg zu führen, war der Sinn ihres Lebens, der Tod eine Ehre.

Die entscheidende Erfahrung dabei war die, Teil eines in jeder Beziehung voneinander abhängigen Kollektivums zu sein. Dessen hierarchische Gliederung war vorgegeben, jeder Kadett der Vorgesetzte oder Untergebene eines anderen, vom Zimmerältesten bis zum Kompanieführer. Und jeder war in die Strukturen eingebunden, die sich die Zöglinge selbst schufen oder von ihren Vorgängern übernahmen. Bei seiner Ankunft gehörte Salomon selbstverständlich zur untersten Kategorie der »Säcke« und war damit zu Dienstleistungen gegenüber Älteren, speziell seinem sogenannten »Bärenführer« verpflichtet. Wenn sie in Demütigungen ausarteten, wehrte der im Bruderkampf Gestählte sich mit den Fäusten dagegen. Seit seiner ersten Prügelei, als ihn ein anderer Sack dafür verspottet hatte, daß er auf dem Kasernenhof

»Eisenbahn« spielte, hatte sich Ernst einen gewissen Respekt verschafft. Seine Aufnahme in den Kreis der echten Kadetten ging allerdings nicht ohne das dafür notwendige blutige Ritual ab. Für eine Respektlosigkeit gegenüber einem der Arrivierten wurde er zur »Rutsche« verurteilt, was bedeutete, daß er sich bäuchlings auf den Tisch zu legen hatte und von seinen Zimmergenossen so lange mit Klopfpeitschen bearbeitet wurde, bis der Bärenführer sagte: »Pax, nun ist die Geschichte erledigt.« Danach war der Bär von der Kette und nachdem ihm vom »Zahnfips« die Milchzähne gezogen worden waren, gleichberechtigtes Mitglied der Kompanie.

Als der junge Ernst von Salomon in seinen ersten Urlaub nach Frankfurt fuhr, war er bereits so sehr Kadett, daß er sich fremd in der von zivilem Getriebe geprägten Messestadt fühlte und sie ihm obendrein »die beschämende Erkenntnis, wie sehr klein ich noch war« brachte. Im Sommerurlaub 1914 war er noch nicht zwölf Jahre alt, wuchs aber mitsamt seiner Uniform mit einem Schlag, als er aus einer vor einem Zeitungsaushang versammelten Menge den Ruf »Jetzt ist Zustand der drohenden Kriegsgefahr« vernahm. Wie befohlen begab er sich umgehend zum Bahnhof, um nach Karlsruhe zurückzukehren. Auch der Vater hatte trotz Rheuma seine alte Uniform herausgeholt und den Koffer gepackt. Da Bruder Bruno nicht aufzufinden war, setzte sich Ernst allein in den Zug. Er war überfüllt wie der gesamte Bahnhof. Als eine Frau mit Blick auf ihn bemerkte »Jetzt ziehen sie schon Kinder ein«, hob das sein Selbstgefühl ungemein und er war noch stolzer auf seine Uniform als gewöhnlich. Der Zug hielt an jedem der vor Menschen berstenden Bahnhöfe. Die Stimmung war angespannt und schlug erst um, als sie langsam einen Militärzug passierten, in dessen offenen Viehwaggons blau uniformierte Infanteristen saßen, mit baumelnden Beinen und schief sitzenden Mützen. Sie hatten die Waggons mit Laub bekränzt, mit Kreide Siegesbotschaften darauf gemalt, sie sangen, winkten und johlten. Jetzt brach auch an den Fenstern im D-Zug der Bann; man winkte zurück, begann plötzlich aufgeregt miteinander zu sprechen, man verschmolz zu einer Familie, die nun ebenfalls und wie aus einer Kehle das Deutschlandlied zu singen begann, die »Wacht am Rhein«.

Woher wissen Sie das so genau?

Er hat es in seinem dritten Buch, den *Kadetten,* aufgeschrieben. Ihm kam dabei eine Erbschaft des väterlichen Kriminalkommissars, ein ausgesprochen geräumiges Gedächtnis, zugute. Auch dessen analytische Fähigkeiten lebten im Sohn weiter, die ihn immer wieder auf die Pfade der Archivare und Historiker lockten. Mehr noch als Geschichtsschreiber war er jedoch Geschichtenschreiber, was sich bereits in seiner Kadettenzeit ankündigte, wenn er in der ersten Stunde der Nachtruhe für seine Kameraden die Detektivgeschichten Nick Carters nacherzählte und ausschmückte. Sie füllten neben anderem Lesestoff sein oberstes Spindfach an Stelle der dafür vorgesehenen »Nippes«. Aber Salomon war von Beginn an ein größerer Verehrer der Sprache als der Dinge, dichtete für seine Kompanie Schlachtgesänge, und als auch in der Kaserne die Theaterspielsucht um sich griff, verfertigte er das Schauerstück »Jaromir, der Schrecken der Wälder«, in dem er selbst den Moorschen Helden mimte und man ihm nach dem Premierenfiasko kein zweites Mal auf die Bühne ließ. Seinen Hang zur Dramatik lebte er später als Drehbuchautor aus, fand aber auch in seinem eigentlichen Metier des Erzählens Gelegenheit zur Bewährung, indem er es in eine Folge häufig breit ausgemalter und dialogisierter Szenen verwandelte, die sich mit den resümierenden Passagen des Chronisten abwechselten.

Zurück nach Karlsruhe. Welche Auswirkung hatte der Krieg auf die Kadetten?

Ernst von Salomon durfte sich erstmals das Seitengewehr umschnallen. Das geschah aus Anlaß der großen Jubelfeier, mit der die Offiziere und ältesten Jahrgänge ins Feld verabschiedet wurden. Auch Leutnant Kolp, der von allen bewunderte Erzieher, war darunter, sprach davon, daß er sich auf den »schicken« Krieg freue, später aber, als er ans Bett von Salomon trat, von seiner Gewißheit zu fallen. Drei Wochen später traf die Nachricht von großen Verlusten des Regiments, insbesondere des Offizierskorps ein, und in den folgenden vier Jahren verging kaum ein Tag, an dem nicht der Tod eines Erziehers oder Kameraden gemeldet wurde. Leutnant Kolp war nicht darunter; er kehrte zurück, erblindet auf beiden Augen, von denen sich eines wieder erholen sollte, allerdings zum Bedauern seiner Zöglinge nicht das Monokelauge. Auch sonst hatte sich Kolp verändert. An ihren Stimmen hatte er jeden der Kadetten wiedererkannt, aber den vertraulichen Umgang mit ihnen mußte er mit unbarmherziger Strenge tauschen, weil ihm die Aufgabe zugefallen war, den unter dem Regiment ziviler Pauker in «urkomischen, altmodischen Uniformen« verlotterten Haufen wieder zu disziplinieren.

Die Todesmeldungen hatten den Kadetten keineswegs die Sehnsucht nach dem Krieg ausgetrieben; vielmehr beneideten sie die gefallenen Kameraden um ihr Schicksal, brannten darauf, so schnell wie möglich es ihnen nachzutun, und investierten bis dahin all ihre Leidenschaften in das Nachspielen des Krieges. Bei den Nachtübungen hallte der Wald vom Händeklatschen wider, das Schüsse imitierte. Besonders nahe dem Krieg fühlten sie sich, als die ersten Bombenangriffe auf Karlsruhe geflogen wurden. Die Betten wurden in einen großen Schlafsaal verlegt, den man mit Sandsäcken sicherte, bei Alarm sollten die Knaben in die Keller hinabsteigen, stiegen aber auf die Dächer und beteten darum, daß die Flieger kommen mögen.

Sie kamen nur selten, und um die Spannung zu steigern, gründete man den Exzentrik-Club »EC«, dessen geheime Führung in Geheimschrift Auftrage erteilte, die sich allesamt um einen Knopf drehten, der von einem gefährlichen Ort zu einem anderen gebracht werden mußte. Als Ernst ihn aus einem Schwimmbassin holen sollte, ließ er dessen Wasser ab und durfte sich anschließend drei Knöpfe ins Westenfutter nähen, zum Zeichen, daß er in den Club aufgenommen war. Er tagte im verbotenen Kellerbezirk, wo man ein »Rauchzimmer« einrichtete und mit Diebesgut möblierte. Die Arrestzellen füllten sich, es hagelte Urlaubsentzug und Strafexerzieren. Der Club reagierte mit einem Aufstand unter dem Schlachtruf »Alle Macht dem EC!« Schwämme wurden mit Tinte getränkt, Landkarten fielen, die Fliegenpilze und Gartenzwerge in den Vorgärten der Erzieher fielen der Zerstörung anheim, und wenn der verhaßte Hauptmann Brandes den Speisesaal betrat, empfing ihn ein gellendes »Üüüüü!«,

Ruf der Verachtung und Kriegsruf der Kadetten zugleich. Da die Führung des Clubs unbekannt war, ja da sie eigentlich nicht existierte und jeder in Geheimbriefen jedem alles befehlen konnte, wurde man ihrer nicht habhaft, ein Prinzip, das im Grunde später die »Organisation Consul« vor ihrer Enttarnung schützen sollte; auch der Ruf »Auf Verrat steht der Tod!« war unter den Kadetten schon hörbar. Gleichzeitig zerfaserte und zerstörte die allgemeine Anarchie auch diese Revolution, und als der halbblinde Leutnant Kolp seinen Dienst antrat, konnte er sie mit seiner Autorität vollends ersticken. Daß Bruder Bruno mit einer doppelseitigen Lungenentzündung, die er sich bei der Erledigung eines Auftrages geholt hatte, im Lazarett wochenlang mit dem Tode rang, bedeutete das fast tragische Finale des Aufstands der Exzentriker.

Die französischen Bomber kamen wieder. Als die Kadetten die Erlaubnis zum Besuch des »Zirkus Krone« bekommen hatten, stellte sich zu ihrer Beschämung die Vorstellung als eine für Kinder heraus. Die Clowns kugelten sich im Sägemehl, der dumme August haute auf die Pauke, und als er es zum zweiten Mal tat, drohte der Schlag die Trommelfelle zu zerfetzen wie das Zelt über ihnen: eine Bombe war in der Arena detoniert und hinterließ annähernd 240 Tote, in der Mehrzahl Kinder. Die Kadetten in den obersten Reihen blieben unverletzt und halfen die Toten zu bergen, die Verletzten zu den improvisierten Verbandsplätzen zu tragen. Rundum verzweifelte Eltern, die gekommen waren, ihre Kinder abzuholen und nun nach ihnen schrien. Sie waren nur vom Gelände zu vertreiben, als jemand den Ruf »Die Löwen sind los!« erschallen ließ. In dem Chaos hatte Salomon versäumt, seine weißen Handschuhe auszuziehen; sie waren blutrot, als mit dem Ende der Ausgangsfrist die Kadetten merkwürdigerweise ihre Hilfe einstellten und pflichtgemäß zur Kaserne zogen. Noch merkwürdiger aber ist, daß knapp zwanzig Jahre später der Berichtende dies mit Verwunderung eingesteht – diese absolute Aufrichtigkeit war es, die Ernst Rowohlt, wie er im Nachwort des *Fragebogens* bemerkt, lebenslang an der Seite seines Autors stehen ließ.

Nach dem Krieg kam der Hunger. Er erreichte Salomon in der Hauptkadettenanstalt Groß-Lichterfelde.

Lichterfelde in Berlin?

Damals noch vor den Toren der Stadt, im Süden von Heidehügeln umgeben, die sich vorzüglich für Gefechtsübungen eigneten. Salomon war dorthin kommandiert worden, nachdem er die Prüfungen zur Untersekunda bestanden hatte, und verbrachte hier die letzten beiden Kriegsjahre, die gleichzeitig Hungerjahre waren. Er übte das »Fletschern«, das 32malige Durchkauen der drei Kartoffeln, die ihnen pro Tag zustanden. Man schoß Krähen aus den Kastanienbäumen und briet sie in Konservendosen auf dem Kanonenofen. Sonntags meldete sich Salomon häufig als Spazierurlauber, blieb aber in der Kaserne, um ein zweites Mittagessen abzufassen. Doch als Kameraden mit gefüllten Bäuchen von ihren Verwandtenbesuchen zurückkehrten, machte auch er sich auf die Suche nach Angehörigen und feilte, nachdem er mit Hilfe des Gotha eine Oberhofmeisterin bei der Kronprinzessin im Neuen Palais aufgetan hatte, tagelang am entsprechenden Brief. Es hatte Erfolg, er machte sich mit schweren Holzsohlen unter den Galastiefeln auf zum Sonntagstee, der in einem Pavillon in herrlichen Porzellantassen gereicht wurde und aus heißem gelbem Wasser bestand; dazu gab es schwarzes Kommißbrot mit Rübenmarmelade wie in der Kaserne, und anschließend sagte die Großtante »Geh spielen.« Es blieb sein einziger Besuch in Potsdam; dafür fuhr er häufiger in die Reichshauptstadt, seitdem er an der Schloßbrücke, für zehn seiner fünfzig Pfennig Sonntagsgeld, ein Schiff mit einem präparierten Walfisch betreten hatte und dort eine Aufsichtsperson Brot und Unterhaltung mit ihm teilte. Als die Frau ihm allerdings eine Vitrine mit einem syphilitischen Geschlechtsteil im tertiären Stadium zeigte, wurde Ernst ohnmächtig; ein Doktor flößte ihm Maggibrühe ein und gab ihm Geld für die Heimfahrt.

In jenen Monaten erlebte er zum ersten Mal jenes peinigende Gefühl, das ihm auch im amerikanischen Internierungslager heimsuchen sollte: »unter der Herrschaft des Hungers wie unter der jeglicher sinnlosen Gewalt das Maß von Würde zu verlieren, welches die innere Überlegenheit den Dingen gegenüber garantiert.« »Der Hunger machte einfach stur, schwach und stumm« – und es gab kein anderes Mittel dagegen, als ihn zu stillen.

Die größte Sorge der Kadetten aber war, daß der Krieg zu Ende gehen würde, ohne daß sie sich darin bewähren konnten. Anfangs durch einen frühzeitigen Sieg, später ließ sich der Gedanke an eine Niederlage nicht mehr verdrängen. Im letzten Kriegssommer tauchte in Lichterfelde »ein kleiner, schmaler, fremder Offizier mit EK I« auf – es war Salomons Vater, den er seit Jahren nicht gesehen hatte. Auf ihrem Gang durch die Hauptstadt wußte der verstörte Mann nicht viel mehr zu sagen als »Daß es das noch gibt … daß es das noch gibt.« Es waren die letzten Worte, die Ernst von ihm hörte. Er fuhr am nächsten Tag zur Ostfront weiter, von der er nicht zurückkehrte.

Die ersten Vorboten der Revolution erreichten die Kadetten, als einer von ihnen einen *Vorwärts* vom Sommerurlaub mitbrachte, dessen Lektüre bei Salomon »nichts als ein Gefühl unaussprechlichen Ekels« hinterließ. Doch die gewandelte Volksstimmung bekam er auch unter den Berlinern zu spüren. Bei der Heimkehr von einer Übung in den Zehlendorfer Feldern empfing die zukünftige Elite des deutschen Heeres nicht mehr Beifall in den Straßen, aus den Fenstern, sondern hämisches Gelächter, Zischen, Beschimpfungen. An diesem Tage waren die 14 Punkte des Wilsonschen Friedensplanes verkündet worden. Die Kadetten antworteten mit eiserner Disziplin beim Marsch in die Kaserne und mit Gesang. Auch abends im Speisesaal wurde das Deutschlandlied gesungen. Als der diensthabende Offizier »Hinsetzen!« befahl, erscholl das mißbilligende »Üüüü!« in einer Lautstärke, daß es halb Lichterfelde hörte, und anschließend wurde weiter gesungen. Salomon putzte in dieser Nacht Flinten. Man wartete. Am nächsten Morgen wurde die Auflösung der Anstalt verkündet, und ihre Zöglinge wurden wegen angeblicher Grippegefahr in Urlaub geschickt.

Das also war das unrühmliche Ende der glorreichen preußischen Kadettenausbildung?

Noch nicht ganz. Es gab ein Nachspiel, und zwar eines mit Klang, Sang, Fahnenpräsentation und allem, was man sonst noch einer 200jährigen Tradition schuldig zu sein glaubte. Am 9. März 1920, sechs Tage vor dem Kapp-Putsch, traten die ehemaligen Kadetten verschiedenster Jahrgänge noch einmal auf dem Kasernenhof an und schritten in die Anstaltskirche, wo sie sich, als General Ludendorff erschien (»der Mann, der einmal größere Macht in seinen Händen hielt als Cäsar und Dschingis Khan« und ebenfalls einer der ihren) von ihren Plätzen erhoben und vom Gott zu singen begannen, der ihre feste Burg ist, und daß es ihnen doch gelingen müßte, selbst wenn die Welt voll Teufel wär. Als Ludendorff verkündete, die Kompanien seien entlassen, vollzog man keine Kehrtwendung, sondern faßte die Fahnen fester und begann in Richtung Stadtmitte zu marschieren, ohne Befehl in den exzellenten Paradeschritt fallend, für den das Kadettenkorps berühmt war, der ehemalige Generalfeldmarschall voran. Stunden um Stunden marschierten sie durch die Vorstädte, in denen jetzt wieder gejubelt wurde, über den Potsdamer Platz, am Hotel Bellevue vorbei, wo sie von den Offizieren der Entente, die die Auflösung des Korps befohlen hatte, fotografiert wurden, unter den Klängen des Hohenfriedberger Marsches durch das Brandenburger Tor bis zum ehemaligen Kriegsministerium in der Wilhelmstraße. Die Fahnen rückten in dessen Hof ein, wurden niedergelegt, und Ludendorff gab das letzte Kommando: »Weggetreten!«

Was aber war zwischen dem Kriegsende und diesem Tag geschehen?

Nun, die Kadetten waren weder auf Ludendorffs Befehl noch auf die zuvor an sie ergangenen hin »weggetreten«. Der Krieg, für den sie ausgebildet waren und in den sie wegen der Ungnade ihrer späten Geburt nicht mehr eingreifen konnten, war trotz Kapitulation keineswegs zu Ende, so lange es keinen Friedensvertrag gab und an der Ostfront noch gekämpft wurde. Der Staat, das Deutsche Reich und mit ihm Preußen, dem sie in ihrem Eid die Treue geschworen hatten, existierten noch, und wann, wenn nicht in diesen Wochen, als er, von außen besiegt, von innen hinweggefegt zu werden drohte, konnten die Kadetten ihre Treue beweisen?

Von ihnen ging während der Revolution in Berlin der einzige nennenswerte Widerstand aus. Sie sammelten sich ohne Befehl, besetzten Schloß und Marstall und bekämpften von hier aus die Revolutionstruppen. Zum ersten Mal zielte der 16jährige MG-Schütze von Salomon nicht auf Scheiben, sondern auf Menschen. Solange sie Uniform trugen, erfüllte er seine Pflicht, unmöglich aber war es ihm, in die Rücken der Zivilisten zu schießen, die trotz Verbot den Schloßplatz betreten hatten. Während der großen Demonstration, auf der sich zwischen Tiergarten und Alexanderplatz 200 000 Menschen drängten, wurde Salomons Gruppe in einem Hauseingang entdeckt. Sie waren zu acht, darunter zwei Sozialisten, die sich den Staat, den sie zu sozialisieren beabsichtigten, nicht vorher kaputtmachen lassen wollten. Sie legten die Gewehre an, als sie umzingelt wurden, schlugen sich durch eine Bresche, verfolgt vom Ruf einer Frau: »Und schämen solltet ihr euch.« Sie hörten auch die gellende Stimme eines Redners, der auf einem Lastwagen stand und wohl der einige Tage später erschossene Liebknecht war. Hier hätte Salomon einem anderen Adelssproß begegnen können, dem wenig älteren Jürgen von der Wense, der sich, wie die meisten seiner Generationsgefährten, eingedenk des Nietzsche-Wortes, man müsse sich »entdeutschen«, um ein guter Deutscher zu sein, auf der anderen Seite der vielfach zersplitterten Front bewegte. Für Salomon existierte diese Möglichkeit nicht – er hätte sich »entpreußen« müssen, und dies bedeutete sich entleiben. Im Berliner Osten, wo er die Mietskasernen nach Waffen zu durchsuchen hatte, sah, roch, hörte er die Ursachen der Revolution in Gestalt verhungerter Menschenmassen, stinkend, haßerfüllt, die »Internationale« schmetternd. Er fühlte Abscheu, aber auch Faszination und die Notwendigkeit dieser Revolution, die er aber in eine »nationale« gewandelt sehen wollte, die die staatliche Ordnung wieder aufrichtete und nicht sie zerstörte.

Er kehrt nach Frankfurt zurück. Räumt in seinem Zimmer das Foto des gefallenen Vaters, die durchschossene Brieftasche des Bruders, die Epauletten des Großvaters in eine Schublade und verschließt sie. Am Morgen trennt die Mutter die Achselklappen seines Kadettenmantels ab. Er näht sie wieder an und geht damit auf die Straße. Am Dom, im Regen, schlagen ihn lachend rote Matrosen zusammen. Sie haben ihr Hauptquartier im ehemaligen Polizeipräsidium. Mit 100 Bewaffneten glaubt er sie angreifen zu können. Salomon durchzieht die Stadt auf der Suche nach Mitverschwörern, alten Kadetten zumeist, die aber jetzt als Oberlehrer, Fabrikant oder Kunstmaler keine Lust verspüren, zu den Waffen zu greifen. Nur sein jüngerer Bruder, ebenfalls Kadett, ist dazu bereit, er hat einen Revolver. Da er Menschen nicht sammeln kann, sammelt Salomon Waffen. 21 Millionen Gewehre gibt es zu dieser Zeit in Deutschland, in jeder Wohnung zumindest eines, und die Leute sind froh, wenn er sie wegschleppt. Das Waffendepot in seiner Dachkammer ist ein gefährlicher Besitz, zugleich die einzige Form, seine Selbstachtung zu wahren. Nach der Bekanntgabe der

Waffenstillstandsbedingungen träumt er von der Besetzung Frankfurts durch die Franzosen, die anderthalb Jahre später real werden wird. Er wird Zeuge der Heimkehr einer Division aus der Nähe von Verdun. Die Soldaten marschieren ohne Musik, »als seien sie Abgesandte des Todes, des Grauens, der tödlichsten, einsamsten, eisigsten Kälte.« Es gibt keine Fahnen, keine Siegeszeichen, die Blumen der Mädchen, die Geschenke werden ohne Dank weggesteckt. Dies ist keine Heimkehr ins Vaterland, es ist eine Demonstration der Front, eine verbissene Provokation, die Salomon allen bisherigen Patriotismus als hohle Lüge empfinden ließ. Für diese Männer gab es nur eine Heimat, ein Vaterland, eine Nation, und dies war die Front. »Am Tage nach dem Einmarsch der Truppen in die Stadt ließ ich mich werben. Ich wurde genommen, ich wurde eingekleidet, ich war Soldat.«

Und dies, nachdem der Krieg zu Ende war?

Er war eben nicht zu Ende. Das Deutsche Reich hatte zwar kapituliert und später den Friedensvertrag von Versailles unterschrieben, aber damit war keines der europäischen Probleme gelöst, vielmehr ein Zustand der Anarchie geschaffen, der ohne Waffengewalt nicht zur Ruhe kommen konnte. Die drei Imperien, das russische, das österreichisch-ungarische und das wilhelminische, die Mittel- und Osteuropa Stabilität verliehen hatten, waren zertrümmert, und die in ihnen bisher gezähmten Nationen kämpften um ihre staatlichen Existenzen, befeuert von ihrem in Versailles verkündeten Selbstbestimmungsrecht, das für die besiegten Völker allerdings nur in sehr eingeschränktem Maße galt. Die Deutschen diesseits und jenseits der östlichen Reichsgrenze etwa waren den

Okkupationsversuchen des bolschewistischen Rußland und des neu gegründeten polnischen Staates ausgeliefert; Saarland und Rheinland besetzten die Franzosen und unterstützten die dortigen Separationsbestrebungen. Der Krieg, nach Heraklit der Vater aller Dinge, wandelte sich aus einem der Nationen in einen der Klassen, der nach Salomon die Mutter aller Dinge war: den Bürgerkrieg. Überall in Zentraleuropa flammten Revolutionen und Aufstände. Im industriellen Herzen Deutschlands griff eine »Rote Ruhrarmee« nach der Macht, in Bayern Anarchisten verschiedenster Couleur, in Hamburg, Sachsen und Thüringen die zukünftigen Kommunisten. Die Verteidiger der frisch aus der Taufe gehobenen Weimarer Republik standen dabei recht allein auf der weiten brennenden Flur; sie allein verfochten die von den siegreichen Alliierten übernommenen Werte und Institutionen, die von Linken und Rechten gleichermaßen als Ausgeburten des westlichen Kapitalismus bekämpft wurden.

Ausgerechnet zum Schutz dieser Republik wurde Salomon mit seiner Einheit nach Weimar abkommandiert. Es handelte sich um das Freikorps Maercker, das, in die Reichswehr eingegliedert, die Tagungen der Nationalversammlung sichern sollte, von deren Debatten und Beschlüssen aber nichts mitbekam, sondern sich die Zeit damit vertrieb, viel zu exerzieren, viel zu trinken und zu tanzen, und ansonsten in ihren Zeltlagern in Tiefurt und Hofgarten darüber nachsannen, wie sie Erzbergers habhaft werden konnten, um ihn zu verprügeln.

Den Matthias Erzberger, der als amtierender Reichskanzler die Verträge von Versailles unterschrieben hatte und dafür später erschossen wurde?

Genau den. Aber Salomon hatte damit nichts zu tun, weil er am Geburtstag Bismarcks, während die Rechtsparteien patriotische Reden hielten, ohne Kündigung und Befehl zusammen mit 27 anderen Kombattanten Weimar verlassen hatte und in das Baltikum aufgebrochen war. »Ungebärdige, Ungebändigte waren sie, Ausgestoßene aus der Welt der bürgerlichen Normen, Versprengte, die sich in kleinen Gruppen sammelten; die Front zu suchen.« An der Spitze von Salomons Trupp ein Leutnant Kay, der im Osten ein eigenes Freikorps gründen wollte.

Sagen Sie etwas über die berüchtigten Freikorps!

Berüchtigt wurden sie erst im Nachhinein, zuvor waren sie berühmt, denn ihre Geschichte ging auf die preußischen Freischärler in den napoleonischen Kriegen zurück. Eines der berühmtesten Freikorps war das des Majors Schill, dessen schwarze Westen, roten Röcke und goldenen Knöpfe sogar die Fahne der republikanischen Bewegung färbten, die zur Nationalflagge der Weimarer Republik werden sollte. Zu dieser Tradition bekannten sich auch die am Ende des Ersten Weltkriegs, der »Mutterkatastrophe« des vergangenen Jahrhunderts, gegründeten Freikorps. Stillschweigend wurden sie auch von den westlichen Alliierten toleriert, um mit ihrer Hilfe ein Bollwerk gegen den Bolschewismus schaffen zu können. Anfangs unter dem Befehl der Reichswehr, später häufig auf eigene Faust kämpften sie zusammen mit Esten und Letten gegen die das Baltikum angreifende Rote Armee.

Salomon zog es zu dem wildesten Haufen, den »Hamburgern«, die unter ihrer Stadtflagge und dem schwarzen Band der Vitalienbrüder fochten, braungebrannt, Haare und Bärte lang, Seeräuberlieder singend. Beute wurde gleich verteilt, ihr Störtebeker hieß Leutnant Wutke, der im Gefecht ein Samtbarett aus der Wandervogelzeit trug, Anführer eines auf Kompaniegröße zusammengeschossenen Bataillons, das seinen eigenen Krieg führte. »Was wir wollten, wußten wir nicht, und was wir wußten, wollten wir nicht.« – »Ein Bund von Kriegern waren wir, durchtränkt mit aller Leidenschaft der Welt, toll im Begehren, jauchzend im Nein und Ja.« Sätze wie diese dürften es gewesen sein, die Salomon Jahrzehnte später, als er *Die Geächteten* für eine Neuauflage wieder las, das Gefühl verursachten, auf einen hohlen Zahn zu beißen. Der Krieg, für ihn das endlich erlebte Stahlgewitter, für die fronterfahrenen Hamburger kein richtiger Krieg mehr, sondern ein wüstes Abschlachten, verlangte nach dem ihm gemäßen, dem expressionistischen Vokabular. »Mit krallen Augen« sieht er sich hinter dem MG liegen, »der Donner unsagbarer Lüste schmeißt das Feld vor mir zu Scherben.«

Eine schreckliche Sprache.

Schrecklich ist vor allem das Geschehen, was die Worte auszudrücken versuchen und für das keine anderen zur Verfügung stehen. Die Kämpfe im Baltikum vereinigte alle Abscheulichkeiten, die »Vater Krieg« und »Mutter Bürgerkrieg« hervorbringen können, von Gasangriffen, bei denen man sich feuchte Taschentücher vors Gesicht hielt, bis zu den archaischsten Gewaltexzessen, einschließlich Brandschatzungen und Plünderungen der Bevölkerung und

Gefangenenliquidierungen. In den Reihen der Roten Armee kämpften besonders haßerfüllt ehemalige deutsche Kriegsgefangene, die sich in einem »Regiment Liebknecht« zusammengeschlossen hatten. »Wir werden niemals ruhen, bis dies verfluchte Deutschland ausgerottet ist«, bekundete einer von ihnen, als sein Trupp beim Sturm eines Gehöftes gefangengenommen wurde. »Da kracht die Salve« – zuvor hatten die Freikorpsler die zerstückelte Leiche eines ihrer Vermißten im Keller gefunden. Nachdem Riga erobert worden war, fuhren die Hamburger auf Panjewagen durch »die dumpfen litauischen Dörfer, die einsamen kurländischen Gesinde, die schlicht sauberen baltischen Herrensitze«, um sie von versprengten Bolschewisten zu säubern. Als die Rote Armee geschlagen war, bedeutete das nicht das Ende der Kämpfe. In Riga standen die Letten gegen die siegreichen Baltendeutschen auf, um ihre ehemaligen Herren loszuwerden. Sie wurden von den Briten unterstützt, die mit der Vertreibung der Russen ihr Ziel erreicht hatten und sich nun gegen die Deutschen wandten. Ihre Kriegsschiffe schossen die Stadt in Brand; er konnte nicht gelöscht werden, weil sich die Wasserwerke in estnischer Hand befanden, die nun ebenfalls nach der Unabhängigkeit griff. Ein Waffenstillstand wurde ausgehandelt, die Allianz der Letten und Engländer hatte gesiegt, die Esten mußten zurück, die Deutschen ebenfalls auf Befehl der von der Entente gedrängten Reichsregierung, ansonsten drohten Sperrung der Löhne, Verlust der Staatsangehörigkeit und Gefängnisstrafen. Dann kam die Meldung von der Unterzeichnung des Friedensvertrages in Versailles. »Nun war alles zu Ende. Die Unterschrift gab uns frei.«

Vor dem Abtransport der Truppen kam es auf dem Bahnhof von Mitau zur Meuterei. Erinnerungen an Yorck von Wartenburgs Übertritt zu den Russen vor hundert Jahren wurden wach. Der Kommandierende stellte schließlich jedem Einzelnen frei, dem Befehl zu folgen oder ihn zu verweigern. Die Altpreußen, die Polizeikompanien, die reinen Abenteurer kehrten zurück, die Baltendeutschen ließen sich in die lettische Armee eingliedern, um weiter die Bolschewiki zu bekriegen, und die Hamburger schlossen sich russischen Weißgardisten (die ihnen den Sold im Papiergeld einer »westrussischen Regierung« auszahlten) und ihrem Kampf sowohl gegen die Rote Armee als auch gegen die Letten an.

Sie konnten vom Osten nicht lassen. Hier waren die Grenzen noch offen, hier lag »das kommende Reich«, in dem sich auf fruchtbarer Scholle anzusiedeln, nicht wenige der »Hamburger« träumten, die in Wirklichkeit niedersächsische Bauernsöhne waren. Eine Rückkehr ins alte Reich hätte für sie eine Rückkehr in den Westen bedeutet, zu dem durch den Ausgang des Krieges jede Bindung abgebrochen war. »Sie wieder anzuknüpfen, das hieß Unterwerfung, das hieß Sichfügen in den kalten Rhythmus, der dem Westen seine ungeheuerliche Macht über den Erdball gab.«

Den »eigenen Krieg« des immer stärker zusammenschmelzenden Haufens der Hamburger schildert Salomon mit einer Unerbittlichkeit, die niemanden schont. Beim Sturm auf eine lettische Stellung wird eine Handgranate an die Türklinke des Hauses gebunden, nach der Explosion Leuchtmunition in das schwarze Loch geschossen und auf die schreiend herausrennenden Letten gefeuert. Ringsum Sumpf und brennende Häuser. Es wird Winter. Salomon, auf der Suche nach einem erbeuteten Gummiumhang, »innen weich wie die Haut einer Engländerin«, gerät zwischen die feindlichen Linien, schlägt sich im Feuer zu den eigenen Leuten durch. Sie sollen den zugefrorenen Dünabogen gegen eine zwanzigfache Übermacht halten; »bewaffnet bis an die Zähne und gerüstet bis ans Herz.« 160 Mann, die Pferde waren verendet. Keine Verbindung zum Hinterland, kein Proviant, kein Sold, keine Wintermäntel. Die letzten Gegenangriffe finden im Schnee statt. Als sie ein Haus erstürmen und darin nichts als geschändete Leichen finden, geraten sie in Blutrausch. »Wir knallten in überraschte Haufen und tobten und schossen und schlugen und jagten. Wir trieben die Letten wie Hasen übers Feld und warfen Feuer in jedes Haus und pulverten jede Brücke zu Staub und knickten jede Telegraphenstange. Wir schmissen die Leichen in Brunnen und warfen Handgranaten hinterdrein. Wir erschlugen, was uns in die Hände fiel, wir verbrannten, was brennbar war, wir sahen rot, wir hatten nichts mehr an menschlichen Gefühlen im Herzen.« Im Schreiben durchlebt Salomon diese Kämpfe noch einmal, nichts von dem verschweigend, was ihn, wie es der Kadett vom Krieg erhoffte, über seine eigenen Grenzen hinaustrieb und das Beste und Schrecklichste in ihm offenbarte.

Als Leuntnant Kay, hoch auf dem letzten Roß, den Rückzug befahl, legten die Freischärler ihr Gepäck auf einem Haufen und verbrannten es. Nur die Minen wurden auf dem Pferdewagen mitgenommen, von dem Salomon eines Nachts fiel und ihm im leuchtenden Schnee nachlief. Von seiner Gruppe waren »noch fünf intakte Kämpfer« übriggeblieben. »Ich war wohl der letzte deutsche Soldat, der Mitau verließ.«

Wohin kam er danach?

In ein Dorf an der Niederelbe, wo das Leben seinen uralten trägen Gang ging, als hätte es nie Krieg gegeben. Die Soldaten waren bei Bauern untergebracht, halfen am Tage bei der Arbeit, stürmten abends die Kammern der Mägde oder die Grogkneipen im nahen Stade, wo im Hafen Totenstille herrschte, weil alle Schiffe den Siegern ausgeliefert worden waren. Sie soffen, verspielten ihren Sold und warteten, »Fremdlinge im Reich«, denen man die Waffen gelassen hatte, von denen sie aber nicht wußten, wozu sie sie benutzen sollten. Sie hatten dem Reich den wichtigsten Teil der Ostgrenze gesichert und waren jetzt überflüssig. Aus den Resten der Hamburger bildete Leutnant Kay eine Kompanie von 24 Mann in Stade. Aber auch seine Zeit war abgelaufen, er mußte zurück zum Jurastudium. Schmitz, einen anderen Kameraden aus Weimarer Tagen, zog es ins Ruhrgebiet zu der in Aufstellung begriffenen Roten Armee. Von ihm hört man nichts mehr, von Kay, daß er vor dem Rathaus von Schöneberg fiel, identifiziert anhand der Papiere in seiner Tasche, weil sein Kopf zertrampelt worden war.

In Schöneberg, in Berlin? Wieso wurde dort gekämpft?

Wir schreiben den März 1920. Das Heer sollte gemäß den Verträgen mit der Entente aufgelöst werden, den Soldaten an der Niederelbe wurden die Quartiere gekündigt. Da erreichte sie die Nachricht, daß Korvettenkapitän Ehrhardt das Regierungsviertel besetzt und ein Generallandschaftsdirektor namens Kapp eine neue Regierung gebildet habe.

Der Kapp-Putsch. Hatte da Salomon auch seine Finger im Spiel?

Nur indirekt. Sofort strömten Truppen nach Stade, dessen Bürger sich schwarzweißrote Schleifchen ins Revers steckten. Salomon baute seine sechs versteckten Maschinengewehre zu vier einsatzfähigen zusammen, und mit 3000 Schuß gegurteter Munition sollte es nach Berlin gehen. Aber ein Generalstreik legt den Eisenbahnverkehr lahm. Als die Soldaten eine Lok anheizen wollen, lachen auf der Brücke über ihnen die Eisenbahner. Sie kommen nur bis Hamburg-Harburg, 400 Mann sind sie, die beim Einmarsch in die Stadt singen, um sich Mut zu machen, brüllen, bis die Hälse schmerzen, denn aus den offenen Fenstern schallt ihnen Gelächter entgegen. In der Vorstadt werden sie gefragt: »Jungs, wollt ihr unseren Kaiser wieder?« »N-nein, das nicht …« Aber was wollten sie, die Reste der Hamburger, die bayerischen Freischärler und die, die sich um sie geschart hatten? Leutnant Wuth meinte, sie müßten die Revolution rückgängig machen, Salomon, sie vollenden als eine nationale Revolution. Nur daß sie kämpfen mußten, wußten sie, und zwar gegen die wirklichen Hamburger, die Männer, an roten und weißen Armbinden als unterschiedliche Volkswehren kenntlich, die sich in den Hauseingängen drängten, schleichend ihren Marsch verfolgten. Salomon glaubt zu wissen, was die Parteien gegeneinanderhetzt: »der Haß zweier Rassen, der blinde Ekel voreinander, der schmerzhafte Widerwille vor den Gerüchen der anderen.«

Sie werden in eine Schule einquartiert, der Platz davor ist sofort schwarz von Menschen. Die Bürgerwehren postieren sich, Maschinengewehre werden aufgestellt, Männer, Frauen und Kinder schleppen Munition. In der Nachbarschaft hat ein Pionierbataillon der Reichswehr seine Offiziere gefangengesetzt und die Waffen an die Arbeiter verteilt. Die Hamburger Schutzpolizei verhält sich neutral. Deputationen werden gebildet, Kommissionen, Verhandlungen geführt. Hauptmann Berthold, der alte Kämpfer aus dem Baltikum, tritt unter die Massen, um mit ihnen zu reden. Gewehre sind auf ihn gerichtet, Salomon bringt sein MG in Stellung, pißt in den Kühlungskasten, weil man das Wasser in der Schule abgestellt hat. Ein erster Schuß gellt. Salomon widersteht der Versuchung, in die flüchtende Masse zu schießen, feuert auf die Rotbinden und die offenen Fenster des gegenüberliegenden Hauses. In der Schule geht ein Feuerregen nieder, die Gänge füllen sich mit Toten und Verwundeten. Auch Salomon wird verwundet, Schütze Hoffmann an seiner Seite zerfetzt, » das Blut tropfte ihm aus Stirn und Nase in die Kehle und bahnte sich gurgelnd seinen Weg. So schnarchte der Tote noch lange.«

Seltsam, daß es immer nur die anderen erwischt, nie tödlich ihn selbst.

Weil nur der Überlebende berichten kann und der Kadett, Freischärler und Attentäter Ernst von Salomon dazu ausersehen scheint, genau das zu tun. Er hat sich einen »reinen Tor« genannt und Simplicius Simplicissimus seinen Bruder; über sie scheint das Schicksal seine Hand zu halten, damit auch die dunkelsten Kapitel der Menschengeschichte erhellt werden.

Als den Soldaten die Munition ausgeht und sie eine Schultafel mit der Aufschrift »Waffenruhe! Wir wollen verhandeln.« aus dem Fenster hängen, wird sie zerschossen. Die rote Volkswehr stürmt in die Schule, durchsucht sie nach Offizieren. Salomon reißt Leutnant Wuth die Achselstücken herunter und setzt ihm Hoffmanns blutige Mütze auf. Die bayerischen Offiziere werden beim Spießrutenlauf aus der Schule erschlagen, Hauptmann Bertholds Kopf landet im Rinnstein. Die Soldaten können ihn nicht mitnehmen, als sie sich in den Tanzsaal retten, es sind noch hundert. Salomon übernimmt das Kommando, schreit: »Wenn die Menge hier reinkommt, dann wehren wir uns mit Stuhlbeinen, Fäusten und Zähnen, und dann könnt ihr zählen, wer von euch noch übrigbleibt.« Der Abmarsch wird zu einem Ausbruch, bei dem ein halbes Dutzend der Soldaten erschlagen oder erschossen werden. Die anderen schaffen es bis zum nächsten Kasernentor, hinter dem sie die Nachricht erreicht, daß der Putsch in Berlin gescheitert ist. Was gibt es noch zu tun für die Überlebenden? Wuth will in der Lüneburger Heide siedeln. Salomon tauscht seine Reithosen gegen eine Reichswehruniform und türmt über die Kasernenmauer, während die letzten Hamburger zur Ablenkung ein Seeräuberlied singen.

Entlassen aus der kriegerischen Gemeinschaft und ins zivile Leben Frankfurts gestoßen, spürte Salomon, »wie sehr siebzehnjährig« er war. Im Akkord stanzte er in einer Gummifabrik Konservengläserringe und wurde entlassen, als ein Streik drohte wegen seines Einsatzes im Baltikum. Kurzzeitig war er Lehrling in einem Filmkonzern, schrieb anschließend Prämienquittungen in einem Versicherungsbüro. Er hatte keinen Mantel und keinen Hut. Seine Mansarde war vollgestopft mit Waffen, unter dem Eisenbett lagerten drei Handgranatenkisten und zehn Kisten mit Munition, die Gewehre, eingefettet und gebündelt, nahmen fast ein Drittel des

Raumes ein. Aus Kistenbrettern hatte er sich ein Regal für die Bücher gebaut, die er an den Abenden verschlang. Nietzsche, Stendhal, Dostojewskis, Langbehns »Rembrandt« und Marx. Den Marxisten neidete er ihr theoretisches Fundament, ihre klare Zukunftsvision. Wenn sie, die Nationale Front der Revolution, etwas Vergleichbares entwickeln wollten, mußten sie sich bilden. Bei letzter Kerze, in einem Plüschsessel, dessen eines Bein schon verheizt war, durchlas er in einer Nacht Rathenaus *Von kommenden Dingen*. Er las, daß das Ziel allen Strebens die menschliche Freiheit sei. Er las Gedanken, die ihm fremd und nah zugleich waren, gütig und kalt, tief und schwerelos. »Dies war ein außerordentliches Buch, und außerordentlich war die Landschaft, die es zeigte, das mechanistische Reich der Welt und die seelische Kraft des Geistes, die dieses Reich zu kommenden Dingen formte.« Dreimal mußte er Ja dazu sagen und am Ende, beim Blick in die morgendlich grauen Hinterhöfe, ein entscheidendes Nein. Dieses Reich war weder durch Volksstaat noch durch Demokratie zu beseelen, es war nur zu bändigen.

Beim Gang durch die Stadt findet er sie, wie in seinem Traum, von Franzosen besetzt. Als einer von ihnen einen jungen Passanten vor dem Portal der Hauptpost mit seiner Peitsche berührt, entreißt ihm dieser sie, zerbricht sie und wirft den Offizier die Treppen hinab. Schüsse fallen. Auf der Flucht trifft Salomon den jungen Mann in einem Hauseingang. Er heißt Kern und wird später Rathenau erschießen.

Kern lebte in München, kam aber oft nach Frankfurt herüber, um auch hier eine der Kampfgruppen aufzubauen, die im gesamten Reich bereitstehen sollten, um dessen Zerfall zu stoppen.

Es waren also das, was man heute »Schläfer« nennen würde.

So ungefähr. Abgesehen davon, daß in diesem aufgewühlten Land damals so gut wie niemand schlief. Im Rheinland drängten, unterstützt von der französischen Besatzung, die Separatisten an die Macht. Als Gegenreaktion schossen in Frankfurt die patriotischen Verbände wie Pilze aus dem Boden, »ein wunderlich Gemisch aus Bierdunst, Sonnenmythos, Militärmusik erschlug die blasse Lebensangst.« Salomon trat 18 Vereinen bei, ging in jede ihrer Versammlungen, um die aktivsten Burschen herauszufischen und zu Zellen zu formieren. »Wir griffen uns Arbeiter und Studenten, Schüler und junge Kaufleute, Nichtstuer und Alleskönner, glühende Idealisten und höhnende Fanatiker.« Sie bildeten Saalschutztruppen, um die eigenen Versammlungen zu sichern, um gemeinsam mit den Kommunisten die der Demokraten und Mehrheitssozialisten zu sprengen. Angriffe auf die Kommunisten bekamen ihnen schlecht; man arrangierte sich, der Rußbombenleger Otto und Salomon, der das kommunistische Manifest zitieren konnte, grüßten sich auf der Straße.

Sein engster Mitstreiter in dieser Zeit war ein blutjunger Offizier mit dem Nachnamen Heinz, ein ehemaliger Freikorpskämpfer und heimlicher Dichter. »Er machte vorzügliche Sonette und schoß Herz As aus fünfzig Meter Entfernung.« Das Wort, das er am meisten haßte, lautete »Erfolg«. Sie diskutierten nächtelang, duellierten sich mit Zitaten aus der *Göttlichen Komödie* und Shakespeares Monologen, einigten sich auf Hölderlin. Sie erstanden Freikarten für die Montagskonzerte der Philharmonie, nahmen kostenlose Tanzstundenkurse, weil es an Männern fehlte, zogen von Kirmes zu Kirmes durch die Bauerndörfer. Sie hörten Vorlesungen über Nationalökonomie in den Volksbildungsheimen und an der Uni – und verstanden nichts. Sie wollten Gläubige werden, besuchten protestantische und katholische Gottesdienste, erstiegen mit den Sonnensuchern die Gipfel des Taunus – und blieben Ungläubige. Das Einzige, das ihnen Halt gab, waren die von ihnen gehorteten Waffen. Sie durchkämmten Wohnungen und zahlten fünf Mark mehr als die von der Polizei gebotenen 100 pro Gewehr.

Woher hatten sie das Geld?

Das wird nicht gesagt. Wahrscheinlich umfaßte das von ihnen geknüpfte Netzwerk auch aristokratische Geldgeber. Sie hatten Verbindungen bis in die Reihen der Polizeibeamten; einer von ihnen bat sie incognito um Hilfe bei der Enttarnung von französischen Spitzeln. Im Rheinland und in der Pfalz bauten sie die Gegenspionage auf. Durch eine Bijouterie-Händlerin in Mainz kam Salomon als scheinbar von ihr Angeworbener in die Wohnung eines französischen Captains und stahl von seinem Schreibtisch eine Liste der »Canaillen«. Um sie auszuschalten, wurde immer öfter die Grenze durchbrochen; es gab Schüsse in die Knie, es wurden Zöpfe von Mädchen abgeschnitten, die mit Franzosen anbandelten, es wurden wieder Handgranaten an Türklinken gebunden. So im Falle der Turnhalle in einer französischen Kaserne, aus der sie arretierte Waffenschmuggler befreiten, darunter auch Kommunisten; bei der Flucht über die Rheinbrücke wurde ihrem Auto nachgefeuert, der junge Mahrenholz sank tot ins Polster.

Plötzlich aber wendeten sich die Blicke wieder gen Osten. Nachdem die Polen die Bedrohung durch Budjonnys Armee abgewehrt hatten, entfachten sie in Oberschlesien Aufstände, um diese Provinz entgegen dem Versailler Vertrag zu annektieren. Das Ergebnis einer Volksabstimmung, in der sich 70 Prozent der Bevölkerung für den Verbleib im Deutschen Reich ausgesprochen hatten, wurde ignoriert und mit teils aktiver, teils passiver Unterstützung der Franzosen, Engländer und Italiener eine Insurgenten-Armee losgeschickt, die bereits in Richtung Oder marschierte.

Salomon fand sich in einem vollgestopften D-Zug an der Seite junger Männer wieder, die sich wie er ohne Marschbefehl auf den Weg nach Breslau gemacht hatten, »sie trugen verschossenes Feldgrau und geflickte Breeches gleich mir« und sahen sich »mit ihren blonden Schöpfen und hochmütigen Gesichtern« einander außerordentlich ähnlich. In Leipzig stiegen die Bayern vom Freikorps Oberland zu, in Dresden die gesamte Studentenschaft der Forstakademie Tharandt, die Lehrer als Offiziere. Ein künftiger Kompaniefeldwebel fertigte Namenslisten an. Sie alle hatten ein ähnliches Schicksal hinter sich und setzten ihre zivilen Existenzen aufs Spiel, um diesem wieder zu folgen. Warum? »Es handelte sich nicht um Industrie und Kohlenproduktion, um Volkswirtschaft und Kartoffelbau, nicht um die Erhaltung der deutschen Kultur und nicht um das Wohlergehen der Bewohner der Provinz. Es handelte sich darum, das Gesetz der Nation zu erfüllen.«

Um große Worte war Herr von Salomon wohl nie verlegen? Was verstand er unter dem Gesetz der Nation?

Nicht leicht zu sagen. Auf jedem Fall war sein Verständnis ein völlig anderes als das der Nationalsozialisten, nämlich kein völkisches. Dazu war er ein viel zu treuer Diener Preußens, das ja eine recht farbige Mischung aus Deutschen, Polen, Juden, Franzosen und Holländern zur Grundlage hatte. Ihr Zusammenhalt konnte nur in der Verpflichtung auf eine gemeinsame Staatsidee gewährleistet werden. In diesem Sinne wird eine Bevölkerung erst zur Nation, wenn sie fähig ist, einen gemeinsamen Staat zu bilden und in ihm, preußisch gesprochen, seine »Pflicht und Schuldigkeit« zu tun. Das Gesetz der Nation zu erfüllen, bedeutete für Salomon also, den von ihr geschaffenen Staat und seine territoriale Integrität zu schützen.

In Breslau wurden der Zug beschlagnahmt und noch auf dem Bahnhof Selbstschutzbataillone gebildet, dem neben Freischärlern, Kappisten und Korpsstudenten, Dithmarschern und Ostpreußen auch Finnen und Schweden angehörten. Die Frankfurter kamen an verschiedene Fronten, Kern, Heinz und der Rußbombenbauer Otto in den Süden, Salomon in den Norden. Selbstschutz bedeutete, daß die deutschen Dörfer vor polnischen Angreifern geschützt, daß die örtlichen Sokoln, die in ihnen die Macht ergriffen hatten, vertrieben werden mußten. Das Waffenarsenal wurde durch Einbrüche in die Magazine der Reichswehr vervollständigt, und binnen weniger Tage stand, ohne daß die Regierung dazu den Befehl gegeben hatte, eine kampfbereite deutsche Armee auf oberschlesischen Boden. Der Krieg ähnelte in seiner Regellosigkeit dem im Baltikum, und wir können uns die Schilderung der Angriffe und Gegenangriffe, der nächtlichen Überfälle und Greueltaten ersparen.

Ja bitte.

Aber eins der Gefechte war so außergewöhnlich und signifikant zugleich, daß es in den beiden Versionen, die Salomon geliefert hat, wiedergegeben werden muß. Die erste lautet: »Eine Lerche stieg vorn aus dem Kornfeld hoch. Dort mußten noch viele polnische Leichen liegen; am Tage, wenn die glühende Sonne dieses heißen Maimonats auf das Feld brannte, kamen schwere Dünste herüber. Niemand hatte sich von uns die Mühe gemacht nachzusuchen; wir lagen tagsüber völlig entkleidet im glühheißen Sand und ließen uns von der Sonne braten, und als wir am Nachmittag angegriffen wurden, war nicht Zeit gewesen zum Ankleiden, und seltsam genug mochte der Anblick der nackten Männer gewesen sein, die in den Gräben standen und schossen, die dann zum Gegenstoße vorgingen, blanken Leibes, nur das Gewehr in der Hand, weiße, glänzende Jugend, nackt und wehrhaft in der gleißenden Sonne. Noch im Walde schimmerten die schlanken Körper in der Sonne, und dieser unser Angriff war der tollste und beschwingteste, den ich je erlebt.« Weniger geprägt von der homoerotischen Emphase der Kadettenzeit und der Jugendbewegung lautet zwanzig Jahre später die Schilderung im *Fragebogen:* »Und da erst fiel mir auf, was ich sonst nie hatte sehen können: Da war nicht einer dabei, dessen Körper nicht von Narben zerrissen war! Gewiß wußte ich, daß es eine Menge Kriegsverletzter in unserer Kompanie gab und daß der eine und der andere hinkte. Aber nun sah ich diese Wunden, ich sah die Arm- und Bein-Prothesen, die Stümpfe, die tiefen Narben in Schultern und Rücken, Narben, weiß und rot und verrunzelt und tief, so tief, daß man bei manchen einen Arm hineinlegen konnte. Da liefen sie, die Studenten, und der letzte, der da lief, hatte nicht die Zeit gehabt, seine Beinprothese umzuschnallen, er stützte sich auf sein Gewehr und schnellte sich mit dem gesunden Gliede nach vorn, um sich sogleich mit dem Kolben des Gewehres zu erneutem Absprung zu fangen.«

Der tiefere, bitterere Rückblick des Alters?

Oder die inzwischen erworbene Fähigkeit, ihn in Worte zu fassen.

Wie endete der Krieg in Oberschlesien?

So ähnlich wie der im Baltikum. Nachdem die Freischärler die deutsch besiedelten Gebiete dem Reich gesichert hatten, wurden sie von der Regierung zurückbeordert und die Grenzen der Provinz geschlossen. Salomon kehrte nach Frankfurt zurück und fand Arbeit in einem Bahnhofskiosk als Geldwechsler. Rasch vertraut mit den Praktiken der Inflationsgewinnler machte er durch seine Spekulationen den Kiosk zum Finanzierungsinstitut für die wieder aufgenommenen Rheinlandaktionen. Später ging er zusammen mit Kern nach Berlin und organisierte Waffenschiebungen in das neue Unruhegebiet Pommern. Doch alles lief bereits auf die entscheidende Tat seines Lebens zu, das Attentat auf Rathenau.

Warum gerade auf Rathenau?

Im Grunde wurde auf jeden geschossen, der im Ruf stand, ein »Erfüllungspolitiker« zu sein. Auf Erzberger und zwei weitere USPD-Abgeordnete, auf Scheidemann wurde ein mißglückter Blausäure-Anschlag verübt. Das war ein Teil des Krieges, dessen Ende von den jungen Nationalisten nicht anerkannt und als Bürgerkrieg weitergeführt wurde. Wir müssen uns noch einmal das Resultat dieses Krieges vergegenwärtigen. Während nach Napoleons Niederlage die Franzosen auf dem Wiener Kongreß noch über die Zukunft Europas verhandelten, wurde nun zum ersten Mal in der Geschichte eine Partei allein für kriegsschuldig erklärt, nämlich das Deutsche Reich und sein österreichischer Verbündeter. Der Versailler Vertrag mit seinen Gebietsverlusten, der teilweisen Besetzung des Landes, der Verkrüppelung von Reichswehr und Flotte und den ungeheuren Reparationszahlungen bedeutete die völlige Demütigung Deutschlands und Unterordnung unter den Willen der westlichen Siegermächte. Die Novemberrevolution hatte die Monarchie hinweggefegt, doch keine staatliche Autorität in der neuen Republik geschaffen. Die sie trugen, Liberale und Sozialdemokraten, wurden als Statthalter der Entente betrachtet und von einer Allianz aus Linken und Rechten bekämpft, die sich bei aller gegenseitigen Befehdung darin einig war, das Programm der liberalen Moderne, die Unterordnung aller Lebensbereiche unter die Forderungen der Ökonomie, als für Deutschland unannehmbar abzulehnen. Die Losung, unter der bereits im Kaiserreich gegen die Merkantilisierung der Welt gefochten wurde, hieß Sozialismus. Neben der marxistischen spukten noch diverse andere Spielarten des Sozialismus in den Köpfen, ein katholischer und ein protestantischer, der ökologisch geprägte der Wandervogelbewegung, der deutsche Sozialismus Sombarts, der preußische Spenglers und der Nationalsozialismus. Sie alle wollten in vormoderne, häufig ständestaatlich geprägte Strukturen zurück, während die Marxisten den Triumphzug der Kapitalisten auszunutzen gedachten, indem sie deren Köpfe abschlagen und die eigenen, menschenfreundlichen an ihre Stelle setzten wollten. Die Stringenz dieses Konzeptes hat Salomon zeitlebens abgestoßen und angezogen. Als er mit Kern darüber debattierte, warum sie, da sie doch den kapitalistischen Westen bekämpften, nicht Kommunisten würden, antwortete dieser, daß er den Sozialismus »in seiner reinsten Form« wollte. Und Salomon fügte hinzu »in der preußischen«.

Ich hatte gefragt, warum sich die Attentäter ausgerechnet Rathenau als ihr Opfer auswählten.

In gewissem Sinne verkörperte er am deutlichsten die Vaterfigur, die es für die gedemütigten Söhne zu ermorden galt. Als Organisator der Kriegswirtschaft war er einer der treuesten und effektivsten Diener des alten Reiches gewesen, seine »reifste, letzte Frucht«. Und in der Weimarer Republik konnte er am glaubhaftesten einen geordneten Übergang in das demokratische System propagieren und hätte als einziger wohl auch dessen späteren Kollaps verhindern können. Ihn zu ermorden, auf dem die Hoffnungen so vieler unterschiedlicher Menschen ruhte, war das größtmögliche Sakrileg, das größtmögliche Verbrechen, das die Attentäter begehen konnten. »Das Blut dieses Mannes soll unversöhnlich trennen, was auf ewig getrennt werden muß«, begründete Kern seinen Entschluß. Zusammen mit Salomon und Fischer besuchte er im Reichstag einen Vortrag Rathenaus, bei dem er über die Unumgänglichkeit der »Erfüllungspolitik« und seine Visionen für die Zukunft sprach. Sie sind beeindruckt, und auf dem Heimweg sagt Fischer, als sie in einem Fotografenladen ein Bildnis des Politikers sehen: »Der Mann sieht sehr anständig aus.«

Aber die Würfel sind bereits gefallen. In einer Garage wird Probeschießen veranstaltet. Kern lehnt allerdings Salomons direkte Beteiligung am Attentat ab, da er zu jung dafür sei. Er fährt nach Hamburg, um in einer Hafenkneipe einen Chauffeur zu besorgen. Der wird als unzuverlässig abgelehnt, und als am Vormittag des 26. Juni 1922 der Wagen mit den Attentätern in einer Seitenstraße der Königsallee wartet, sitzt der ihm bekannte Techow am Steuer. Salomon steht daneben und streckt die Hand zum Abschied durchs Fenster; sie faßt ins Leere, weil in diesem Moment ein kleines, dunkelrotes Auto durch die Königsallee kommt. »Der Wagen fuhr an; ich wollte ihn halten, er glitt mit surrendem Ton. Ich wollte schreien, ich wollte laufen, ich blieb gelähmt, leer, erstarrt, völlig verlassen auf leerer Straße.«

Die Ermordung Rathenaus erschütterte die Republik wie kein Ereignis zuvor. Als die Zeitungsjungen die Nachricht in die Menge schrien, erstarrte sie wie unter dem eisigen Anhauch des Todes. Dann setzte sie sich langsam in Richtung Alexanderplatz in Bewegung, Fahnen kamen dazu, ein dumpfes Grollen schwebte über ihr, als sie sich auf dem Alex versammelte, Fischer und Kern eingekeilt in ihrer Mitte. Später lagen sie in einem Wald bei Warnemünde und warteten auf ein Segelboot, das sie nach Schweden bringen sollte. Es kam erst in der folgenden Nacht; die Flüchtigen hatten sich um 24 Stunden verfrüht, fühlten sich verraten und irrten auf gestohlenen Fahrrädern durch Mecklenburg. Als sie kurze Aufnahme bei einem früheren Kameraden fanden, lief ein Mann mit einem Plakat an ihrem Fenster vorbei, auf dem stand, die Rathenaumörder seien im Dorf. Die Bewohner schlichen in ihre Häuser und verriegelten sich.

Und was geschah mit Salomon?

Er war auf der Flucht wie die anderen Verschwörer. Das ganze Land schien ihnen auf den Fersen zu sein. Das größte Polizeiaufgebot in der Geschichte Deutschlands war hinter ihnen her, ein besonderer Strafgerichtshof wurde eingesetzt. Die Zeitungen organisierten Geldsammlungen, die für jeden Gesuchten einen Kopfpreis von einer Million erbrachten. Aus der Presse erfuhr Salomon, daß Kern und Fischer noch in Deutschland sein mußten; er versuchte, ihrer Spur zu folgen, im Koffer gefälschte Pässe, Anzüge, Wäsche und Stiefel. Als er wieder einmal Steckbriefe abriß, entdeckte er dabei seinen eigenen, allerdings mit Berliner Tarnnamen. Er kam in einer Münchner Kaserne unter, mußte sie aber bald räumen und schlief von da an jede Nacht woanders. Drei Wochen kreuzte er wie ein Schiffbrüchiger auf hoher See, erkrankte schwer, heilte das Fieber mit Pfeffer und Spiritus. Er suchte alte Mitkämpfer auf, versuchte, sie zu sammeln, doch anders als geplant hatte das Attentat die Mannschaft nicht enger zusammengeschweißt, sondern gesprengt. Die Deckfirmen in Bayern waren aufgeflogen, alle waren vereinzelt, versprengt, flüchtig. Kern und Fischer hatten sich auf die Burg Saaleck bei Kösen gerettet, wurden dort erkannt und die Burg von einer Hundertschaft Polizei umstellt. Das Tal gefüllt mit Zuschauern, die um den Ostturm strichen. Von seiner Zinne hielt Kern eine Rede, in der er verkündete, für seine Ideale zu sterben. Er wurde durch ein Fenster erschossen. Fischer bahrte ihn auf und erschoß sich dann selbst.

Nun war nur noch Salomon auf freiem Fuß, der für die Öffentlichkeit geheimnisvolle Unbekannte, der an der Königsallee am Auto der Todesschützen gestanden hatte. Um das

Hemd zu wechseln, fuhr er in seine Frankfurter Wohnung und wurde dort, mit der Pistole in der Hand, verhaftet.

Endlich. Und ich hoffe, sie haben ihn lange genug weggesperrt, um andere und ihn selbst vor sich zu schützen.

Insgesamt über fünf Jahre. Er war zwanzig Jahre alt, als er hinter Zuchthausmauern kam, und sechsundzwanzig, als er sie wieder verließ. Heute wäre er unter Jugendstrafrecht gefallen. Das Urteil fiel trotzdem moderat aus, weil man den von ihm ausgesuchten Chauffeur nicht genommen hatte und ihm somit keine direkte Tatbeteiligung nachzuweisen war.

Sie erwähnen seine Jugend immer, als sollte sie ihn entschuldigen.

Wer bin ich, daß ich Schuld zusprechen oder von ihr entlasten könnte? Ich möchte nur ihn, diese Zeit und ihre Akteure besser begreifen. Etwas von der Haltung seiner späteren Putzfrau, einer handfesten Sozialdemokratin aus Treptow namens Imming, könnte dabei guttun. Das Ende des Zweiten Weltkriegs stellte sie sich so vor, daß Hitler, Goebbels und Churchill in Käfigen am Brandenburger Tor aufgehängt und zur Beschimpfung freigegeben würden; Göring wollte sie davon ausnehmen, weil sie ihn durch seine Kadettenerziehung nur für bedingt schuldfähig hielt. Ähnlich sah sie Salomon, dem sie stets die Treue hielt.

Aber hat er jemals selbst so etwas wie ein Schuldgefühl empfunden und ausgedrückt?

Das ist schwer zu beantworten. Einerseits betrachtete er sich selbst und seinesgleichen geradezu als Verkörperungen von Schuld und Sünde und bestand auch im Zuchthaus, im

Gegensatz zu den Mördern und Vergewaltigern um ihn, darauf, ein »Verbrecher« zu sein; andererseits hört man von ihm nie ein Wort der Reue. Vielleicht war es das fehlende Organ für Religiosität, das ihm zwar die Erscheinung des blutigen Geistes von Rathenau in seiner Zelle nicht ersparte, aber nie zu einer Befragung seines Gewissens zwang. Gewissen empfand er wie Gesundheit, von der man nur etwas erfährt, wenn man sie verliert. Gewissen kannte er dem Befehl gegenüber, den er in dem Krieg, zu dem er erzogen wurde, zu erfüllen hatte, aber nicht den Opfern, seinen nun mal von ihm zu bekämpfenden Feinden gegenüber. Und diese umstellten ihn auch weiterhin; sie saßen ihm in Gestalt der Frankfurter Damen, die mit übergeschlagenen Beinen Pralinen lutschten, im Gerichtssaal gegenüber, sie teilten, brutal und weinerlich zugleich, in den nächsten Jahren sein Leben im Gefängnis oder taten dort so beflissen und gedankenlos Dienst wie schon zu Kaisers Zeiten.

Salomon haßte sie alle, und diesen Haß zu bewahren, schien ihm in dieser ziellosen Zeit die einzige Möglichkeit, sich selbst zu bewahren. Er haßte seine sechs mal drei Schritt große Zelle mit Kübel und hochklappbaren Bett, haßte Müllschippe, Handfeger, Wischtuch und das neben ihnen hängende Heft mit den Gefängnisvorschriften, deren jede einzelne er zu übertreten gewillt war, er haßte Bibel, Gesangbuch und die Werkbank, an der er Hammerstiele zu glätten, Soldatenwäsche auszubessern, Schweinsborsten zu sortieren, Federn zu schleißen hatte. Er haßte abgrundtief diese Arbeiten und das, was sie hervorbrachten. »Die Zelle lehrte mich den Abscheu vor den Dingen, die gemacht wurden, die nicht gewachsen waren.«

Nach den ersten drei Wochen hatte er 14 Meldungen wegen Gehorsamsverweigerung vorzuweisen. Er bombardierte die Gefängnisleitung mit Eingaben und Beschwerden, ging keinem Streit mit Gefangenen oder Wärtern aus dem Weg. Der Direktor, ein schwermütiger, ihm durchaus wohlgesonnener Mann, bescheinigte ihm, der renitenteste Gefangene zu sein, den er je erlebt hatte. Als er Salomon versprach, seinen Willen zu brechen, antwortete er »Bitte brechen Sie.« Wegen tätlichen Angriffes auf einen Beamten kommt er sieben Tage lang in die Absonderungszelle, der dunkelsten und kältesten im Gefängniskeller. Er versucht einen Ausbruch, ist schon im Hof, aber der Hund Senta bellt trotz der ihm gereichten Fleischstücke. Er setzt eine Glasscherbe an die Pulsader, legt sie wieder weg. Er kann nicht schlafen und wird es die folgenden Jahre nicht können, nur im Halbschlaf von Fluchten durch Städte, Häuser, Gärten und Schlösser träumen, dabei aber nie vergessen, daß er in der Zelle sitzt. Er steht von seinem Bett nicht mehr auf und wird wegen Haftpsychose ins Lazarett eingeliefert.

Dort befällt ihn nach einiger Zeit eine »wunderbare Leichtigkeit«. Man macht ihn zum Krankenwärter, als der er sich im Lazarett frei bewegen kann. Er pflegt Lungenkranke, Invaliden, die als Simulanten verdächtigen Irrsinnigen, unter denen er auf seinen ehemaligen Zellennachbar Edi trifft. Mit dem alten Ruhrkämpfer hatte er durchs Fenster über nationalen und internationalen Sozialismus diskutiert, jetzt behauptete er, der Sultan von Marokko zu sein und niemandem Geld zu pumpen. Als er mit hohem Fieber in den Raum für Schwerkranke kommt, schiebt Salomon sein Bett dazu und wacht nächtelang an seiner Seite. Er trinkt beim Tod jedes

Häftlings mit den anderen Wärtern den für diesen Fall bereitgestellten Kognak. Er wird zu den Epileptikern geschickt, die während ihrer Anfälle in gepolsterten Krampfkisten stecken. Einer von ihnen bittet Salomon, ihn stattdessen auf der Matratze festzuhalten. Er tut es zweimal täglich, und als er nach einem stundenlangen Anfall mit Erbrechen angefleht wird, Gift zu beschaffen, holt er welches aus der Apotheke, wird dabei ertappt und nach acht Monaten zurück in seine Einzelzelle gesteckt.

Hier kam er in den Genuß des inzwischen eingeführten »progressiven Strafvollzuges«, in dessen Mittelpunkt Erziehung statt Strafe stehen sollte. Das bedeutete, daß jeder Häftling mit einem, zwei oder drei grünen Streifen auf der Jacke gekennzeichnet wurde, die den Grad des Erfolges seiner Resozialisierung dokumentieren sollten. Entsprechend wuchsen Haß und Feindschaften unter ihnen. Bei jeder Beförderung mußte in einer Audienz um Begünstigungen gebeten werden. Salomon bat um Bücher. Er las mit Hilfe eines Spiegels, der das Licht am Fenster bündelte. In der zweiten Stufe hatte er in seiner Zelle eine Stunde länger Licht und durfte jeden Monat statt aller zwei Monate Besuch empfangen. In der dritten gestattete man ihm eine eigene kleine Bibliothek, weil er als Berufswunsch Schriftsteller angegeben hatte, er versuchte, Englisch und Spanisch zu lernen, und wurde langsam auf die Freiheit vorbereitet. Als er für Edi ähnliche Privilegien erbat, kam dem eine überraschende Begnadigung zuvor; seine Briefe erreichten ihn nicht wegen »beleidigender und ausfälliger Ausbrüche«, dafür etwas später eine Pressenotiz, daß Edi Opfer einer Auseinandersetzung zwischen Polizei und Arbeitslosen geworden war.

Salomons eigene Lage spitzte sich zu, als er im Rahmen der Fememordprozesse erneut unter Anklage gestellt wurde. Noch vor dem Rathenau-Attentat war er an einer Strafaktion gegen einen Verräter namens Wagner beteiligt gewesen. Man hatte ihn zusammengeschlagen und gefesselt in den Kurteich von Bad Nauheim geworfen. Als er wieder auftauchte, erinnerte sich Wagner bei der Rekonstruktion des Tathergangs, habe Salomon mit einer Armbewegung den Schützen Kern so irritiert, daß er sich ans Ufer retten und später unter falschen Namen weiterleben konnte. Salomon wurde zu drei Jahren Gefängnis wegen schwerer Körperverletzung verurteilt und aus dem schlesischen Striegau in die hessische Landeshaftanstalt Rockenberg verlegt. Das war 1927. Im neuen Gefängnis traf er auf einen Korporal Schulz aus dem Baltikum, der inzwischen Kommunist geworden war. Zusammen mit seinen Genossen wurde er am 80. Geburtstag Hindenburgs amnestiert, Salomon blieb zurück und sah beim Blick in den Spiegel einen alten Mann. »Ich bin jetzt fünfundzwanzig Jahre alt.«

Ein Jahr später öffneten sich auch für ihn vorzeitig die Gefängnistore. Am Tag der Entlassung spürt er eine ungeheure Spannung, wie »vor dem ersten Gefecht«. Es ist elf Uhr vormittags, er trägt Zivil und hat den Verdienst von fünf Jahren Arbeit in der Tasche, zwanzig Mark. Seine eigene Dachstube findet er verschlossen. Er setzt sich in ein Café, trostlos und verbittert. Dann geht er zu »ihr«, der jungen Frau, die ihm oft im Gefängnis besucht und mit Büchern versorgt hatte.

Es ist das erste Mal, daß wir von einer Frau in seinem Leben hören.

Es hat sie aber gegeben, seine Jugendliebe Lieselotte Wolbert, mit der er sich im Zuchthaus Striegau verlobt hatte und kurz nach seiner Entlassung getraut wurde; sie trennten sich bald wieder, blieben aber bis nach 1945 verheiratet. An jenem Abend gingen sie zusammen mit Lottes Bruder in ein Tanzlokal, in dem ein Dunkelhäutiger sang. Salomon sagte dazu, er sei mit seiner Haftentlassung aus dem Mittelalter direkt in das »amerikanische Jahrhundert« eingetreten, das einmal ein deutsches zu werden versprach.

Heißt das, daß seine Zeit als Nationalrevolutionär nun vorbei war?

Noch nicht.

Aber Sie sprachen doch davon, daß er auf Veranlassung einer Frau Dr. Querfeldt das Gewehr mit der Schreibmaschine vertauschte und bei Rowohlt sein erstes Buch veröffentlichte.

Das stimmt auch. Doch sein Schreiben war vorerst wie ein Schießen, völlig rauschhaft und ihm genügend Zeit lassend, sich in die immer wieder aufflackernden Kämpfe einzumischen. Vor allem waren es die der Landvolkbewegung in Schleswig-Holstein.

Von ihr habe ich noch nie etwas gehört. Was hatte es damit auf sich?

Da muß ich mit Salomon rufen: »Oh, lest ›Bauern, Bonzen und Bomben‹ von Hans Fallada!« Da aber von Fallada alles Mögliche gelesen wird, nur nicht sein erstes und bedeutendstes Buch, werde ich die Ereignisse kurz skizzieren. Das »amerikanische Jahrhundert« war auch insofern angebrochen, als durch die Reparationszahlungen einerseits die Steuerschraube immer fester angezogen wurde, andererseits die US-Regierung großzügig Kreditgelder ins Land pumpte. Besonders hart traf es die Marschbauern an Schleswig-Holsteins Westküste, die das Zigfache der Vorkriegssteuern zahlen mußten und bald ihre Kredite nicht mehr bedienen konnten. Als sie ihr Vieh nicht mehr füttern konnten, kam es zu Verweigerung der Steuerzahlungen, Protesten und Demonstrationen in den Städten. Das zog die politischen Aktivisten verschiedenster Parteien in den Norden, voran den Kommunisten Bruno von Salomon, der seinen Bruder Ernst nach sich zog und mit ihm in Itzehoe die täglich erscheinende Bauernzeitung *Das Landvolk* gründete. Bei Fallada trägt Bruno den Namen Padberg; er erstand eine »bankrottgegangene Druckerei … mit einer kaputten Setzmaschine, einer intakten Handpresse und einem Haufen von Kästen, in denen die Lettern wild zusammengeworfen waren.« Schriftleiter war Ernst von Salomon, der mit seinen Beiträgen für zwanzig Verfahren wegen Beleidigungen und anderer Pressevergehen sorgte. Die deshalb mehrfach umbenannte Zeitung erregte so viel Aufsehen, daß sich die NSDAP bemüßigt fühlte, ebenfalls ein Tagesblatt herauszugeben, und dazu ihren fähigsten Redakteur Bodo Uhse nach Schleswig-Holstein schickte.

Bodo Uhse? War der nicht Kommunist und der erste Leiter des Aufbau-Verlages?

Ja, später. Wir müssen uns daran gewöhnen, daß die Übergänge fließend waren und vor der antifaschistischen Einheitsfront eine Einheitsfront mit den Faschisten im Kampf gegen die parlamentarische Demokratie bestand. Den Bauern aber ging es schlicht um ihre Existenz. Sie gründeten eine genossenschaftliche Selbstverwaltung, die ihre Mitglieder zum Steuerstreik und die Regierung zum Reparationsstreik aufrief. Landesweiten Ruhm erlangte sie im sogenannten Ochsenprozeß, bei dem zwei Bauern wegen Landesfriedenbruch angeklagt wurden, nachdem sie sich gegen die Pfändung ihrer Ochsen gewehrt hatten. In Itzehoe brannten Strohfeuer in den Straßen, die Gerichte wurden mit den Selbstanklagen der Bauern überhäuft, die Industriestadt Neumünster boykottiert. Dann krachte die erste Bombe im Büro eines Amtsvorstehers.

Hatten die Salomons dabei ihre Finger im Spiel?

Nur indirekt. Die Polizei hatte intelligenterweise Pläne zum Bombenbau an die Presse weitergereicht, die von Bruno umgehend auf der Titelseite veröffentlicht wurden. Ernst hatte inzwischen das Prinzip der revolutionären Legalität entdeckt.

Wie die Nationalsozialisten auch.

Ja. Die setzten sogar einen Preis von 10.000 Mark für den Nachweis aus, daß sie nicht an den Bombenattentaten beteiligt waren, bei denen übrigens nie Personen verletzt wurden. Salomon verspürte keine Sehnsucht nach dem Gefängnis und pendelte in dieser Zeit zwischen Itzehoe und Berlin, wo er leichter Geld verdienen konnte. Die Bauern brachten zwar Butter und Eier in die Redaktion, aber an Bargeld mangelte es auch ihnen. In Berlin hatte er Anschluß an den Kreis der Nationalrevolutionäre um Ernst Jünger gefunden, die ihm

Publikationsmöglichkeiten boten. Ein Jünger Jüngers wurde er allerdings nicht, dazu fehlte ihm dessen Hang zu Magie, Mystik, Metaphysik. Gemein mit ihm hatte er besonders die Lust an weiten Spaziergängen, die sie nachts, wenn die Stadtbahn nicht mehr fuhr, oft von Jüngers Wohnung an der Warschauer Brücke zu Salomons in der Pariser Straße und mitunter wieder zurück führte. Sie hatten genug zu debattieren. Ernst Glaeser hatte soeben *Jahrgang 1902* veröffentlicht und Salomon, der im gleichen Jahr geboren war, wurde dazu aufgefordert, das Gegenbuch zu schreiben. Arnolt Bronnen, der ebenfalls diesem Kreis angehörte, rief Rowohlt an und dieser Ernst von Salomon, um ihm Druck und Vorschuß anzubieten.

Am Morgen des Tages nun, an dem der Vertrag unterzeichnet werden sollte, wurde der Autor verhaftet und mit ihm ziemlich jeder, der zu ihm Verbindung hatte, in Berlin allein 200 Mann, in Schleswig-Holstein »alles mit Ausnahme der Ochsen«, auch Bruno und die anderen beiden Brüder. Anlaß war eine am Reichstag gefundene Bombe, die sich als eine von Salomon und Komplizen abgelegte Attrappe herausstellte. Diesmal entpuppte sich die Haft als ein Segen für ihn. Endlich hatte er freie Verpflegung, Unterkunft und viel Zeit. Er ließ sich von Rowohlt »mehrere Pfund holländischen Tabaks, einen Stoß Papier und meine Schreibmaschine« nach Moabit senden. Zugleich erhielt er einen Generalvertrag, von dem Kenner versicherten, »es sei dies der schlechteste Vertrag, den je ein Autor mit seinem Verleger geschlossen habe.« Er unterschrieb trotzdem. »Es war Liebe auf den ersten Blick«, die den angehenden Schriftsteller an Rowohlt band. Dieser, einer der zahlreichen »Ernste« aus Salomons Umgebung und selbst eine problematische Natur, fühlte sich seinerseits zu stets am Abgrund wandelnden Existenzen hingezogen und hielt seine schützende Hand über die Falladas, von Salomons und Franz Hessels. Mit ihnen stürmte er den Gipfel der deutschen Zeit-Literatur, ließ parallel dazu ihre amerikanischen und russischen Pendants übersetzen. Sowohl auf den Empfängen der sowjetrussischen wie der amerikanischen Botschaft war Rowohlt zu Hause, gehörte zu den Mitbegründern der »Gesellschaft der Freunde der Sowjetunion«.

Zurück zu Salomon. Er schrieb also Die Geächteten *im Gefängnis.*

Zwei Drittel hatte er fertig, als er nach einem Haftprüfungstermin entlassen wurde. Aber Zeit zur Vollendung des Buches hatte er nun genug, denn die Landvolk-Bewegung war tot, die bäuerliche Selbstverwaltung von der Polizei zerschlagen, und in ihre Leerstelle konnte die NSDAP stoßen. Als 1929 *Die Geächteten* erschien, erregte es Aufsehen in allen politischen Lagern. Salomon spricht von seinem schwächsten Buch, das den meisten Erfolg hatte; das schrieb er im *Fragebogen*, als er noch nicht ahnte, welch weltweite Aufmerksamkeit er damit erregen sollte. Er hatte sich die Meinung seines Lektors Franz Hessel zu eigen gemacht, der seinen Erstling nicht für Literatur hielt, es aber als Zeitdokument durchgehen ließ. Als Salomon dann im zweiten Anlauf zum echten Schriftsteller werden wollte und für seine Darstellung der Ereignisse in Schleswig-Holstein einen fiktionalen Erzähler wählte, um seinen persönlichen Furor zu zähmen, befriedigte das zwar seinen literarischen Ehrgeiz, wurde aber vom Publikum nicht goutiert. *Die Stadt* erschien 1932.

Was geschah in den Jahren dazwischen?

Rowohlt nahm ihn unter seine Fittiche. Verschaffte ihm Brotarbeiten und brachte ihn mit Thomas Wolfe zusammen, der anläßlich der deutschen Ausgabe von *Look Homeward, Angel!* in Berlin weilte, aber regelmäßig verschwand und mit dem Satz »Life is strange and world is bad« auf den schmerzlich verzogenen Lippen wieder auftauchte. Dann traf er auf Heinz Oskar Hauenstein, den Organisator des schlesischen Widerstandes, und begann mit ihm, Material zur Geschichte der Nachkriegszeit, speziell der Freikorpsbewegung zu sammeln. Auf Annoncen hin flogen ihnen Erlebnisberichte, Tagebücher und Fotos zu, insgesamt 10 000 Aktenstücke, die sie später an das Heeresarchiv in Potsdam verkaufen werden, wo vierzig Stabsoffiziere, die Arbeit fortsetzten, die zuvor von ihnen allein verrichtet worden war. Rowohlt sollte die Textsammlung in sechs 500seitigen Bänden herausbringen, ließ aber lieber die Finger davon. Er fand, daß seinem jungen Autor ein Perspektivwechsel guttun würde, daß er einmal andere als die so gerühmte, aber noch immer von Pulverdampf und Parolen geschwängerte Berliner Luft atmen sollte, und schickte ihm, mit einem Vorschuß für die noch zu schreibende *Stadt* ausgestattet, nach Frankreich.

Ausgerechnet nach Frankreich, in das Land des Erbfeindes?

Für Salomon war es mehr. Es war das Land, aus dem seine väterlichen Vorfahren nach Deutschland gekommen waren, das Land der von ihm geliebten Montaigne, Flaubert und Stendhal, es war das Land exquisiter Speisen und großer Weine, und es war das Land der gelingenden Liebe. Auch für Salomon war es ein Sehnsuchtsland geblieben, wie für so viele Deutsche, von denen sich vor dem Kriege ein breiter Strom vor allem nach Paris ergossen hatte, der nun wieder anschwoll. »Reisen war ein Sport für sehr reiche und sehr arme Leute.« Jenseits des Rheines oder der Alpen oder, wie Vigoleis Thelen, jenseits der Pyrenäen suchten sie etwas, das ihm im eigenen zerrissenen und oftmals verhaßten Land verloren gegangen war: die Leichtigkeit eines mit sich im reinen befindlichen Volkslebens, das seine nationale Eigenart noch bewahrt hatte.

Salomon fand es an der baskischen Atlantikküste. In einer sichelförmigen Bucht unweit von Biarritz stand ihm das stattliche Haus eines Herrn Seyerken zur Verfügung, der selbst nicht anwesend war, aber seinen Diener hinterlassen hatte. In dieser Bucht hatte der junge Bismarck nackt gebadet und im nahen Bayonne Hölderlin »im Winde klirren die Fahnen« geschrieben. Doch Salomon sollte nur selten in seiner Prachtvilla weilen, ihn zog es in den Ort hinab, und dort fand er, ein Genie der Freundschaft, bald Anschluß an eine baskische Familie, die ihm versicherte, er könne so lange bei ihr bleiben, wie er wolle. Er blieb sechzehn Monate. »Wahrhaftig, das war ein Land nach meinem Sinn, ich schrieb keine Zeile.« Nach seinem Sinn war der widerständige Geist der Basken, die als geborene Schmuggler die Kommunisten bekämpften, weil sie gegen Grenzen waren, und die Republik, weil sie jeden Monat ihre Zollbeamten austauschten. Mit den baskischen Männern ging er auf die Jagd in den Bergen, lernte das Pelotespiel und Pulpos vom Boot aus zu harpunieren; im Sommer würde er, weil Rowohlts Zahlungen ausblieben, Eis auf dem Marktplatz verkaufen. Da hatte er sich längst in die zierliche Majie verliebt, einer Verwandten seiner

Gastgeber, die ihr Kleidchen gern auf bloßer Haut trug und nur zu bereit war, eine Sommerehe mit dem seltsamen Deutschen zu führen, den man den »Basque allemand« nannte. »Majie hatte mir eine Baskenmütze gekauft, ich warf meinen Hut ins Wasser. Ich trug Espadrillos und ein leinenes Hemd und Hosen von blauer Beiderwand und eine Schärpe als Gürtel.« Die gut achtzig Seiten, die der verwilderte Freikorpsler im *Fragebogen* über sein Leben mit der kleinen Majie schrieb, wurde eine der zärtlichsten Liebesgeschichten der deutschen Literatur, besonders von den Franzosen geliebt, als sie unter dem Titel *Die Abenteuer eines kleinen Boche in Frankreich* als Taschenbuch erschien. Er teilte damit nicht nur Jüngers Schicksal, in Frankreich mehr, nämlich unabhängig von seinen politischen Einstellungen als großer Schriftsteller, geschätzt zu werden als in seinem so gern moralisierenden Heimatland. Von Anfang an wurde er im Midi als ein »homme des lettres« behandelt; als er seinen Paß beim örtlichen Polizeikommissar vorstellte, holte der die inzwischen erschienene französische Ausgabe der *Geächteten* mit seinem Foto als verhungertem Häftling hervor. Da der Kommissar in Dresden studiert hatte, sprach er sächsisches Deutsch, so wie Salomon sein Leben lang französisch mit baskischem Akzent sprechen sollte. Man sah in ihm gewissermaßen einen Konsul seines Landes, die armen Studenten auf Fahrrädern fuhren bei ihm genauso vor wie die betuchten Bildungsreisenden. Und er kam selbst zu Geld, als sich die Garage des Herrn Seyerken als ein Depot für Waffen herausstellte und nach deren Verfrachtung nach Spanien ihm der Schmugglerkönig ein dickes Bündel Geldscheine in die Tasche steckte. Um sie zu vervielfachen, setzte sich

Salomon an einen Roulettetisch und war drauf und dran, alles zu verspielen …

Erzählen Sie weiter.

Bis die liebliche Majie im Kasino auftauchte, die letzten Tausender in ihre Handtasche stopfte, Salomon in seine Villa bugsierte, die vom Meeresklima verrostete Schreibmaschine ölte und ihren Geliebten mit der Aufforderung »Alors: Ecrivez!« davor plazierte. Der erste von ihm geschriebene Satz lautete »Die Westküste Schleswig-Holsteins birgt von Niebüll bis Glückstadt hinter ihren Deichen grünes, weithin gestrecktes Land.« Doch obwohl sein Verfasser ihn »wunderschön« fand und er alles besagte, »was man billigerweise von ihm verlangen konnte«, folgte ihm lange Zeit kein zweiter. Irgendwann aber bedeckte sich in seinem Geiste die südliche Sonne, und die Nebel des Nordens verdichteten sich, und er »schrieb sechs Wochen lang ununterbrochen jeden Tag und die halbe Nacht«. Als er die letzten Seiten an Rowohlt geschickt hatte, war er schlaff und leer.

Majie sagte zu ihm: »Du mußt gehen.«

Traurig. Warum nur?

Sie wußte besser, was ihm diente, als er selbst. Sie wußte, daß er in Frankreich wohl eine gewisse Zeit ein Märchenleben führen konnte, daß ihn aber die Wirklichkeit, seine Arbeit, die für ihn das Schreiben geworden war, nach Deutschland zurückziehen würde. Als Salomon ihr einen Heiratsantrag machte, lächelte sie schmerzlich und strich ihm über das Haar. Sie versuchte, ihm und sich den Abschied so leicht wie möglich zu machen. Sie tanzten zum Fest anläßlich des

Waffenstillstands auf dem Marktplatz und sangen zusammen die Marseillaise. Majie trat mit Erbsen in den Schuhen die Wallfahrt nach Lourdes an, die ihr Beichtvater ihr zur Strafe für ihre Sünden auferlegt hatte, Salomon folgte ihr im nächsten Zug. »Lourdes prunkte mit seiner Häßlichkeit«, sie verbrachten drei Tage und Nächte in einem Gasthaus, ohne zu sündigen, dann fuhren sie zurück. Beim Abschied auf dem Bahnhof erschien Majie mit einem jungen Mann. »Das ist Biolet«, sagt sie. Der Verlobte nimmt ihre Hand.

Im *Fragebogen* erzählt der Dialoge liebende Salomon diese Geschichte seiner Lebensgefährtin Ille Gotthelft unter einer bayerischen Linde. Nach Bayern war er als Berater der »Bavaria« für einen Dokumentarfilm über die Freikorps gekommen. Bei einer Aufführung der »Nachrichter« traf er in München auf eine junge Schauspielerin, der die Bretter des Kabaretts nicht länger die Welt bedeuteten, als sie den berühmten Staatsfeind kennen und lieben lernte. Für Salomon, der diese Neigung heißen Herzens erwiderte, änderte sich damit das Leben von Grund auf. Ille war nicht nur das, was die Nürnberger Rassegesetze später eine »Volljüdin« nannten, sie zog auch ein geordnetes friedliches Dasein der bisher im Leben ihres Geliebten herrschenden kriegerischen Anarchie vor. Nach dreimonatigem Zusammensein ging sie mit dem Koffer, in den Salomon bisher seine Unterlagen geworfen hatte, zum Finanzamt, zahlte erstmals für ihn Steuern und richtete ein Bankkonto ein. »Sie wollte ein gutes, bürgerliches Leben, mit einer angemessenen Portion Luxus und gerade genug Boheme, dieses Leben reizvoll zu machen.« Das Geld dazu lernte Salomon vor allem durch das Verfassen von Drehbüchern zu erwirtschaften. Ihm fiel der Wechsel in die

Filmindustrie nicht allzu schwer, da sich *Die Stadt* als finanzieller Mißerfolg erwies und er mit seinen kurz danach erscheinenden Erinnerungen an die Kadettenzeit sein autobiographisches Schreibreservoire erschöpft hatte. Nach der Machtergreifung der Nationalsozialisten hatte Rowohlt ihn zum Schein als Lektor angestellt, um seine jüdischen Mitarbeiter Hessel und Mayer aus der Schußlinie nehmen zu können. Salomon pendelte, Ille stets an seiner Seite, in dieser Zeit zwischen den Filmmetropolen Berlin und München. Die Honorare für seine Skripte flossen so üppig, daß er das seinem amerikanischen Vernehmer gegenüber später als Grund für seine Nichtmitgliedschaft in der NSDAP angab, nachdem der alle anderen Motive unglaubhaft fand. Daß er aber als Drehbuchschreiber das Mehrfache eines Gauleiters verdient habe, erschien dem Offizier als plausible Begründung für eine ausgeschlagene Parteikarriere.

Salomon trat also niemals in die Partei ein? Warum nicht?

Für ihn und seine Mitkämpfer waren die Nazis Abschaum, der die Idee der nationalen Revolution okkupiert, verraten und diskreditiert hatte. Das von ihrem Selbstverständnis als Preußen diktierte Ziel der früheren Verschwörer war es gewesen, die Legitimität des Staates zu schützen, während mit den Nationalsozialisten seine Zerstörer an die Macht kamen. Techow hatte ein Treffen mit Goebbels genutzt, ihn mit den Worten »Wegen euch Schweinehunden haben wir Rathenau nicht erschossen« zu ohrfeigen. Plaas blieb auf Anweisung Canaris' auf seinem Posten im Kriegsministerium, um für ein Hitler-Attentat bereit zu stehen. Während sich am 30. Januar 1933 Fackelzüge durch das Brandenburger Tor wälzen, liest Salomon in seiner Wohnung Rowohlt das letzte Kapitel der *Kadetten* vor; danach stellt ein Freund das Radio an und stöhnt während der Übertragung »Ich habe Gefühle wie ein Vater, der Drillinge kriegt.« Allen war klar, daß sie eine Weltenwende erlebten.

Als Autor gehörte Salomon zu ihren Profiteuren, obwohl er Partei und Staat brüskierte, als er die Unterschrift unter das Treuegelöbnis der Kulturschaffenden für Hitler verweigerte. Aber der Wind hatte sich in der Kultur schon vor 1933 gedreht, was am deutlichsten an den Auslagen der Buchhändler abzulesen war, die ihre Nase immer im Wind haben und nach diesem gern ihr Fähnchen drehen.

Warum so unfreundlich? Sie wollen nur ihre Bücher verkaufen.

Oh, ich habe vergessen, daß Sie Buchhändlerin sind. Salomon behauptet jedenfalls, daß in den Schaufenstern die Produkte großstädtischer Asphaltliteraten allmählich von denen nationalbewußter Heimatdichter abgelöst wurden und auch er in ihrem Sog höhere Auflagen erlebte, ohne sich ihnen je zugehörig zu fühlen. Für ihn schied sich die Phalanx der Schriftsteller in welche mit Auto und welche mit Landhaus. Er hatte keins von beiden, bevor er Ille Gotthelft kennenlernte. Als die *Berliner Illustrierte* ihn in der Fotoserie »Dichter in ihrem Heim« porträtieren wollte, zog sie enttäuscht von dem Zimmer wieder ab, das er in der Eisenzahnstraße, Ecke Kurfürstendamm zur Untermiete bewohnte. Sein Frühstück nahm er im »Romanischen Café«, und die Schreibmaschine bearbeitete er in einem Durchgangszimmer im Rowohlt Verlag in der Eislebener Straße 7. Viel Zeit verbrachte er auch in Rowohlts Domizil in Grünheide. Hier wurde er Ostern 1933 verhaftet, weil Fallada vor Salomons Besuch in Berkenbrück erzählt hatte »Heute zu Mittag kommt ein Attentäter«, was von der Haustochter weitergetragen wurde, bis sich schließlich ein Denunziant fand, der es der Gestapo meldete. Auch Fallada saß einige Wochen in Fürstenwalde ein, bevor beide wieder entlassen wurden.

Eines Winterabends bemerkten auf der Fahrt von Grünheide die Insassen in Rowohlts Wagen, daß der Himmel über Berlin rot loderte. »Der Reichstag brannte. Die Leute im Wagen bewegten sich nicht. Der Reichstag brannte, still für sich allein, eine Wunde schien ausgebrochen zu sein, gelb und rot, das Leben der Stadt lähmend.« Salomon überbringt die Nachricht einer sich geheim treffenden Gruppe Kommunisten und empfindet angesichts ihrer Fassung und Entschlossenheit Scham, daß er nicht zu ihnen gehört. Der anschließenden Säuberungsaktion fallen einige Freunde zum Opfer, und auch Rowohlt wird bald nach Brasilien emigrieren, weil er sich weigerte, seine jüdische Sekretärin Ploschitzki zu entlassen; Hessel, der nach Paris auswanderte, wird in einem französischen Internierungslager umkommen und sein Nachfolger Frido Lampe von einem betrunkenen Russen erschlagen werden, der ihn wegen seines verhungerten Aussehens für einen SS-Mann hielt.

Und wie erging es Salomon? Wie hielt es der Preuße, noch dazu von so rebellischem Geist, unter der Herrschaft der Nazis aus?

In seiner Einschätzung der im Reich verbliebenen Schriftsteller, die Carl Zuckmayer dem OSS lieferte, schilderte er von Salomon als einen schwer, aber letztlich »positiv« einzuschätzenden »Sonderfall«, dessen Abwendung von den nationalistischen Verschwörern und Distanz zum Regime glaubhaft wäre. Zudem hielt er ihn für den einzigen Mann, der zu einem erfolgreichen Anschlag auf Hitler fähig wäre.

Und gab es Pläne dazu? Hat er wenigstens irgend etwas in dieser Richtung versucht?

Als Canaris ihn nach seiner Bereitschaft zu einem zukünftigen Attentat fragte, lehnte er ab. Ihm war klar, daß das eine Militärdiktatur nach sich ziehen würde, und darin sah er keine Lösung. Grundsätzlich fand er seine Ideale, die ihn in der Jugend zur politischen Aktion getrieben hatte, an der Realität zerschellt, mußte sich eingestehen, daß das Zeitalter der Nationen in den Schützengräben von Flandern und Lothringen gestorben war und ein neues heraufzog, von dem er nichts zu erwarten hatte. Salomon wurde vom politischen Akteur zum Chronisten. Über die »Nacht der langen Messer«, in dem die SA-Führung und mit ihr der nationalbolschewistische Flügel der Partei über die Klinge sprang, legte er eine Akte mit allen verfügbaren Presseberichten an. In der »Reichskristallnacht« riß er ohnmächtig ein Plakat über Rassenschande ab und verschanzte sich mit Ille Gotthelft in der neuen Hinterhofwohnung in der Clausewitzstraße 5, die mit Ausnahme des Hauswirts nur von jüdischen Mietern bewohnt wurde. »Nun, da unter diesen Umständen jedes Tun ein Verbrechen ist, so ist das Einzige, was bleibt, nichts zu tun«, bilanzierte er. Was aber unumgänglich für den Schutz seiner Geliebten war, das hat er getan und sie als seine Ehefrau ausgegeben. Ille weinte, als der Mob durch die Straßen zog. Salomon versuchte sie zu trösten, indem er ihr vor Augen hielt, daß es noch nie eine Generation gegeben habe, die so viel und so Vielfältiges erlebt habe wie sie. Ille antwortete: »Ich möchte es lieber lesen.«

Die Frau an seiner Seite war es auch, die verhinderte, daß Salomon in die von ihm so genannte »Teetassenrevolution« um Schulze-Boysen hineingezogen wurde. Die beiden kannten sich seit 1931, als Harro Schulze-Boysen die Zeitschrift *Der Gegner* herausbrachte, an der auch Jünger, Bronnen und Salomon mitarbeiteten. Sie trafen sich auf der Straße wieder; dem Sohn eines Admirals fehlte ein halbes Ohr, das Gesicht war rot zernarbt von einem Überfall der SA, weil er in seiner Redaktion Jungkommunisten beschäftigt hatte. Inzwischen lebt er zusammen mit seiner Frau in einem Dachbodenatelier ganz in der Nähe. Sie feiern Feste, machen gemeinsame Bootsausflüge. Salomon und Ille werden zum Salon in Harnacks großer Wohnung am Halleschen Tor eingeladen. Ille flehte danach: »Versprich mir; Wir gehen da nie wieder hin! Ich will nicht ganz beiläufig meinen Kopf verlieren!« Sie hatte die jungen Männer lässig am Kamin stehen sehen und dabei, Teetassen balancierend, die Liste der demnächst zu Erschießenden durchgehen hören. 1942 traf es sie dann selbst. Etwa 80 Söhne aus guten Familien, Ministerialräte, SS-Offizier und Adjutanten aus dem Generalstab, wurden verhaftet, als Mitglieder der »Roten Kapelle« verurteilt und hingerichtet. Sie hatten einen Spionagering aufgebaut und ihre Informationen mit Geheimsendern nach Zürich und Moskau weitergegeben. Und keiner von ihnen hatte den Namen preisgegeben, wer »der etwas verfettete Mann mit Glatze und die junge, dunkelhaarige Frau« auf dem Foto war, das sie zusammen mit Schulze-Boysen bei einer Bootsfahrt zeigte.

Wie sah es mit der Verschwörung vom 20. Juli 1944 aus? Hatte Salomon Kontakt zu Stauffenberg und seinem Kreis?

Nur zu seinem alten Gefährten Hartmut Plaas, der an seinem Arbeitsplatz verhaftet und nach Ravensbrück eingeliefert wurde. Vor seinem Tode wurde er so grausam zugerichtet, daß man dem Bruder die Herausgabe der Leiche verweigerte. Salomon stand während der Naziherrschaft permanent vor der Frage, »entweder dumm zu handeln oder feige«, und beantwortete sie, indem er jedes Handeln verweigerte. Aus der späteren Einsicht heraus, daß er »recht eigentlich ein politischer Mensch war, genauer: ein kollektivistischer Mensch« betrachtete er seinen Rückzug in das Privatleben als gescheitert und sich insofern als eine tragische Person, weil er »das echte Kollektiv nicht fand.« Er hatte es in der Nation vergeblich gesucht, so daß die einzige Form des Widerstands, auf die er den amerikanischen Vernehmer verweisen konnte, die Mitgliedschaft in der »Obergruppe Imming« war.

Von ihr habe ich noch nie gehört. Was war das für eine Gruppe?

Imming hieß die Putzfrau aus Treptow, von der schon die Rede war. Ihre Haltung empfand er als beispielhaft und versuchte sich an ihr auszurichten: größtmögliche Distanz zur herrschenden Clique, Überleben mit Anstand und dabei Solidarität untereinander üben, was im Falle Imming bedeutete, daß sie Kartoffeln aus dem besser versorgten Arbeiterosten zu Ernst und Ille in den bürgerlichen Westen schleppte. Als sie im Seifenladen gesagt hatte, sie könne sich mit dem Holzhammer vor den Kopf hauen, daß sie dem Dritten Reich drei Söhne geschenkt habe, wurde sie von der Gestapo zum Verhör geholt und als harmlose Irre wieder entlassen.

Ihre Reaktion auf die Denunzianten lautete: »In dem Laden koofen wir unsere Seefe nich mehr.« Salomon meinte, daß 80 Prozent der Deutschen dieser Obergruppe Imming angehörten. Das mag sehr optimistisch klingen, aber wenn wir in Klemperers Tagebüchern lesen, wie er von einfachen Dresdnern geschützt wurde, so erscheint diese Aussage nicht unglaubhafter als die von einer amorphen Masse antisemitischer Mitläufer. Frau Imming kam übrigens in einem Luftschutzkeller irgendwo zwischen Treptow und Charlottenburg um. So jedenfalls mußte es Salomon annehmen, weil er nie wieder von ihr hörte.

Wie überlebte er diese Zeit?

Er hatte sich mit Ille Gotthelft in ein Gehöft am Chiemsee zurückgezogen, wo sie sicher waren und er bei der Bavaria noch Geld verdienen konnte. Die Filmgesellschaft war es auch, die ihn als unabkömmlichen Drehbuchautor vor dem Militärdienst bewahrte. Der Krieg schien um den Krieger einen Bogen zu machen – nie, wenn er nach München fuhr, gab es Luftangriffe, während er bei Illes Ausflügen dorthin jedes Mal um ihr Leben bangen mußte, so daß sie den Huberhof nicht mehr verließ.

Im letzten Kriegsjahr wurde Salomon zum Volkssturm eingezogen und dessen Hauptmann als Adjutant zugeteilt. Man grub Schutzstände gegen die Attacken der Tiefflieger, hortete Vorräte, lud Waggons auf dem Güterbahnhof aus, war mit Straßenarbeiten beschäftigt. Im *Fragebogen* liefert Salomon Einblicke in das Leben der Heimatfront, wie wir sie, mit Ausnahme von Nossacks Schilderung des Hamburger Feuersturms, sonst vor allem von Frauen kennen, etwa von der als »Anonyma« unbekannt gebliebenen Tagebuchschreiberin aus Berlin.

Die Männer waren auch an der Front.

Richtig. Aber im Vergleich zum Ersten Weltkrieg fällt auf, daß der zweite nur wenige bedeutende Chronisten gefunden hat. Wir haben die frühen Kurzromane Arno Schmidts, die Kriegsbücher von Hermann Lenz, Peter Bamm, Felix Hartlaub …

… und die von Günter Grass.

Da fängt bereits die Artistik an und, wie bei Böll, die vom Bedürfnis nach Selbstentschuldung getragene moralisierende »Aufarbeitung«, in die sich die deutsche Nachkriegsliteratur geflüchtet hat, um dem Grauen nicht zu tief ins Auge blicken zu müssen. Salomon war zu beidem unfähig. Er bleibt immer im Bann der Geschehnisse und gebraucht seine ganze schriftstellerische Kraft zu ihrer Schilderung, die, so zügig sie voranschreitet, nicht die Ruhe für den Blick auf das bezeichnende Detail verliert. Beispielsweise die Tatsache, daß jeder gefallene Sohn des Dorfes mit Flintenschüssen auf den Bergen geehrt wird und daß diese Schüsse immer häufiger werden, auch aber für einen französischen Kriegsgefangenen abgefeuert werden, der von einem Baum erschlagen wird. Oder die Erzählung eines verletzten Soldaten, der im Huberhof einquartiert wird und zur Identifizierung seiner toten Frau nach München muß; er erkennt sie, die wie alle Bombenopfer einem verkohlten Baumstumpf gleicht, an einem Armband, das er einem Judenmädchen in Polen abgenommen hatte; Salomon gibt ihm die Reclam Hefte des *Nathan*, der *Judenbuche* und der *Marquise von O.* Ein pensionierter Offizier wird standrechtlich erschossen, weil er ein Schutzzonenschild aus seinem Rosengarten heraus vor dessen Zaun versetzt hat.

Der Schrecken der letzten Kriegswochen sind die SS-Einheiten, die von der Bevölkerung nicht weniger gefürchtet werden als die heranrückenden Amis. Deren Vormarsch auf die »Alpenfestung«, von der jeder weiß, daß sie keine ist, soll mit allen Mitteln verhindert werden, Brücken fliegen in die Luft, die Sprengung des großen Viadukts ganz in der Nähe wird vorbereitet. Das alles im roten Widerschein des brennenden Münchens auf den Felshängen und unter den Explosionen der Bomben, die von den Piloten als letzte abgeworfen wurden, bevor sie über die Alpen setzten. Kurz vor der Sprengung des Viadukts kommt die Nachricht von Hitlers Tod, und das Chaos wandelt sich in wilde Flucht. Salomon kann sie aus seinem Fenster mit Blick auf die Autobahn beobachten. Unter die Flüchtlingstrecks, die versprengten Wehrmachtseinheiten, die sich absetzenden Stäbe mischen sich die SS-Offiziere, die ihre Uniformen gegen Zivil vertauscht und die Autokennzeichen übermalt haben.

Und dann erkennt er eines Morgens in dem üblichen Militärchaos auf der Brücke neue, braunere Uniformen – die Amerikaner sind da! Ille kommt hinzu, faßt Salomon bei den Händen und tanzt mit ihm den Tanz der Bolle-Kinder, den das Paar aus der Filmwerbung für ihre eigenen Freudenfeste übernommen hat. Abends erblicken sie in den erstmals wieder erleuchteten Fenstern des Dorfes das lang ersehnte Zeichen, daß der Krieg zu Ende ist.

Am nächsten Morgen meldeten sich der Bürgermeister und der Volkssturmführer, nun in Zivil, im Gemeindehaus zum Dienst. Sie wurden vorerst in ihren Ämtern bestätigt, und als Adjutant nahm Salomon seine Tätigkeit vom Vortag wieder auf: Er schrieb Quartierzettel aus, sorgte für die Unterbringung von 60 landverschickten Schulkindern aus Ludwigsburg, er traute eine blondmähnige Auslandsdeutsche einem HJ-Führer an, der meinte, mit den Amis in einer Nacht fertig zu werden, da diese im Vergleich zu seinen Werwolfleuten nur Zwerge wären. Indessen erklomm die allgemeine Anarchie neue Gipfel. Auf den Pferden des Nachbarbauern ritten seine Polen umher und wurden von ihm bestraft, indem sie nur Suppe und keine Knödel bekamen. Vier junge Franzosen drangen auf der Suche nach Waffen in den Huberhof ein und ließen, als sie keine fanden, einen Michelangelo-Band mitgehen. Die Amis, es waren Texaner, fahndeten vor allem nach Eiern und Uhren. Als sich Salomon beim Kommandanten über den Uhrenklau beschweren wollte, sah er in dessen Brusttasche fünf Armbanduhren und ließ es sein. Der Doktor des Ortes berichtete über sechs Vergewaltigungen in einer Nacht. Die Amtsführung des Kommandanten war vollkommen willkürlich, an einem Tag ließ er für sämtliche Dorfbewohner Suppe ausgeben, am nächsten sie vor deren Augen wegschütten. Salomon und Ille wurden vor allem von zwei Ludwigsburger Jungs ernährt, die auf ihrem Hof lebten und, herrenlos und hungrig, auf Nahrungssuche durch die Gegend streunten. Etwas Anderes brachte ein Bekannter ins Haus, der für die Amerikaner dolmetschte. Er faltete ein großes Plakat auseinander, auf denen Fotos von Leichenbergen aus dem bayrischen KZ Mauthausen klischiert waren.

Wie reagierten die beiden darauf?

Salomon schmallippig. Er meinte, die Amis hätten darüber mehr gewußt als die meisten Deutschen und schon 1934 etwas dagegen unternehmen müssen. Er gibt Ille das Wort in ihrem nächtlichen Zwiegespräch, um die Gegenposition zu formulieren. Sie sprach von der Angst, in der sie in den vergangenen zwölf Jahren gelebt hatte, von dem verdrängten Wissen und Ahnen um die schrecklichen Verbrechen, das sich unter ihrem eigenen Wohlleben verbarg, um die Würde, die sie dabei verloren, und den Schatten, der sich über ihr Leben gelegt habe. Und davon, daß dieser Schatten mit der Ankunft der Amerikaner verschwunden sei und sie ihre Würde zurückkehren spüre und die Hoffnung, daß sie einmal, wie ihnen ein Schweizer erzählt hatte, mit der Gewißheit einschlafen könne, daß es, wenn es morgens um Sechs an der Tür klopfte, der Milchmann sei.

Als es am nächsten Morgen an die Haustür klopfte, waren es zwei Offiziere der 42. Division in Kitzbühel, die Salomon und Ille Gotthelft erklärten, daß sie verhaftet seien.

Auch Ille Gotthelft? Bei Salomon als ehemaligen Terroristen könnte man das verstehen, aber Ille war doch Jüdin.

Ja, und es ist das erste Mal, daß es in diesem Buch, auf Seite 652, erwähnt wird. Ille, die im Gegensatz zu Salomon gut Englisch spricht, sagt nach einer heftigen Debatte, in der sie die Vorwürfe gegen ihren Mann zu entkräften versucht, zu dem einen Offizier »Sir – I am jewish!« In der Antwort erfährt sie, daß auch sie verhaftet ist.

Mit welcher Begründung?

Die werden weder Sie noch Salomon erfahren, Ille muß sich nur die mit Verachtung gestellte Frage gefallen lassen, wie sie als Jüdin mit einem Kriegsverbrecher zusammenleben konnte.

Aber Salomon war doch gar nicht im Krieg.

Diese Feinheiten spielten keine Rolle, auch nicht bei seiner Beurteilung als »a big Nazi«, daß er kein Parteimitglied war und niemals eine Funktion in einer ihrer Unterorganisationen ausgeübt hatte. Sie wurden beide nach Kitzbühel gebracht und eine Woche später in das Internierungslager Natternberg bei Kufstein. Dorthin fuhren sie getrennt; aus seinem Gefangenentransporter heraus konnte Salomon beobachten, wie Ille im Jeep weinte, als sie durch München fuhren, wo sie einst studiert und mit Käutner Kabarett gespielt hatte. Für Salomon gehörte es fast schon zur Gewohnheit, interniert zu werden, aber daß er tatenlos zusehen mußte, wie das gleiche mit der von ihm geliebten Frau geschah, verstörte ihn zutiefst. »Seit Adam war es das Gesetz und die Würde des Mannes, die Frau zu schützen«, und er, der sie zwölf Jahre vor den Nazis geschützt hatte, war jetzt dazu nicht mehr in der Lage. Beim ersten Verhör hatte ihm der Offizier das Geschenk Illes, eine Raffaelsche Putte als Glücksbringer, von der Brust gerissen und mit dem Gewehrkolben platt gestoßen. Seine Zähne hatte er zuvor schon ausgespuckt, und, mit der Zunge die Löcher im Kiefer abtastend, durchfuhr ihn »ein wildes Triumphgefühl«, »weil ich es nicht war, der Unrecht tat.« Bevor Ille an die Reihe kam, flüsterte er ihr zu: »Schläge tun überhaupt nicht weh.« Als sie aus dem Verhörzimmer zurückkam, hatte sie ein hochgerötetes Gesicht und ein schief zugeknöpftes Kleid, aber keiner der Amerikaner kreischte und johlte mehr. »Stell dir vor, einer hat mit sogar mein Parfümfläschchen wiedergegeben!« sagte sie laut und scheinbar unbekümmert. Dann wurden sie getrennt.

Die Schläge gehörten zum Aufnahmeritual in das Lager. Zur Belustigung der Soldaten mußten die Neuankömmlinge die Schuhe ausziehen und in einer Art Spießrutenlauf Ohrfeigen und Prügel einstecken. Danach hatten sie vor körperlichen Züchtigungen Ruhe. Die US-Boys waren um die zwanzig, die Internierten im Durchschnitt fünfzig Jahre alt und fielen bei den mitunter sechs Stunden währenden Zählappellen reihenweise um. Es gehörten viele Kreis- und Ortsgruppenleiter dazu, einige Lehrer, Ukrainer, darunter ein Archimandrit ihrer orthodoxen Kirche, unbedeutende Mitläufer und Nazis der ersten Stunde wie jene zwei »Gebirge von Männern« aus Tirol, die sich ihre Hitlerbärtchen mit dem Taschenmesser abschaben mußten, ein Reichstierärzteführer und zahllose andere Angehörige der gehobenen Beamtenschaft, Ministerial- und Landgerichtsräte, Oberbürgermeister, Oberstaatsanwälte und Präsidenten aller Art. Die Spitze der Hierarchie hatten sich aber ehemalige KZ-Kapos erobert, Berufsverbrecher, die die sinistren Bedingungen des Lagerlebens kannten und beherrschten. Die SD- und Gestapobeamten entpuppten sich als Muster der Subalternität, bereit zu jeder Anbiederung an die neue Macht. Wenn es so etwas wie ein moralisches Rückgrat im Lager gab, dann bildeten es die Angehörigen der Waffen-SS, jung, untereinander in Kameradschaft und in der Verachtung der Amerikaner verbunden, die sich nicht einmal zum Haß herabließ. Sie wiederum, da zumeist »Saupreißen«, wurden von den zahlreichen Bayern gehaßt, die, falls sie nicht Karten spielten, sich am Lagerzaun drängten, um nach Angehörigen auszuspähen oder sich von Kardinal Faulhaber segnen zu lassen, der vergeblich darum gebeten hatte, das Lager betreten zu dürfen.

Salomon gehörte zu keiner der Fraktionen und mußte, als undurchsichtiger Fall, damit rechnen, zuletzt zu den Verhören gerufen zu werden, auf die alle warteten. Sie fanden höchst unregelmäßig statt und wurden spätestens ab der dritten Frage von Prügel begleitet. Indessen suchte Ernst so oft wie möglich die Gegenwart Illes, die in einer der benachbarten Frauenbaracken untergebracht war. Sie verweigerte sich der aus kurzen Hosen und einem Brusttuch bestehenden Sommermode im Lager und trug noch immer ihr blaues Kleid, die Schuhe waren geplatzt, und sie war entsetzlich abgemagert. Kam ihr Zug vorbei, wechselten sie im Gehen einige Worte: »Ich hab deine Strümpfe gestopft.« – »Kannst du mir einen Waschlappen nähen?« – »Machst du mir ein Brett an mein Bett?« Da es keine festen Tagespläne wie in den deutschen Lagern gab, von deren vorbildlicher Ordnung einer ihrer früheren Kommandanten immer wieder schwärmte, konnte man sich frei bewegen. Als die ersten Fragebögen ausgegeben wurden …

Diejenigen, die die Grundlage seines Buches wurden?

Nein, ihre kürzeren Vorläufer. Als man sie verteilte, hielt Salomon in den Baracken zweistündige Vorträge, wie die Fragen am besten zu beantworten seien. Er lernte dabei die unterschiedlichsten Menschentypen kennen. Einen Oberstleutnant Sauerbruch, Sohn des berühmten Arztes und wegen des

Attentats vom 20. Juli 1944 zeitweise arretiert gewesen, was er aber den Amis verschwieg. Den letzten Scharfrichter von Prag, ein kurzbeiniger Mann mit breiten Schultern, niedriger Stirn und »einem dicken roten Nacken, in denen sich Kolonien von Mitessern angesiedelt hatten.« Die Mitglieder eines »Herren-Clubs«, die, wie Ille und Salomon, das Tragen kurzer Hosen verweigerten, sich täglich rasierten und, während man sich in den Baracken bei der Brotverteilung drängte, vor diesen promenierte, in ihren Gesprächen jedes unangebrachte »Du« vermeidend.

Natternberg war als Hunger- und Prügellager verschrien. Um mittags an einen Teller Suppe zu kommen, meldete sich Salomon zum Arbeitsdienst, einer der 800 Begünstigten von insgesamt 4000 Internierten. Er kam in die Tischlerei, wo er neben Betten und Tischen für die GI's Kisten zimmerte, in denen sie Porzellan über den Ozean schickten. Die Amerikaner boten Anlaß für nie erlahmende Verwunderung. Ihr schenkelklopfender Humor, über den nur sie selbst lachen konnten, die Musik, die permanent von den Wachtürmen schallte, die Respektlosigkeit, mit denen sie, Hände in den Taschen, ihren Offizieren begegneten. Die Hierarchie in der Army hatte weniger mit Dienstgraden als mit der rassischen Zugehörigkeit zu tun. Ganz oben standen die weißen Boys aus Texas oder Mississippi, unten die Juden und am tiefsten die Dunkelhäutigen, die am ehesten zur Verbrüderung mit den Häftlingen neigten: »You are second class and we are second class.« Alle einte ein Wortschatz von höchstens 60 Vokabeln, der durch ein »fuck« hinter jedem dritten Wort ergänzt wurde. An deutschen Ausdrücken war das jedem Befehl folgende »Mak snell« der beliebteste.

An diesen bewußt demütigenden Zuständen änderte sich erst etwas, als General Patton für die Lager in Deutschland zuständig wurde. Ein neuer Lagerleiter wurde eingesetzt, der das Prügeln verbot, für genügend Essen und Medikamente sorgte, die Zellen öffnen ließ, Sprecherlaubnis auf den Spaziergängen erteilte und auch den Ansätzen von Kulturleben eine freiere Entfaltung gestattete.

Kulturleben im Lager? Was hat man sich darunter vorzustellen?

Es ist ein Phänomen, daß, wenn Menschen längere Zeit zusammengepfercht werden, sie zu künstlerischen und wissenschaftlichen Tätigkeiten streben, die sie in ihrem früheren Leben ausgeübt oder von denen sie nur geträumt haben. Wir kennen das aus den deutschen KZ's, aus dem sowjetischen Gulag, aus dem Bautzen Kempowskis. In Natternberg wurde ein Orchester gegründet, man gab Kurse der verschiedensten Wissensgebiete, Salomon hielt Vorträge über amerikanische Literatur und Filmkunst, und als das Theater seinen Spielbetrieb selbstverständlich mit dem »Faust« eröffnen sollte, waren sich alle einig, daß nur er den Mephisto spielen konnte. Salomon gab ihn mit der ihm eigenen Mischung aus Sarkasmus und freundlicher Bonhommie.

Das Theater überlebte auch den Rückfall in alte Prügelzeiten, als wegen zu milder Behandlung sowohl Patton als auch der neue Lagerleiter entlassen wurden. Man spielte weiter auf den Stuben ohne Eintrittsgeld und nach Texten, die man damals noch auswendig wußte. Wir hätten es heute schwerer.

Und was geschah mit Ille in dieser Zeit? Haben sich die beiden noch getroffen?

Ja, wo immer es möglich war. Ille gab die Hälfte ihrer Brotration an Salomon weiter, und als sie beide an Diphterie erkrankten, standen im Lazarett ihre Betten in Sichtweite zueinander. Es gab keine Diät und kaum Medikamente. Als das alte Regiment wieder herrschte, hatte man die bisherige, zu allzu großem Eifer neigende, Lagerärztin durch einen Mediziner ersetzt, der schon in Mauthausen Dienst getan hatte. »Verstehe einer die Amerikaner! Verstehe einer die Deutschen! Verstehe einer die Welt!« notierte Salomon. Doch sein schwerster Tag kam, als die Frauen aus dem Lager in das Zuchthaus Straubing verlegt wurden. Ille fuhr mit dem letzten Lastwagen; mit ihr eine Pariser Prostituierte, die den Deutschen gefolgt war und wie eine Katze fauchte, wenn sie als »Schweine« bezeichnet wurden, eine junge Mutter aus der Slowakei, die bei der Flucht in eine SS-Kolonne geraten war und vergeblich nach ihrem Kind suchte, und eine KZ-Aufseherin, verantwortlich für den Gastod tausender Juden. Bevor Ille den Wagen bestieg, reichte sie Salomon die Hände zum Tanz der Bolle-Kinder.

Noch ein Jahr hat er allein durchzustehen. Das Lager wechselt in dieser Zeit mehrmals den Standort, mit ihnen die Theaterdekorationen; zuletzt verrotten sie auf dem Reichsparteitagsgelände in Nürnberg. Hier bildet die SS »Kanalbrigaden«, die so lange durch die Kanalisation ins Verpflegungslager kriechen und Nahrungsmittel heranholen, bis einige von ihnen bei Regen ertrinken. Hier werden, als beim Nürnberger Prozeß beantragt wird, den Generalstab als Verbrecherorganisation zu behandeln, alle Männer eingeliefert, die das Wort »Stab« in ihrer Berufsbezeichnung führen, also auch Stabsärzte und Stabsapotheker.

Wußte Salomon eigentlich inzwischen, weshalb man ihn festhielt?

Nein. Als er bei einem der Verhöre danach fragte, antwortete man ihm »Oh, wir werden schon etwas finden.« Der verhörende Offizier war hier ein Sohn des Weinhändlers Sichel, mit dem es sich Salomon verdarb, als er anmerkte, sein Vater wäre immer sehr zufrieden mit den Lieferungen aus Mainz gewesen. Er traf in den Lagern noch mehrere Bekannte: Polizistenkollegen seines Vaters aus Frankfurt, einen seiner früheren Gefängniswärter, den Wirt des Schleusenkruges aus Woltersdorf, bei dem er immer Aal grün mit Gurkensalat gegessen und der es zum SS-Oberscharführer gebracht hatte. Alle wurden vor Salomon entlassen. Und der spielte weiter den Teufel an der Seite verschiedener Fauste vor immer weniger Publikum. »Ich hatte ein Parkett von Kriegsverbrechern und eine Bühne von Hauptschuldigen.«

Im September 1949 durfte auch er seine Sachen packen. Auf seinem Papier stand »Release of erroneous arrestees«, er wurde also als irrtümlich Verhafteter entlassen.

Und Ille Gotthelft?

Sie wartete schon seit Monaten auf ihn. Und sie hatte es schwer mit Salomon, der, bayerisch gesprochen, im Zustand der völligen »Dermatschung« zurück in die Freiheit kehrte. Zu seinem Glück konnte er deren Leere bald mit der Beantwortung der 131 Fragen füllen, die ihm auf einem Formular der Alliierten Militärregierung ins Haus flatterten. Mit wahrer Inbrunst macht er sich an die Arbeit. Jede einzelne der Fragen zitiert er vollständig in englischer und deutscher Sprache und hebt mit einer Ausführlichkeit zu ihrer Beleuchtung, Erörterung und möglichst umfassenden Antworten an, hinter der die Erfahrung seines ganzen Lebens steht. Daß er die Fragesteller so unerbittlich beim Wort nimmt, wurde ihm oft als Zynismus ausgelegt, was die gewöhnliche Reaktion von Liebhabern einer begrenzten, ihre Erwartungen bestätigenden Wahrhaftigkeit ist. Salomon aber wollte die ganze Wahrheit geben, *seine* ganze Wahrheit, und daß diese sich abwechselnd in einer militärisch kühlen, einer erhitzt pathetischen und einer bitteren Sprache ausdrückt, macht sie für einige anstößig, für andere lebendig. Ohne ihn wüßten wir bedeutend weniger über die Verbrechen und Verirrungen, die Leidenschaften, Leiden und irrlichternden Freuden in der ersten Hälfte des vorigen. Jahrhunderts. Die Geschichte wurde auch in diesem Fall von den Siegern geschrieben. Zu ihr gehören aber nicht weniger die Verlierer, die Antriebe, Kämpfe und Niederlagen im national gesinnten Lager, die man nicht ohne Strafe in ein für die Menschheitsentwicklung irrelevantes, nur als Verirrung wahrzunehmendes »rechtes« Abseits stellt. Wie schwankend diese Begriffe sind, zeigt uns nicht zuletzt von Salomon. In der Nachkriegszeit fand er in halb Europa noch hunderttausende Leser, freilich ohne daß er je von der deutschen Germanistik in den Parnaß der ernstzunehmenden Literatur aufgenommen wurde. Heute muß man in den Pappkartons der Antiquariate nach ihm fahnden.

Das amerikanische Jahrhundert, von dem er nach seiner ersten Haftentlassung sprach und das ihn nach seiner dritten mit unwiderstehlicher Gewalt in seine muskulösen Arme nahm, war ihm nicht günstig. Es war ein Jahrhundert der Ökonomie, in dem die Göttin des Mammons die letzten der westlichen Welt verbliebenen Götter, die der Rasse und die der Klasse, vertrieben und ersetzt hatte. Es bedeutete auch das Ende der heroischen Epoche Europas, für Salomon auf seinem ureigenen Terrain spürbar, dem des Krieges, der endgültig seine Aspekte der persönlichen Tapferkeit, Opferbereitschaft und womöglich Ritterlichkeit verlor und zu einer rein technischen, von Maschinen betriebenen Angelegenheit wurde.

In Deutschland ging dieser Paradigmenwechsel in atemberaubender Geschwindigkeit vonstatten. Daß das Land ein gutes Drittel seines Territoriums verlor, dessen 15 Millionen Flüchtlinge nach Westen drängten, daß Mitteldeutschland mit 17 Millionen Einwohnern der Unterjochung durch die sowjetischen Sieger anheimfiel, wurde in dem Restterritorium, das als BRD fortan für ganz Deutschland galt, erstaunlich problemlos verarbeitet. Man kann das ein Wunder nennen, und als daraus ein Wirtschaftswunder wurde, das aus Ruinenstädten die prosperierende Betonwelt der Zukunft schuf, war für alten Idealismen anhängende Außenseiter wie Salomon nur noch ein Platz am äußeren Rand übrig.

Er fand ihn im alten Stammland der Langobarden, im Dorf Stöckte südlich von Hamburg.

Also wurde aus ihm doch noch ein Schriftsteller mit Landhaus.

Und den neuen wirtschaftlich unbegrenzten Möglichkeiten gemäß wohl auch mit Auto, das er selbst aber kaum gesteuert haben dürfte.

Wahrscheinlich hat es Ille Gotthelft getan.

Von ihr erfahren wir nichts mehr. Da mit dem *Fragebogen* sein autobiographisches Schreiben endet, ist die letzte Nachricht von ihr die von einer um so schmerzhafteren

Entfremdung, als sie noch die gemeinsamen Lagerqualen überstand, aber ein gemeinsames Weiterleben in der Freiheit verhinderte. Es muß noch eine letzte Ehefrau gegeben haben, die ihn 1956 zum Vater eines Sohnes machte, der später im Filmgeschäft landete; ansonsten ist von ihr nichts bekannt. Auch Salomon schrieb noch einige Drehbücher, u.a. für die Kriegsfilmserie *08/15*, widmete sich aber vor allem historischen Studien über das alte Preußen, zu dem in diesem Zusammenhang noch einige Worte gesagt werden müssen.

Ist das wirklich notwendig?

Allein schon, um klarzustellen, daß die von einigen Nachkriegshistorikern gezogene Traditionslinie vom Alten Fritz über Bismarck zu Hitler einer gründlichen Revision bedarf. Wie fügt sich in dieses Bild die Tatsache, daß dieses Preußen zum bevorzugten Feind aller so unterschiedlichen Akteure auf der politischen Bühne des 20. Jahrhunderts wurde: der Amerikaner, Franzosen und Engländer ebenso wie der Russen unter Stalin, der Nationalsozialisten wie der Kommunisten, Katholiken und Anarchisten. Es muß etwas an diesem Staat und der hinter ihm stehenden Idee gewesen sein, daß es allen von ihnen zu einem Vorwurf machte, der unbedingt aus dem Weg geräumt werden mußte. Es war dies der von Salomon so oft beschworene Gedanke, daß die Funktionäre des Staates zuvörderst seine »Diener« zu sein und ihre »verdammte Pflicht und Schuldigkeit« zu tun haben und dies nur in der Wahrung einer bestimmten Hierarchie möglich ist; ein Gedanke, der dem emanzipatorischen Trend der liberalen Moderne, in der der Staat zum Diener der Ökonomie wurde, noch fremder war als den egalitären Visionen der

Sozialisten. Die Zerstörung Preußens verlief parallel zum Siegeszug des Kapitalismus; setzte schon mit seinem größten Triumph ein, der deutschen Reichsgründung unter Bismarck, die ihm seine staatliche Autonomie kostete, schritt über die Abdankung der Hohenzollern und die alles diffusierenden Verhältnisse der Weimarer Republik bis zum Sturmlauf der Nationalsozialisten auf die letzte Bastion des Aristokratismus fort, die zugleich die letzte des Rechtsstaates war und in ihrem letzten Widerstandsakt im Juli 1944 zusammenbrach – um dann von den siegreichen Alliierten zu Grabe getragen zu werden.

Seitdem gibt es kein Preußen mehr. Ernst von Salomon fühlte sich berufen, seine Geschichte zu dokumentieren und, eingebettet in die Historie des »eigentümlichsten Staatsgebildes« der Menschheit, des Heiligen Römischen Reiches deutscher Nation, schreibend zu verlebendigen. Doch *Der tote Preuße* wollte nicht so recht leben und schaffte es nur zu einem ersten Band, dem seines frühmittelalterlichen Vorlebens. Glücklicher mit seiner Arbeit wurde der Autor erst wieder, als er sich auf seine größte Fähigkeit besann, das Auflösen der Geschichte in einzelne Geschichten. Mit dem Leben der Wilhelmine Encke, nachmaliger Gräfin von Lichtenau und einziger großen Kurtisane Preußens, war er auf eine Goldader im märkischen Sand gestoßen, deren Ausbeutung sich der Schatzgräber Salomon mit Genuß widmen konnte.

Das interessiert mich. Wer war diese Wilhelmine Encke? Ich habe noch nie von ihr gehört.

Wilhelmine war die Tochter des Hofmusicus Elias Encke und in der von ihrer Mutter betriebenen Schankwirtschaft

»Zum kleinen Trompeter« in der Spandauer Straße aufgewachsen. Hofangehörige gingen dort ein und aus, und bereits als Dreizehnjährige hatte sie den Entschluß gefaßt, einmal deren »Königin« zu werden. Da hatte sie bereits ein Auge auf den Thronfolger Friedrich Wilhelm geworfen und in sein Herz einen kleinen Brand, der niemals ganz verlöschen sollte. Dem Prinzen war es gelungen, in allem das Gegenteil seines Onkels Friedrich II. sein, der damals schon der »Alte Fritz« war und dabei, zusammen mit seinen Hunden und seiner Gicht sich und seine Epoche zu überleben: er war sinnlich und wankelmütig, verschüchtert, auftrumpfend und den derben Freuden seines Kadettenlebens mehr zugetan als dessen Pflichten.

Auch er war also Kadett gewesen?

Ja, wie der große Friedrich vor ihm, aus dessen übermächtigen Schatten er mit Gewalt treten wollte. Wilhelmine half ihm dabei; sie lernte gemeinsam mit ihm Französisch und Mathematik, machte ihn mit den Annehmlichkeiten des Berliner Stadtlebens bekannt und fesselte ihn schließlich an ihr berühmt werdendes überbreites Bett, für das sie, zusammen mit einer Badewanne, immer einen Platz in seiner Nähe fand; zuerst in Potsdam, später in dem von Langhans entworfenen Schlößchen am Lietzensee, noch später auf der Pfaueninsel, die sie zu einer Traumlandschaft umgestalten ließ, klassisch-arkadisch, doch nicht ohne, wie es ihrer Vorliebe entsprach, »ein bißchen Gotik«.

In zwei ihrer frühen Briefe hatten sich die beiden Verliebten versprochen, einander nie zu verlassen – und sie hielten sich ein Leben lang daran. Als der Alte Fritz gestorben war (der der Musikantentochter immer Respekt zollte), wurde Wilhelmine die anerkannte Mätresse von Friedrich Wilhelm II., blieb es auch während dessen beiden Ehen, ließ in ihrem Palais die Kinder der verstorbenen ersten Gemahlin großziehen, schenkte dem König nach einigen Fehlgeburten selbst einen Sohn, der ihren durch Heirat erworbenen Adelstitel erbte, und führte ihm, als sie in das entsprechende Alter kam, jüngere Gespielinnen zu. Sie hatte sich in Paris den letzten höfischen Schliff geben lassen, war durch Italien gereist, wo sie, an der Seite von Lady Hamilton, als eine der beiden großen Konkubinen Europas gefeiert wurde, und etablierte in Berlin die ersten Salons, deren Führung später in die Hände vornehmlich jüdischer Frauen übergehen sollte. Langhans und Schadow wurden ihre Freunde, Schauspieler, Musici, Dichter und Diplomaten lagen ihr zu Füßen, während andererseits die Schar ihrer Feinde am Hof und unter der Berliner Bürgerschaft wuchs. Deren Stunde kam, als der König, wie sein großer Vorgänger, an der Brustwassersucht erkrankte und starb. Wilhelmine, die ihn bis zuletzt gepflegt hatte, wurde nicht gestattet, an der Bahre von ihm Abschied zu nehmen. Vom neuen König, dem dritten Friedrich Wilhelm, wurde eine Untersuchung in Auftrag gegeben, die 49 Anklagepunkte umfaßte, von der Verschwendung bis zum »Jakobinertum« und der Beeinflussung des Königs durch »Gaukelei«, nämlich dem Hören damals allgegenwärtiger Stimmen aus dem Jenseits. Sie wurde schuldig gesprochen und unter Einziehung ihres Vermögens nach Glogau verbannt. Ihre allerletzten Lebensjahre verbrachte sie wieder in einem Palais in Potsdam, das ihr einer ihrer treu gebliebenen Verehrer geschenkt hatte. Es lag am Heiligen See, über den einst der

Kronprinz gerudert kam, um in ihre sagenhaft weißen und wohlgeformten Arme zu sinken. Über ihn breitete die Geschichtsschreibung den Mantel des Schweigens; Wilhelmine Encke aber, die Gräfin Lichtenau, wurde zur Verkörperung der zehn Jahre, in denen Preußen zugrunde gerichtet wurde, um dem korsischen Welteroberer in die Hände zu fallen.

Für Ernst Salomon war sie mehr. Die Frau, die einen Hohenzollernkönig zu einem Liebenden gemacht hatte und damit eine kurze Ära des weiblichen Einflusses auf die preußische Geschichte begründete, die mit dem Tode von Königin Luise schon wieder enden sollte. Daß Ernst Salomon sie zur Heldin eines breit dahin rollenden historischen Bilderbogens machte (dabei dem Motto folgend »Das Wahrscheinliche ist zu dichten, das Unwahrscheinliche zu belegen«) spricht für die Sinnlichkeit und Herzenswärme, die sich unter seinen verschiedenen Uniformen verbarg.

Der Krieger starb am 9. August 1972, ich nehme an, in Frieden und mit sich im Reinen.

Wie kommen Sie darauf?

Nun, er hat weder eine Bombenattrappe vor dem Bundestag abgelegt, noch ist er wegen anderer Delikte verhaftet worden. Stattdessen reiste er zu einem Kongreß gegen die Atombombe nach Tokio und unterstützte die »Deutsche Friedensunion«. Soll ich Ihnen davon erzählen?

Heute bitte nicht

5

Friedrich Torberg

Der Hebräer

Israeliten, Juden, Hebräer

Das Abendland wurde im Morgenland geboren. Wem, wie Friedrich Torberg, die aphoristische Zuspitzung im Blut liegt, könnte ein solcher Satz zusagen, zumal er nicht wenige Tatsachen auf seiner Seite hat. Seit die ersten neolithischen Ackerbauern Europa erreichten, war es immer wieder das Ziel von morgenländischen Einwanderern, von Mauren auf der spanischen Halbinsel, von Sarazenen in Sizilien und Unteritalien, von Türken auf dem Balkan und nicht zuletzt, sondern zuerst von den seit der endgültigen Zerstörung Jerusalems über das gesamte Römische Reich versprengten Israeliten. Mit ihnen kamen für das Abendland konstitutive Erkenntnisse und Bekenntnisse, so das antike Erbe der Griechen und Lateiner in den Übersetzungen der Araber, ihre aus Indien übernommenen Zahlen, das Alte Testament der Bibel, und auch die Frohe Botschaft des Neuen hatte diesen Weg aus Vorderasien genommen und dem Kontinent sein einigendes geistiges und spirituelles Band als Christentum gegeben. Doch der bekennende Zentraleuropäer Torberg, trotz Durchfallens bei der Prüfung zur Matura noch in der letzten Hochflut abendländischer Bildung schwimmend, hätte einzuräumen gewußt, daß zwei entscheidende Elemente der europäischen Identität auf seinem eigenen Boden und sonst nirgends auf der Welt entstanden sind: die selbständige, nur seinen Bewohnern verantwortliche Polis in Hellas und das römische Rechtssystem, das dem im Besitz des Bürgerrechts befindlichen Individuum eine ansonsten unbekannte Sicherheit gewährte.

In Friedrich Torberg, wie in den meisten seiner Stammesgenossen, verschmolzen beide Elemente, das des seßhaften europäischen Stadtbewohners und das häufig erzwungene Nomadentum seiner orientalischen Vorfahren. Der für die Juden katastrophale Verlauf des Jahrhunderts drängte ihn dazu, in seinen Romanen und Erzählungen besonders den letzteren Aspekt, den der Vertreibungen, Verfolgungen und Fluchten zu untersuchen und darzustellen. In seiner ansonsten wenig ersprießlichen Zeit auf dem Prager Gymnasium hatte er von einem in der Heidelberger Liederhandschrift mit spitzem Judenhut dargestellten Minnesänger namens Süßkind von Trimberg erfahren. Seitdem trug er, dessen schlechte Mathematiknoten nicht zuletzt auf das Verfassen von Gedichten und Geschichten für das *Prager Tagblatt* und nächtliche Varieté- Auftritte zurückzuführen waren, den Plan für einen Roman über diesen ersten israelitischen Poeten auf deutschem Boden in sich. Rund 50 Jahre, in denen sich die Überzeugung festigte, daß er selbst der letzte in dieser Reihe sein würde, dauerte es, bis Torberg an die Niederschrift dieses für ihn wichtigsten Romanes ging.

Es ist, so betonte er wiederholt, kein historischer Roman. Von Süßkind von Trimberg war nichts bekannt als sein Name, der auf eine Burg im Fränkischen verwies, die Abbildung in der *Manessischen* oder *Großen Heidelberger Liederhandschrift* und zwölf Liedtexte, die Torberg ins Neuhochdeutsche übertrug. Um diese, im Falle des Judentums Süßkinds von manchen gar angezweifelte, Faktenlage baute der Autor eine Lebensgeschichte, die exemplarisch für die verwickelte Symbiose von Deutschen und Juden nicht nur im Mittelalter sein sollte.

Er läßt ihn als Mordechai ben Jehuda, Sohn eines Arztes im Dörfchen Trimberg am Fuße der Trimburg, geboren werden. Schon dessen Vater wurde, als der alte Burgherr schwer erkrankte, aus Aragonien mit seiner Familie nach Franken geholt und wurde dort ansässig. Sephardische Juden also, die seit den Römerzeiten auf der spanischen Halbinsel siedelten, unter Mauren wie unter Goten Blütezeiten ihrer Kultur erlebten und einmal die Hälfte des europäischen Judentums ausmachten, bevor sie nach der Reconquista außer Landes getrieben oder zwangsgetauft wurden. Wir befinden uns aber am Beginn des dreizehnten Jahrhunderts. Sepharden waren als Gelehrte, Übersetzer, Fernhändler und vor allem als Ärzte in ganz Europa begehrt; sie sprachen ein etwas anders getöntes Hebräisch als die vor allem an Rhein und Main seit frühen Zeiten in abgeschlossenen Siedlungen lebenden Juden Deutschlands. Das erfährt Mordechai, als ihn sein Vater auf dem Pferd zur Synagoge nach Würzburg bringt. Er ist fünf Jahre alt und soll wie alle Knaben dieses Alters, deren Rede er nur schwer versteht, Lesen und Schreiben lernen. In dem Schulhaus steht ein mit einem Linnentuch bedeckter Tisch. »Und als der Lehrer sich vergewissert hatte, daß sie vollzählig dastanden, zog er das Tuch behutsam zur Seite, und siehe, da lagen die Lettern der Schrift, alle zweiundzwanzig, von rechts nach links, von Aleph und Beth bis zu Schin und Taro, und waren aus Backwerk geschnitten und mit Honig bestrichen, und durften die Knaben, ein jeder der Reihe nach, einen Buchstaben zu sich nehmen, damit ihre Zunge die Süßigkeit der Schrift verkoste.«

Die geschriebene Sprache, daß jeder, der als richtiger Jude gelten will, sie verstehen und laut vor der Gemeinde verlesen können muß, zeichnet die Israeliten aus, seit Moses sie, auf Gesetzestafeln gebannt, seinem Volk darbrachte. Nicht die Verfolgung durch die Ägypter, später durch die Assyrer und Römer und anderen Machthaber ist das Spezifikum der jüdischen Geschichte; diese hatten auch andere Völker zu erleiden. Sondern daß sie all diese Massaker und Pogrome überlebt und als einziges Volk der Antike den Weg bis in die Neuzeit zurückgelegt haben. Vor allem der Pflege ihrer Sprache, in der sie ihre Geschichte und den mosaischen Glauben an den einen, sie durch die Wüsten des Raumes und der Zeit führenden Gott aufbewahrten, haben sie dies zu verdanken. Hierin liegt die Wurzel zu dem Bewußtsein der Auserwähltheit, über die Torberg ein Leben lang nachdenken und sie weniger als Segen denn als Fluch empfinden sollte, als Verpflichtung, allen Fährnissen dieses Daseins zu widerstehen und sie in Sprache zu verwandeln.

In seinen Romanen und Novellen stand Torberg immer wieder vor dem Problem, seine so überreiche und jeder Verführung offene Wortgewalt zu bändigen und dem nach seinem durchaus konservativen Literaturverständnis notwendigen einen Ton für die jeweilige Erzählung zu finden. Im *Süßkind von Trimberg* entschied er sich nach einigem Zögern für einen leicht archaisierenden Legendenton, der durch die modernere Form der Dialoge gebrochen wurde. Der Knabe

Mordechai hatte dichterische Sprache vor allem durch die mütterlichen Erzählungen alter Märchen und Legenden erfahren, während der Vater ihn auf dem damals noch übersichtlichen Feld der Naturwissenschaften unterrichtete. Auch der Sohn sollte Arzt werden. Doch Torberg läßt am Tag nach der Feier der Bar-Mizwa, der Aufnahme des 13jährigen in die Männergemeinschaft, eine Rotte zukünftiger Kreuzfahrer auf dem Weg zu ihrem Treffpunkt in Nürnberg in das fränkische Dorf einbrechen und das Haus des Juden anzünden. Wie die meisten Kreuzzüge begann auch dieser erste mit der Verfolgung der israelitischen Christusleugner im eigenen Land. Für Torberg ist dieser und die noch folgenden Pogrome konstitutiv für den Werdegang seines Helden, so wie für ihn auch in Lessings *Nathan* nicht die Erzählung der Ringparabel, sondern die von dem Massaker im letzten Akt entscheidend ist. Wollte er, der Schriftsteller Friedrich Torberg, doch die bisher weitgehend im Dunkel liegende Vorgeschichte des jüdischen Lebens in Deutschland erhellen und dessen Vernichtung, die er als einer von wenigen überlebt hat, als eine Konsequenz dieser Geschichte und nicht als deren Entgleisung darstellen.

Überlebt hat auch der junge Mordechai. Während seine Eltern in den Flammen umkamen, wurde er von einem franziskanischen Fratre aus den Trümmern des Hauses geborgen und zum Begleiter auf seiner Wanderschaft. Quer durch Deutschland liefen sie bis zum Kloster des Mönches im westfälischen Münster. Hier kam er zum ersten Mal mit dem Christentum in nähere Berührung, mit den Nichtjuden und ihrer herben und anmutigen Sprache. Auch auf der Burg und im dörflichen Alltag wurde diese Sprache gesprochen, die in den Judenvierteln der Städte als Jiddisch überlebte und mit den Vertriebenen den Weg in den europäischen Osten antreten sollte. Aber hier, in der Fremde, umschloß sie ihn vollkommen, betörte ihn im Unterricht der Franziskaner, auf den Märkten mit seinen Marktschreiern und Bänkelsängern, in den Liedern, die an den Sommerabenden in den Dörfern gesungen wurden. Die deutsche Sprache, der viele Juden so tief verbunden waren, daß sie unter ihrem Entzug in der Emigration lebenslang litten oder, wie Torberg, in das Land zurückkehrten, in dem sie gesprochen wurde.

Nach einem Jahr verließ Mordechai oder Süßkind, wie ihn die Mönche nannten, das Kloster und ging auf eigene Wanderschaft, sich in weitem Bogen seiner Heimat Franken nähernd. Im Rheinischen trat er bei einem Steinmetz in die Lehre, erfuhr familiäre Nähe und die Zuneigung der Tochter des Meisters, mußte aber seine Siebensachen wieder packen, als die Zunft ihn seines Hebräertums wegen nicht in ihre Reihen aufnahm. »Ich bin ein Hebräer« – dieses Bewußtsein verließ den Sohn des sephardischen Arztes nie, und er bekannte sich dazu, wenn es der Anlaß erforderte. Torberg verwendete bewußt den archaischen Ausdruck »Hebräer«, der zur Zeit der Arbeit am Roman in den zionistischen Kreisen Österreichs zu neuen Ehren kam. Als sein Held sich wieder auf der Landstraße fand, wurde ihm, wie seinem Autor so oft geschah, zum ersten Mal »inne, daß alles in seinem Leben, alles, was er erfahren hatte und mit sich trug, ein Abschiednehmen war.« Ihm wurde inne, daß er in diesem Leben allein unterwegs war, doch daß dies bei aller Trauer auch eine geheime Beglückung in sich barg. Übermächtig wurde dieses Gefühl in der ersten Nacht, die er in einem Wald verbrachte.

»Eine namenlose Zärtlichkeit überkam ihn, nein, erfüllte ihn, nein, beides: sie drang auf ihn ein und drang aus ihm hervor, es wurden zwei Zärtlichkeiten, die sich miteinander paarten und eins wurden, eine namenlose Zärtlichkeit«, die sich zu einem Lied formten, in dem er »selbst dem Gefälle der Worte die Ordnung schuf und selbst zum strömenden Wohlklang sie fügte.« Einem Lied, das er der zurückgelassenen Steinmetztochter sandte: *Die du schöner bist als ich sagen kann – wenn du mich vergißt, so verblut ich dran.* Im jungen Süßkind war der Dichter, der Sänger geboren und gleichzeitig das Bewußtsein, dieser sei ins Leben gerufen worden, »nicht aber um Süßes zu singen, sondern daß die Bitternis ihm aufgegeben war.«

Als er das heimatliche Trimberg erreicht, befremdet ihn, daß er mit Ausnahme des gespenstisch leeren Flecks, den seine Familie hinterlassen hat, alles unverändert ist, auch wenn auf der Burg ein neuer Herr das Regiment führt. Es ist der Sohn des verstorbenen Grafen, an dessen Seite Süßkind aufgewachsen ist. Er stürzt ihn in ein Wechselbad von alter Vertrautheit und schroff hervorgekehrtem Herrengebaren. Zwar nimmt er ihn unter seinen Schutz, doch zugleich verbietet er ihm, die Burg zu verlassen, und besteht auf Anwendung der neu erlassenen Judengesetze, die ihm, an dessen Vaters Gürtel noch ein Dolch steckte, das Tragen des Judenhutes befiehlt. Und vor allem untersagt er Süßkind das Dichten und den Vortrag von Liedern, von denen er schon als Kind fasziniert war, wenn hier auf der Burg fahrende Sänger Station machten, und mit denen er nun die Küchenmägde und Stallknechte zu erfreuen versucht.

Süßkind entzieht sich dieser Zwangsherrschaft durch die Flucht. Die Straßen und Schänken Frankens und des Rheinlands werden sein Zuhause. Als er in einer der Herbergen zur Laute greift und seine Stimme erklingen läßt, weckt er den Kollegen Hartmann vom Busch aus seinem berauschten Schlaf, der sich verwundert Augen und Ohren reibt und den Eleven fortan unter seine Fittiche nimmt. Der betagte Sänger und Säufer zieht mit ihm von Burg zu Burg, führt ihn in die Feinheiten des höfischen Gesangs ein und läßt ihn mitunter an seiner Seite auftreten. Auf der Burg Sponheim kommt es zur Trennung, als Süßkind sich von dem alten Barden beleidigt fühlt, weil er ihn dem Burgherrn als »mein Jüdchen« vorstellt. Doch der Graf namens Berthold nimmt daran keinen Anstoß, sondern ihn im Gegenteil in seine Dienste, da er an seinen Versen Gefallen gefunden hatte, *Stimme hell im Dunklen, Körper kühl und warm, daß er sich doch mein erbarm*. Mit einem Schutzbrief des Grafen und seinem Siegel, einer Gemme aus Malachit, um den Hals gebunden kann er nun allein auf Reisen gehen. Fahrende Sänger waren für ihre adligen Herren fahrende Werbeträger und Ruhmesverkünder, und Berthold von Sponheim speziell gedachte das Judentum seines Schutzbefohlenen zu nutzen, indem er ihn in den Hebräergemeinden um Kredite nachsuchen läßt. Friedrich Torberg führt seinen Sänger nun durch die Städte und in die Burgen an Main, Rhein und Neckar, beflügelt von dem Wind seiner wachsenden Anerkennung. »Zum ersten Mal wehte der betörende Duft jenes verruchten Labsals ihn an, welches Ruhm genannt wird.« Er läßt sich einen teuren, goldverbrämten Judenhut fertigen und trägt ihn stolz, wenn er, mit einem Knappen an seiner Seite, in einen Burghof einreitet.

Torberg gönnt sich das Vergnügen, ihm zu einem Helden zu machen, einem jüdischen Helden, der bei einem Turnier als maskierter schwarzer Ritter auftritt und nach seinem Sieg im Zweikampf tatsächlich den Ritterschlag erhält, wobei er in seinem Gelöbnis die Stelle ausläßt, die ihn zum Schutz der christlichen Kirche verpflichtet. Denn so sehr ihn die deutsche Sprache und die Courtoisie im Umgang an den adligen Höfen betören, zu allererst ist er noch immer Jude. Regelmäßig sucht er ihre Gemeinschaft in den Städten, besonders an den hohen Feiertagen, und wird stets in Ehren aufgenommen. Man erfreut sich an seinem Ruhm, und wie er die Geldbeschaffungsaufträge seines Schutzherren Berthold zu erfüllen versucht, so leitet er die Bitten der Judengemeinden um dieses oder jenes Privileg, um die Befreiung von besonders bedrückenden Erlässen an seine edlen Herren weiter. Allerdings spürt er immer eine gewisse höfliche Distanz, wird er beispielsweise nie von einem der Rebben oder Gemeindeschreiber, bei denen er nächtigt, gebeten, eines seiner Lieder vorzutragen. Für sie ist das Lesen und Schreiben ein heiliger Akt, der allein der hebräischen Sprache vorbehalten ist, und Süßkinds Hingabe an das Deutsche wird als Sünde angesehen, die man nur seines Ruhmes und Einflusses wegen zu tolerieren bereit ist. Er kann es verschmerzen. Für ihn ist wichtiger, daß er nur in diesem Kreis das Gefühl des Heimischseins erleben kann, zum Sabbat oder Schabbes, wenn das Familienoberhaupt den Lobgesang Gottes anstimmt und das Tuch von dem ungesäuerten Brot nimmt.

Oder gar zum Pessachmahl, wo es »Lamp herunter, Sorg hinauf« heißt oder auf andere, ernstere Weise, an den zehn Bußetagen, die mit dem Neujahrstag beginnen und die

Süßkind oft bei den Juden von Speyer verbringt, um mit ihnen zum Rhein zu gehen und seine Taschen nach außen zu kehren und ihren Schmutz im Fluß zu entleeren und danach im Bethaus, ihrer »Schul«, mit Bußgebeten auch seine Seele zu reinigen. In einer dieser Nächte gellen die Predigten und Gebete besonders laut, da die Opfer einer neuen Pogromwelle zu beklagen sind, die die Judenviertel von Boppard, Sinzig und Altenahr überschwemmt hat. Sie tönen so laut, daß die Klagenden nicht hören, wie sich eine Rotte Betrunkener auch ihrem Bethaus nähert. Mit Knüppeln und Messern bricht sie ein und hinterläßt sechs Dutzend Tote in ihrem Blute.

Süßkind überlebt und flüchtet ein zweites Mal aus rauchenden Ruinen. Wohin kann er sich wenden, um die Schreckensbilder, die Schreie, Stoßgebete und Klagerufe in seinen Ohren loszuwerden? Er reitet nach Rothenburg, um beim Rabbi Meir, der »Leuchte des Exils« und »Krone unseres Hauptes« einen Empfang zu erbitten. Er erzählt ihm von seinen Leben und Leiden, die dem Rabbi nicht unbekannt sind und in die quälende Frage münden, ob er, der Süßkind von Trimberg, nicht Verrat an seinen verfolgten Stammesbrüdern begeht, wenn er auf den Burgen weiterhin die deutschen Edlen mit seinen Liedern ergötzt. »Ich meine, daß du auch mit deutschen Liedern Gott dienen kannst«, antwortet der Rabbi. »Du bist der einzige von uns, dem Gott ein solches Geschenk gemacht hat. Zeig dich seiner würdig.«

Von nun an trägt Süßkind von Trimberg den Judenhut nicht allein als sein besonderes Markenzeichen bei seinen Liedvorträgen, sondern auch im Alltag. Er trägt ihn auf den Land- und Heerstraßen, auf den Marktplätzen, in den

Ratsstuben, Schänken und Herbergen, und er behält ihn auf, als der Bischof von Würzburg ihn vergeblich zu bekehren versucht. *Ich will nach alter Judenart / Fortan des Lebens Straße fahren.* Der Hut verliert dabei seine goldgelbe Farbe, seine stolze Form. Torberg schickt den Sänger auf den steinigen Weg zunehmender Ablehnung, der Demütigungen, Zurückweisungen und Niederlagen und schließlich der puren Not. Seinen Versuch, mit der temperamentvollen Witwe Mirjam aus Landshut eine Familie zu gründen, vereitelt sein alter und neuer Herr von der Trimburg, indem er ihm die Genehmigung verweigert. Sie wird wegen des unerlaubten Verhältnisses zu Süßkind aus ihrer Gemeinde verstoßen und verschwindet. Im gleichen Landshut muß er erleben, wie er von einem Gaukler während des Purim-Festes, des jüdischen Karnevals, höhnisch parodiert wird. Seine eigenen Gesänge werden immer bitterer. *Herr Nimmerfind, Herr Wehgetan, / Die rükken mir zu Leibe, / Dazu Herr Not von Darbian, / Der gönnt mir keine Bleibe.* Er kann sich nur noch in den Dorfschänken hören lassen. Von Pferd und Knappe ist längst keine Rede mehr. Er wird vor den Burgtoren genauso abgewiesen wie vor den Bethäusern seiner Stammesgenossen. Am Schluß des Romans nimmt der Autor, der den Sänger Süßkind von Trimberg zum Leben erweckt hat, ihm dieses wieder in einem fränkischen Straßengraben. Nach einem Überfall erscheint ihm in der Todesstunde ein Bote, der sich vom Rabbi Meir zum franziskanischen Fratre und schließlich zu seinem Vater wandelt und dessen von ihm in der Kindheit gehörten Worte spricht: »Sechór, sechór, lachárma – Sechór weló tikráw.« – »Umkreise, umkreise den Weinberg, doch komm ihn nicht zu nahe.« Süßkind war dem Weinberg zu nahegekommen.

Die Geschichte, die Torberg um den ersten jüdischen Dichter deutscher Zunge gebaut hat, ist zugleich eine Parabel vom Leiden seines Volkes als auch von der ruhelosen Wanderschaft eines Künstlers, der dem Zwiespalt zwischen seiner Abstammung und der Hingabe an die Kultur seiner Umgebung nicht entrinnen kann. Bis zum Anbruch der Emanzipation war die Welt der mitteleuropäischen Juden eine außerordentlich festgefügte, wesentlich isolierte. Aus Frankreich und England schon früh vertrieben vermochten sie, in den weiten, von keiner Zentralmacht regulierten Gebieten des Heiligen Römischen Reiches Inseln zu besiedeln, auf denen sie ihre alte Kultur, Religion und Schriftsprache pflegen, ihr eigenes Recht sprechen, nach einem eigenen, auf die Erschaffung der Welt vor 6000 Jahren zurückgehenden Kalender leben und ihren Toten eine Handvoll Erde aus Eretz Israel mitgeben konnten, in der unausrottbaren Hoffnung, daß sie »nächstes Jahr in Jerusalem« gemeinsam mit ihnen das Heilige Land wieder betreten würden. Dieses nächste Jahr kam nie. Das Exil blieb ihr Schicksal, doch wo immer sie es durchlitten, die Gewißheit, das es einmal enden, daß der Messias kommen und sie erlösen würde, gab ihren Leben eine so unverwechselbare Zuversicht und Zähigkeit. Es konnte sich auf sehr verschiedene Weise ausprägen, dieses Leben, und die Rede von den »Judentümern« behauptet, daß es von keiner Art nicht ihr Gegenteil gäbe. In Amsterdam etwa hatten die sephardischen Juden, diamantenschleifend zu Reichtum gekommen, einen Staat im Staate errichtet, der es an inquisitorischem Eifer mit ihrem alten Heimatland Spanien aufnehmen konnte, wie der Bannfluch über Spinoza beweist, der da anhebt: »Verflucht sei er zu allen Stunden des Tages und er sei verflucht zu allen Stunden der Nacht.« Im Ghetto von Prag überlebten jahrhundertelang strengste Alltagsregeln aus der Zeit der Wüstenwanderungen und ebenso alte Mystizismen, daß noch ein Zeitgenosse Torbergs es als einen »Hexenkessel des Okkultismus und der Schmockerei« bezeichnen konnte. Die Ghettos wurden als abgesperrte Siedlungsgebiete zuerst in den spätmittelalterlichen Rom und Venedig eingeführt; auch die Kennzeichnung durch gelbe Davidssterne kommt daher. Von den in Deutschland üblichen spitzen Hüten haben wir schon gehört; die Ghettos lagen am Rand der alten Stadtkerne, zumeist nur wenige Straßen umfassend, die Synagoge, Bethäuser, das halb unterirdische Bad. Da Landbesitz zu erwerben den Juden verboten war, waren ihre Viertel bald hoffnungslos übervölkert. So wenig wie Ackerbau durften sie ein zünftiges Handwerk ausüben, so daß ihnen als Lebenserwerb nur der Handel, in ländlichen Gebieten häufig mit Vieh, und das den Christen verbotene Verleihen von Geld auf Zinsen übrigblieb. Jeder neue Kreuzzug, jede Pestepidemie, jedes Ostern brachte die Gefahr neuer Peinigungen. Sie waren nicht allein den Juden vorbehalten, über das Mittelalter hinaus gehörte die gewaltsame Verfolgung von Minderheiten zur europäischen Realität, sei es als Hexenverbrennungen oder als Jagd auf die jeweiligen Häretiker, all die Bogumilen, Katharer, Hugenotten und anderen Protestanten, die wiederum ihrerseits nicht die Vertreibung Andersgläubiger aus ihren Siedlungsgebieten scheuten. Aber die Israeliten bildeten in diesen so wechselvollen Zeiten eine Konstante als Feindbild und Ventil, das bei sozialem Überdruck jederzeit zu öffnen war. Als Ende des 15. Jahrhunderts die polnischen Piastenkönige ihr Land für Zuwanderer in der Hoffnung öffneten, damit die Entwicklung ihrer Städte zu fördern, zogen viele mitteleuropäische Juden nach Osten. Dort, in der abgeschlossenen Welt der »Schtetl«, formte sich das künftige Zentrum des europäischen Judentums.

Über Jahrhunderte hin konservierten die Ostjuden oder Aschkenasim hier ein Leben, das von den 613 Alltagsvorschriften ihrer Vorfahren, ihren Speisegeboten, Beischlafriten und eherner Sabbatruhe geprägt waren, deren Einhaltung von den allmächtigen, im Geruch der Heiligkeit stehenden Rabbinern überwacht wurden. Alle Männer trugen Kaftan, ungeschnittene Bärte und Schläfenlocken, den Frauen wurde vor ihrer möglichst früh geschlossenen Ehe das Haupthaar geschoren, der Schädel unter einer »Scheitel« genannten Perücke und Kopftuch versteckt. Da sie fruchtbar waren und sich gemäß dem biblischen Auftrag rege vermehrten, bestand ihre tägliche Sorge darin, die ständig wachsende Kinderschar halbwegs zu sättigen. Die Männer konnten dazu nur wenig beitragen. Zum einen waren ihnen höheres Handwerk und Ackerbau nach wie vor verwehrt, zum anderen galten sie als desto ehrwürdiger, je intensiver sie sich im Bethaus dem Studium und der Auslegung des Talmuds hingaben, möglichst auch in den Nächten. Jeder Rebbe konnte dabei mitsamt seiner Gefolgschaft, den Chassidim, eine eigene Schule gründen und Gott auf seine spezielle Weise loben. Sie wurden zu »Luftmenschen« unterschiedlicher Couleur, denen es als Hausierer, Flickschuster, Schnorrer oder berühmter Bibelexeget gelang, hauptsächlich von eben dieser, der Luft, zu leben, während es den Frauen oblag, durch Kleingartenarbeit, Ladenbetrieb und verschiedene Handarbeiten für sättigendere Nahrung zu sorgen.

In den Territorien des Deutschen Reiches vollzog sich ein langsamer Wandel. Durch Fernhandel und Geldverleih bildete sich unter den Israeliten eine kapitalstarke Oberschicht heraus, die für den Hochadel zunehmend interessant wurde. Seit jeher hatten die Kaiser die Juden unter ihren Schutz genommen und auch für andere Landesfürsten wurden »Hofjuden« als Finanziers und Ratgeber unentbehrlich. Die Aufklärung lockerte die Fesseln der Ghettos von beiden Seiten, im 18. Jahrhundert öffneten sich die Universitäten für die Juden, und unter Joseph I. wurden sie im Habsburgerreich häufig als Domänenpächter, Mühlenbesitzer und Verwalter auf den Gütern der Adelsgeschlechter eingesetzt, deren Namen sie dann annahmen wie schon Süßkind von Trimberg. Vom Frankreich der Revolution und des »Code Civil« ausgehend, setzte sich schließlich in großen Teilen Europas das durch, was als »Emanzipation« der Juden bekannt ist, ihnen rechtliche Gleichstellung, einschließlich des Wahlrechts und der Wehrpflicht, brachte und nach Torberg nur drei oder vier Generationen lang währte.

Aber welche Explosion an Wissen und Können, welchen Umsturz der Lebensverhältnisse durchlebten diese Generationen! Und je weiter das 19. Jahrhundert fortschritt, desto mehr waren Juden daran als Bewirkende, als Inspiratoren und Initiatoren dieser epochalen Revolution beteiligt. An der Schwelle der Moderne standen in der Gesellschaftslehre der rheinische Rabbinersohn Karl Marx, in der Wissenschaft von der Materie Albert Einstein, in der von der menschlichen Psyche Sigmund Freud. Befreit von äußeren Schranken und den inneren der Erstarrung in Kultus, Ritus, Religion, entfalteten die Israeliten ihr ganzes in der Diaspora trainiertes intellektuelles Potential und wurden vom archaischsten Volk dieses Planeten gleichzeitig zu seinem modernsten. Archaisch war es noch immer in Gestalt der Aschkenasim, die vor den Pogromen im inzwischen russisch gewordenen Teil des Kontinents flohen und die Elendsquartiere seiner Metropolen bevölkerten. Modern war es in ihren Villenvierteln, in denen die im Bank- und Zeitungswesen, in Industrie, Wissenschaft und Kultur wohlhabend gewordenen Stammesgenossen lebten und sich auf ihrem Weg in die vollständige Assimilation ungern von den Elendsgestalten im Berliner Scheunenviertel oder in der Wiener Josephstadt stören ließen. Ihr Weg war der in das Deutschtum, mal mehr preußisch, mal mehr österreichisch gefärbt, in den meisten Fällen nicht ohne patriotischen Stolz.

In dieser Zeit, deren Glorie noch von keinem Gewölk umdüstert schien, im Jahre 1908 wurde Friedrich Torberg in Wien geboren.

Der Wiener Bub

Er wurde geboren und wuchs als Friedrich Kantor in der Porzellangasse 7a auf, im gleichen Häuserblock, in dem Sigmund Freud lebte. Bis zum Jahr 1938 lebten in Wien rund eine Viertelmillion Juden. »Sie zerfielen, nicht anders als die Umwelt, in eine Ober-, eine Mittel- und eine Unterschicht, in ein Bürgertum, das oft schon seit Generationen in den westlichen Kronländern der Monarchie angesiedelt war, und in die zahlenmäßig weit stärkere Gruppe der während des Ersten Weltkriegs aus dem Osten Zugewanderten.« In all diesen Schichten, unter Fabrikanten, Bankiers und Ärzten wie unter den

Proletariern, gab es Strenggläubige und Atheisten, bekennende Zionisten und Sozialdemokraten und überzeugte Assimilanten, deren Sympathien mitunter den Deutschnationalen galten.

Die Kantors gehörten dem gehobenen Mittelstand an. Die aus Ungarn stammende Familie der Mutter, Therese Berg, zählte zu ihren Vorfahren Schriftgelehrte, ihre sechs Brüder allerdings waren raue Gesellen, die allesamt im Ersten Weltkrieg als Offiziere dienten und ihrem Kaiser bis zum Schluß die Treue hielten. Da die Porzellangasse unweit des Franz-Josefs-Bahnhofs lag, glich die Wohnung während des Krieges oft einem Heerlager für abreisende Söhne der Familie, von denen der eine den anderen bei Meinungsverschiedenheiten gern »Hab acht!« stehen ließ. Friedrich Torbergs Mutter und seine ältere Schwester Sidonie wurden im November 1941 in das Ghetto Litzmannstadt deportiert und sind dort umgekommen.

Dem bereits 1936 verstorbenen Vater blieb dieses Schicksal erspart. Alfred Kantor war Sproß einer deutschjüdischen Familie aus Böhmen und als leitender Angestellter der Wiener Filiale einer Prager Spirituosenfabrik in die Kaiserstadt gesandt worden. Als »Kantor« wurde im Böhmischen der Dorfschullehrer bezeichnet; daneben gab es, ein speziell österreichisches Phänomen, in dieser Sippe auch Landwirte, Domänenpächter und Gutsbesitzer. Eines der Güter lag bei Melnik, wo Friedrich oft Sommerwochen verbrachte, in denen er das Landleben lieben und einige Brocken der heimischen Sprache vom Gesinde und den Brüdern ihrer Onkel lernte, die schon vor Krieg und Unabhängigkeit zu tschechischen Patrioten geworden waren. Ihre Schmähungen des

Kaisers und seiner Metropole konnte er allerdings nicht verstehen. Der junge Torberg war schon ebenso leidenschaftlich Wiener wie der alte, der über Kaiser Franz Joseph I. schrieb: »Für mich ist es *wirklich* ein alter Herr, der aus einem Burgfenster der Wachablösung zuschaut«, und unvergeßlich ist ihm die »Equipage in Ischl, vor der auch mein sehr geliebter, hochgewachsener und gar nicht serviler Vater servil den Hut zieht.« Wenn nicht nach Melnik, so zog die Familie zur Sommerfrische nach »Ischl«, dem späteren Bad Ischl, um die gleiche gesunde Luft wie ihr Kaiser und das ihm nachreisende Gefolge aus Adel und höherem Bürgertum zu atmen. Es waren dies Umzüge der gesamten »Wirtschaft«, also einschließlich Bediensteten, Wäschetruhen, Körben voll Geschirr, Töpfen und in Holzwolle verpacktem Speiseservice, und wenn sich die Mannschaften auf dem Bahnsteig von Ischl sammelten, erklangen als Erkennungszeichen von den Familienoberhäuptern, ob arischen oder jüdischen, gepfiffene Melodien aus Wagneropern. Es wurden zumeist die gleichen Villen wie im Vorjahr bezogen, an den Berghängen oder, von den besonders Privilegierten, mit Blick auf die Promenade, wo man die Equipage des Kaisers oder ihn gar eigenfüßig flanieren sehen konnte, ihn, den die Tschechen nur den »alten Procházka«, den »Spaziergänger« nannten.

So die Erinnerungen von Friedrich Torberg, die er sich nie hat nehmen lassen und auf deren Infragestellung er antwortete: »*Natürlich* eine Scheinwelt. Aber wann, wenn wir vom güldenen Palast des Raja von Kandapur absehen, wann wäre Schein und Schimmer jemals so weit in die Realität vorgestoßen?« Der Sechsjährige konnte die Brüche in dieser Welt nicht sehen und nicht, wie unaufhaltsam sie ihrem Untergang entgegentaumelte. Aber selbst der um zwanzig Jahre ältere Max Brod, dem Torberg als junger Journalist in Prag begegnen wird, fügte dem bekannten Aphorismus von Talleyrand hinzu: »Wer nicht vor 1914 gelebt hat, weiß nicht, was die Süßigkeit des Daseins ist.« Man kann dies als die Verklärung von Kindheit und Jugend abtun, vor der keine Generation gefeit ist, doch die Jahreszahlen 1789 und 1914 sprechen noch eine andere Sprache. Sie stehen als Marksteine für einen Umbruch in der europäischen Geschichte, der eine alte Epoche abschloß und eine neue eröffnete. Was auch immer die vergangene 200 Jahre den Menschen an technischem und sozialem Fortschritt, an Emanzipation, an Zuwachs von Wohlstand, Gesundheit und Lebenszeit gebracht hat, es wurde nicht nur mit dem in Kriegen vergossenem Blut bezahlt, sondern vor allem mit einer ungeheuren Egalisierung und Nivellierung aller Lebensbereiche. Ganze Ethnien wurden ausgelöscht, die Schichtung der Gesellschaft in unterschiedliche Klassen und Stände, die mit ihren Reibungen für agonalen Wettbewerb und das Selbstgefühl ihrer Mitglieder gesorgt hatten, die Familienzusammenhänge brachen auseinander, Gewerke und Berufsgruppen verschwanden, der Stolz einer gekonnten manuellen oder auch geistigen Arbeit wurde angesichts der Omnipotenz von Maschinen, Automaten und Computern anachronistisch, das Land verlor seine Ländlichkeit und die Stadt ihre Urbanität, die Länder und Regionen immer mehr ihre unverwechselbaren Charaktere. Und das alles im Namen einer Befreiung des Individuums, das sich im Laufe dieses Prozesses zu einem Mischwesen aus Produzenten und Konsumenten reduziert sah, mit immer stärkerer Betonung des letzteren. Wie kann überhaupt ein Gedanke an die »Süßigkeit des Daseins« aufkommen, wenn die Menschen vergessen, daß sie gesellige Wesen sind, wenn sie verlernen, Feste zu feiern, religiöse, höfische oder bürgerliche, wenn sie Schönheit, Spiel und Überschwang vergessen und an ihre Stelle die »Effizienz« setzen, von der sie nur im bewußtlosen Rausch brachialer Massenevents entspannen können.

Friedrich Torberg war zu jung, um den ganzen Umfang der Katastrophe zu empfinden, die der erste Weltkrieg für Europa bedeutete. Für ihn wurde 1938 entscheidend, das Jahr, in dem die Existenz Österreichs als eigener Staat endete. »Ich war 10 Jahre alt, als Wien aufhörte, eine Kaiserstadt zu sein. Ich war noch keine 25, als die braune Sintflut über Deutschland kam.« Bis dahin konnte der Schüler und Student die Illusion hegen, daß in den Nachfolgestaaten der Habsburger Monarchie etwas von ihrer Kultur, von ihrem liberalen Geist und der gelassenen Lebenshaltung überleben würde. Prag, in das ihn der Umzug der Familie 1921 führte, war für solche Erwartungen der richtige Ort.

Der Schüler Kantor hat absolviert

Der Vater war zum Prokuristen seiner Firma befördert worden und kehrte gern in seine Heimatstadt zurück. Die Beziehung zu Wien war noch eng, aber Prag hieß nunmehr Praha und war die Metropole der neuen tschechoslowakischen Republik, deren Staatsbürgerschaft sein Sohn Friedrich 1924 erhielt und die ihm bis zu ihrem Erlöschen im Jahr 1945 gute Dienste leisten sollte. Ungeachtet dessen war Prag noch immer die Stadt dreier Kulturen, in der neben der nunmehr dominierenden der tschechischen Majorität die deutsche und jüdische ihr kräftiges Eigenleben führten. Der gegenseitigen Übergriffe und Schmähungen gab es genug, doch auch die Inseln unangefochtener separater Existenz. Am bildhaftesten drückte sich das im sonntäglichen Korso oder »Bummel« aus, den die drei Bevölkerungsgruppen unabhängig voneinander abhielten. Die Tschechen bevorzugten den Wenzelsplatz, die häufig ärmeren und aus dem Sudetenland stammenden Deutschen der Kleinseite die Karlsbrücke, und das jüdische Bürgertum flanierte den »Graben« auf und ab, der allerdings auch so schwer zu definierende Gestalten sah wie die des eisern die Bordsteinkante haltenden Gustav Meyrink, in dessen hoch erhobenen Haupt mit dem verschlossenen Antlitz sich alle Elemente des alten Prag sammelten, sofern sie abgründig und mystisch genug waren.

Denn die Übergänge waren fließend, und gemeinsam allen Pragern war, daß sie ihre Stadt für den Nabel der Welt hielten, unverrückbar, unanfechtbar. Das galt auch für die alteingesessenen oder die neueren und häufig neureicheren Juden, die sich erfolgreich an die deutsche Oberschicht assimiliert hatten. Ob getauft oder nicht betrachteten sie sich (und wurden von den Tschechen so betrachtet) mit Stolz als Teil der deutschen Kultur, deren universell humanen Aspekten insbesondere in der literarischen Klassik sie sich eng verbunden fühlten. Als die Staatsbürgerrechte das Recht einer neuen Namensgebung brachten, hatten sich nicht wenige von ihnen für die Namen Schiller und Lessing entschieden (und fast niemand für Goethe, der als frivol galt). Die deutsche Sprache wurde, anders als die romanischen, in ihrer Archaik und Offenheit für fremde Einflüsse als verwandt mit der hebräischen empfunden. Es gab Untersuchungen zu der Ähnlichkeit der Volkscharaktere von Juden und Deutschen, die von ihrem Schicksal als unvollendete, das heißt nicht oder lange Zeit nicht in einem einheitlichen Staatsgebilde organisierte Nationen über beider politische Talentlosigkeit bis zur Neigung zum Selbsthaß reichten. Die Annäherung schien beidseitig. Mehr und mehr standen die Ämter, Institutionen und Parteien Juden offen, überall wurden große Synagogen im romanischen oder maurischen Stil gebaut, vor allem in den neuen Reformgemeinden, in dem die »deutschen Staatsbürger jüdischen Glaubens« (Moses Mendelssohn hatte noch von einer israelitischen Nation gesprochen) ihre gereinigten Gottesdienste feierten. Doch der vollständigen Assimilation erwuchsen mächtige Feinde. Dem sozialen Aufstieg der Juden schlug Ende des Jahrhunderts eine neue Welle des Antisemitismus entgegen, die sich in Nachkriegsdeutschland zum pauschalen Verdacht des Vaterlandsverrats und revolutionärer Zersetzung auftürmte; und innerhalb des Judentums agitierte, von Theodor Herzl in Wien ausgehend, der Zionismus gegen die Kapitulation vor der Mehrheitsgesellschaft und forderte die Auswanderung nach Palästina.

Friedrich Torberg wurde, als er noch Kantor hieß, von diesen Kämpfen nur wenig berührt; Selbsthaß und Zweifel an der eigenen Identität blieben ihm auch später fremd. Die Zerrissenheit seiner Figuren spiegelte nicht seinen eigenen Charakter, sondern den seiner Zeit und deren von ihr aus dem Geleise geworfenen Genossen. Er selbst war mit der gleichen Selbstverständlichkeit Deutscher und Jude und empfand darin keinen Widerspruch. »Ich hatte das unschätzbare Glück, mich niemals, keine einzige Sekunde lang, meines Judentums schämen zu müssen. Ich war von Kindesbeinen an stolz darauf, Jude zu sein.« Nicht weniger eindeutig fühlte er sich der deutschen Kultur und Geschichte verbunden. Seine ersten Dichtungen waren patriotische Kriegsgesänge, die er seinen ins Feld ziehenden Onkels und der restlichen Verwandtschaft vortrug. Von den religiösen Gebräuchen im elterlichen Hause erfahren wir nur so viel, als daß er sich zu seiner Bar Mizwa den Eintritt in den jüdischen Sportverein »Hakoah« wünschte und daß er in der New Yorker Emigration unter der Abwesenheit seiner Familie litt, mit der er den Sederabend hätte feiern können. Ohne ein »Frommer im Lande« zu sein, spricht aus seinen Gedichten, Erzählungen, Briefen und Essays doch immer eine tiefe Gebundenheit an die Traditionen und das Schicksal seines Volkes und an den Auftrag, den dessen Gott ihm, Friedrich Torberg, mit auf den Weg gegeben hat. Es war der Auftrag, »Zeugnis abzulegen«, wie es der jüdische Atheist Klemperer ausgedrückt hat.

Das bedeutete anfangs keineswegs, seiner ethnischen Herkunft besondere Aufmerksamkeit zu widmen. Es waren andere Probleme, die den Zwanzigjährigen zum Verfassen seines ersten Romans trieben, Probleme, wie sie jeder Schüler durchlebt, wenn er, durch die Mühlen eines Gymnasiums getrieben, auf den Wasserfall der Abiturprüfung zusteuert, in Österreich Maturat genannt. Für Torberg waren diese Probleme aus zwei Gründen besonders gravierend. Zum einen hatte er in Wien schon von den Früchten einer liberalen Schulreform gekostet, wurde aber nun, am Realgymnasium in Prag-Smichow, zurück in das Paukersystem der alten Monarchie geworfen. Die deutschsprachigen Schulen hatten in der neuen Republik ebenso überlebt wie die deutschen Theater, Varietés und Zeitungen, und hierin bestand das zweite Problem.

Dem Autor Torberg zufolge war der Schüler Kantor ein »widerwärtig frühreifer Knabe«, der, anstatt Latein und Mathematik zu pauken, sich lieber in Kaffeehäusern, Theatern und auf Kabarettbühnen herumtrieb, auf denen er Gedichte und Lieder vortrug, die er gleichzeitig an die Prager Presse lieferte. In den geisteswissenschaftlichen Fächern hochbegabt, aber mit keinerlei Sinn für die naturwissenschaftlichen, fiel er in letzteren bei der Prüfung zur Matura durch und mußte ein Jahr wiederholen. Im gleichen Jahr, 1927, arbeitete er für das *Prager Tagblatt* bereits als Sportreporter und Theaterkritiker und begann, angeregt durch Zeitungsmeldungen von sich häufenden Schülerselbstmorden, am Roman *Der Schüler Gerber hat absolviert* zu schreiben. Feuilletonchef am *Prager Tagblatt* war ein gewisser Max Brod, der nicht nur das Werk seines Freundes Franz Kafka gerettet hat, auch unermüdlich für die Anerkennung Robert Walsers stritt, den Siegeszug des Hašekschen *Schwejk* in Deutschland organisierte und von dem Leoš Janàček vor der Prager Premiere seiner »Jenufa« sagte: »Bisher war nix mit mir. Aber jetzt, wo das ein Jud in die Hand nimmt, jetzt werdet's ihr sehen.« Brod nahm auch das Romanmanuskript seines jugendlichen Mitarbeiters in die Hand und schickte es mit einem Empfehlungsschreiben an den Verleger Pal Zsolnay. Noch im Erscheinungsjahr 1930 erlebte das Buch fünf Auflagen und wurde in sieben Sprachen übersetzt.

Es war nicht das erste Buch zu diesem Thema, Hesse, Musil und etliche andere hatten schon über die

Deformationen geschrieben, die ein verkrustetes Schulsystem bei seinen Zöglingen anzurichten in der Lage ist. Neu war, daß der *Schüler Gerber* nicht aus der Distanz geschrieben war, sondern noch von den Demütigungen und der Empörung vibrierte, denen sein Autor ausgesetzt war. Und Torberg, der von sich behauptete, »wenn schon kein geborener Literat, so doch eine literarische Frühgeburt« gewesen zu sein, hatte bereits das Instrumentarium zur Hand, das ihn befähigte, einen packenden Zeitroman zu bauen: das Gespür für dramatische Zuspitzungen, eine vom Expressionismus aufgeladene, doch nicht zu forcierte Sprache und eine für sein Alter erstaunliche, ihm das brisante Spiel zwischen Nähe und Distanz ermöglichende Lebenskenntnis.

In seinem Erstling entwirft Torberg eine Grundkonstellation, die uns in seinem erzählerischen Werk noch öfter begegnen wird. Im Mittelpunkt steht eine männliche Hauptfigur, der der Erzähler in einer Krisensituation bis an ihr häufig tragisches Ende folgt. Dahinter schwebt nicht selten eine geliebte, doch schwer erreichbare Vatergestalt, vor der der Sohn sich verantworten zu müssen glaubt. Und es gibt zumeist einen tyrannischen Gegenspieler, mit dem sich ein Kampf auf Leben und Tod entspinnt.

In diesem Fall ist es der neue Klassenlehrer Dr. Kupfer, von seinen Schülern schlicht »Gott« genannt, weil sein Allmachtstreben grenzenlos ist. Der seine Wirtschafterin ebenso wie die Gymnasiasten tyrannisierende Junggeselle besitzt keinen anderen Ehrgeiz, als der niemals zu hintergehende Schrecken der Schüler zu sein. Dazu bohrt er ein Loch in seine Illustrierte, um sie beim Abschreiben zu ertappen, dazu treibt er sie, die er in ihrem letzten Jahr zur Matura zu führen hat, in seinen Mathematikstunden durch unlösbare Fragen zur Verzweiflung, dazu weiß er vor seinem Eintritt ins Klassenzimmer eine Atmosphäre zu verbreiten, die Gerber an die Stimmung vor einem Pogrom in einer Synagoge erinnert: »Da sitzen sie nun ängstlich, o wie ängstlich, und warten, bis der Kosakenhetman eintreten wird.« Das ist übrigens die einzige jüdische Reminiszenz in einem Buch, das vor allem der Aufschrei einer ohnmächtigen Jugend vor der Herrschaft der Erwachsenen ist. Der Schüler Kurt Gerber entstammt einer durchschnittlichen Familie, der der herzkranke Vater nur einen bescheidenen Lebensstil bieten kann. Für das einzige Kind seiner Eltern ist es bereits eine Demütigung, daß er der Älteste in der Klasse ist, weil er, wie sein Schöpfer Friedrich Kantor, das letzte Schuljahr wiederholen muß. Einmal hat er sich in der entsprechenden Prüfung bereits als »unreif« erwiesen, und die nächste wird endgültig darüber entscheiden, ob er als ein Kandidat für Amt und Würden oder als gescheitert, lebensuntüchtig, die Schande seiner Eltern die Schule verlassen wird. In ihm kämpfen zu viele Widersprüche, als daß er sich planmäßig nur dem Lernen hingeben könnte; er ist von Selbstzweifeln und zugleich vom Bewußtsein hoher Begabung erfüllt, von Widerspruchsgeist und der Sehnsucht nach Harmonie, vom Hang zur Einsamkeit und der Verliebtheit in eine Lisa Berwald, die beschlossen hat, »sich einem jungen Mann, der Kurt Gerber hieß, nicht hinzugeben.« »Gott« Kupfer spürt dieses innere Kampfgetümmel und feuert es an. Der Schüler Gerber nimmt Nachhilfeunterricht und bricht ihn ab, er fälscht Unterschriften und muß in den Karzer, er organisiert einen scheiternden Schüleraufstand, verursacht einen Herzinfarkt des Vaters, der ihn, und die

Mutter an seiner Seite, ins Sanatorium bringt, so daß der Sohn allein in die entscheidende Schlacht um sein Maturat zieht. »Ein grausiges Leben. Ein Zuendekrepieren vivisezierter Versuchskaninchen. Und siehe: der Versuch glückt immer wieder! Sie zertrampeln eure Seelen, sie beugen euern Rücken, sie knebeln euern Willen, sie ducken euch und sie betrügen euch und reißen euch das Herz aus dem Leib, damit ihr nichts merkt – und ihr lebt. Lebt und lächelt. Und wundert euch, wenn einer schreit.«

Als Gerber nach der mündlichen Mathematikprüfung auf das Ergebnis wartet, erträgt er nicht länger die Spannung und springt aus dem Fenster des im dritten Stock gelegenen Vorzimmers. Er hatte bestanden. Er ist tot.

Auch der Schüler Kantor hatte seine Prüfungen bestanden, war aber sehr lebendig. Um sich den Schulbehörden nicht als Verfasser erkennen zu geben, hatte er aus der letzten Silbe seines Vatersnamens und dem mütterlichen »Berg« das Pseudonym »Torberg« gebildet und behielt es nach dem überwältigenden Erfolg seines Romanes bei. Mit einem Schlag hatte er sich in die Spitzengruppe der deutschböhmischen Autorenschaft katapultiert und durfte, gewissermaßen als Hospitant, an den Sitzungen des erlauchten »Prager Kreises« teilnehmen, im »Café Arco« die gleiche Luft atmend wie die bewunderten Max Brod, Egon Erwin Kisch, Franz Werfel. Er war der Benjamin des Kreises, beliebt wegen seiner Ursprünglichkeit, seines Witzes, der Freundlichkeit seines Charmes. Und dieses Gefühl, der Jüngste zu sein, der, wie es ihm angesichts der Zeitläufte bald dämmerte, letzte Erbe einer großen Tradition, hat ihn sein Leben lang nicht verlassen. Die Literatur deutscher Juden, der er sich zugehörig fühlte, hatte eine zwar große, doch recht kurze Tradition. Moses Mendelssohn war ihr Vorläufer, mit Heine und Börne hatte sie, lyrisch und polemisch zugleich, ihre Stimme erhoben, mit dem *Pojaz* von Karl Emil Franzos einen der prachtvollsten, allerdings nie recht zur Kenntnis genommenen deutschen Romane geschaffen, mit Martin Bubers Legenden die bittere, von Wundern durchwebte Weisheit der Chassisidim vermittelt; und wuchs mit dem neuen Jahrhundert zu ungeheurer Fülle und Kraft. Wer die Namen deutscher Schriftsteller und Philosophen dieses Halbjahrhunderts alphabetisch ordnete, würde von Arendt, Broch, Canetti, Döblin bis zu Simmel, Wittgenstein und den Zweigs eine Phalanx jüdischer Autoren erhalten. In ihrer Mitte der einsame Prophet des Untergangs Franz Kafka, den Torberg in den Prager Straßen und Gassen nicht mehr getroffen hat, wohl aber regelmäßig Max Brod und mitunter die aufregende Milena Jesenská, die ihre Ankündigung, sie würde nach Einmarsch der Deutschen einen Judenstern tragen, wahrmachen und dafür in Ravensbrück sterben wird.

Der Aufstieg der deutschjüdischen Literatur war eng mit dem Aufstieg der Presse zur vierten Gewalt im Staate verknüpft. Vom reinen Verlautbarungsorgan der Obrigkeit war sie im Siegeszug des Liberalismus zu deren Korrektiv geworden, zur Trägerin der allgemeinen und speziell auch der jüdischen Emanzipation. Sie kam dem Hang der Israeliten zur intensiven sprachlichen Kommunikation entgegen, sie führte die auf den Märkten und in den Lehrhäusern der Schtetl blühende Tradition des fortwährenden Nachrichten- und Gedankenaustausches fort. Die Sprache ja ist es, in die angesichts des Bilderverbots und der Geringschätzung der

Musik von jeher die Schöpferkräfte des hebräischen Volkes flossen. Bei den Arabern, die diese Tabus in den Islam übernommen hatten, drückten sie sich vor allem in Poesie und Erzählung aus, bei den Juden kam ein außerordentlich hohes Maß an Reflexionswillen hinzu. Die Redaktionsstuben und die Kaffeehäuser der Metropolen wurden die neuen Diskussionsforen, in denen nicht mehr allein Talmud und jüdisches Leben, sondern das gesamte Weltgeschehen interpretiert wurde. Dialektische Schärfe und hintergründiger Witz, Phantasie und sprachliche Brillanz waren dabei höchste Gebote. Mit dem Schlagwort der »Asphaltliteratur« wurde sich gegen diesen Ansturm von Intelligenz gewehrt. Es drückt vor allem die Angst vor der Urbanität aus, die mit den Juden in die deutschsprachige Literatur einzog und keineswegs ihre Banalisierung bedeutete. Die Reportagen Kischs waren vor Witz und Wissen funkelnde Prosapreziosen, Alfred Kerrs und Polgars Theaterkritiken geistige Ereignisse ersten Ranges, und Joseph Roth führte wöchentlich vor, wie man zugleich ein bekennender Zeitungsmann und ein großartiger Romancier sein kann.

Heute, wo sich die Presse wieder zum amtlichen Verlautbarungsorgan zurückentwickelt, kann man sich schwer die brisante Mischung von Lebenskenntnis, Originalität, Vitalität und Widerspruchsgeist vorstellen, die sich in den Redaktionsräumen selbst einer Provinzzeitung versammeln konnte. Der junge Torberg wurde von dieser Welt magisch angezogen. Seine Studien der Philosophie und später der Rechtswissenschaft an der Universität Prag brach er nach drei Semestern, brach er vor der ersten Prüfung ab, um sich ungehindert dem Journalismus hingeben zu können. Hier konnte er das Leben führen, das er liebte, ständig im Schnittpunkt der Ereignisse, ständig von einem Kreis faszinierender Menschen umgeben, in den Nächten (denn die Nacht ist für den Hebräer zum »Lernen« da) seine am Tag gemachten Erfahrungen in Reportagen, Rezensionen, Glossen, Essays bannend. 1929 wird er für ein Jahr Volontär am *Leipziger Tagblatt*, einer seiner wenigen Ausflüge über die Weißwurstgrenze hinaus; nach Wien schickt man ihn als Vertreter Polgars zu den weniger spektakulären Theaterpremieren; in Prag schreibt er außer für das *Tagblatt* für eine Wochenschrift der Zionisten namens *Selbstwehr* und für den *Prager Mittag*, der 1935 gegründeten Zeitung deutscher Emigranten aus dem Hitlerreich. In Prag lebt er bei der Familie, in Wien bei Wirtinnen. Fortwährend pendelt er zwischen beiden Städten hin und her, in ihren Kaffeehäusern und Theatern, Bier- und Weinwirtschaften, Varietés, Sportarenen und Zeitungsredaktionen gleichermaßen zu Haus. Der Eleve schließt Freundschaften mit den arrivierten Kollegen Kisch, Polgar und Joseph Roth, er lernt Malraux und Bertrand Russell kennen und läßt sich von Robert Neumann zu Parodien seiner literarischen Zeitgenossen inspirieren. Denn der gute, der geborene oder frühgeborene Schriftsteller verfügt über die Nachahmungslust des Papageis, will alles, auch fremde Worte, in seine eigene Sprache verwandeln. Torberg schreibt an seinem nächsten Roman, seinem übernächsten. Keine literarische Form ist ihm so fern, daß sie ihn nicht verführen könnte, daß er sich etwa auf den Lyriker in sich, den Romancier oder Essayisten begrenzen könnte. Er wächst zu einem »homme des lettres« im umfassenden europäischen Sinn des Wortes heran, dem jede Form des sprachlichen Ausdrucks Genuß bereitet, mit dem im Falle Torbergs nur einer konkurrieren kann, der an der gekonnten Leibesübung – der am Sport.

Der Sportler

Als der schon ältere Friedrich Torberg nach dem schönsten Tag in seinem Leben gefragt wurde, konnte er sich nicht entscheiden, »ob es der Tag gewesen sei, an dem mir innerhalb einer Viertelstunde Karl Kraus von Alfred Polgars Meinung über mich erzählte und Alfred Polgar ein gleiches von Karl Kraus – oder der Tag, an dem ich im Entscheidungsspiel um die tschechoslowakische Wasserballmeisterschaft, das Hagibor Prag gegen PTE Preßburg 2:0 gewann, beide Tore geschossen habe.« Das war im Jahr 1928, und daß es wohl doch der glorioseste Tag seines Lebens war, deutet die Episode nach dem Spiel gegen eine ungarische Auswahl an. Torberg, Kapitän seiner Mannschaft, hatte dem gegnerischen Trainer eine hymnische Besprechung seines *Schüler Gerber* in der *Pesti Hirlap* gegeben und folgende Reaktion erhalten: »›Gib ehrlich zu‹, sagte er, ›Wär dir nicht lieber, ungarische Zeitung möchte so gut schreiben über dich auf Sportseite in Wasserball?‹ Ich gab es ehrlich zu.«

In Wien war man sich nicht einig, ob Torberg ein Kaffeehausjude sei, der sich als Sportler verkleidet, oder umgekehrt. Wie er das zeitlich unter einem Hut bekam, wann er überhaupt schlief, bleibt sein Rätsel. Sein großes Idol Karl Kraus gewährte ihm die Gunst, ihn im »Café Parsifal« immer eine Stunde vor den anderen Anhängern zu einem Gespräch unter vier Augen zu empfangen; als Torberg sich für ein Ausbleiben mit der Begründung entschuldigte, er war schwimmen, fragte Kraus verwundert »Gehen Sie morgen wieder schwimmen?« Ja, Torberg trainierte fast allabendlich bis gegen Acht.

Anders als der monolithische Karl Kraus gehörte er zu den zahlreichen jungen Juden, die sich begeistert dem Sport hingaben. Angeregt von der Wandervogelbewegung wurden in den zionistischen Jugendgruppen neben sozialistischen und nationalen Ideen auch die von der, dem Klischee vom Juden so sehr widersprechenden, Körperertüchtigung propagiert. Nicht wenig von seinem Selbstbewußtsein, seinem »Stolz, ein Jude zu sein«, hat sich Torberg hier geholt. Als er sich zur Bar Mizwa die Mitgliedschaft im Sportclub »Hakoah« wünschte, hatte er allerdings nicht an Wasserball gedacht. Auch nicht an Tennis oder Rudern, das die Sprößlinge besserer Kreise pflegten, sondern an den von den Proletarierkindern, auch jüdischer Herkunft, heißgeliebten Fußball. Bei den Heimspielen ihres Vereins durften sie sich »entlang der Outline niederlassen, mit untergeschlagenen Beinen, erregend nahe dem Rasen.« Doch eine Aufnahme in eine der Jugendmannschaften war wegen des übergroßen Andrangs unmöglich, so daß der junge Kantor, der das Schwimmen im Donaukanal gelernt hatte, bei den Wasserballern landete. Das war damals nicht die Randsportart von heute, es war sogar die erste Mannschaftsdisziplin, die zu den Olympischen Spielen, und zwar denen von 1906, zugelassen wurde. Und es war ein ausgesprochen rauer Männersport, bei dem nach Anpfiff als erstes der »Budapester Gruß« getauscht wurde, benannt nach den ungarischen Dauerweltmeistern und bestehend aus einem gleichzeitigen Unterwassertritt ins Gemächt, einen Stoß an die Kehle und einen in die Magengrube. Als im

Spiel gegen Maccabi Antwerpen ihn der berüchtigte Moische Blik so begrüßte, fragte ihn Torberg: »Zwei Juden gegeneinander – ob das denn unbedingt ein Blutbad geben müsse?« Aber Wasserball war »kein Schalomspiel«, und der braunlokkige, auf späteren Fotos zur Fülle neigende Torberg muß ein wahrer Athlet gewesen sein, wenn er es bis in die europäische Spitzenklasse geschafft hat. Allerdings zwang ihn seine schon früh ausgeprägte Vorliebe für gutes Essen und gute Weine, für lange Kaffehaussitzungen und anschließende Kneipentouren, die aktive Laufbahn einzuschränken und schließlich zu beenden. Ab 1932 stand er nur noch als gefragter Ratgeber in der Kabine oder vom Beckenrand aus zur Verfügung, der lediglich im Notfall ins Wasser stieg. »Erst als unweigerlich feststand, daß das nie mehr geschehen würde, erst als ich auch diese Einbildung aufgeben mußte, hatte ich den Sport endgültig aufgegeben. Es war mein erstes Alterserlebnis, und es war irreparabel.«

Der zur Wortfindung nicht weniger als zum Ballspiel begabte Friedrich Torberg verarbeitete es, indem er den Roman *Die Mannschaft* zu schreiben begann. Er folgt dem Wasserballer Harry durch seine kurze Karriere, und daß dabei einer der damals in Mode gekommenen Sportromane heraussprang, trug nicht zum höheren Ansehen des Autors in den literarischen Kreisen bei. Für ihn aber bedeutete er eine Klärung der eigenen Situation, erlaubte ihn, Erfahrungen und Erkenntnisse zu formulieren, die, vom Sport ausgehend, für die gesamte Gesellschaft von Bedeutung waren: »Der Mannschaftssport ist die einzig praktikable Anwendung des Kollektivprinzips, der einzig geglückte Ausgleich zwischen individuellem Geltungsbedürfnis und den Interessen der

Gesamtheit.« Der Roman erschien 1935. Da Torbergs Schriften im Dritten Reich verboten waren, nahm sich der Verleger Dr. Fischel vom auf mißliebige Autoren spezialisierten Verlag J. Kittls Nachfolger seiner an. Fischel war nebenberuflich Fußballer gewesen. Als Torberg ihm eine Lesung in der Prager Buchhandlung Juhn ankündigte, sagte er: »Juhn von Hakoah Wien ... Dem bin ich doch auch einmal ins Schienbein gestiegen.«

Die Sportbegeisterung insbesondere der Wiener Juden erreichte ihren Höhepunkt im Jahr 1925, das von Torberg angesichts des Siegeszuges der »Hakoah«-Mannschaften zum »Jahr der Christenverfolgung« ausgerufen wurde. Sie gewannen nicht nur die österreichische Meisterschaft im Fußball, sondern auch im Hockey, im Ringen und beim renommierten »Quer durch Wien« in sämtlichen Kategorien des Schwimmens. Torbergs Liebe zum Fußball blieb sein Leben lang ungebrochen. Als Zuschauer und Reporter begleitete er die jüdischen Mannschaften zu ihren Auswärtsspielen in die proletarischen Außenbezirke, Hochburgen eines volkstümlichen Antisemitismus nach dem Geschmack Bürgermeister Luegers, der aber auch, wenn es beispielsweise gegen die Budapester Rivalen ging, in Anfeuerungsrufe für die eigenen Israeliten übergehen konnte – von denen das »Hopp auf, Herr Jud!« während eines Spiels des internationalen Mitropa-Cups Torberg unvergeßlich blieb. Wie jeder gesunde Patriotismus wurzelte der Torbergsche im lokalen; auf die Frage, warum er so stolz auf seine »Hakoah« sei, konnte er antworten: »Weil sie den Andern beigebracht hat, ›Herr Jud‹ zu sagen.« Das legendäre »Wunderteam« Österreichs war eine Schöpfung des jüdischen Verbandskapitäns und früheren Trainers Hugo Meisl, sein herausragender Spieler, der Dirigent und virtuoseste Solist des »Wiener Kreisels« namens Matthias Sindelar, wurde nicht nur von Torberg als »das größte Fußballgenie aller Zeiten« verehrt. Als er 1939, nicht lange nach der Annexion Österreichs und der Neuordnung seines Sportbetriebs, unter ungeklärten Umständen ums Leben kam, widmete ihm der Emigrant Torberg das Gedicht »Auf den Tod eines Fußballspielers«, in dem er das Lob seiner zerbrechlichen Leichtigkeit sang: »Er spielte Fußball wie kein zweiter, / er stak voll Witz und Phantasie. / Er spielte lässig, leicht und heiter. / Er spielte stets. Er kämpfte nie.« Kein Wunder, daß bei der Weltmeisterschaft 1954 die Sympathien des Autors auf Seiten der ungarischen Erben der »Wiener Schule« lagen und er den Triumph der Deutschen »als einen Sieg der nur aufs Endziel gedrillten Roboter über die Vertreter der Fußballästhetik« betrauerte.

Als die »Hakoah« aufgelöst wurde, wendete sich Torberg Austria Wien zu, das die Tradition des jüdischen Sports im begrenzten Rahmen fortzuführen suchte. Seine Fußballleidenschaft lebte auch in der Emigration weiter, allerdings als eine Fernliebe, die wie die zu Kaffeehaus, Burgtheater und Heurigenschänke eine anscheinend für immer verlorene Vergangenheit beschwor. Der Briefwechsel mit dem befreundeten Sportreporter Dr. Paul Schneeberger war ein Fußballquiz der höchsten Schwierigkeitsstufe. Zwischen Los Angeles und London flogen Briefe und, nach der Einführung der Zensur, offene Karten hin und her, deren Dechiffrierung den alliierten Geheimdiensten unmöglich war. Was bedeutete etwa die Mitteilung »WAC-MTK 2:1 (2:0)«? Es war Torbergs

Antwort auf die Frage nach einem Ergebnis bei dem internationalen Osterturnier 1920 in Wien.

Der Emigrant

An dem Tag, an dem deutsche Truppen in Österreich einmarschierten, hielt Friedrich Torberg einen Vortrag an der Prager Urania über Außenseiter in der österreichischen Literatur. Danach das Ohr am Radio und ein Gang durch den Nebel zum Bahnhof, um die Ankömmlinge mit dem Frühzug aus Wien zu befragen. Auf der Stefanikbrücke lallte ein Betrunkener auf Tschechisch: »Sie haben uns Österreich besetzt« – ein zu Gelächter reizender Kontrast zu dem, was Edvard Beneš ein Jahr zuvor gesagt hatte: »Lieber Hitler als Habsburg.« Aber Torberg war nicht zum Lachen. Der 5-Uhr-Zug war fast leer, die ersten Flüchtlinge bereits an der Grenze abgefangen. Torberg, der sich als tschechoslowakischer Staatsbürger vorerst sicher fühlte, bestieg den nächsten Zug nach Wien. Es war der 12. März 1938.

»Jeder für sich und in Gruppen brüllten sie, regellos brüllten sie und in strengem Takt, und brüllten immer aufs neue.« Was brüllten die Massen, als der verlorene Sohn Adolf Hitler auf den Balkon des Hofburgpalais am Heldenplatz trat? Sie brüllten ihm »Heil« zu, also himmlischen Segen für seine gigantische Mission, die auch aus ihnen Teil eines Herrenvolkes machen würde. »Sie haben nichts. Sie sind. Was sind sie? Arier. Was ist das? Sie wissen es nicht. Selbst dies, selbst dieses ihr Eins und Alles und Gloria Viktoria vermögen sie nur an der Verneinung zu fassen, nur daran, daß sie etwas *nicht* sind: sie sind keine Juden.« Schon bei den Meldungen vom Einmarsch der Deutschen hatte es massenhafte Plünderungen jüdischer Geschäfte gegeben, Verfolgungsjagden, pogromartige Zustände; es folgten die erste Verhaftungswelle und die sogenannten »Reibepartien«, bei denen die Juden die Bürgersteige von ungenehmen Wahlslogans reinigen mußten. Für Torberg ging es nur darum, die Haut zu retten. Wie so viele seiner Schicksalsgenossen rettete er sie vorerst in die Schweiz; die sich einst unter den Habsburgern so sicher fühlenden Juden reihten sich nun in die Flüchtlingsströme aus dem Reich ein, wenn sie nicht ihre Hoffnung auf stilles Überleben mit dem Transport in die Todeslager bezahlten.

Es war nicht die erste Migrantenwelle des Jahrhunderts. Bevor Europa zum Ziel von Flüchtlingen aus aller Welt wurde, erlebte es Vertreibungen und »ethnische Säuberungen« in großem Maßstab auf dem eigenen Territorium. Es begann mit den russischen Emigranten aus dem neuen Sowjetreich; rund um den Bosporus flüchteten Griechen vor Türken, Türken vor Griechen; es würden die aus ihren Ostgebieten vertriebenen Polen folgen, auf dem Balkan vor allem die Ungarn und schließlich rund 15 Millionen Deutsche. Doch das Schicksal des alten Pariavolkes des Kontinents, der Juden, unterschied sich von ihnen. Bei ihnen ging es nicht nur um Vertreibung, sondern um Vernichtung. Und das zu einem Zeitpunkt, als die »Judenfrage« in Europa sich bereits von selbst zu lösen schien. Der Mittelpunkt ihrer Welt, die Landschaft der osteuropäischen Schtetl, existierte kaum noch, wer sich nicht der vollständigen Assimilation ergeben wollte, machte sich mit den Heerscharen anderer Auswanderer auf dem Weg nach Amerika oder in das neue gelobte Land

Palästina. Als ob die nationalsozialistischen Machthaber und der von ihnen befeuerte antisemitische Mob das lautlose Verschwinden seines Feindes nicht ertragen konnte, wurde er aus allen Winkeln gezerrt, wurde er, ob längst getauft oder nicht, per Ahnenforschung und Sippenhaftung dazu erklärt, um nicht nur geistig triumphieren, sondern auch körperlich eliminieren zu können. Der Krieg gegen das eigene Volk und die europäischen Völker brauchte als blutigen Kern den erbarmungslosen Krieg gegen die Juden.

Torberg hatte an Besitz nicht viel zu verlieren, aber alles sonst, was sein Leben ausmachte. Mutter und Schwester, Freunde und Freundinnen, die Gemeinschaft der Kollegen, Prag und Wien, die »noch die gleiche Lebensluft atmeten«, das gesamte Land mit seinen weißen Berggipfeln und dem geliebten Aussee, sein Broterwerb bei der Presse und beim Film, für den er zuletzt noch ein Drehbuch unter falschem, arischem Namen gefertigt hatte, seinen Schreibtisch und, am schwerwiegendsten für den Dichter, die Welt der deutschen Sprache, mit der er so tief und eng verwoben war. »So restlose Aufhebung aller bisherigen Gültigkeit geschah, daß es immer zwingender einer restlosen Ungültigkeit zustrebte, nichts sollte mehr gelten, nichts, außer daß nichts mehr galt.«

Im Juni 1938 floh Torberg nach Zürich, das ihm anfangs noch die Illusion einer Bleibe zu bieten hatte. Man sprach deutsch, im »Grand Café Odeon« konnte man andere Emigranten treffen, darunter Ödon von Horvath, der kopfschüttelnd den Kellner ansprach: »Bei euch hier ist alles so entsetzlich sauber. Woher nehmt ihr eigentlich die Kultur?« Der schwyzerische Hang zur Sauberkeit erlaubte im Frühjahr 1939 nicht mehr die Verlängerung von Torbergs

Aufenthaltsgenehmigung. Er kam der Ausweisung durch die Emigration nach Paris zuvor. Pendelte als Besitzer eines tschechoslowakischen Reisepasses häufig zwischen beiden Städten. Denn in Paris heimisch zu werden, war für einen deutschen Juden zu dieser Zeit eine unlösbare Aufgabe. »Paris und Frankreich insgesamt ließen keinen Zweifel daran, daß Emigranten als Flüchtlinge nicht nur zu betrachten, sondern zu bezeichnen waren, als ›Refugies‹.«

Da Torbergs Briefe aus jener Zeit verlorengegangen sind, alle seine Versuche scheiterten, ein Tagebuch zu führen, und es zu seinen wichtigsten Tabus zählte, jemals Memoiren zu verfassen, sind wir auf Nebenbemerkungen in seinen Werken angewiesen. Sie betreffen die Jagd nach den verschiedenen Aus-, Ein- und Durchreisevisen. Herr Kohn sagte, »daß für 3000 Francs eine Landungs- und Aufenthaltserlaubnis in Haiti zu haben sei, von deren Erlangung das portugiesische Einreisevisum abhinge, mit dem man das spanische Durchreisevisum bekäme, und dann wäre das französische Ausreisevisum nur noch eine Formalität.« Herr Kohn ist das Synonym für all die deutschen, speziell jüdischen Emigranten, die in den Cafés und Bistros so lautstark debattierten, daß Schilder mit der Inschrift »Ou parlais francais« angebracht wurden. Torberg fühlte sich in dieser disparaten Gesellschaft keineswegs heimisch; ihn störte die »fettig-familiäre Intimität« mitsamt des »Boots-Du«, das auf dem Bewußtsein beruhte, zusammen im gleichen Boot zu sitzen, aber nicht die gegenseitige Verdächtigung als Spitzel ausschloß. Verdächtig »war jeder, der in irgendeiner Hinsicht besser oder schlechter dran war als der, der ihn verdächtigte.« Nach Kriegsausbruch klärten sich insofern die Fronten, als Torberg der tschechoslowakischen Exilarmee beitrat, Anfang 1940 einen »Schnellsiedekurs« für die Offiziersprüfung absolvierte, doch infolge eines Herzfehlers nur für Schreibtischarbeit eingesetzt wurde. Die Flucht aus Paris kurz vor Einmarsch der Deutschen sah ihn, mit einem Urlaubsschein in der Tasche, in tschechoslowakischer Uniform, die ihm behilflich war, Benzin auf Nebenstraßen zu requirieren. Die einzige noch offene Hauptstraße in Richtung Süden war die Route d' Orleans.

Gemeinsam mit »einem ebenso beherzten wie gefinkelten Freund« sucht er nach Orientierung in dem Chaos. Sie übernachten im Freien und einige Nächte in einer ausgeraubten Wohnung, die ihnen ein Polizist empfahl, der sie ursprünglich verhaften wollte. In Bayonne, wo Hunderttausende die Konsulate belagern, schlägt Torberg sein Quartier in einer Bedürfnisanstalt auf, mit deren Verwalterin er sich angefreundet hat. Der portugiesische Konsul, zusammengebrochen unterm Übermaß seiner Bemühungen, verfällt dem Wahnsinn und springt mitsamt der unerledigten Pässe ins Wasser. »Er wurde gerettet. Die Pässe nicht.« Torberg hat Glück und noch einen Paß abbekommen, mit dem er sich am letzten Tag, bevor die Deutschen die Grenze sperren, in die endlose Schlange vor der Paß- und Zollstation einreihen kann. Ihr letztes Drittel bleibt zurück, Torberg wird von der Guardia Civil in Empfang genommen und in einem der versiegelten Waggons durch vom Bürgerkrieg verwüstete Landstriche zur spanisch-portugiesischen Grenze transportiert. Vilar Formoso heißt die Grenzstation. Es gibt ein Bahnhofsrestaurant mit weiß gedeckten Tischen, Kaffee und Gebäck. »Kein Zweifel, wir waren im Paradies.« Da Lissabon wegen einer »Portugiesischen Weltausstellung« für Fremde gesperrt ist, geht es nach Porto, wo der Flüchtling in einer Pension ein Bett für den Preis einer Büchse Sardinen bekommt, seiner Hauptnahrung. Bargeld gibt es von einer jüdisch-amerikanischen Hilfsorganisation, aber Visen nur in Lissabon. Torberg, der erfährt, daß er als einer der »Ten Outstanding German Anti-Nazi-Writers« auf einer Liste des amerikanischen PEN-Clubs steht, fährt nach Lissabon und hält sich dort illegal auf. Von den anderen Schriftstelllern, von Heinrich Mann, Werfel, Döblin, Polgar ist keiner da, sie sind noch im unbesetzten Teil Frankreichs. Franz Werfel, mit dem er sich in Prag angefreundet hat, wird ihm später mit seiner Frau Alma im Hafen von Lissabon in die Arme laufen und ihm nachwinken, als er die »Exeter«, eines der letzten aus Europa auslaufenden Schiffe der »American Express Company« betritt. Torberg liegt im Musiksalon auf einer Matratze neben Leonhard Frank, dessen miserable Stimmung er zu heben versucht, indem er ihm das Bild eines Mannes mit breitkrempigem Hut malt, der ihm in Amerika ein Bündel Geldscheine überreicht. Als sie in New Jersey ankommen, steht »ein Mann mit breitkrempigem Hut am Pier« und »händigte uns im Auftrag der Warner Brothers zweihundert Dollar aus.«

»Es war das erste und einzige Mal, daß ich in Amerika etwas Märchenhaftes erlebte«, kommentierte Torberg dieses Ereignis. Es hatte seine Ursache in der Konkurrenz der großen Filmunternehmen, die, im Besitz amerikanisierter Juden, sich das Prestige der selbstlosen Unterstützung emigrierter Nazigegner nicht entgehen lassen wollten. Die 200 Dollar blieben keine einmalige Zahlung, halb so viel wanderten wöchentlich auf das Konto der Autoren, wenn sie den jeweils ein Jahr gültigen Vertrag unterschrieben, der sie zu

Drehbucharbeiten im Writer's Building von Burbank, Los Angeles County verpflichtete.

Torberg unterschrieb und stieß damit bis zur Grenze der westlichen Welt vor. Er hatte also den gleichen Weg genommen, den Emanzipation, ökonomischer und anscheinend auch zivilisatorischer Fortschritt eingeschlagen hatten, dem Lauf der Sonne von Osten nach Westen folgend. Das hochkulturelle Zentrum des Abendlandes, immer an Küsten blühend, hatte sich einst am Mittelmeer, dem *Mare nostrum* der Antike, befunden, war dann zum Atlantischen Ozean gewandert und bereitete sich nun darauf vor, den Pazifik zum alles befruchtenden Weltmeer der Innovation zu machen. Doch auch schon absehbar war, daß die große Befreiung des Individuums hier an ihren Endpunkt geraten, der Libertin zum neurotischen Egomanen mutieren und aus seiner Anonymisierung kollektive Zwänge hervorgehen würden, die den Menschen zum perfekten Konsumenten, zum Vollzugsorgan von Ernährungs-, Fitneß-, Lifestyle- und schließlich Digitalisierungsprogrammen umformen werden.

Der ehemalige Sportler Torberg war im zukünftigen Joggerparadies ebenso fehl am Platz wie der Schriftsteller im Writer's Building. Es handelte sich um einen Bau im Gartenstadtstil, außen mit lichtem Schönbrunner Gelb getüncht, doch innen von geistigem Dunkel erfüllt. Der Donaustädter saß an einem Schinken über den Diamantenschmuggel in Brasilien, während sich der Amerikaner im Nachbarbüro, der nicht Bukarest von Budapest unterscheiden konnte, mit einem Streifen über den europäischen Kriegsschauplatz abplagte. Jeder hatte eine Sekretärin und ein Büro, in dem er seine acht Stunden täglich abzusitzen hatte. Und dann gab es noch die großen Büros, beispielsweise für die »Entundungskommission«, die für die Eliminierung des »Und« und anderer überflüssiger Sprachpartikel in den Skripten zuständig war. Über die hundert Dollar, die, zum knappen Überleben ausreichend, ihm seine sinnlose Tätigkeit einbrachte, mußte Torberg natürlich glücklich sein, doch unglücklich war er, daß sich ihm auch außerhalb des Buildings kein Sinn dieses Lebens erschloß. Als er am Tag seiner Ankunft in New York auf dem Broadway den Komiker Armin Berg traf, raunte er ihm zu: »Hör zu – warum *wir* da sind, weiß ich. Aber warum sind die Amerikaner da?« Friedrich Torberg, ein unermüdlicher Sammler von Anekdoten, Bonmots und »formulatorischen Blattschüssen« aller Art, sammelte auch die Aussprüche seiner Leidensgefährten über Hollywood. Für die ehemalige Burgschauspielerin Werbezirk war es ein »Purkersdorf mit Palmen«, Polgar zufolge hätte an seinen nichtvorhandenen Stadttoren der Dantesche Höllenspruch »Ihr, die ihr hier eintretet, laßt alle Hoffnung fahren« stehen müssen, und die greise Annette Kolb faßte das Empfinden der meisten Emigranten mit den drei Worten »Dankbar und unglücklich« zusammen.

Im Emigrantenviertel von Hollywood fand man sich allabendlich in der »Festung Europa«, der Wohnung von Anuschka und Ernst Deutsch, zusammen, um über die »zelluloidverpackte Weltabgewandtheit« der neuen Welt zu spotten und der lebendigeren Zeiten in der alten zu gedenken. Muße dazu hatte man genug, denn die meisten waren schon wegen Sprachschwierigkeiten nicht eben gefragt in ihrem Fach. Die große Gisela Werbezirk drängten die Stars der Branche aus dem Geschäft, weil sie von ihr selbst als stumme Toilettenfrau noch an die Wand gespielt wurden. Etwas entspannter konnte man im Hause Werfel in die Zukunft sehen. Als einer der wenigen deutschen Autoren lebte Franz Werfel von den Honoraren seiner übersetzten Romane und Alma war als Witwe Mahlers eine internationale Zelebrität, die ihrem Ruf durch einen zwar nicht rauschenden, doch verläßlichen und immer inspirierenden Salonbetrieb gerecht wurde. Torberg schloß sich eng an die beiden Freunde an und begegnete bei ihnen Strawinsky, Milhaud und Max Reinhardt. Auch die Bekanntschaft mit Hermann Broch, Arnold Schönberg, Remarque und Marlene Dietrich konnte er erneuern. Doch wenn er die Gesellschaften verließ, war ihm wie dem Schauspieler Kaiser zumute, der auf die Frage »Was machst du danach?« erwiderte: »Ich bin verzweifelt.«

Die Lösung für Torberg konnte nur New York City heißen, das er als eine Art »vertraute Fremde« wahrgenommen hatte, näher an Europa heran und selbst europäischer. Allerdings mußte er sich dazu ein gewisses Startkapital verdienen. Mit dem Drehbuch zum Film *Voice in the Wind*, das eine Außenseiterfirma an die United Artists weiterverkaufte, gelang es ihm; er lehnte das Angebot eines Siebenjahresvertrages mit einem Anfangsgehalt von 500 Dollar wöchentlich ab, nahm stattdessen das des *Time Magazine* an und ging für »die guten alten 100 Wochendollar« in die Metropole an der Ostküste. Willi Schlamm, der Torberg aus seiner Wiener *Weltbühnen*-Zeit nach 1933 kannte, hatte von *Time* den Auftrag erhalten, für Deutschland eine Nachkriegsausgabe vorzubereiten und sammelte dazu Mitstreiter. Alfred Polgar gehörte dazu und eben Friedrich Torberg.

Der zog nach Manhattan in das Viertel der Tschechen, deren Sprache er verstand, wurde aber von ihnen scheel angesehen, weil er nicht fachgerecht »böhmakelte«. Heimischer konnte er sich beim »Mitternachtsjuden« am Central Park fühlen, der jeden Gast mit »Habedjehre« begrüßte. Unweit davon wohnte der gefragte Theaterautor Ferenc Molnar, wie immer im billigsten Zimmer des teuersten Hotels, in diesem Fall des berühmten »Plaza«, daß sie auf gemeinsamen Spaziergängen umkreisten, Torberg dabei reiche Beute für seine Anekdotensammlung einfahrend. So hart ihm die Anonymität der Stadt, das fast wie motorisiert wirkende Treiben seiner Elemente mit- und gegeneinander ankam, so war es doch die Luft der Urbanität, die er wieder atmete. »Noch die jammervollste Existenz in New York hat *mehr Pulsschlag* als die gesichertste in Hollywood«, konnte er nach Kalifornien berichten und hinzufügen: »Es sind zu viele Anzeichen dafür vorhanden, daß ich hier zu einem sinnvollen Leben zurückfinden kann – ich möchte fast glauben: zu meinem einstigen und richtigen und mir gemäßen Leben.« Dazu gehörte vor allem, daß er neben seiner ihn nicht sonderlich beanspruchenden Brotarbeit wieder zu einer erfüllenden schriftstellerischen Betätigung fand. Die hier ansässige Emigrantenpresse, einschließlich des von ihm als *Aufbausch* verspotteten *Aufbau* um den suspekten Feuchtwanger, nahm von ihm gern Beiträge entgegen; der Dirigent Bruno Walter bat Torberg um Hilfe beim Schreiben seiner Memoiren, die dieser aber nur unter der Bedingung leistete, daß er dafür nicht bezahlt würde; mit Arnold Schönberg arbeitete er später an einem Oratorium zu Ehren der israelischen Staatsgründung zusammen, das allerdings nie zur Aufführung kam. Einzig die Rückkehr zum erzählenden Schreiben, zu Novelle oder Roman, fiel ihm noch schwer. Das hing mit seiner Herkunft aus dem journalistischen Milieu zusammen, die diesen Schaffenszweig zu einer zwar mit künstlerischen Mitteln zu leistenden Arbeit gemacht hat, aber nicht zu einem von Veröffentlichung unabhängigen Prozeß der Selbstfindung und -entäußerung (dies wurde auf einem anderen Terrain geleistet, von dem noch die Rede sein wird). »Nämlich kann ich *sofort* arbeiten, wenn ich weiß, daß es erscheinen wird«, während »die bloße Möglichkeit, ins Blaue hinein gearbeitet zu haben, eine zuverlässige Ladehemmung auslöst.« Diese Ladehemmung entfiel, als Gottfried Bermann Fischer in New York auftauchte. Der ebenfalls jüdische Schwiegersohn Samuel Fischers versammelte die Autoren um sich, die unter dem in Deutschland verbliebenen Peter Suhrkamp keine Chance hatten, und begann sie in seinem inzwischen Stockholmer Verlag zu veröffentlichen.

Was aber konnte Torberg in Amerika schreiben, dem Kontinent, den er schon des Klimas wegen für ungeeignet zur Besiedelung von Menschen hielt, der ihn nichtsdestotrotz in vielerlei Hinsicht interessierte, aber nicht in geistig-künstlerischer. Ihm brannte Europa auf dem Herzen. Er litt unter dem Schicksal seiner in der alten Welt zurückgelassenen Gefährten, von dem ihm immer grausigere Nachrichten erreichten, ohne etwas daran ändern zu können. Und so entfloh er dem mörderischen New Yorker Sommer in die Berge, um im Landhaus von Freunden die Geschichte eines Wiener Juden aufzuschreiben, wie auch er sie erlebt haben oder zumindest ihr Zeuge gewesen sein könnte. Diese Geschichte verrät den versierten Drehbuchautor, ist aber viel zu haarsträubend, um in Hollywood verfilmt zu werden. Denn sie erzählt nicht von einem Helden des Widerstands, sondern von den

Verstrickungen eigener und fremder Schuld, aus der es kein Entrinnen gibt. Bei »Hier bin ich, mein Vater« handelt es sich um die im Gefängnis geschriebenen Bekenntnisse eines einzigen Sohnes aus solidem jüdischen Hause, der, überfordert von dem nicht mehr religiösen, doch moralischen Verantwortungsbewußtsein der Vätergeneration, sich von dieser abwendet und als Jazzpianist in der Wiener Halbwelt durchschlägt. Wie so viele Nachtschwärmer verschläft er den Tag des deutschen Einmarsches und die ihn begleitenden Judenverfolgungen, denen aber sein Vater zum Opfer fallen wird. Um ihn aus dem KZ Dachau zu befreien, nimmt er zu einem alten Rivalen aus Gymnasiumszeiten Kontakt auf, der inzwischen bei der Gestapo Karriere gemacht hat. Der wirbt ihn für Spitzeldienste unter Flüchtlinge und Devisen über die ungarische Grenze schmuggelnden Freunden an, schickt ihn schließlich, als letzten für die Entlassung des Vaters notwendigen Dienst, nach Paris, um das Oberhaupt der Bande zu enttarnen. Als er sich in Paris der Gendarmerie stellt, bezweifelt sie sein Geständnis und arretiert ihn. Nach Empfang der Nachricht, daß sein Vater längst tot ist, hängt er sich in seiner Zelle auf. Seine Aufzeichnungen übergibt im Sommer 1946 ein französischer Beamter einem »Ich«, das den Namen Friedrich Torberg trägt. Beide sind alte Freunde und sprechen über den Krieg.

»Mißverstehen Sie mich nicht«, sagte der Franzose. »Wenn ich nicht genau weiß, ob wir diesen Krieg wirklich gewonnen haben, so rührt das hauptsächlich daher, daß ich nicht weiß, um was es in diesem Krieg wirklich gegangen ist. Wissen Sie es vielleicht? Aber erzählen Sie mir bitte nichts von Demokratie und Freiheit. Damit würden Sie mich sehr enttäuschen.«

Auch Torberg wußte es nicht. Sein Verdacht aber war, daß es in diesem Krieg um die Herrschaft über Europa und die Aufteilung seines Erbes ging. Daß es nicht an Deutschland fiel, erleichterte ihn, doch der Triumph der beiden Sieger USA und Sowjetunion konnte keine euphorischen Gefühle in ihm wecken. Nach Beendigung von Krieg und Roman saß sein Autor in New York »pünktlich zwischen allen erreichbaren Stühlen«. Ein deutscher Schriftsteller war er nicht mehr, da ihm, das spürte er auch am Echo auf sein Buch, die Leser abhandengekommen waren, ein amerikanischer konnte und wollte er nicht werden. Zweifellos war er nur noch ein Jude, ein Überlebender jenes Volkes, das in Europa ausgerottet oder vertrieben worden war. Doch auch unter den Vertriebenen, in der amerikanischen Diaspora, fühlte er sich zunehmend fremd. Sein Zionismus war stets zu sportiv gewesen, als daß er sich jetzt einer vorbehaltlosen Begeisterung für Israel hingeben konnte, daß seine palästinensischen Gegner alles andere als fair behandelte; und die damit verbundenen sozialistischen Ideen waren mit seiner Jugend verflogen. Daß sich so viele Emigranten im Kampf gegen Hitler und auch noch, als der längst zu Asche verbrannt war, in die Arme von Väterchen Stalin flüchteten, machte ihn fassungslos. An Alma Werfel schrieb er: »Ich will gewiß keine Weltanschauung draus machen, daß mir die meinige abhandengekommen ist und daß ich mir hier keine neue zu schaffen vermocht habe.« Und in einem anderen Brief an sie stehen die Zeilen: »Mir scheint es immer mehr, als käme es nicht so sehr darauf an, zu wissen was man will, sondern ... zu wissen was man nicht will.« Und obwohl er 1945 amerikanischer Staatsbürger geworden war, obwohl er mit Marietta Bellak endlich die richtige Frau an seiner Seite und dafür sogar den Beifall Almas gefunden hatte, wollte er dieses sein amerikanisches Leben nicht. Das deutsche *Time*-Magazin hatte es nie über eine Nullnummer hinausgebracht und wurde später vom *Spiegel* ersetzt. Bis 1951 schlug sich Torberg als freier Autor für die amerikanische und die sich neu formierende Presse in Deutschland und Österreich durch. Was er aber vor allem schrieb, waren Briefe, Briefe, Briefe.

FRIDERICI TORBERGIS EPISTOLAE NOVAYORKENSIS SIVE DE CALORE

Daß diese Generation die letzten großen Briefschreiber hervorgebracht hat, konnten wir schon bei Jürgen von der Wense und Vigoleis Thelen ahnen. Bei dem um die Welt getriebenen Emigranten Torberg wird es zur Gewißheit: Die schriftliche Korrespondenz ist für sie das wichtigste Mittel, der Vereinsamung zu entfliehen und untereinander ein geistiges Band aufrechtzuerhalten. Der Wiener Sprachartist ist dabei vielleicht derjenige, dem am bewußtesten ist, welch große Tradition er damit fortführt. Auf eine Umfrage nach dem Krieg antwortet er: »Das Briefschreiben ist meiner Meinung nach tatsächlich ›unzeitgemäß‹, aber das spricht nicht gegen das Briefschreiben, sondern gegen die Zeit.«

Es gab andere Zeiten, in denen das Verfassen von Briefen zentraler Bestandteil des Schrifttums war, ja, das Alphabet schien geradezu erfunden worden zu sein, um über weite Distanzen hinweg Gespräche zu ermöglichen. Anfangs waren es vor allem Gespräche zwischen Herrschenden, samt den dazugehörigen Ehrbezeugungen, Drohungen, Schmeicheleien. Doch Briefe werden bald mehr, nämlich das wichtigste Kommunikationsmittel zwischen allen des Schreibens Kundigen. Seit dem Heidenapostel Paulus sind die Episteln und Sendschreiben innerhalb der christlichen Kirchen entscheidend für ihre theologische und politische Ausprägung. Die Humanisten zündeten den Deutschen Lichter an in Form ihrer fingierten *Dunkelmännerbriefe*. Philosophen wie Erasmus und Leibniz formulierten ihre Gedanken zuerst in ihren den Kontinent umspannenden Korrespondenzen. Die ergreifendsten Liebesgeschichten, die zwischen Abaelard und Heloise und zwischen Hölderlin und Suzette Gonrad, fanden Erfüllung und Ausdruck in den gewechselten Briefen. Der Tag begann mit dem Verfassen von Briefen und endete nicht selten mit dem Verlesen der empfangenen im Familien- und Freundeskreis. Spätestens im Rokoko, dem Zeitalter der parfümduftenden Billetts, wurde der Briefroman zu einem favorisierten Literaturgenre. Briefe sind in Gesellschaften, die ihren Namen verdienen, die Fortsetzung des mündlichen Gesprächs. Im Laufe des vergangenen Jahrhunderts verstummte es, angezeigt durch das Auftreten des »offenen« Briefes, was heißt des simulierten, weil eines ohne wirklichen Adressaten. Inwiefern Mails und WhatsApp-Nachrichten diese Lücke in Zukunft schließen können, hängt von der Fähigkeit der Menschen ab, wieder eine eigene, individuelle Sprache zu sprechen.

Friedrich Torberg, der große Debattierer, Erzähler und Zuhörer, konnte das Verstummen, konnte die Vereinzelung in der Emigration nicht ertragen. Wann immer er mit seinem Gegenüber in ein intensiveres Gespräch kam, versuchte er es schriftlich fortzusetzen. Sein späterer Mitstreiter in Wien Hans Weigel behauptete, daß es fast unmöglich war, mit Torberg nicht in einen Briefwechsel zu geraten. Er wurde auf diese Weise zu einem zentralen Knotenpunkt im sich über die alte und die neue Welt erstreckenden Netz von emigrierten oder im Lande gebliebenen Schriftstellern, Journalisten und Freunden. Er konnte es werden, weil seine so reich gefächerte Persönlichkeit sich an jedem Thema entzünden konnte, er für jeden Dialogpartner den ihm gemäßen Ton fand. Mit dem Sportreporter in London bewegte er sich ausschließlich im geheiligten Bereich des Fußballs, mit Hermann Broch diskutierte er dessen Roman- und Gesellschaftstheorie, in den Briefen an Herzmanowski-Orlando pflegte er den »Gaulschreck«-Stil, in denen an einen Professor der Altphilologie kreierte er ein hanebüchenes Volkslatein, das zudem noch verständlich war. Und in seinem einzigen Brief an Thomas Mann schaffte er es, ihn in dessen penetrant ausschweifender Weise auf einen Ausdrucksfehler hinzuweisen, den er bei einer Lesung des Großautors in New York entdeckt hatte.

Torberg veröffentlichte seine Briefe in verschiedenen Sammlungen. Ein eigenes, 1970 erschienenes Buch ergab der mit Alma und Franz Werfel geführte Briefwechsel. Torberg adressierte an Alma, um den gesundheitlich fragilen Schriftsteller nicht aus der Arbeit zu reißen, wissend, daß die gemeinsame Lektüre der Briefe zum Alltag des Paares gehörte. Er schrieb sie mit der Hand, und als diese verletzt war, entschuldigte er sich für die Maschinenschrift. Seit den Prager Zeiten war Werfel für ihn »der große Bruder«, und zwar einer, dessen unangezweifeltes Dichtersein er vorbehaltlos bewunderte.

Mit seinem »Weltfreund« hatte Werfel in die expressionistische Düsternis einen alle verzaubernden Lichtstrahl geworfen; sein »Verdi«, dessen Arien, wie die von Bellini und Puccini, er unentwegt schmetterte, hatte einen Höhenflug seiner Opern an den deutschen Bühnen ausgelöst; er hatte sich dem mildesten der hebräischen Propheten, er hatte sich Jesus von Nazareth zugewandt, ohne sich deshalb vom Judentum loszusagen; und er war in die freien Arme der verwitweten Alma Mahler und geschiedenen Gropius gefallen, ohne die er nach seinem Bekenntnis noch hundert Gedichte geschrieben und dann selig verkommen wäre. Aber Alma war nicht nur »eine tolle Madame«, wie sie Gerhart Hauptmann nannte, sie war vor allem eine Frau, die von künstlerischem Genie magisch angezogen wurde und es zur vollen Entfaltung zu bringen versuchte. An ihrer Seite war er zum Romancier und Theaterautor geworden, mit ihr ging er nach Kalifornien, und durch sie wurde er nach seiner schweren Herzattacke noch zwei Jahre am Leben erhalten. Friedrich Torberg war in den entscheidenden Nächten des Jahres 1943 bei ihnen. Nach Werfels Tod schreibt er an Alma: »Niemand hat Franzl so verstanden wie ich und du. Und in unseren Nachtwachen wußte ich, daß Franzl verloren war. Und Du sicher auch.« Das schweißte zusammen, und aus ihren Briefen sprach eine Vertrautheit und Nähe, wie sie nur wahre Freundschaft erzeugt. Torberg versucht, Alma aus der besonnten Ödnis der Westküste nach New York zu locken, aber sie verharrt am Ort ihres gemeinsamen Lebens mit Werfel, ordnet seinen Nachlaß, bereitet dessen Veröffentlichung vor, schreibt an den eigenen Memoiren. Torberg liest sie – wie er auch stets der erste Leser von Werfels Manuskripten war – und findet darin Sätze, »vor denen ich stumm das zerquälte Judenhaupt beuge.« Es sind Sätze wie »Jeder Mensch ist *mein* Geheimnis.« Ihr Torbergsches Geheimnis war der halb so alte Mann aus der Heimat, der in jedem seiner Briefe den Schlüssel zu ihrem Herzen fand. Sie, die mitunter nur knapp zu antworten vermochte oder schwieg, wurde von der Angst gepeinigt, ihr Briefwechsel könne versanden oder veröden. »Beides gleich furchtbar! Und da kommt so eine rote Blutader in einem Couvert – und gleich ist einem besser!« Die Korrespondenz endete dennoch nach dem Kriege. Alma Werfel: »Ich gehe meinen Weg an Franzels Hand.« Und Friedrich Torberg schrieb andere Briefe.

Auch, als er nach Wien zurückgekehrt und zum Herausgeber des *Forum* geworden war, nutzte er dies, um mit den Autoren intensiv zu korrespondieren. Beim Besuch von Martin Buber in München war Torberg zu ihm wie zu einem Zaddik gepilgert, der ihm Erleuchtung spenden kann. Buber fragte ihn: »Was *machst* du eigentlich?«; Torberg zeigte ihm eine Nummer der Zeitschrift und faßte in diesem Moment den Entschluß, endlich den *Süßkind von Trimberg* zu schreiben. Er hätte aber auch stolz sagen können: »Ich wechsle mit der halben Welt Briefe, halte so die überlebende Judenschaft zusammen und versuche die Erinnerung an das untergegangene Europa zu bewahren.« Neben der »Tante Jolesch« und ihren Erben waren die Briefe sein Hauptwerk, sie waren der Ersatz für den großen modernen Roman, der laut Broch *alles* enthalten mußte, Poesie und neueste Wissenschaft, Traktat und inneren Monolog, das Ich und die gesamte Welt, und den der Wiener »Geschichtlerzähler« Torberg nicht schreiben konnte. Seine Briefe aber enthalten dies alles, ihre Anekdoten und Polemiken, Liebeserklärungen, Trauerbekundungen, ihre Hymnen auf das Leben und seine Verdammungen ergeben einen Kosmos, der nicht weniger komplex, doch leichter zu entschlüsseln ist als die Romane Brochs und Musils.

In der über Jahrzehnte immer wieder auflebenden Korrespondenz mit Max Brod geht es vor allem um dessen zentrales Problem, die Rolle des Judentums in dieser verwirrten Welt. Torberg bezieht dabei ungesichertere Stellungen als sein älterer Freund. So verteidigt er Werfels Versuch, seine »Jüdischkeit« mit dem Christentum in Einklang zu bringen, und betont, »daß dieser Antagonismus zurückzutreten hat, solange die atheistische Bedrohung uns und den Katholiken gleich mörderisch an der Kehle sitzt.« Nach dem Sieg über Hitlerdeutschland geht diese Bedrohung für ihn vor allem von der den halben Kontinent in Besitz nehmenden Sowjetunion aus, und er entsetzt sich über »die ständig wachsende Anzahl jener, die sich gerade und ausdrücklich *mit jüdischer Motivation* ihrem vermeintlichen Befreier und Beglücker Stalin in die Arme werfen.« Die Faszination durch den Bolschewismus hatte besonders unter den Ostjuden eine feste Tradition, der Torberg stets skeptisch gegenüberstand. Die unumschränkte Rabbinerherrschaft in ihren Gemeinden und der in eine glorreiche Zukunft verweisende Messianismus machten sie anfällig für totalitäre Visionen, die ihnen das Ende ihres Elends verhießen. Die verschiedenen revolutionären Parteien und Bewegungen wurden ihnen zum Ersatz für die verlorengegangene Heimat der polnischen, ukrainischen, weißrussischen Schtetl. Das hatte durchaus das Verständnis Torbergs, der an Brod schrieb: »Ich halte mich nach wie vor für einen Sozialisten, wenngleich nicht marxistischer

Prägung«, was hieß, daß er der in Amerika zum gesellschaftlichen Gesetz gewordenen Egomanie durchaus kollektive Vereinbarungen entgegengesetzt wissen wollte, aber nicht die doktrinären eines institutionalisierten Klassenkampfes. Und genau dies, ihre Unterordnung unter einen das Individuum nicht befreienden, sondern knebelnden bürokratischen Parteiapparat, der von Moskau aus gelenkt wurde, machte er einem nicht geringen Teil der überlebenden jüdischen Intellektuellen in Westeuropa zum Vorwurf.

Die Auseinandersetzung mit ihnen, neben zahlreichen anderen, nicht weniger brisanten Geisteskämpfen erwartete ihn nach seiner Ankunft in Europa.

Zurück im *Forum*

Torberg zögerte lange mit seiner Rückkehr. Die ersten Nachkriegsnachrichten klangen nicht eben verlockend: Wien war von der Roten Armee besetzt, und »mit Prag ist es endgültig und hoffnungslos vorbei.« Doch er erhält Briefe von überlebenden oder zurückgekehrten Freunden, abonniert Zeitungen, die von dem allmählichen Wandel in Österreich berichten. Und bleibt skeptisch, als der um ihn werbende Hans Weigel beteuert, daß er »keine Spur von Antisemitismus« mehr finden kann. – »Ich halte den Antisemitismus für einen integralen Zug des österreichischen Wesens. Er gehört so zu Österreich wie – nun eben wie die Juden.« Und wie also auch Torberg, der sich trotz allem als lebendes Beispiel für die Möglichkeit einer Symbiose zwischen Deutschen und Juden empfindet. Daß er sich sein »Leben lang in Wien zuhause fühlen konnte, ist mir Beweis genug für die Natürlichkeit dieser Symbiose«, einer Symbiose allerdings, die sich in den Verbrennungsöfen von Birkenau in Rauch aufgelöst hatte. »Sie ist vorbei und zu Ende«, schreibt er an Max Brod, »genauso unwiderruflich, wie es vor 500 Jahren die spanisch-jüdische war, und wir, ihre letzten überlebenden Produkte haben sie nur noch auf möglichst würdige Art zu liquidieren.« Die Briefe dieser Jahre spiegeln all die inneren Kämpfe und Hemmnisse wider, die ihn bei der Frage nach seiner Zukunft heimsuchen. In New York ist seine Lage prekär wie eh und je, und immer unabweislicher wird das Gefühl: »wenn ich mich für den Rest meines Lebens schon irgendwo fremd fühlen muß, dann doch lieber im Land meiner Väter.« Doch Torberg will von denen, die ihn vertrieben haben oder jetzt ihre Positionen einnehmen, dazu gebeten werden, gerufen.

Als die Zeichen dafür immer deutlicher werden, als die Anfragen der Wiener *Presse* und der *Süddeutschen Zeitung* nach seinen Beiträgen drängender werden, beginnen Friedrich und seine Frau Marietta Bücher, Briefe, Manuskripte und ihre sonstige Habe zu packen. Im Frühjahr 1951 treten sie die Reise nach Wien auf dem umgekehrten Weg an, den Torberg bei seiner Flucht genommen hatte, über Paris und Zürich.

Friedrich Torberg ist jetzt 43 Jahre alt, aber was er hinter sich hat, würde für drei Leben ausreichen. In Wien befällt ihn ein Gefühl, das er später den Süßkind bei der Rückkehr nach Trimberg artikulieren läßt. Grundsätzliches hat sich inzwischen in der Welt und in der Stadt ereignet, deren Reste sich jedoch gebärden, als sei die Zeit stehengeblieben. Die Fiaker verkehren wie immer, die Würstelverkäufer preisen wie immer ihre Würstel an, und als in der »Konditorei Demel« die alte Serviererin Paula Torberg erblickt, verschwindet sie in der Küche und kommt mit einer Crème Grenoble zurück, um sie ihm mit den Worten »Ich glaub, das habens noch nicht gehabt« zu kredenzen. Allerdings sind im nunmehr vom ehemaligen Oberkellner geleiteten »Café Herrenhof« die Tische des riesigen, glasüberdachten Hinterraumes, an denen einstmals eine permanente Autorenversammlung tagte, nur noch locker von einer Personage besetzt, die Torberg großenteils unbekannt ist. Er findet sich damit ab, denn »israelitische Nabelschnüre sind nicht aus solchem Stoff wie der zu Träumen. Sie sind zähe und dehnbar.« Er wird einen neuen Stammtisch etablieren, an dem der ihn schon seit langem erwartende Hans Weigel, alte und neue Journalisten und die Besucher aus der Fremde Platz nehmen werden, die er nicht aus seinem Korrespondentennetz entlassen hat: Max Brod aus Jerusalem, Manes Sperber aus Paris, Fritz von Herzmanowsky-Orlando aus dem Schloß bei Meran oder einer anderen seiner Besitzungen.

Was Torberg das Leben ertragen läßt, ist seine Fähigkeit zu tiefen, nicht zu erschütternden Freundschaften. Dabei war hilfreich, wenn ähnliche Lebensanschauung miteinander verband, aber wichtiger die Zuneigung zu Temperament und gesamter Wesensart des Menschen. Kisch konnte, über seine Gedanken zum deutsch-sowjetischen Nichtangriffspakt befragt, lächelnd antworten, für ihn denke Stalin, ohne daß sich Torberg von ihm abwandte. Zugleich war er befreundet mit dessen Erzfeind Anton Kuh, rückte nicht von Karl Kraus ab, als die Reihen um ihn sich wegen seiner Despotenallüren lichteten. Herzmanowsky-Orlandos Mitgliedschaft in der

Auslandsorganisation der NSDAP und seine rassentheoretischen Verstiegenheiten hinderten nicht daran, daß er ihn als bedeutenden Dichter und eigenwilligen Charakter schätzte. Stillschweigend und nicht zum Gefallen aller Kritiker tilgte er die größten Absurditäten, als er an die Bearbeitung und Herausgabe seines Gesamtwerks ging und dem Außenseiter damit zum Durchbruch verhalf. Denn Freundschaften waren für ihn immer auch Arbeitsbeziehungen. Undenkbar heute, was für ein reger Manuskriptverkehr unter damaligen Autoren herrschte, bevor die Texte dem Verleger zum Druck übergeben wurden. Übersetzungen waren auch für Torberg selbstverständlicher Teil seiner Arbeit; noch in New York hatte er Gedichte von Nelly Sachs ins Englische übertragen und sie ins Licht der Weltöffentlichkeit gezogen, Ephraim Kishon wurde durch Torbergs Übersetzungen zum Bestsellerautor im deutschsprachigen Bereich. Nur selten verweigerte er sich Bitten um Vorworte für die Werke von ihm geschätzter Kollegen. Bevor einer der großen von ihm bewunderten Mimen des Wiener Volkstheaters starb, konnte er, konnte Armin Berg, Hans Moser, Karl Farkas sicher sein, daß Torberg ihm einen würdigen Nachruf widmen würde – im Falle von Farkas verbunden mit den Schmähungen einer ihn schleicherisch beerbenden »angeblichen ›Wiener Schule‹«, die »als optisch oder phonetisch zergliederte Lyrik« auftritt und dafür literarische Weihen beansprucht: »Tausche 2 Jandl gegen 1 Farkas.«

Für diese Polemiken konnte Torberg schon die Bühne des *Forum* nutzen, dessen Leitung ihm 1954 vom »Kongreß für kulturelle Freiheit« angeboten wurde. Die finanzielle Unterstützung der Monatsschrift, wie ähnlicher in Berlin und

Rom, durch die CIA kam erst nach Ende des Kalten Krieges ans Tageslicht, aber es ist zu bezweifeln, daß sich Torberg durch ein früheres Wissen von seiner Mitarbeit hätte abhalten lassen. Zu wichtig war es ihm, eine Gegenstimme zu der in Europa immer stärker werdenden Tendenz zur Unterwerfung unter den Willen der Sowjetunion zu schaffen. Im einzigen Redaktionszimmer der Zeitschrift, in der Mommsenstraße in Wien 7, hing in schönem Rahmen der Ausriß eines *Prawda*-Artikels, der beklagte: »ohne das Hetzblatt FORUM hätten die österreichischen Intellektuellen sich dem Kommunismus zugewandt.« Dies zu verhindern, war Torbergs wichtigstes Anliegen. Schon von New York aus hatte er an Robert Neumann geschrieben »Man muß sich's immer gleichzeitig mit beiden Spielarten der totalitären Pest verderben, sonst taugt die ganze Kämpfer-Attitüde nichts«; er beschwor ihn, beschwor Zuckmayer, nicht in der kommunistischen Presse zu publizieren, er befehdete die »Fellow Travellers« Moskaus, auch wenn sie die berühmten Namen Thomas und Heinrich Mann, Robert Jungk und Hilde Spiel trugen. Der Standort, den er dabei für sich reklamierte, war der der Mitte, die er aber nicht als Kompromiß, sondern als Wagnis empfand: »Ich akzeptiere die Mitte überhaupt nur als Wagnis, und keinesfalls als Ausrede«, eine Mitte, die nicht ein Freiraum, sondern einer der Zuspitzung aller Probleme dieser Welt ist.

Besonders verdarb es sich der Freigeist Torberg mit der autoritären Linken, als er sich mit deren unter dem Namen Bertolt Brecht segelnden Flaggschiff anlegte. Die Breitseiten, die er gegen ihn und die Aufführung seiner Stücke in Wien, vor allem aber gegen seine als »Brechtokokken« verspotteten Anhänger abschoß, muten heute anachronistisch an. Wenn man jedoch die Hintergründe der Affäre betrachtet, werden sie nachvollziehbar: Brecht war 1953 an die Donau gereist, um in der sowjetischen Besatzungszone, im von der KPÖ finanzierten »Neuen Theater in der Scala«, die Inszenierung seines Revolutionsstückes »Die Mutter« zu beaufsichtigen. Während russische Panzer den Arbeiteraufstand in Mitteldeutschland niederwalzten, schmetterte der Chor eines sowjetisch verwalteten Betriebes die Lieder Eislers in Wien. Dagegen protestierte Torberg und trat auch nach 1956, als die Besatzungsmächte abzogen und das »Scala« schließen mußte, weiterhin für einen Boykott von Brechts Stücken ein.

Denn so wie ein treu ergebener Freund konnte Torberg ein unversöhnlicher Feind sein. Und der Gelegenheiten, Feindschaften zu pflegen, gab es für den Polemiker von Gottes Gnaden mehr als genug. So wie einst sein Vorbild Karl Kraus in der *Fackel* zog Friedrich Torberg in seiner Zeitschrift gegen alles zu Felde, was ihm als Zeitgeist wider des Geistes aller Zeiten zutiefst zuwider war. Es waren Themen, die ihre Aktualität inzwischen keineswegs verloren haben. Seine Theaterleidenschaft wurde nicht nur durch die Brechtschen Agitationsstücke auf eine harte Probe gestellt, denn er hatte bereits gegen die Anmaßungen eines Regietheaters zu streiten, das die Dramentexte nur als Steinbrüche für seine eigenen Fehlkonstruktionen begriff. Besonders ging es ihm an die Nieren, wenn dafür ein austrianischer Klassiker wie Nestroy herhalten mußten, dessen dialektisch dialektaler Witz dabei auf der planierten Strecke blieb. Gegen die »Verpreußung« des Wienerischen hatte er schon 1951 in einem *Wörterbuch der österreichischen Sprache* angeschrieben, und im *Forum* pflegte er hingebungsvoll seine Zitatensammlung »Aus der

Folterkammer der Sprache«, die er heute, im Zeitalter der computergesteuerten Druckfehlerei und des politischen Korrektheitswahns, als ein hoffnungsloses Unterfangen wohl unterlassen hätte.

Nach zwölf Jahren Nahkampf in der publizistischen Arena wurde es auch dem ehemaligen Wassersportler Friedrich Torberg zu viel. Blessuren hatte er mehr als genug davon getragen: Für die einen war er der bekannte »Jud vom Dienst«, der überall alten und neuen Antisemitismus witterte, für die anderen ein unverbesserlicher Kalter Krieger, für die Alten war sein Witz zu respektlos, für die Jungen, obwohl er sich, wenn er wirkliche Qualität wie bei Handke und Brigitte Schwaiger erkannte, für sie einsetzte, zu konservativ und unmodern – und für alle wurde das Bild des Schriftstellers Torberg von dem des Zeitungsschreibers und kulturpolitischen Akteurs überdeckt. Eines Vormittags im Jahr 1965 griff er zum Telefon und rief seinen redaktionellen Widerpart Günter Nenning an: »Ich habe heute beim Frühstück den FORUM gelesen, es riecht nach Nenning. Machen Sie es doch weiter!« Martin Bubers Frage nach dem Sinn seines Tuns hatte ihn nicht mehr losgelassen. Er zog sich in sein Haus nach Breitenfeld bei Wien zurück und begann, am *Süßkind von Trimberg* zu schreiben. Es wurde eine mühselige Arbeit, doch von Erfolg bei Publikum und Kritik gekrönt. Die Scheidung von Marietta stand an und wurde so vollzogen, daß sich beide freundschaftlich verbunden blieben und sie später die Betreuung seines Nachlasses übernahm. Torberg lebte fortan mit der Schauspielerin Paola Löw zusammen, die einst die stumme Kathrin in der von ihm befehdeten Aufführung der »Mutter Courage« am Wiener Volkstheater gespielt hatte. Und 1975 erschien von Friedrich Torberg ein Buch des Titels *Die Tante Jolesch oder der Untergang des Abendlandes in Anekdoten*, das dem Namen seines Autors einen unauslöschlichen Glanz verleihen sollte.

Tante Jolesch und ihre Ahnen

In der Nacht nach Sabbat wurden in gläubigen Familien Gleichnisse erzählt, Begebenheiten aus dem Leben ihres Volkes im fernen Israel, »heilig« genannte Anekdoten um die Taten und Aussprüche ihrer Propheten und anderer Stammesbrüder. Der Ruf der Wunderrabbiner wurde durch die Erzählungen der Chassidim von ihren gewirkten Wundern und wunderlichen Worten verbreitet. Heilig wurden diese Erzählungen wegen ihres doppelten Bodens genannt, wegen ihres Gleichnischarakters, der unter der alltäglichen Wirklichkeit eine zweite, wahrere offenbarte. In den Cafeterias der New Yorker Emigranten nahm diese ansonsten verborgene Wirklichkeit die Gestalt von Anekdoten über das verlorene Leben im alten Europa an.

Friedrich Torberg hatte sie begierig aufgenommen, weitererzählt, sie in Briefen ausgetauscht und in Umlauf gehalten. Er sammelt sie, »hält er doch Anekdoten seit jeher für schlüssiger und aufschlußreicher als langatmige Analysen«, weil sie das Leben in einem komprimierten Geschehen oder Spruch ausdrücken, die Geschichte als persönlich erfahren mit all ihrem Un- und Widersinn. Er sammelt sie, wie er Almas Rechnungszettel vom Hieblinger für sein zukünftiges »Melancholie-Museum« aufbewahrt hat, »das ich mir in Form eines Kaffeehaus-Raumes einrichten will, mit einem Kleiderständer an der Tür, hölzernen Zeitungsständern, Aschenbechern mit in der Mitte aufgepfropften Zündholzschachteln aber ohne Zündhölzer, und es darf nie gelüftet werden.« Er sammelt Rechnungszettel, Zündholzschachteln und Anekdoten auch noch, als er wieder die nichtkonditionierte Luft der am Leben gebliebenen Kaffeehäuser von Wien atmen darf. Doch: »Eines Tages sah ich mich um und mußte feststellen, daß die potentiellen Auskunftgeber sich an den Fingern einer Hand abzählen ließen. An diesem Tag begann ich mit der Niederschrift der ›Tante Jolesch‹.«

Er stützte sich dabei auf nichts als sein stupendes Gedächtnis, das sich Telefonnummern auch noch merkte, wenn sie veraltet waren. Und er verflocht die Anekdoten mit seinen Erinnerungen, beschwor das entschwundene Leben, das sie hervorgebracht hatte, auf eine Weise, die sein von manchen für vergeudet gehaltenes Talent nun in *einem* Werk zur Blüte brachte.

Obwohl die meisten Geschichten der Männerwelt der Kaffeehäuser, Gerichtssäle und Redaktionsstuben entstammen, steht in ihrem Vorraum »Die Tante Jolesch« als Symbol der jüdischen Weiblichkeit, vor der Torberg seine Verbeugung macht. Als »Schechina«, dem weiblich irdischen Aspekt der gar nicht so monotheistischen Gottesvorstellungen der Israeliten. »Jüdische Frauen und Mädchen sind der edelste und verheißendste Teil des Judentums«, hatte Jakob Wassermann geschrieben, »in ihren reinen Bildungen unvergleichlich.« In den Jahrzehnten der Emanzipation hatten viele von ihnen ihr Haus verlassen und hatten Theaterbühnen, die Hörsäle und Forschungseinrichtungen der Universitäten, die

Salons der großen Städte erobert. Edith Stein und Hannah Arendt, die Dichterinnen Gertrude Kolmar, Nelly Sachs und Else Lasker-Schüler stehen für unabhängiges, hochproduktives weibliches Leben, das häufig genug, wie das der jüdischen Männer, in der Finsternis des 20. Jahrhunderts unterging. Nicht weniger zu verehren sind die Schicksale jener Frauen, die als die Gefährtinnen ihrer geliebten Männer nicht von deren Seite wichen. Wir haben sie als Ille Gotthelft neben dem schwer zu bändigenden Ernst von Salomon gesehen; die Treutlein Hanni aus den Romanen von Hermann Lenz kam aus einem halb jüdischen Elternhaus; Gertrud Mayer teilte mit Karl Jaspers 60 Jahre ihres Lebens und das Zyankali für den Fall ihres Abtransports ins Konzentrationslager; und von der sowjetrussischen Literatur wäre ein wesentlicher Teil untergegangen, wenn nicht jüdische Frauen sie im Samisdat kopiert oder, wie Nadeshda Mandelstam, die Gedichte ihrer Männer auswendig gelernt und der Nachwelt erhalten hätten.

Friedrich Torberg liebte die jüdischen Frauen sowohl als unabhängige, häufig kapriziöse Geschöpfe wie auch als die Hüterinnen der Häuslichkeit. Als solche praktizierten sie ein »sozusagen internes Matriarchat« und pflegten die jüdischen Traditionen, und somit auch ihr Sprachgut, zumeist eifriger als die mit Geldverdienen beschäftigten Männer. »Tatsächlich: die Schöpfung dieser ›Aphorismen zur Lebensweisheit‹ fiel fast immer Frauen zu.« Und Tante Jolesch war eine bedeutende Schöpferin solcher Aussprüche. Der junge Friedrich Kantor lernte sie vor allem aus dem Mund ihres Neffen Franz kennen, der von der Familie als »Seiner Majestät schönster Leutnant« verhätschelt wurde und auf einem Gut in Mähren ansässig war. Mit einer Behaglichkeit wie am

Kaffeehaustisch breitet Torberg die unter den Seinen kursierenden Geschichten aus und bettet sie in ein Sittenbild seiner Jugendzeit ein. Eine gängige Floskel begann damals mit den Worten »Noch ein Glück, daß ...« und malte auf gut jüdische Weise aus, wie alles hätte noch schlimmer kommen können. Tante Jolesch schnitt eine solche Rede eines Tages mit dem Satz ab: »Gott soll einen hüten vor allem, was noch ein Glück ist.« Als sie in Wien zu Besuch war, resümierte sie ihre Eindrücke mit »Alle Städte sind gleich, nur Venedig is e bissel anders«, was Torberg zum Zitieren des Emigrantenspruches »Ich bin überall e bissele ungern« und der Erörterung der tiefen Skepsis der Juden gegenüber allem Unbekannten und der Fremde als solcher führte. Diese konnte nicht verhindern, daß Neffe Franz noch weit in die Welt hinaus getrieben wurde: die Deutschen sperrten ihn 1939 als Juden ein, die Tschechen wiesen ihn 1945 als Deutschen aus, und schließlich emigrierte er nach Chile, wo er an den Folgen seiner KZ-Haft verstarb.

So geht es »vom Tausenden ins Hundertste«, vom überhitzten New York ins verschneite Salzkammergut, von einem Schnitzel-Restaurant in Saigon zur kalifornischen Palmenküste, von den Prager Bierkellern zum Hauptplatz von Nairobi, wo sich dort, wo eigentlich ein Café sein müßte, die wenigen jüdischen Emigranten treffen, um Neuigkeiten zu tauschen – und immer wieder in die Kaffeehäuser von Wien, der Keimzelle aller Torbergschen Anekdoten. In den Kaffeehäusern spiegelt sich der »Untergang des Abendlandes« für ihn am deutlichsten, weil sie die beiden Welten vereinigen, die in diesem Jahrhundert am unzweifelhaftesten untergegangen sind: die der Habsburger Monarchie und die ihres jüdischen Bürgertums. Torberg läßt sie ohne Trauer wiedererstehen, doch mit Wehmut, denn zu dieser gehört das Lächeln, das er als das elementare Erbteil seines Volkes bewahren will. Es ist ein Lächeln des »Trotzdem«, das aus der tiefen Erfahrung des Leids heraus sich als letztmöglicher Widerstand auch gegenüber der Tragödie der Gegenwart behauptet. Der jüdische Witz ist eine als Lachen verkleidete ultima ratio angesichts der Widersinnigkeit eines Lebens, das trotz aller Erbärmlichkeit immer weitergeht. Er schärft sich mit Vorliebe an Anekdoten, »weil sie bei ihren Zuhörern einen Sinn für die Kunst der Pointe, eine Empfänglichkeit für Nuancen und, kurzum, eine Aufnahmebereitschaft voraussetzten, die eben nur am Kaffeehaustisch gedieh.«

Torberg liefert anhand der in ihrer rauchgeschwängerten Luft erblühenden Anekdoten eine Geschichte dieser Kaffeehauskultur. Sie ist eng mit der Geschichte des Wiener Judentums verbunden. Der Kaffee kam wie die Juden aus dem Orient, und letztere, denen von einem Prager Journalistenkollegen als einzige Erfindung die des »kleinen Bieres« zugebilligt wurde, wahrten eine gewisse Distanz zum Alkohol. Sie hatten nüchtern zu bleiben in der Gefahr, während ihre Verfolger häufig vom Bier- oder Wodkarausch befeuert wurden. In den Kaffeehäusern mußte man nicht, wie in den Bierschänken, Krug um Krug leeren, sondern konnte sich lange bei einem kleinen oder großen Braunen aufhalten. Sie sind ein zweites Zuhause für die alteingesessenen und Zuflucht für die zugewanderten und häufig arbeitslosen Juden, die in ihnen einen Ersatz für das dichtgedrängte Schtetl fanden. Denn die Kaffeehäuser, wie sie Torberg liebte, waren Stätten der Öffentlichkeit, in denen auch die »Luftmenschen«,

Schnorrer und Kiebitze Boden unter den Füßen spürten. Die Stammtischrunden, die Dauer-Tarock- und Schachspieler bildeten den Kern der jeweiligen Etablissements, der, wie der Mond vom Hof, von einem Publikum umlagert wurde, das auf den nächsten Streit, das nächste Bonmot, den nächsten Zug oder Stich lauerte. Neben den Tischen der Schauspieler, der Advokaten, der Zeitungsleute waren, man mag es kaum glauben, die der Dichter die Mittelpunkte der wichtigsten Kaffeehäuser. Torberg unterscheidet in Wien drei Phasen. Die erste des Fin de Siécle versammelte im »Café Griensteidl« die Hoffmannsthal, Schnitzler und Hermann Bahr zum Spinnen ihrer feinen Gesprächsfäden. Ungestümer ging es im »Café Central« zu, wo Anton Kuh, Polgar, Kraus und Egon Friedell ihre Florette oder Säbel kreuzten, wo Peter Altenberg, der seine Adresse mit »Café Central, Wien I« angab, seine Etüden aus dem Füllfederhalter fließen ließ. Denn die Kaffeehäuser waren für viele zugleich Lebensmittelpunkt und Produktionsstätte. Hier entstanden Leitartikel und Boulevardstücke, hier wurden Freundschaften geschlossen und begraben, wurden Liebschaften angebahnt, Ehen zerstört und literarische Stile geboren. So auch im »Café Herrenhof«, das nach dem Krieg die Erbschaft des »Central« antrat und regelmäßig die Gipfeltreffen deutscher Literatur in Gestalt von Hermann Broch, Musil, Werfel und Joseph Roth beherbergte. Torberg war dabei als Augen- und Ohrenzeuge, als Akteur und wandelndes Gedächtnis, das fünf Jahrzehnte später diese dahingegangene Welt wieder zum Atmen, zum Sprechen bringt.

Eine ihrer zentralen Gestalten war Anton Kuh, Sproß eines jüdischen Journalistengeschlechts, selbst aber viel zu umtriebig, bar allen Ehrgeizes und dem Kaffeehausleben ergeben, um seinen gern boshaft sprühenden Witz regelmäßig in Druckerschwärze zu verwandeln. Seinem Freund Friedell zufolge war er ein »Sprechsteller«, von dem fraglich ist, »ob er, dem ganz gewiß der Ehrentitel eines Bohemiens zusteht, von der dazugehörigen Faulheit am richtigen Gebrauch seines Talents gehindert wurde oder von seiner fragwürdigen Beziehung zum Geld, das er lieber durch kunstvolles Schnorren als durch kunstvolles Schreiben erwarb.« Seine schriftliche Hinterlassenschaft, jederzeit eine belebende Lektüre wert, gibt nur eine unvollkommene Vorstellung von seinem Geistesreichtum, der sich am liebsten in Stegreifvorträgen, wie denen über »Unsterbliche Österreicher«, entfaltete. Nach dem Cabaret wurde das Radio sein bevorzugtes Medium, wo er mit Hörspielparodien, Reportagen imaginärer Trachtenumzüge und spöttischen Schriftstellerporträts das Publikum amüsierte. Torberg überliefert seine Charakterisierung Stefan Georges als »eine alte Frau, die wie ein alter Mann aussieht« und zitiert einen Brief Gottes an Albert Ehrenstein, indem er ihn in einem P.S. bittet: »Wenn Sie den Werfel sehen, sagen Sie ihm, er soll meinen Sohn in Ruhe lassen.«

Auch der brillante Kulturphilosoph und Essayist Egon Friedell war nebenher und am allerliebsten Schauspieler und Komiker. Im Wiener *Simplicissimus*, auch in München und Berlin, gab er gern Altenberg-Anekdoten zum Besten. Torberg hat ihn sich vor Lachen über ein gelungenes Bonmot im Schnee wälzen sehn. An die Gratulanten zu seinem Geburtstag verschickte er die Danksagung »Von allen Glückwünschen zu meinem 50. Geburtstag hat mich der Ihre am meisten gefreut.« Die Reihe der Anekdoten über Friedell beschließt Torberg mit seiner letzten und bittersten. »Als er, im März 1938, durch das Fenster seiner Wohnung die SA-Leute herankommen sah, die ihn abholen wollten, warf er sich auf die Straße und stieß noch im Fallen einen Warnungsruf aus, damit kein Passant zu Schaden käme.«

Das alte Wien war eine Bühne noch in seiner letzten, grausigsten Szene. Die Straßen und Plätze gehörten zu dieser Bühne, die Viktualienmärkte, die zahlreichen Theater natürlich, die Kaffeehäuser, Bier- und Weinschänken – und die Gerichtssäle. Deren bedeutendster Akteur war der jüdische Anwalt Dr. Hugo Sperber, welcher mit dem Spruch für sich warb: »Räuber, Mörder, Kindsverderber / gehen nur zu Doktor Sperber.« Wenn Torberg von Prag nach Wien herüberkam, nahm er sich immer ein Zimmer in der Nähe von Sperbers Wohnhaus, weil er sich »das Vergnügen des gemeinsamen nächtlichen Heimwegs erhalten wollte.« Des Heimwegs aus dem »Café Herrenhof« natürlich, wo Sperber residierte, wenn er nicht vor Gericht zu anwalten hatte. Dorthin folgten ihm Torberg und andere Bewunderer, um in mitunter berstend vollen Gerichtssälen den rhetorischen Höhenflügen und Geistesblitzen Sperbers zu lauschen. Wenn er beispielsweise die Klage gegen einen Bauernknecht wegen Sodomie mit einer Kuh durch die Frage, ob die Kuh schon vierzehn Jahre alt, ironisierte, wenn er seinen Klienten ermahnte, er solle ihn nicht beim Verteidigen stören, wie er ihn auch nicht beim Einbrechen gestört habe, wenn er wegen ständiger Erkrankung der beiden altersschwachen Streithähne die Abtretung des Falles ans Jüngste Gericht beantragte. Das Ende des Humors im Gerichtssaal kam 1934 mit der Einführung des »Christlichen Ständestaates« durch Dollfuß. Hugo Sperber hatte bei der Verteidigung eines Bombenwerfers einen seiner letzten Auftritte. »Ich bitte Sie«, bat er den Richter, »die Unerfahrenheit des jugendlichen Sprengstoffattentäters in Rechnung zu ziehen. Offenbar wußte er nicht, daß das einzige in Österreich erlaubte Sprengmittel das Weihwasser ist.« Der Anwalt wurde an Ort und Stelle verhaftet. Torberg traf ihn noch oft im Kaffeehaus, unrasiert, mit Zigarrenasche auf der Weste und zum Schluß verarmt, weil der anscheinende Zyniker ein seelenguter Mensch war, der die Hungerleider unter seinen Klienten »ex offo« verteidigte. Als Letztes hörte der Chronist von ihm, daß er wenige Tage nach dem Einmarsch der Hitlertruppen vom Mob totgetrampelt worden war.

Nicht nur er verschwand von der Bühne. In der Epoche der Uniformen und auch in der ihr folgenden der uniformen Arbeitgeber und -nehmer war kein Platz mehr für Originale, Käuze und Nichtsnutze. Es ist nicht zu übersehen, daß eine Gesellschaft, die so sehr die öffentliche Zurschaustellung, das bewegte Beisammensein liebte, wie die zu Beginn des vorigen Jahrhunderts, einen Reichtum an Individuen hervorgebracht hat, von dem unser individualistisches Zeitalter nicht einmal zu träumen vermag. Um seine Eigenart zu schärfen, braucht der Mensch die Gemeinschaft und nicht die Vereinzelung. Seit sie so heißt, ist die Kommunikation am Aussterben. Torberg, der große Individualist, der sich immer im Zentrum eines kollektiven Gesprächs fühlen mußte, will die Erinnerung an sie und ihre Träger wachhalten, an all die namhaften und namenlosen Protagonisten einer Zeit, deren Atmosphäre noch von gesprochener Rede schwanger war. An den Alleswisser Eckstein, der, als er durch das Fenster des »Café Imperial« den Sturz eines Selbstmörders auf einen der

Außentische beobachtete, das mit dem Satz kommentierte: »Ich hab ja immer gewußt, man kann nicht draußen sitzen.« An den dichtenden Fleischermeister und Jugendfreund Hašeks, der sich auf seiner Visitenkarte als »Michal Marei, welcher / Dichter ist und Selcher« vorstellte. An den griesgrämigen Herrn Spielmann, der früher alles um Ellen schöner, größer und besser fand und sich vom Kellner nur zwei bis drei Monate alte Zeitungen geben ließ, was ihn im Mai 1933 zu der Frage veranlaßte: »Was glauben Sie – wird Hitler an die Regierung kommen?«

Mit Spielmann und dem dichtenden Fleischer war Torberg in Prag gelandet, und auch die Erinnerungen an das Zeitungsmilieu führen ihn in die böhmische Hauptstadt zurück. Als er beim *Prager Tagblatt* anfing, wurde er mit Anekdoten über die Altvorderen empfangen: »Das kam einer Art Geschichtsunterricht gleich oder der Einführung in eine geheime Ordensbrüderschaft.« Dieses seriöse Leitmedium der deutschen Prager »kam Tag für Tag auf eine Weise zustande, die mit dem Begriff ›seriös‹ so gut wie nichts zu tun hatte.« »Redaktionskonferenzen, langfristige Planungen, Ressortstreitigkeiten und ähnliche Wichtigtuereien gab es nicht. Sie wurden durch Improvisationstalent und ein nicht näher definiertes ›Blattgefühl‹ ersetzt.« Entsprechend exquisit war das Personal. Als beim hünenhaften Sportredakteur Raabe-Jenkins 1918 plündernde Revolutionäre die Tür aufrissen, machten sie »angesichts des wüsten Bildes, das sich ihnen bot, mit den Worten ›Hier waren wir schon‹ wieder kehrt.« Der hauptamtliche Leitartikler Ludwig Steiner war Professor im benachbarten Gymnasium gewesen, bis ihm seine späteren Kollegen durchs offene Fenster beim Unterricht zuhörten, sich vor Lachen bogen und vom Katheder weg in die Redaktionsstube holten. Seinen Leitartikeln bescheinigte Torberg echten Liberalismus, weil sie Musterbeispiele einer »sorgfältig ausgewogenen Gesinnung; halb revolutionär, halb reaktionär« waren. Es gab auch einen trompeteblasenden Redaktionsdiener, der seinen Sohn mit den Worten anlernte: »Laß dich nicht hetzen, Josef. Wenn einer wirklich was braucht, wird er es auch zweimal und dreimal sagen. Nur beim Würstelholen – da muß es gehen ruck-zuck!«

Und es gab die Würstelverkäufer in Prag und Wien und die versprengten Juden auf dem Hauptplatz von Nairobi und den böhmischen Schnitzelbrater in Saigon. Es gab die Huren im »cafe l'europe«, bei denen Torberg »zwischen Mitternacht und 4 Uhr früh auf mehr Beweise von Herzenstakt und menschlicher Sauberkeit gestoßen war« als in sämtlichen anderen Kaffeehäusern, es gab die Tarockspieler und ihre Kiebitze und die Schachspieler im »Café Central« und den Herrn Gustav Greiner, der behauptete »Frühling ist, wenn die Tür in der Herrengasse aufgemacht wird«, was hieß, daß in eben diesem Kaffeehaus das Schachzimmer durchlüftet wurde. Friedrich Torberg wurde überflutet von den Gestalten und Szenen und Dialogen seines Lebens, und indem er sie zu Papier brachte, verletzte er doch noch sein sich selbst auferlegtes Tabu, Memoiren zu schreiben, wenn er es auch nicht in Form einer eigenen Autobiographie tat, sondern als eine kollektive der Generationen, mit denen er zusammengelebt hatte. Die Flut stieg so hoch, daß er noch einen zweiten Band, *Die Erben der Tante Jolesch*, hinzufügen mußte, der erst kurz vor seinem Tode erschien. Die letzte von ihm erzählte Anekdote ist die von einem gewissen Radek, der zum

Wochenmarkt in Papidowka fuhr und auf die Frage, warum er dorthin wolle, antwortete »Vielleicht find't sich eine Fuhre zurück.« Und Torbergs Schlußsatz lautet mit Schiller: »Kardinal, ich habe das Meinige getan.«

6

Margret Boveri

Die streitbare Frau

Opus 1

Im Jahr 1965 kam zu Margret Boveri ein junger Regisseur, der einen Film über den Tag der deutschen Kapitulation in Berlin drehen und dazu die bekannte Journalistin und Autorin als das befragen wollte, was man heute eine Zeitzeugin nennt und einen Menschen meint, der eine bestimmte Epoche bewußt erlebt, erlitten und möglicherweise mitgeprägt hat. Boveri antwortete, darüber habe sie geschrieben, und händigte dem Mann einen Packen Papier aus, den sie im Herbst 1945 im doppelt genähten Rückenteil ihres Rucksackes über die grüne Grenze geschmuggelt hatte: eng beschriebene Postkarten und einen langen Brief, der immer länger wurde, weil sie ihn nicht abschicken konnte, adressiert an Frau Gert Priss in Zürich und als Rundbrief an alle ihre Freunde gedacht, denen sie über das letzte Kriegs- und erste Friedensjahr in Berlin Bericht erstatten wollte. Als der Regisseur Brief und Karten zurückbrachte, beschwor er die Verfasserin, es sofort zu veröffentlichen. Bisher hatte sie das vermieden, um der westlichen Seite keine Munition im Kalten Krieg gegen die Russen zu liefern, jetzt, da dessen Ende in Sicht kam, ging sie tatsächlich an die Reinschrift, ergänzte sie um Wehrmachtsberichte, Pressemeldungen und eigene nachträgliche Kommentare und legte das Manuskript dem Piper Verlag in München vor. Es erschien 1968 unter dem Titel *Tage des Überlebens. Berlin 1945*.

Die ersten Karten, die sie wegen des ergangenen Briefverbotes schrieb, berichten von ihren Fahrten nach Teupitz, südlich von Berlin, wo sie eine Holzhütte auf der Halbinsel Kohlgarten besaß. *Auf einer meiner Fahrten nach Teupitz in der zweiten Januarhälfte mußte ich in Königs-Wusterhausen umsteigen. Auf einem Nebengleis standen die Wagen eines Flüchtlingszuges. In der bitteren Kälte, die damals herrschte, waren trotz der drangvollen Enge in den geschlossenen Viehwagen viele Menschen, vor allem ältere Personen erfroren. Die Leichen wurden, wie ich vom Bahnsteig aus sah, ausgeladen und reihenweise auf den Bahndamm gelegt.* Nach Teupitz fuhr sie immer wieder, weil sie ihr außenpolitisches Archiv, das sie vor Jahrzehnten anzulegen begonnen hatte, vor der Bombardierung in Berlin schützen wollte. Die Hütte wurde zu klein für die unzähligen Mappen und gebundenen Zeitschriftenausgaben, so daß sie im Teupitzer Schloß ein Zimmer mietete, das sie allerdings bald wieder räumen mußte. *Teupitz war insofern aufregend, weil die Leute, wo mein Archiv ist, fliehen wollen. Ich fuhr also mit dem Schubkarren dreimal mit einigen Dingen über den See zum Häuschen; es taute schon, auf dem Eis standen 5–10 cm Wasser, im Wind zu Wellen gekräuselt. Einmal flog ich hin; trotz Skihose durch und durch naß.*

Diese Mühen hätte sie vermeiden und stattdessen als Auslandskorrespondentin in der Wintersonne von Lissabon oder in der von Madrid sitzen können, wo man ihr eine Stelle als Botschaftsmitarbeiterin angeboten hatte. Aber auf einem Flug nach Berlin hatte sie im März 1944 unter sich die zwei

Orte gesehen, die ihr die liebsten im Leben geworden waren: den barocken Familiensitz der Boveris bei Bamberg und ihre Hütte am Teupitzer See; das gab den Ausschlag, daß sie in ihre von einem Bombentreffer beschädigte Wohnung in Charlottenburg nicht nur zurückkehrte, um ihre Habe in Sicherheit zu bringen, sondern beschloß, bis zum Kriegsende nicht mehr aus Berlin zu weichen. *Ich bin zufrieden, das alles mitzuerleben; man kann es sich nicht vorstellen, wenn man nicht dabei war, auch nicht, was für Genuß Händewaschen in warmem Wasser sein kann.* Das schrieb sie, nachdem sie wieder einmal die Folgen eines Bombardements beseitigen mußte. *Am 1. Tag wirft man seine Eimer mit Schutt und Scherben zum Fenster hinaus. Das ist ganz schön. Später muß man es hinuntertragen.* Man muß auch mindestens dreimal am Tag den Schutt und Staub zusammenkehren, der bei jedem Einschlag in der Umgebung von Wänden und Decken fällt, man hat die Wahl, die zerbrochenen Fensterscheiben mit Pappen zu ersetzen und im Dunklen zu sitzen oder im Hellen zu frieren, man lernt bei einem nicht zu nahen Bombardement weiter Bachs »Wohltemperiertes Klavier« zu spielen und in alarmfreien Zeiten mit Handwagen, Axt und Säge auf die Suche nach Heizmaterial zu gehen. *Ich wanderte also gestern am Lietzenseeufer von Haus zu Haus und Hof zu Hof, bis ich eine schöne neue Ruine fand, wo Fußböden und anderes Holzwerk bis zu ebener Erde heruntergerutscht waren.* Man lernt entbehren und das Entbehrte nicht zu vermissen, *so daß ich damals beschloß, in sogenannten guten Zeiten keine Apparate, ob Rolleiflex oder Plattenspieler, mehr zu kaufen.* Man empfindet einmal alltäglich gewesene Ereignisse wie ein Radiokonzert der Brahmslieder, zu denen sie früher ihren Vater am Klavier begleitete, mit einer nie erlebten Intensität. *Ich drehte das Licht aus; da war nur noch ein Schimmer vom Radio u. vom Öfchen, der die Umrisse der Möbel und Bilder erraten ließ. Ich glaube, man kann sich nur vorstellen, wie schön das Leben in so einer halben Stunde ist, wenn man auch das übrige Leben hier mitmacht.* Man kann in Nächten, in denen der Himmel nicht dröhnt, wieder tief und fest schlafen, ohne vorher ein Schlafmittel zu nehmen.

Und man lernt seine Mitmenschen auf eine Weise kennen, die außerhalb von Krisenzeiten unmöglich ist. Da ist auf der einen Seite die »Volksgemeinschaft«, die aus der Floskel in den Luftschutzkellern plötzlich zu einer unvorhergesehenen Art von Realität wird. *Es ist dort immer ganz gemütlich, man erzählt sich, was man über die verschiedenen Stadtteile erfahren hat. Ich stopfe immer Strümpfe.* Man überlegt, was man zwischen den Ruinen wann wo aussäen kann, und muß sich unter Freunden die militärische Sinnlosigkeit der Bombardements eingestehen, weil die Propaganda recht behält und die Bevölkerung enger zusammengeschweißt wird, weniger aus ideologischer Verblendung als aus dem Willen zum Überleben, und *zwar jetzt erst recht.* Nach der Zerstörung Dresdens die Erkenntnis: *Wenn die Amerikaner u. Engländer seit letzten Herbst alle ihre Bombenangriffe auf den Westwall statt auf die Städte konzentriert hätten, wäre die Front längst zerbrochen.* Auf der anderen Seite ist der Herdenzwang, der kein Ausscheren zuläßt. Der Blockwart, der ihr zuvor schon die Bretter von den Fenstern gerissen hat, weil sie sein Eigentum seien, droht Margret Boveri mit Anzeige, da sie bei Alarm nicht mehr ihre Wohnung verlassen will. Sie will es nicht aus der Überzeugung, daß die Russen, die fast ohne Fliegerangriffe bis vor die Stadt gerückt sind, bei deren Erstürmung nicht von ihren Verbündeten bombardiert werden würden. Aber sie muß die Erfahrung machen, daß in Ausnahmesituationen des Menschen tiefer Trieb, auf Anordnungen zu warten und sie zu befolgen, besonders deutlich wird. *Die Leute glauben alles, folgen wie die Hammel und denken überhaupt nicht daran, sich die Möglichkeiten vernünftig zu überlegen. Und über allem steht das schmerzliche Bewußtsein: wer weiß, ob wir uns noch einmal sehen. Diesen Gedanken hat man jetzt in Bezug auf fast alle Menschen.*

Die siebzehntägige »Schlacht um Berlin« bedeutete, daß die Fliegerbomben von Artilleriegranaten abgelöst werden. Das Westend gehört zu den von der deutschen Wehrmacht bis zuletzt gehaltenen Vierteln. Beim Wasserholen erfährt Boveri von einem Soldaten, daß der Kaiserdamm in russischer, die Kantstraße in deutscher Hand sei. Ihre Straße erhält also Beschuß von zwei Seiten. *Die Vorderseite wird deutsch bedacht, die Rückseite russisch.* Von ihrem Balkon aus beobachtet sie, die als einzige Hausbewohnerin weiterhin in ihrer Wohnung schläft, *ein schaurig-schönes und durchaus kitschiges Schauspiel, das Einschießen. Ein Leuchtkugelregen über dem Lietzenseepark, der die Gegend magisch beleuchtete; darüber der Mond zwischen Wolken aufleuchtend; das Aufblitzen der Geschosse; in der Ferne die Rauchwolken; und an der Straßenecke vor dem Haus die Reste eines Fallschirms.* Er wird am Morgen von ein paar Jungen aus dem Baum geholt. Die letzten Nahrungsmittelrationen werden verteilt und in der Schlange erstmals auf die Partei geschimpft. Die Straßen sind verstopft von Flüchtlingen und Soldaten, die über einen Ausbruch in Richtung Westen debattieren, aber der Wald um Spandau ist bereits von den Russen besetzt. Einer ist schwarz an Gesicht und Händen und sagt, daß er sich bis zum Kriegsende nicht mehr waschen wird. Anfangs kommt noch ein Militärwagen mit Lautsprecher und liefert Wehrmachtsberichte: *Der verlorengegangene Bahnhof Köpenick wurde im Gegenstoß wieder genommen. Ein Feindeseinbruch entlang der Prenzlauer Allee wurde abgeriegelt.* Im heimischen Viertel hinterlassen Werwölfe blutige Spuren: *Ein Professor wollte in der Nacht seine Amtswalteruniform im Lietzensee ertränken, wurde dabei erwischt und man schnitt ihm die Gurgel durch. Um die Stelle, wo die Blutlache war, 100 m von unserem Haus, wurde ein Kreis gezogen und hineingeschrieben »Verräter«.* Blut auch an den Händen der Menschen, denen sie auf der Suche nach Nahrung begegnet. *Ich sah indessen an der Straßenecke eine Frau mit einem großen Stück Fleisch, fragte, woher das komme und bekam die Antwort, da vorne gebe es Pferdefleisch. Ich dachte, es werde verteilt, rannte hin und fand ein halbes, noch warmes Pferd auf dem Trottoir und drum herum Männer und Frauen mit Messern und Beilen, die sich Stücke lossäbelten. Ich zog also mein großes Taschenmesser, eroberte mir einen Platz und säbelte auch. Einfach wars nicht. Ich bekam ein Viertel Lunge und ein Stück von der Keule, woran noch Pferdefell war …* Während sie das Fleisch durch den Wolf dreht, *um mit Zwiebel, Thymian und einem Einbrenn eine sehr köstliche Lungenblutwurst* zu machen, rief Nachbar Mietusch, *der erste russische Wagen fahre durch unsere Straße*. Der Boveri gehen in diesem Augenblick zwei Gedanken durch den Kopf: wie schwer es für einen Mörder ist, die Blutspuren in einer Wohnung zu beseitigen, und: was, wenn ein Rotarmist sie so erblickt und glaubt, sie habe einen Russen erschlagen.

Aber *dem Mutigen gehört die Welt* und nach der ersten Nacht ohne Beschuß steigt sie die drei Stockwerke aus ihrer

Wohnung herab und rekogniziert die Lage. In den Hinterhof zieht ein russischer Trupp ein: etwa 20 Pferde, 30 Mann, drei Gulaschkanonen, drei weiß-schwarz gefleckte Kühe. Ihr Fahrrad glaubt sie am ehesten in Sicherheit, wenn sie darauf fährt. Sie fährt zu Frau Becker in Friedenau, in besseren Tagen ihre Putzfrau, und sieht *unbeschreibliche Szenen der Verwüstung; dazwischen die kaputtgeschossenen Panzer und Autos, Munitionskästen; dazwischen reitend, fahrend, gehend, singend, stehend die Russen. Dazwischen die bepackten, sich schleppenden Flüchtlinge. Dazwischen freilaufende Pferde. Dazwischen lange Schlangen mit Wassereimern vor den Pumpen.* Bei Frau Becker waren die Russen noch nicht, aber manche ihrer Nachbarn sitzen *als Flüchtlinge auf der Straße mit ihrem Bettzeug,* weil sie ihre Wohnungen für russische Offiziere räumen mußten. Auf dem Rückweg sah sie einen *kleinen verlassenen Fiat, dem nur der Zündschlüssel fehlte, und schob den mit Frau Mietuschs Hilfe nach Hause.* Sie will ihn fahrbereit machen, denn ihre Hände können nicht nur mit Klaviertasten und großem Taschenmesser umgehen, auch mit Schraubenschlüsseln. Seit längerem mauert sie an einem kleinen Herd, auf dem sie kochen und Wachskerzen für die langen Dunkelstunden ziehen will. Meldet sich einmal der Strom zurück, wird telefoniert. *Die Frauen halten die Verbindung aufrecht. Die Männer sind krank – Amöbenruhr, verstauchter Knöchel usw. … Nach dem Mann, der mir imponiert, suche ich immer noch.* Es sind die Frauen, die in der größten Gefahr klaren Kopf und ihren Mut behalten. Sie haben einen nächtlichen Wachdienst organisiert, um Brandstiftungen und möglichst auch Plünderungen zu verhindern. Zuvor haben sie Leichensäcke für die von Granatsplittern getroffenen Frauen Kaminsky und Alsen genäht und sie im Hinterhof begraben, weil es Särge schon lange nicht mehr gab und der Lietzenseepark übervoll von Gräbern war. Der Aufstieg der Frauen im 20. Jahrhundert geht auf seine Kriege zurück, in denen so viele Männer getötet, gebrochen, demoralisiert wurden.

Auf ihrem *Tortur* genannten alten Rad, das ihr die Russen noch gelassen haben, fährt Margret Boveri zu Freunden nach Dahlem, den Manholts. *Und es kam mir eine alte Frau entgegen, mit blutunterlaufenen Augen und schwarzen Flecken im Gesicht und einem Loch im Schädel in der Stirn. Nach zwei Sekunden wußte ich: das ist die Elsbeth. Die Vorderzähne sind ihr eingeschlagen. Es stehen nur noch die ausgezackten Stümpfe wie bei einer alten Bauernfrau. Sie sieht schrecklich aus. Das Haus ist völlig verwüstet, alles herausgerissen, das meiste geplündert, der Rest zertrampelt. Das geschah schon vor einer Woche. Seitdem räumen sie am Tag, aber jede Nacht kommen die Russen wieder.* Es folgen die Schreckensszenen aus den beiden Monaten der alleinigen Herrschaft der Sowjetarmee über Berlin, die die Schriftstellerin bisher nicht öffentlich machen wollte, die Vergewaltigungen der meisten Frauen ihrer Umgebung, die Plünderungen, Verwüstungen, die Verhaftungen und Erschießungen von Männern, die Selbstmorde ganzer Familien. Sie schildert nur, was sie erlebt oder von nächsten Bekannten erfahren hat, und ist dankbar für jedes Erlebnis, das ihr auch Menschlichkeit und Hilfsbereitschaft unter den Siegern zu zeigen erlaubt.

Über allem steht aber ihre völlige Unberechenbarkeit, das Gefühl ohnmächtigen Ausgeliefertseins an eine entfesselte Soldateska. Trotzdem macht sie sich gemeinsam mit Frau

Becker in das von ihr so geliebte Teupitz auf. Sie haben ein Fahrrad, auf dem sie abwechselnd fahren, und wenn sich Russen nähern, flüchten sie in den Wald. Die Stadt und den Marktplatz finden sie wie ausgestorben, *auf dem Platz lagen einige Tote in Uniform herum, steif, wie riesige Marionettenpuppen.* In ihrem Häuschen bietet sich das übliche Bild der Verwüstung: *alles erbrochen, zerschlagen, geplündert, die drei Boote fort … Meine Archivmappen lagen zerstreut umher. Die Ölfarbe zum Hausanstreichen war ausgeleert, alles klebte davon. In den Beeten hatten Kühe und Pferde geweidet, und zum ersten Mal war also echter Mist bei uns zu finden.* Die beiden Frauen gehen ans Aufräumen, das Vernageln der Türen und Fenster. Im Garten Bohnen, Kohlrabi, Weißkraut, Blaukraut, Blumenkohl setzen, Gurken aussäen usw. Sie holen den Kanadier mit einem Loch aus dem Wasser, Rotarmisten brausen währenddessen mit Motorbooten aus einem erbrochenen Bootsschuppen über den See. Von einem Nachbarn erfahren sie: *Die ganzen Teupitzer mußten vier Tage lang von früh bis spät in Halbe Tausende von Leichen »einbuddeln«, Soldaten und Zivilisten, alle unidentifiziert* – es sind die Opfer der letzten großen Kesselschlacht vor Berlin, die heute auf dem größten Soldatenfriedhof Deutschlands in Halbe liegen. Am nächsten Morgen: Wir standen halb fünf Uhr auf, hoffend, daß es so früh noch keine Russen unterwegs gebe. Aber es gibt sie immer und überall. Die ganze Nacht hatten sie im Schloß gegrölt und Grammophonplatten gespielt, und nun hörten wir den Gesang in den Wäldern. Man horcht und wittert wie ein Tier, bevor man sich aus der Deckung der Bäume auf die Landstraße begibt. *Einmal als es bergab ging, wartete ich, um Frau Becker aufs Rad zu helfen, damit sie sich abwärts ausruhen könne. Zurückblickend sah ich, wie sich oben eine Kolonne gebildet hatte und von der einen Waldseite in die andere singend über die Straße marschierte. Frau Becker schlüpfte durch. Sie kam mir tränenüberströmt entgegen. Es ist das erste Mal in unserer langen Bekanntschaft, daß ich sie weinen sah, denn sie ist ja eine sehr tapfere und willensstarke Person. Die lange Kolonne bestand nämlich aus deutschen Zivilgefangenen und diejenigen, die zu erschöpft waren, um weiterzukommen, wurden mit der Peitsche traktiert.* Auf der Rückfahrt begegneten sie noch zweimal *russischen Wagen mit Ölfarbe; sie fuhren von Straßenschild zu Straßenschild, löschten die deutschen Ortsnamen aus und ersetzten sie durch Worte in kyrillischen Buchstaben.*

Nach diesen Erlebnissen ist Margret Boveri tief deprimiert; auch die Tatsache, *daß unser Beruf uns befähigt, die Dinge besser zu überstehen, weil im Hintergrund immer der Gedanke ist »wie werde ich das schreiben?« und dadurch alles gleich objektiviert wird,* hilft ihr nur langsam aus der Depression. Eine andere Stütze und zwar für alle Betroffenen ist der Umstand, nur selten allein zu sein. Für den Menschen des 21. Jahrhundert, der seine Krisen durch absolute Vereinzelung zu überwinden glaubt, ist es erstaunlich zu beobachten, wie dicht geknüpft das persönliche Beziehungsgeflecht war, das einer früheren Generation das Überleben erleichterte. Es gab Tage, an denen es von morgens bis abends an Boveris Wohnung klopfte, und wenn es *fremd* klopfte, also nicht im verabredeten Zeichen der Hausgemeinschaft, stand jedes Mal das zu einer Person gewordene Schicksal vor der Tür. Eine Flüchtlingsfamilie aus dem Baltikum, die nach den Vormietern suchte, die Verhaftung fürchtende Journalistenkollegen, Entlasssene aus den KZs und Gefängnissen, darunter die Cousine ihres Freundes

Adam von Trott, die von den Erschießungen der Mitverschworenen des 22. Juli in der Albrechtstraße berichtete. Um sich einen besseren Überblick zu verschaffen, unternimmt sie Erkundungsfahrten ins Stadtgebiet, obwohl das Überschreiten der Bezirksgrenzen verboten ist. *So zerfällt Berlin in eine Reihe von Republiken, die voneinander ganz unabhängig sind. Die Regierungssitze sind die Bürgermeistereien*, und sie wartet nur darauf, daß Wilmersdorf Charlottenburg den Krieg erklärt. Stadtmitte ist ein Ruinenfeld, in Friedenau gibt es Sonderrationen, weil es sich kampflos ergeben hatte, der Bürgermeister von Zehlendorf hat sich gerade erschossen. Immer wieder fährt sie nach Dahlem, wo sie mit Melanie Steinmetz, die anderthalb Jahre Haft wegen des Versteckens von Juden hinter sich hat, eine gemeinsame Wohnung beziehen will. In der gleichen Thielallee hatten Otto Hahn und Lisa Meithner einst die Uranspaltung entdeckt, und die Sowjets wollten die Gegend zu einem Zentrum für Wissenschaft und Kultur aufbauen, dessen Angestellte die Lebensmittelrationen von Schwerarbeitern erhalten würden.

Aber es herrschte das Verbot von Wohnungswechseln und in jeglicher Hinsicht Unsicherheit. Würden die Amerikaner kommen, die Engländer und Franzosen, um vertragsgemäß ihre Sektoren zu besetzen? Seit dem Tod Roosevelts und der Kapitulation der Deutschen waren aus den Verbündeten potentielle Feinde geworden. Dann gab es wieder Hoffnung auf eine Annäherung unter den Alliierten, weil ihre vielfach verschobene Siegesfeier nun doch stattfinden sollte. Jeder Berliner Haushalt mußte dazu vier Flaggen nähen, ansonsten drohte Zwangsarbeit. Boveri nahm dazu ein Konversationslexikon zu Hilfe. Am schwierigsten war es, 96 weiße Sterne aus einem Kopfkissen zu schneiden, sie tat es nach einer *Pappdeckelschablone für einem Christbaumschmuck.*

Daß die Russen wohl doch die Westsektoren verlassen würden, konnte man ihren verstärkten Plünderungsaktivitäten entnehmen. Alle Schreibmaschinen, Telephone, Radioapparate sollten abgegeben werden, aus den Betrieben verschwanden die restlichen Maschinen, von den Bahngleisen die Schienenstränge und wurden zumindest nach Ostberlin gebracht. Auch die dazugehörigen Fachkräfte verschwanden, teils durch Gewalt, teils mit Versprechungen gelockt, über die Grenze; schon 100 pensionierte Professoren sollten drüben an der Neugründung der Universität beteiligt sein. Aus Moskau kam von der Frau des Atomphysikers Hertz die Nachricht, daß sich das versprochene Schloß als Kommunalbau mit einer Anderthalbzimmerwohnung darin entpuppt hatte. Boveri blieb. Sie fertigte für die wiederaufgetauchten Ullsteins Listen mit amerikanischer Literatur an, die übersetzt werden sollte. Sie schaffte es, eine Zuzugsgenehmigung für Dahlem zu erhalten und organisierte den Umzug mit der Firma Kauer, der ehemals größten Spedition Berlins, die nur *noch einen, von Kartoffelschalen genährten, Schimmel besitzt.* Sie gibt einen Einweihungstee für über 20 Personen, bei dem drei Pfund mit Honig bestrichenes geröstetes Schwarzbrot gereicht wird, gut als Mittel gegen den Ruhrdurchfall, von der die Hälfte der Bevölkerung befallen ist. Mit Fräulein Steinmetz gräbt sie sofort zwei Beete um – *schwere harte, von Panzern gepreßte Lehmerde* – und bepflanzt sie. Blumen gibt es genug in den verwilderten Gärten ringsum, aber sie brauchen Gemüse für die gemeinschaftliche Küche. Auf die Lebensmittelkarten bekommt man kaum genügend

Brot, daneben existiert ein sehr teurer »freier« Markt: auch hier aber Schlangen, wo man sich drei bis vier Stunden vorher anstellen muß, der aber in kürzester Zeit ausverkauft ist. Zusätzlich gibt es einen Schwarzmarkt und einen russischen *Tauschmarkt, wo die Russen Uhren und Schmuck wollen und dafür Fett und andere Lebensmittel geben. Aber dieses kenne ich nur aus Erzählungen.* Seit das Pferdefleisch aufgebraucht ist, ist sie drei Wochen ganz ohne Fleisch.

Das ändert sich nur wenig, als die westlichen Alliierten einrücken. Anfangs bringen die Amerikaner Erleichterung, da sie mehr wegwerfen, als die Berliner essen. *Gegenwärtig beschäftigen wir uns in Gedanken mit dem amerikanischen Müll. Wenn wir ihn fänden, würden wir gut essen und uns wieder runden. In den amerikanischen Küchen wird alles Fett vom Fleisch abgeschnitten und weggeworfen. Und wir haben seit Wochen kein Fett, seit Monaten keine Butter mehr bekommen, aber die angestellten deutschen Frauen dürfen nichts, auch nicht vom Abfall, mitnehmen.* Elsbeth Manholt hat im Grunewald Müllsäcke entdeckt und kehrt heim *mit herrlichen Dingen … Stücke so weißen Brotes, wie wir es längst nicht mehr kannten, Papier von Butter- und Marinepaketen, die ausgekocht ein Näpfchen mit Fett ergaben … Leider wird aber der Müll nun offenbar versteckt vergraben.* Es herrscht in den ersten Wochen strenges Fraternisierungsverbot, keine Hand darf gereicht, kein Kind berührt werden. *Aber sie brechen nicht in die Häuser ein und vergewaltigen nicht, und ich gehe nun zum ersten Mal seit Monaten ins Bett, ohne meine Papiere, Füllfeder, Geld usw. griffbereit zu haben.* Die Angst will trotzdem nicht weichen. Die Russen behalten in der Stadt das Oberkommando, und während sie in Potsdam mit den anderen Alliierten verhandeln, beschlagnahmen die Amerikaner in Dahlem Wohnungen. *Ein Straßenstück nach dem anderen mußte geräumt werden. Die herausgeworfenen Menschen ziehen zu den nächstgelegenen Freunden oder Bekannten und einen oder zwei Tage später kommen die dann dran. Es ist wie eine Lawine. Viele sitzen zwischen ihren Bündeln, Weckgläsern und mit kleinen Kindern vor ihren einstigen Gärten auf der Straße.*

Für Margret Boveri wiederholt sich, was sie seit 1933 mehrmals erlebte. *Ich denke, jetzt ist Berlin für mich aus; alle Leute, an denen mir liegt, sind fort oder tot. Es ist eine fremde, leere Stadt geworden. Und nach kurzem haben sich die Lücken gefüllt, nicht die der nahen Freunde, aber die der sehr sympathischen, intelligenten Menschen, mit denen man dieselbe Sprache spricht und diskutieren kann. Es ist eine ungeheure, formende Kraft in dieser Stadt und eine starke Atmosphäre, da kann man sagen, was man will. Und es ist auch immer derselbe Typus, der sich herausbildet. Vor allem finde ich das bei den Frauen.*

Frauen war es auch, die die Flucht einiger Familien durch die sowjetisch besetzte Zone nach Süddeutschland organisierten. *Petra und die Steinmetzin und Elsbeth, die bei so mancher Judenflucht mitgeholfen hatten, fanden es merkwürdig, daß nun wieder die gleichen Überlegungen, nur noch schwieriger, die Gedanken beherrschten.* Boveri schloß sich ihnen an, weil sie, nach Monaten ohne Lebenszeichen, endlich ihre Angehörigen und Freunde in Franken wiedersehen wollte. Die Berichte, die gescheiterte Flüchtlinge lieferten, waren abschreckend. An der Elbe wurde man von beiden Ufern aus beschossen; um über die thüringische Grenze zu kommen, mußte man tagelang durch russisches Gebiet. *Man fuhr auf Güterwagen oder Puffern in Richtung Jüterbog, und an irgendeiner Stelle, vielleicht in Luckenwalde, wurden alle Fahrenden heruntergeholt und mußten zwei bis drei Tage Schienen schleppen, – für den Abtransport nach dem Osten.* Die Gruppe hatte Glück, und nach einer Zugfahrt auf verschiedenen Waggondächern, die Boveri als die schönste ihres Lebens empfand, kam sie vollzählig im thüringischen Grenzgebiet an. Dort hatte ein Pole mit seiner holländischen Frau ein gut florierendes Fluchthilfeunternehmen aufgebaut. In Bauernkleidung, mit Kopftüchern und Rechen über den Schultern fuhren die Berliner auf einem Leiterwagen über Wiesen ins Fränkische hinein.

Margret Boveri war in Sicherheit, ihre Familie und deren Anwesen unversehrt. Sie konnte ihren Brief abschließen und in die Schweiz schicken, in dem sie die von ihr so genannte *Sacco di Berlino* auf eine einzigartige Weise als eine Folge von drei innerhalb weniger Monate über sie hinwegschwappenden Zeitwellen schildert, die das Schicksal Europas in diesem Jahrhundert bestimmen sollten: die der deutschen Nationalsozialisten, die des sowjetischen Bolschewismus und die der kapitalistischen Demokratie amerikanischer Prägung. Das Buch ist, wie alle ihre Werke, nur noch in Antiquariaten aufzutreiben.

Nach zwei Monaten kehrte Margit Boveri nach Berlin zurück.

Vita 1

Die Boveris stammten aus Savoyen und wanderten im 18. Jahrhundert in Franken ein. Das Landgut in Höfen bei Bamberg gehörte noch zum Familienbesitz, als Theodor Boveri, der Biologieprofessor in Würzburg, seine amerikanische Assistentin Marcella heiratete und von ihr, der schon 37jährigen, im Jahr 1900 eine Tochter geschenkt bekam, die katholisch auf den Namen Margret getauft wurde. Das Einzelkind wuchs im Universitätsviertel der Barockstadt auf und zweifelte mitunter daran, ob die Mutter *mit ihren schwammigen Händen, ihrem geishahaften Wesen* die richtige Mutter war. Der Versuch, von Fall zu Fall die Kainszeichen der Gegensätze ausfindig zu machen, gehörte zu den wiederkehrenden Themen ihres Lebens. Auf der einen Seite der verehrte, zeitweise wegen Gelenkrheumatismus an den Rollstuhl gefesselte Vater, mit dem sie beglückende Stunden gemeinsamen Musizierens erlebte, auf der anderen eine Mutter, die zur ersten Generation der studierenden Frauen in Amerika gehörte, getrieben vom *Bestreben, den Männern geistige Ebenbürtigkeit zu beweisen*, und dies auf ihre Tochter übertragend. Um nicht mit den Proletarierkindern des Pleicherviertels in Berührung zu kommen, wurden die Sprößlinge der Professoren reihum in Wohnungen privat unterrichtet. Die Mutter gab Naturkunde, systematisch, gerecht und eingebettet in eine strenge Tagesplanung.

Als sie ihre Tochter wegen einer Lüge zur Rede stellte, beendete sie die Bestrafung mit den Worten: »*Now we can turn over a new leaf.*« Ein halbes Jahrhundert später resümiert Margret Boveri: *In der Neuen Welt das Absolutnehmen der*

Aussage, in der Alten Elastizität und Toleranz, entstammend der täglich erneuerten Erfahrung von der Rückfälligkeit des Menschen. Wir erfahren es in dem Band *Verzweigungen,* den Uwe Johnson aus Gesprächen und von ihm angeregten autobiographischen Texten zusammengestellt und nach dem Tod der Autorin herausgegeben hat.

Es gab keinen Zweifel, in welcher der beiden Welten sich das hochbegabte und entsprechend schwierige Kind zu Hause fühlte. Als die Mutter sie erstmals mit in ihr Heimatland nahm, erlernte sie die fremde Sprache binnen kurzem – und vergaß sie nach der Rückkehr vollkommen. Ein von ihrer neuenglischen Tante gereichter »Toast« war für sie nur eßbar, wenn man ihn »geröstetes Brot« nannte. Die Familie der Mutter war in Boston zuhause, die Schwester lebte in Springfield. Unweit davon, auf dem ruhmvollen Vassar-College, war auch die Mutter erzogen worden; mit ihrer Tochter besuchte sie regelmäßig den fast ausschließlich von Frauen belebten Campus im pompösen, spätviktorianischen Stil. *Erschreckend und einschüchternd am Abend bei der täglichen Andacht, wenn sie alle auftraten, die unabsehbar vielen langen Röcke.* Die Mutter hatte Margret schon bei ihrer Geburt in das Register des Colleges eintragen lassen. *Stattdessen war Krieg,* und statt nach Poughkeepsie kam sie in die Würzburger Sophienschule, *wo es keine Bürgertugendlehre gab, dafür Latein und Mathematik und gelegentlich Siegesfeiern.*

Margret war eine Vatertochter und dieser, als Professor und zeitweiliger Rektor der Universität, bei aller liberalen Weltläufigkeit, ein deutscher, mehr noch ein bayerischer Patriot. Mit ihm spielte sie vierhändig Klavier und versuchte, seine ihr gewidmeten künstlerischen Hoffnungen auch durch das Verfertigen von Gedichten, Aquarellen und von Plastilinfiguren zu erfüllen, von denen sie eine in Gestalt eines Elefanten dem Hausfreund »Onkel Röntgen«, dem berühmten Nobelpreisträger, schenkte. Die Hoffnungen auf eine Karriere als Künstlerin blieben allerdings unerfüllt, auch in der Musik, obwohl sie ein absolutes Gehör entwickelte (das sie später wieder verlor) und eine gewisse Zeit lang mit einem Studium am Konservatorium liebäugelte. Doch lieber als die Klavierübungen waren ihr letztlich die Raubritterspiele mit den anderen Kindern im Institutsgarten, das Zielschießen auf Blechschilder, die Expeditionen in die Weinberge und zum Hafen am Main.

Der Vater war einer der frühen Genetiker, und wenn es damals schon einen Nobelpreis für Biologie gegeben hätte, wäre wohl auch er damit ausgezeichnet worden. Zu Forschungszwecken fuhr er, begleitet von Frau und Kind, regelmäßig nach Neapel an das dortige, von Deutschen gegründete Internationale Institut für Zoologie. Während die Eltern *die gekreuzten Seeigeleier schüttelten* und ihre Entwicklung protokollierten, besuchte Margret die französische Schule in Napoli oder spielte mit Blick auf dessen Golf im Park des Instituts. Mit seinem Forschungsschiff wurden Reisen nach Sorrent und Ischia unternommen, auf denen sich das Mädchen als seefest entpuppte. Es war viel mit Erwachsenen zusammen, doch die Befürchtungen des Vaters, daß es dadurch zur Blasiertheit neigen würde, erwiesen sich als unbegründet. *Ich nahm an, die Vollkommenheit stelle sich später ebenso automatisch ein wie die zweiten Zähne, wie das Großwerden überhaupt.* Das Großwerden brachte auch schmerzliche Erfahrungen: die, daß im Krieg aus dem einstigen Bündnispartner plötzlich ein Feind wurde und ein gegenseitiger Haß geschürt, *so blind wie in unseren Tagen der zwischen Israelis und Arabern;* später, unter Mussolini, das unvermutete Aufblühen soldatischer Neigungen bei den so lebenszugewandten Italienern.

Dies mußte Theodor Boveri nicht mehr erleben; im Herbst 1914 lag er sterbenskrank darnieder, während Margret mit ihrer Bamberger Tante vierhändig ein Brahmssches Streichquartett spielte und auf der Straße die marschierenden Soldaten *In der Heimat gibt's ein Wiedersehen* sangen. Der Tod des Vaters war für die Vierzehnjährige der erste der schweren Verluste, für die sie nicht lange vor ihrem eigenen Tod in ihren Erinnerungen die Kapitelüberschrift *Amputationen* fand.

Sie mußte allein gehen lernen, der Vater nur noch in Gedanken bei ihr, die Mutter, der sie noch als Zwanzigjährige die an sie adressierten Briefe vorlesen mußte, in um so bedrückenderer Nähe. Sie mußte allein erwachsen werden, *ein steckengebliebenes Kind … Als seien mit dem Tod des Vaters Wurzeln und Krone gleichzeitig abgeschnitten. Übrig geblieben war ein Stumpf. Er existierte weiter.* Sie bekam Angina; als der Arzt in ihren Hals sehen wollte, stieß sie ihn mit dem Fuß in den Bauch, eine *Geste der Ohnmacht*. In einer langwierigen Prozedur versuchte man mit Spangen, den Unterbiß ihrer Zähne zu korrigieren, den sie von ihrem Vater geerbt hatte. In der Schule war sie aufsässig gegen Lehrer, die sie haßte, lammfromm und strebsam bei den von ihr geliebten. *Ich entwickelte als erste einen Busen, den ich haßte. Ich war immer ein dickes Kind.* Dieses Kind atmete nur auf, wenn es hinaus aufs Land nach Höfen ging, wo die Familie des Vaters ihr Landgut bewirtschaftete, wenn es bei der Ernte helfen, mit den Kindern der Bauern spielen konnte, von denen die Mädchen keine Höschen trugen. Sie bauten auf der Landstraße eine von der Polizei beseitige Barrikade, um einen Geldtransport der Franzosen aufzuhalten, der angeblich von Frankfurt nach Rußland gehen sollte. Das Mädchen war Patriotin, sie weigerte sich, englisch zu sprechen, lernte Strümpfe und Pulswärmer für die Verletzten im Lazarett zu stricken, spielte dort Klavier. Vom Schrecken und Elend in den Schützengräben bekam sie erst etwas mit, als sie nach dem Krieg Remarque, Renn, Arnold Zweig las. Allerdings erfuhr sie, daß Hunger nicht immer gestillt werden kann, und würde niemals in ihrem Leben ein Stück Brot wegwerfen können. *Einen Sommer lang lief ich barfuß durch die steinerne Stadt in die Schule, weil die schlecht konstruierten Holzsandalen ständig kaputt gingen.* Halt bot der Patenonkel Wilhelm Röntgen, der nach dem Tod seiner Frau häufiger nach Würzburg kam, mit Margret in den Weinbergen wanderte, mit ihr und der Mutter auf die Jagd ging. Durch den berühmten Physiker wurde sie zu eigenen naturwissenschaftlichen Experimenten angeregt, die in der Mutter die Hoffnung nährten, sie würde sich in den Fußstapfen der Eltern der Biologie widmen. Doch ihrer Dominanz versuchte sie sich immer mehr zu entziehen. *Meine einzige Waffe war völlige Verstocktheit.* Sie entfloh der Mutter und der Wohnung, wann sie konnte und erlebte keine glücklicheren Augenblicke als im Bewußtsein: *Jetzt weiß niemand, wo ich bin.* Ihre spätere, vorzugsweise solistische Lebensweise sollte davon geprägt werden. *Aus dem Gefühl des ständigen Überwachtwerdens ist vielleicht meine Manie für das Alleinsein entstanden.*

Kriegsende und Revolution mußten das Gefühl der Entwurzelung und grundsätzlichen Desorientierung verstärken. *Wer das Kriegsende zweimal erlebt hat, 1918 und 1945, wird mir zustimmen, daß das erste Mal das schrecklichere war. Es traf uns unvorbereitet.* 1945 ging die äußere Welt in Trümmer, 1918 hatte es die innere getroffen. Durch ein Teleskop beobachtete die Gymnasiastin die Gefechte der Roten und Weißen um den Burgturm, in München waren Kämpfe im Gange, die zur Ausrufung einer Räterepublik führen sollten, in Würzburg, das während des Krieges beharrlich geschwiegen hatte, wurden Parteien gegründet, Vorträge gehalten, der Religionsunterricht in der Schule als Pflichtfach abgeschafft. *Die Fronten wurden plötzlich sichtbar, ich erkannte sie nicht, gehörte zur einen Seite und zur anderen, ohne den Widerspruch zu empfinden.*

Der Vater hatte innerhalb der in ein ultramontanes und ein liberales Lager gespaltenen Universität immer zum letzteren gehört. Die Tochter suchte am Gymnasium nach einem ähnlichen Weg, der gleichzeitig ihrer Heimatliebe und dem Willen zu einem Neuanfang Rechnung tragen sollte. Sie trat dem »Deutsch-Nationalen Jugendbund« bei und wurde Führerin einer Gruppe von Dreizehnjährigen, mit denen sie, »Die Gedanken sind frei« singend, an den Wochenenden zu Wanderungen und Radfahrten mit Übernachtung in Zelten aufbrach. *Die Mädchen schwärmten mich an. Ich wurde mir bewußt, daß ich mit ihnen hätte anfangen können, was ich wollte. Und ich erkannte, daß ich genau das nicht wollte.* Ein Zweites verstärkte die Distanz zu dem Bund: er spaltete sich über der Frage der Aufnahme von Juden, die im Würzburg des Vorkriegs selbstverständlicher Teil der Gesellschaft gewesen waren, nun aber zunehmend ausgegrenzt wurden. Margret blieb

Mitglied des philosemitischen Flügels und wurde weiterer Gewissenskonflikte enthoben, als sie nach einem Semester des Studiums der Zoologie von der Universität ihrer Eltern zu der in München wechselte.

Den Wünschen der Mutter und Wilhelm Röntgens entsprechend, hatte sie Naturwissenschaften zu studieren begonnen, dabei aber bald bemerkt, daß sie, sollte sie weiter den Fußstapfen des Vaters folgen, unentrinnbar in ein Geflecht von Beziehungen und Protektionen verstrickt werden würde – *das wollte ich nicht.* Sie wollte ihrem am Boden liegenden Land helfen und glaubte dies am besten tun zu können, indem sie Lehrerin an einer Mittelschule würde. Während des Krieges hatte sie erlebt, wie Frauen in den Schuldienst traten, und danach, daß sie trotz ihrer häufig ausgezeichneten Arbeit wegen fehlenden Hochschulabschlusses wieder entlassen wurden. Der Erwerb eines Staatsexamens würde eine feste Anstellung und mit dem Gehalt Unabhängigkeit von der Familie ermöglichen. Das erschien ihr um so notwendiger, als der üppige, von finanziellen Sorgen unbelastete Lebensstil der Vorkriegsjahre schlichter Not gewichen war. Die Pension der Mutter war nach der Umstellung auf die Rentenmark drastisch gekürzt wurden, man mußte mehrmals umziehen, und das in der Fabrik seiner Badener Brüder angelegte Geld des Vaters gaben diese nicht heraus, ja, sie drangen darauf, daß der umfangreiche Landbesitz in Höfen verkauft wurde und nur noch das Haus Eigentum der Familie blieb.

Das empfand die junge Studentin als ihre zweite Amputation. In München weigerte sie sich, die von der Mutter gewünschte Doktorarbeit zu schreiben, und trat ihr Referendarjahr an, das sie ob der Zwänge des bayerischen Schulsystems als ihr Zuchthausjahr bezeichnete. Zu den Schülerinnen fand sie bald engen Kontakt, doch die ihr angebotene Stelle am heimischen Sophiengymnasium trat sie nicht an, denn sie hatte *erkannt, daß es nicht möglich sei, auch nur eine Mathematikstunde zu geben, solange ich nicht den Sinn des Lebens wisse, geschweige denn eine Deutschstunde.* Ihre innere Zerrissenheit fand sie in Hesses *Demian* formuliert. Sie bekam die spanische Grippe und mit ihr so heftige Kopfschmerzen, daß sie ihre Haare kurz scheren ließ. Das war unerhört, und sie mußte sich einen künstlichen Zopf aufstecken, bis die Haare nachgewachsen waren und die Kopfschmerzen zurückkehrten. Nach der Rückkehr von einem Kuraufenthalt in der Schweiz erlitt sie einen nervlichen Zusammenbruch. Sie las nicht mehr, musizierte nicht mehr, blieb tagelang schweigend im Bett, bis sie akzeptiert hatte, daß sie im Leben keinen anderen Sinn finden würde, als daß es gelebt werden wolle.

Sie versuchte es ohne rechten Erfolg in der Schwabinger Boheme. Technikbesessen wie die meisten ihrer Generationsgefährten nahm sie ihren schon in Würzburg begonnenen Flugunterricht wieder auf, flog allein von München bis Nürnberg und verliebte sich sterblich in den Fluglehrer Riezler, der aber leider die von seiner Schülerin verinnerlichte viktorianische Maxime, daß ein Mädchen bis zur Hochzeit unschuldig zu bleiben habe, akzeptierte und sich eine weniger strenge Geliebte nahm. Das Problem war nicht das Margrets allein. *Die Männer für die Hochzeitsnächte fehlten, zwei Millionen waren im Krieg geblieben. Wer trotzdem entschlossen war zu heiraten, hatte die Wahl zwischen solchen, die zwanzig bis dreißig Jahre älter waren, oder Jugendlichen. Die Alternativen:*

Verhältnisse mit verheirateten Männern, Onanie, lesbische Liebe. Die Begriffe dafür fehlten, aber als Margret Boveri München verließ, hatte sie Kenntnisse in jeder der Alternativen.

Sie verließ Bayern in Richtung Süden. Eine unverhoffte Erbschaft, mit der sie erfolgreich auf Aktien spekulierte, hatte sie in die Lage versetzt, sich einen Kleinwagen zu kaufen – neben dem Abonnement der *Frankfurter Zeitung* ihre erste selbständige Tat. Mit ihrer Freundin Wigge, einem wagenradgroßen Laib Höfener Brot und einem Spirituskocher fuhr sie zur Feier des Studienabschlusses über die Alpen bis nach Rom und schließlich Neapel, um ihre alten Freunde in der Zoologischen Station zu besuchen. Eine besonders enge Beziehung hatte sie zu Rainer Dohrn, dem Sohn des Gründers des Instituts, unter dessen Leitung es zu einem internationalen Forschungszentrum ausgebaut wurde, mit Aquarium, Laboratorien, einer großen, mit Marees-Fresken geschmückten Bibliothek, Arbeitsplätzen, die an Länder und Institutionen aus aller Welt vermietet wurden. Dohrn brauchte für die vielfältigen Managementaufgaben eine Sekretärin, und als Margret die Mutter in einem der täglich zu schreibenden Briefe um ihre Erlaubnis bittet, erhält sie diese unter der Bedingung, daß es ein befristeter Job bleibt.

Daß sie nur die Hälfte einer Schulanfängerin in Deutschland verdiente, störte sie dabei nicht. In das neapolitanische Chaos des Instituts einzutauchen und es mit fränkischer Gründlichkeit zu ordnen, war für sie ein Akt der Befreiung und der Befriedigung. Im Umgang mit den italienischen Angestellten und den ausländischen Stipendiaten schulte sie ihre Sprachen- und Menschenkenntnis; sie kochte Tee für Maxim Gorki und erfreute sich an seinen stillen blauen Augen; sie verliebte sich in den amerikanischen Zoologen Just, als sie ihn weinend in seinem Zimmer traf, weil er, in dessen Adern zu viel Neger- und Indianderblut floß, ein solches Konzert, wie er es soeben in der Station erlebt hatte, in seiner Heimat nicht besuchen durfte. Sie lasen gemeinsam den *Ulysses* und *Lady Chatterley's Lover.* Der verheiratete Mann war ein Romantiker, der sich für die wirkliche Befreiung der Afroamerikaner mehr von den Südstaatenaristokraten als von den Yankees erhoffte. Er besuchte den preußischen Kronprinzen auf Sizilien, und als seine Geliebte nach mehreren Trennungen und Versöhnungen und rund drei Jahren unter der südlichen Sonne wieder in den Norden aufbrach, begleitete er sie in ihrem Auto.

Sie steuerten nach einigen Umwegen und einem Zwischenaufenthalt bei der Mutter in Würzburg die Reichshauptstadt an, Just als Gast des Kaiser-Wilhelm-Instituts für Biologie und Margret, um an der »Hochschule für Politik« zu studieren. *Ich wußte, was ich wollte: Außenpolitik machen. Darunter verstand ich Verständigung, Ausgleich zwischen den Völkern – also das, was wir in Neapel zwischen den Angehörigen verschiedener Nationen im Kleinen praktiziert hatten, übertragen auf die Beziehungen zwischen den Staaten.* Die als weltoffen und liberal geltende Hochschule war in der Schinkelschen Bauakademie untergebracht, die bis heute zwischen Schloß und Friedrichwerderscher Kirche darauf wartet, aus einer leinwandenen Imagination wieder zu Backstein zu werden. Hier schrieb Boveri beim Historiker Oncken drei Jahre lang an ihrer Dissertation über die *Einflüsse außerhalb und innerhalb des Foreign Office auf die*

Außenpolitik von Sir Edward Grey, den britischen Außenminister zu Beginn des Ersten Weltkriegs.

Sie lebt ein halbes Jahr zusammen mit Just, dann, nach zunehmender Entfremdung und schließlich seiner Heimkehr in die Vereinigten Staaten, in Wohnungen in Friedenau und Lichterfelde. Berlin empfand sie anfangs als *scheußlich, dunkel, kalt, unfreundlich*, später als *schön*. Es war der Südwesten der Stadt, jenes Areal zwischen der Königsallee, in der Rathenau erschossen wurde, und dem Kleinen Wannsee, wo Kleist sich und Henriette Vogel je eine Kugel gab, der nach Franken zu ihrer zweiten Heimat werden sollte. Hier trafen sich Urbanität und märkische Natur, preußische Beamtenschaft mit Schauspielern, Künstlern, Akademikern und häufig jüdischem Großbürgertum; hier auch, in wilhelminischen Villen und schlichten Reihenhäusern, bildeten sich die wichtigsten Widerstandsnester gegen den Egalitarismus des Dritten Reiches, besuchten die Brüder Bonhoeffer und Hans von Dohnany die Grunewaldschule, traf sich der Kreisauer Kreis bei den Yorcks von Wartenburgs nahe der S-Bahnstation Botanischer Garten. Berlin war eben keineswegs die kolportierte Hochburg der Nationalsozialisten, sondern mußte von ihnen erobert werden, gegen den Widerstand der letzten, sozialdemokratisch geführten Regierung Deutschlands in Preußen, gegen den der kommunistischen Proletarier im Osten und den bürgerlichen und aristokratischen Schichten im Westen der Stadt.

Margret Boveri kam mit allen von ihnen in Berührung. Sie machte Frauengymnastik bei Tania Kurella, der später in Moskau ermordeten Schwester des KPD-Funktionärs Alfred, und trat in die »Rote Hilfe« ein. Sie hegte Sympathien zur Sowjetunion und unterhielt andererseits Beziehungen zu alten Jugendbewegten aus Würzburg, die inzwischen zu den Nationalsozialisten abgewandert waren. Sie hörte bei Theodor Heuss Vorlesungen über den Parlamentarismus, *so langweilig, daß wir sogar untereinander schwätzten,* und kehrte desillusioniert vom Besuch einer der Reichstagsdebatten zurück. *Wir sagten, so gut wie jetzt in dieser Demokratie, in der jeder alles tun kann, werden wir es nie wieder haben. Aber wir waren auch überzeugt, so kann es nicht weitergehen.*

Als es nicht mehr so weiterging und Adolf Hitler zum Reichskanzler ernannt wurde, war man schockiert, aber überzeugt, daß es eine Episode bleiben würde. Dann kam die Nacht, in der der Reichstag brannte. Am Tag danach hatte Boveri einen Termin im Parteibüro der SPD, der sie sich mit Schreibmaschine und Auto als Wahlhelferin angeboten hatte. Sie fand alles in Auflösung vor, Akten packend, zu Flucht oder Untertauchen bereit. Auch die Kurellas flohen in die Schweiz, sie nahm, bis die Luft rein war, drei ihrer Freunde bei sich auf, schweigsame Kommunisten, die sie keines Wortes würdigten.

Im vorherigen Jahr hatte Margret eine Reise mit drei Freundinnen nach Barcelona unternommen. Sie sollte die erste Etappe eines Programms werden, das vorsah, in jedem Jahr ein neues Land kennenzulernen und sich auch damit auf eine Karriere im Auswärtigen Amt vorzubereiten. Die deutsche Innenpolitik hatte sie als hoffnungslos verworren nie interessiert; ihre Hoffnungen ruhten auf dem Völkerbund und europäischer Verständigung. Doch auch als die Frauen in Barcelona aus ihrem Chevrolet stiegen, fanden sie nur Innenpolitik vor: umgeworfene Trambahnen, ausgebrannte Busse,

Reste von Barrikaden, die vom Sturz des Diktators Rivera und der Machtergreifung einer republikanischen Regierung zeugten. Auf der Rückreise machten sie in Paris Station und beim Besuch der Kolonialausstellung fasste Boveri den Entschluß, als nächstes Marokko, Tunesien und Algerien zu bereisen.

Im Frühling 1933 brach sie trotz der ungeklärten deutschen Lage in den Maghreb auf. Als sie zurückkehrte, folgte eine *lange Zeit der Desorientierung.* Wir waren alle aus der Bahn geworfen. In der Hochschule für Politik waren von 50 Dozenten nur zwei nicht entlassen worden, der Rest in der Versenkung oder bereits der Emigration verschwunden. Vorzugsweise wanderte man nach England aus, wo es kleine Stipendien gab, später an die Universitäten in den USA. *Ich selbst habe eigentlich den ganzen Sommer nur debattiert: auswandern oder bleiben?* Amerika als Domäne der Mutter war ausgeschlossen, abschreckende Beispiele für die Auswanderung hatte sie auch unter den russischen Emigranten in Neapel erlebt, ihre Verbitterung, Entwurzelung, ihr Versinken in der Vergangenheit ohne jeden Bezug zu den aktuellen Entwicklungen in der Welt. Für das Bleiben sprach die enge Bindung an die Landschaft, an Berlin und Höfen insbesondere, und *das Gefühl, daß man sein Land gerade dann nicht verläßt, wenn es ihm schlecht geht.* Von *Überwintern* war die Rede, denn keiner traute den Nationalsozialisten zu, daß sie sich jahrelang an der Macht halten könnten. Am Ende ihres fränkischen Sommers faßte Boveri folgende Entschlüsse: erstens, so lange zu bleiben, *bis mir von den Nazis was passiert;* zweitens, da eine Laufbahn im Auswärtigen Amt aussichtslos geworden war, in eine außenpolitische Redaktion mit dem

Fernziel der Auslandskorrespondenz einzutreten; drittens, nach einem Jahr ihre weitere Entscheidung davon abhängig zu machen, ob von ihr zumindest ein Artikel im Monat gedruckt wurde.

Sie brachte ihre Doktorarbeit zu Ende und ließ sie von dem kleinen wissenschaftlichen Verlag Rothschild publizieren, *entsetzt über die antijüdische Politik, daß ich bereit gewesen wäre, jedem Juden die Hand zu küssen.* In Deutschland wurde ihre Dissertation nicht rezensiert, dafür aber in England, was zu einer intensiven Korrespondenz mit dem Rezensenten führte. Sie abonnierte die *Times* und die *Temps* und begann, ihr Archiv und einen außenpolitischen Kalender mit Exzerpten und Presseausschnitten anzulegen. Seit die von ihr verehrte *Frankfurter Zeitung* überraschenderweise den Bericht über ihre Autoreise von Neapel nach München gedruckt hatte, war sie auf den Geschmack journalistischen Schreibens gekommen. Sie verarbeitete ihre Erlebnisse im Maghreb zu einer Artikelserie und fand dafür Abnehmer.

Im nächsten Frühling, den des Jahres 1934, reiste Margret Boveri über Zürich und Paris nach London, um die Verbindung zu den Emigranten aufrechtzuerhalten. Aus der Schweiz schmuggelte sie ein »Braunbuch« über den Reichstagsprozess, unter ihrem Fahrersitz transportierte sie Material für die deutschen Kommunisten, *Lappalien,* wie sie nach einem Blick zwischen die Aktendeckel bemerkte. Sie traf den Rezensenten ihrer Doktorarbeit. Heini Kurella, später ebenfalls in Moskau liquidiert, tauchte auf und wollte sie zur Geheimdienstarbeit für die SU bewegen. *Ich war ja bereit mitzumachen, wenn ich einen gefunden hätte, dem ich vertrauen konnte. Ich bin aber keinem begegnet.* Ihr begegnete zu viel

Gerede in London, Orientierungs- und Führungslosigkeit, und sie kehrte enttäuscht zurück.

Inzwischen hatte Paul Scheffer, eine der großen Autoritäten in der deutschen Presselandschaft, die Führung des *Berliner Tageblatts* übernommen. Er wollte das liberale Flaggschiff des Hauses Mosse ohne Havarie durch die wild bewegte See der ersten Hitlerjahre führen und suchte dafür junge Mitarbeiter. Vorerst schrieb Boveri als freie Mitarbeiterin Artikel und Rezensionen; dann fielen für sie endgültig die Würfel und sie wurde als außenpolitische Redakteurin bei der Zeitung angestellt.

Exkurs 1 (Die streitbare Frau)

Der Weg der Frauen durch die von Männern geschriebene Geschichte ist verschlungen und lang, und es gehört zu unseren simplifizierenden Mythen, daß er ein fortwährendes Märtyrium war mit der Erlösung an seinem Ende. In Vergessenheit geraten etwa ist die Rolle der Frau als Schöpferin der Berufe am Anfang der menschlichen Genese. Während die Männer als Jäger und Krieger eher ein umherschweifendes Abenteurerleben führten, waren die Frauen durch ihre Bindung an die noch reichlich zur Welt kommenden, diese aber häufig schnell wieder verlassenden Kinder an Hütten und Häuser gebunden, sobald man welche zu errichten begann. Die Fixierung auf das Nahe äußert sich noch heute in der traumwandlerischen Sicherheit, mit der sich Frauen in Kühlschränken zurechtfinden, in denen die auf Fernsicht trainierten Blicke der Männer keinen Halt finden. Nähe bedeutet eine verfeinerte Wahrnehmung des Kleinen, des Details, so daß es nicht verwunderlich ist, die Frauen bald bei der Verknüpfung von Tierhaaren und Pflanzenfasern zu sehen. Sie waren es, die das Spinnen und Verweben der Fäden erfanden, sie waren die ersten Töpferinnen, sie sammelten die eßbaren Beeren, Wurzeln und Körner und ernteten sie auf den von ihnen angelegten Feldern, sie wurden die ersten Müllerinnen und Köchinnen, wobei sich naturgemäß ein gewisser Hang zum Vegetarismus ausprägen mußte, dem die jagenden Männer ihre Vorliebe für das Fleisch entgegensetzten. Die Männer waren auf Glück, Jagdinstinkt und körperliche Kraft angewiesen, während die Frauen Geduld, Ausdauer und Geschick für die anstrengenden Arbeiten aufbringen mußten, auf denen die frühesten Zivilisationen ruhten.

Zuerst aber bedarf das Leben des Schutzes, und für diesen waren die Männer zuständig, die sich die Pferde untertan gemacht hatten. Die antiken Gesellschaften wurden von reitenden Kriegeraristokratien getragen, die die Frauen zum Schutz vor fremden Kriegern, deren bevorzugtes Beuteobjekt sie waren, in ihre Häuser verbannten. Außerdem überlebten damals nicht, wie in der Regel heute, die Frauen die Männer, sondern starben früh bei einer ihrer Geburten. So wanderte das sich immer stärker differenzierende Berufsleben in die Hände der Männer, während die Frauen sich auf das Aufziehen der Kinder und das Führen des Haushalts beschränkten. Die Institution, die diese Daseinsform garantierte, war die im späteren Abendland monogame, in östlichen Breiten häufig polygame Ehe. Außerhalb von ihr gab es für die Frauen nur eine Existenz als Prostituierte oder Priesterin, nicht selten in Personalunion, was sich in den Hirnen der Männer als alternatives Frauenbild festsetzen sollte. Ihr Schreckbild aber waren die berittenen Amazonen, die ein unabhängiges Kriegerleben wie die Männer führten und diese gern mordeten. Der antike Götterhimmel war dennoch von Männern und Frauen zugleich bevölkert.

Für das Christentum waren, zumindest dem Postulat nach, auch auf Erden alle Menschen vor Gott gleich; Jesus hatte sich der Ehebrecherinnen und Huren angenommen, und seine Bewegung war insbesondere eine der Sklaven und Frauen. Der Marienkult wurde zum Ausdruck einer neuen Ehrerbietung, die man der Weiblichkeit ungeachtet ihrer nachgeordneten sozialen Stellung erwies. Im mittelalterlichen Haus hatte sie die Gewalt über die Schlüssel und Geldkatzen, und für diejenigen Frauen, die in keiner Ehe untergebracht werden konnten oder wollten, gab es die Nonnenklöster, Damenstifte und Beginenhäuser. Hildegard von Bingen und Birgita von Schweden sind zwei der glorreichen Namen, die für die geistigen Höhen und mystischen Tiefen standen, zu denen sich Frauen erheben oder in die sie hinabsteigen konnten. In den von den Kreuzfahrern verlassenen Burgen pflegte man zur gleichen Zeit den Dienst an der hohen Frau, der ihnen im Namen der Minne einen bislang unbekannten Glanz erotischer Verklärung verlieh. Der Hinabsturz der Frau zur potentiellen Hexe war späteren, rationalistischeren Jahrhunderten vorbehalten, denn die Vernunft vermag nicht nur schlafend Ungeheuer zu gebären. Und doch leuchtet durch die scheinbar finsteren Jahrhunderte vor ihrer gesellschaftlichen Emanzipation eine Kette herrlicher Frauengestalten, die – von Nofretete und Sappho bis Maria Theresia, von Mechthild von Magdeburg bis Sibylle Merian und Jane Austen – als

Herrscherinnen, Künstlerinnen und Denkerinnen den Männern unabhängige und ebenbürtige Gegenspielerinnen waren.

Daß der weibliche Aufstieg in einer Epoche an Dynamik gewann, die sich nicht durch Progressismus, sondern durch die Rückbesinnung auf voraufklärerische, vom Christentum inspirierte Werte auszeichnete, ist eine der wenig beachteten Feinheiten der Geschichte. Die Romantik ist ohne ihren femininen Aspekt undenkbar. Als angebetete Kindfrauen wie bei Novalis, als Teil libertärer erotischer Beziehungen wie bei den Schlegels, als mystische Seherinnen wie bei Brentano, als Dichterinnen und Schriftstellerinnen auf den literarischen Bühnen Englands, Frankreichs und Deutschlands und vor allem als die Zentralgestirne, um die die männlichen Planeten in den Salons der Metropolen kreisten, gehörten die Frauen zum inneren Kern der romantischen Bewegung.

Nicht nur in Berlin waren es seit Henriette Herz vorzugsweise jüdische Frauen, die ihren doppelten Emanzipationsdruck in eine beharrliche Arbeit an der Kultivierung der Männerwelt verwandelten. In der Stadt der Tabakskollegien und des preußischen Kriegerkultes wurde allerdings besonders augenscheinlich, wie sehr das Maskuline auf die Verfeinerung durch die nicht nur holde, mitunter auch sehr praktische Weiblichkeit angewiesen ist: ohne die von Salomon porträtierte Gräfin Lichtenau keine Pfaueninsel, ohne Königin Luise keine so beschwingte Erneuerung Preußens, ohne die als Dorothea Veit bekannt gewordene Brendel Mendelsohn nicht die »Lucinde« Friedrich Schlegels, ohne Caroline Schlegel nicht die Fülle der Shakespeare-Übersetzungen seines Bruders August. Sie machten die Männer femininer, sie lösten die Welle der eigenen Emanzipation aus, die im Laufe des neunzehnten Jahrhunderts zusammen mit industrieller und sozialer Revolution, mit einer nie dagewesenen Vermehrung menschlichen und materiellen Reichtums zu einer Höhe anschwoll, von der auch Margret Boveri getragen wurde.

Ihre Vorgängerinnen und Gefährtinnen legten auch die Korsetts geistiger Art ab. In den Künsten hatten sie zuerst die Bühnen als Schauspielerinnen, Sängerinnen, Tänzerinnen erobert; Literatur und bildende Künste folgten nach. Am Beginn der modernen Malerei in Deutschland stand Paula Modersohn-Becker, zugleich einer ihrer unvollendeten Gipfelpunkte, da sie 31jährig im Kindbett starb. In der Lyrik fand Annette von Droste-Hülshoff würdige Nachfolgerinnen in Else Lasker-Schüler, Nelly Sachs und Gertrude Kolmar, die als Jüdinnen ihr Leben im Exil oder im Konzentrationslager beschließen mußten. Ricarda Huch und Anna Seghers schufen unvergängliche Prosa. In den Wissenschaften waren an wegweisenden Forschungen die Kernphysikerinnen Marie Sklodowska Curie und Lise Meitner beteiligt. Die bedeutendsten und einflußreichsten Gedankengänge über die politischen und philosophischen Aspekte des neuen Jahrhunderts entstammen dem Hirn von Hannah Arendt.

Aus Hausfrauen und Salondamen wurden Revolutionärinnen, Leinwandstars, Fotografinnen, Automobilstinnen und Pilotinnen. Von der Leidenschaft Margret Boveris für die Motorisierung haben wir gehört. Da der Pressealltag immer noch von Repressionen gezeichnet war, da sie ihre späteren Artikel im *Berliner Tageblatt* nicht mehr mit ihrem weiblichen Vornamen, nur noch mit »Dr. Boveri« unterzeichnen durfte, da sie das Gefühl hatte, als Frau doppelt so viel leisten zu müssen, um ernst genommen zu werden, brach sie, allein oder gemeinsam mit anderen Amazonen, immer wieder zu waghalsigen Reportagereisen auf, besonders in die so männerdominierte Welt des Orients, von Marokko bis ins Zweistromland und nach Persien. Sie schlief im Zelt oder in Karanwansereien, sie lag mit Schraubenschlüssel und Hammer unter ihrem Auto auf einer anatolischen Lehmpiste.

Und sie wußte durchaus, daß sie einen hohen Preis für das zu zahlen hatte, was man heute »Selbstverwirklichung« nennt. Zu Uwe Johnson spricht sie einmal von ihrem Bedauern, keine Kinder geboren zu haben. Wenn, dann sollten es zwei gewesen sein, am liebsten Zwillinge, um nur einmal ihre berufliche Tätigkeit unterbrechen zu müssen. An anderer Stelle schreibt sie, daß die Frauen des Kreisauer Kreises ein von ihr als zeitgerechter empfundenes Frauenbild verkörperten als sie selbst; sie blieben eng an der Seite ihrer Männer, engagierten sich aber so vorsichtig, daß sie nicht sich und ihre Kinder gefährdeten.

Jede Emanzipation bringt neben Gewinnen auch Verluste. Die der Frauen war Teil eines Gleichheitsstrebens, das die bürgerlichen und später die proletarischen Freiheitsbewegungen dominierte. Nach den künstlichen Schranken, die zwischen den Klassen und Ständen beseitigt werden sollten, waren es bald auch natürliche, wie die zwischen den Geschlechtern oder Angehörigen verschiedener Völker und Rassen. Die Tendenz der Egalisierung bleibt dabei die gleiche; sie strebt eine gemeinsame Basis an und wird damit zur Nivellierung auf einer niederen Ebene. Der soziale Aufstieg der Mehrheit wird erkauft mit allgemeiner kultureller Verarmung. Wie jeder Reichtum beruht der der menschlichen

Gesellschaft auf seiner Vielfalt, also auf den Differenzen zwischen ihren einzelnen Gliedern. Indem die zwischen den Geschlechtern immer stärker angeglichen wurden, verloren beide an ihrer Eigenart, an ihrem Reiz als Gegenpol zum Anderen. Ein Ziel von Fürsorge, von Verehrung, ja Anbetung zu sein, war dem schwachen Geschlecht gemäßer als in seinem erstarkten Zustand. Die Aufgabe der Kultivierung der Herrschenden, die so viele Unterworfene erfolgreich erfüllt hatten, erübrigte sich für die Frauen in dem Maße, in dem sie selbst zur Macht gelangten. Seit dem hohen Mittelalter war die Verfeinerung der Sitten dem Wettbewerb der Männer um ihre Gunst, ihrem zähmenden Einfluß zu verdanken. Indem sie in das Arbeitsleben eingegliedert wurden, wozu beide Weltkriege entscheidend beitrugen, schwächte sich ihre Rolle als Zentrum der Familie, als Erzieherin ihrer Kinder, als wichtige Trägerin des außerberuflichen sozialen Lebens. Die neuen Verhütungsmittel entband sie von der Fron ständigen Kinderkriegens, die Entwicklung der Medizin verlängerte ihr Leben, der Staat übernahm die Fürsorge für die Kinder in kollektiven Einrichtungen. Ein unabhängiges Leben außerhalb der Ehe wurde möglich. Das bedeutete ein unbekanntes Maß an Freiheit, doch auch, daß ihr Leben seinen angestammten Sinn verlor und sie mit den Männern die Aufgabe teilten, noch einen anderen Sinn als den in der geschlechtlichen und familiären Bindung zu finden.

So lange dies, wie in der Generation der Boveri, Modersohn-Becker und Edith Stein, eine Anspannung aller persönlichen Kräfte erforderte, brachte das einen enormen Zugewinn menschlicher Fähigkeiten. Die Sache änderte ihren

Charakter, als die Gesellschaft die Frauenemanzipation zum staatlichen Programm erhob. Der Feminismus, als Teil eines allgemeinen Egalisierungsprojektes, entband nicht mehr weibliche Kräfte, sondern fesselte sie in einem ideologischen Korsett. Eine Hannah Arendt hätte die Zumutung empört, ihren Lehrstuhl einer Quotenregelung zu verdanken. Sie und ihre Gefährtinnen sahen sich als Teil der gemeinsam um Erkenntnis ringenden Menschheit, der eine spezielle Privilegierung als beleidigend empfunden hätte. Daß in ihrem Namen versucht wird, eine »geschlechtergerechte« Sprache durchzusetzen, hätten sie als einen Rückfall in die Barbarei erlitten. Die Sprache ist das Reservoire der Erfahrungen einer ganzen Nation; sie per Verordnungen zu revidieren, heißt, auch den weiblichen Anteil an diesem Prozeß zu diskreditieren und sie zu einer billigen Machtdemonstration zu mißbrauchen. Die Sprachrevolution gehört zu einer Kulturrevolution, deren Ziel die Verbeamtung einer geschlechtsneutralen Menschheit ist.

Die streitbare Margret Boveri widersetzte sich diesen Tendenzen, wo sie konnte, doch war sie auch lebenspraktisch genug, Kompromisse einzugehen und, wo diese die eigene Wahrhaftigkeit gefärdeten, zu gestehen: *Wir lügen alle.*

Opus 2

Unter dem Titel *Wir lügen alle* veröffentlichte Margret Boveri 1965 eine Dokumentation über das *Berliner Tageblatt* und sein Schicksal vor dem und im Dritten Reich. Er ist nicht im aktuellen Sinn der »Lügenpresse« zu verstehen, sondern zielt tiefer. *Wir lügen alle* – so hatte die Autorin einem Studenten geantwortet, den sie mit seinen Fragen über den Liberalismus in der Wochenzeitschrift *Das Reich* an den ehemaligen NS-Journalisten Schwarz von Berk verwiesen hatte und der von diesem nur Lügen befürchtete. Boveri argumentiert, daß nicht nur für Schwarz von Berk, sondern jeder Mensch die Geschichte mit seinen persönlichen Erlebnissen verknüpft. *Jeder sieht sich als Mittelpunkt seiner Welt und beurteilt auch das, woran er selbst beteiligt war, von diesem Mittelpunkt und nicht vom Zentrum des Geschehens her.* Daß sich die Historiker, wie Naturwissenschaftler, um ein »objektives« Bild der von ihnen untersuchten Epoche bemühen, hält sie für verständlich, gibt aber zu bedenken: *Das darf uns doch nicht verleiten, die sich widersprechenden individuellen Wahrheiten zu verwerfen*, gleichgültig, aus welchem politischen Lager sie kommen. Geht man von einer objektiven Wahrheit in der Geschichte aus, sind alle persönlichen Stellungnahmen zu ihr Lügen. Diesen Sachverhalt deutet der Titel ihrer Untersuchung an, zu deren Ziel es wird, *die Spuren der Zeit im Einzelnen* zu dokumentieren und ihm ohne Beschönigung Gerechtigkeit widerfahren zu lassen.

Die Zeitung wurde in den gleichen Jahren wie das Deutsche Reich geboren. Der jüdische Unternehmer Rudolf Mosse machte aus einem Blatt für Annoncenexpedition das erste Organ der Massenpresse auf deutschem Boden und hatte den Ehrgeiz, Berlins Weg *von der preußischen Königstadt zur deutschen Kaiserstadt, von der Großstadt zur Weltstadt* zu begleiten. Der wichtigste Akteur zu Beginn des neuen Jahrhunderts wurde dabei sein Neffe Theodor Wolff, der aus seiner Korrespondentenzeit in Paris das Feuilleton mitgebracht hatte, *die elegant hingeworfene Skizze oder Glosse*. Er kam von der Literatur her und nicht, wie die politischen Redakteure späterer Zeiten, von der Wirtschaft. Unter ihm als Chefredakteur lieferten die Gebrüder Mann, Alfred Polgar, Erich Mühsam Beiträge, führte Alfred Kerr den von Fontane in der *Vossischen Zeitung* praktizierten Plauderton in der Theaterkritik auch im *Berliner Tageblatt* ein. *In der freien Konkurrenz freier Geister* sollte das Bürgertum Berlins, *das in hohem Grad gebildet und immerfort bildungsempfänglich war, … verlockt werden, sich auch um Politik, das heißt um seine eigenen Angelegenheiten zu kümmern*. In ihrer Blütezeit brachte das der Zeitung eine Auflage von 400 000, wurde sie zu einer der großen, am meisten zitierten liberalen Blätter Europas, setzte sich damit aber auch den Angriffen der Konservativen aus, die bei Kriegsende bis zum Vorwurf der Kollaboration gingen. Im europäischen Kampf zwischen Emanzipation, Rechtsgleichheit und Demokratie einerseits und dem Willen zur Bewahrung alter Rechte und Werte und dem Glauben an eine irrationale Prägung des Menschen andererseits positionierte sich das Flaggschiff des Mosseschen Imperiums auf Seiten der Vernunft und zählte nach der Gründung der Republik neben der *Frankfurter Zeitung* zu deren eifrigsten Verteidigern. Mit so begrenztem Einfluß, daß ein Kollege Boveris resümieren konnte: »In diesen Blättern wurde für ein Traum-Deutschland geschrieben, das es nur in der Verfassung und in den Köpfen der Zeitungsmacher gab.« Auch die von Theodor Wolff mitbegründete Deutsche Demokratische Partei teilte dieses Schicksal, im Ausland bewundert, im Inland aber mißachtet zu werden.

Das änderte sich auch nach dem Tod Rudolf Mosses nicht, als dessen Schwiegersohn Lachmann-Mosse die Leitung des Verlages übernahm. Schon zuvor hatte man sich ein zeigemäßeres Bild geben wollen, als man die nackte Jugendstil-Frau, die als »Wahrheit« die Front des Verlagsgebäudes schmückte, von Mendelsohn in dem Stil einer schwungvollen Moderne überbauen ließ, der noch heute die Ecke Jerusalemer und Schützenstraße prägt. Lachmann-Mosse glaubte, dem Zug der Zeit zu folgen, als er den Verlag durch Sparmaßnahmen, Rationalisierung und neue Investitionen sanieren und die Redaktion des Tageblattes durch Entpolitiserung, Rechtsruck und die Entlassung jüdischer Mitarbeiter umorientieren wollte. Doch das bedeutete, einen Krieg der Redaktion gegen den Verlag zu entfachen und den in ihrem Inneren bereits schwelenden aufflammen zu lassen – in ihr lagen Kommunisten, Nationalisten und Zionisten im Streit; die Chefsekretärin Ilse Stäbe wurde später als Mitglied der »Roten Kapelle« hingerichtet.

In diese Situation fiel die Machtergreifung der Nationalsozialisten. Theodor Wolff, aus München kommend, wurde von einem Kollegen am Anhalter Bahnhof abgefangen und zurück nach Bayern geschickt, von wo aus er über Zürich und den Tessin nach Nizza floh. Das aber nützte der Zeitung nichts, als ihr Mitarbeiter Bretholz in seinem Artikel über die erste Wahl unter dem neuen Regime diese als unrechtmäßig bezeichnete, weil Kommunisten und Sozialdemokraten nach dem Reichstagsbrand behindert wurden – das *Berliner Tageblatt* wurde fürs erste verboten und nach seiner Wiederzulassung ein Mann namens Karl Vetter an seine Spitze gesetzt, der bereit war, *es in eine nationalsozialistische*

Zeitung umzufrisieren. Er entließ fristlos zwölf Mitarbeiter wegen staatsfeindlicher Gesinnung, darunter aber – einer der zahlreichen Widersprüche in ihm und seinen Zeitgenossen – keine jüdischen. Vetter hat *nach der Machtergreifung den verbliebenen Juden gegenüber mehr Treue bewiesen als seinen einstigen politischen Überzeugungen. Sie teilten das Bestreben ihrer Kollegen, die kurze Zeit des Wahnsinns heil zu überstehen und auf die Wiederkehr vernünftiger Zeiten zu warten.* Insbesondere das Feuilleton wurde zum Schutzraum, in dem man Warnungen vor der *geistigen Gleichschaltung* ebenso finden konnte wie Liebedienerei vor dem neuen System. Diese Gratwanderung wurde von der Leserschaft aber nur bedingt toleriert; die Abonnentenzahl sank beständig. Am treuesten blieben noch die Berliner Juden, die hier ihre Hochzeits-, Todes- und Geburtsanzeigen schalten, die Ausbürgerungslisten einsehen und im nach wie vor dominierenden Wirtschaftsteil sich über ihre ökonomischen Perspektiven informieren konnten. Als Ventilfunktion für sie und als Aushängeschild für das scharf die Entwicklung im Reich beobachtende Ausland blieb das Tageblatt für Goebbels und sein Propagandaministerium wichtig genug, um ihm eine Schonfrist zu gewähren.

In dieser Situation kehrte Paul Scheffer aus England zurück, der Mann, der für Margret Boveris Werdegang entscheidend werden sollte, und dessen geheimnisumwitterte Persönlichkeit lohnt, betrachtet zu werden. Finanziell unabhängig, da Erbe des Bankhauses Trinkaus, pendelte der junge Scheffer in seinen vor allem der Philosophie gewidmeten Studienjahren zwischen dem neukantianischen Marburg und dem durch Husserl phänomenologisch geprägten München. In München zog ihn der genialische Kreis um Rudolf Alexander Schröder und Annette Kolb an. Von Schwabing her resultierte sein Widerwillen gegen den *beamteten Menschen, die herrschende Macht seiner Zeit. Im Gegensatz zum Aufstand der ›zornigen jungen Männer‹ unserer Jahrhundertmitte hatte das damalige Aufbegehren bei aller Entschlossenheit zur Radikalität eine hochpolierte, etwas müde Färbung des fin de siecle des saeculums, das erst 1914 sein Ende nahm.* Gelangweilt vom Universitätstreiben suchte er Inspiration in einem Künstlermilieu, das für sich die Attribute »revolutionär« und »reaktionär« gleichzeitig beanspruchen konnte. Da er bei Kriegsausbruch für dienstuntauglich befunden wurde, ließ er sich von der deutschen Gesandtschaft in Den Haag für die Pressearbeit anheuern und begann so seine Laufbahn als Chronist der Zeitgeschichte. Sie sollte auf den Krieg beschränkt bleiben, aber die Rückkehr seiner Generationsgefährten aus dem Felde bedeutete für ihn nicht dessen Ende, sondern seine Fortführung mit anderen Mitteln, die er nicht unkommentiert lassen wollte. Theodor Wolff bot ihm den schwierigsten Posten an, den er zu vergeben hatte, den eines Auslandskorrespondenten in Moskau. Es war genau der richtige Ort, um seinem Ansinnen (dem auch seine Schülerin Boveri sich verpflichtet fühlte) treu zu bleiben, Zeitgeschichte nicht nur zu beschreiben, sondern auch zu betreiben. *Um sie vor einem drohenden Gerichtsverfahren und einer zu befürchtenden Todesstrafe zu bewahren,* heiratete er die verwitwete Fürstin Natalie Wolkonsky, die in ihrem gemeinsamen Haus einen politischen Salon etablierte, der sich zu einer Art zweiter Botschaft entwickelte. Scheffer führte nächtliche Gespräche mit Größen der Sowjetregierung wie Sinowjew und Bucharin. Ihr Ziel, dem sich auch der Botschafter Brockdorff-Rantzau verpflichtet fühlte, war es, eine Annäherung an Sowjetrußland und damit *ein Gegengewicht zu Versailles zu schaffen,* was, als es mit dem Vertrag von Rapallo erreicht wurde, für weltweite Aufregung sorgte. Die Sowjets hofften, mit den Deutschen einen Rammbock gegen den Westen gefunden zu haben, der die Weltrevolution in Gang setzen konnte, und Deutschland suchte nach Wegen aus der Isolation, insbesondere nach ökonomischer Expansion in Richtung Osten. Scheffer war bei allem Willen zur Zusammenarbeit nicht der Mann, der sich zu einem Instrument des kommunistischen Regimes machen ließ. Entsetzt erlebte er auf einer Reise durch China die Wühlarbeit der KOMINTERN, ihr bewußtes Blutvergießen, um propagandistische Erfolge zu erzielen. Als auf dem Kazaner Bahnhof unter Beobachtung Tausender Anhänger Trotzki (wie sich später herausstellte, handelte es sich allerdings um einen Doppelgänger) in die Verbannung geschickt werden sollte, befand sich Scheffler mit einem Korrespondenten der *New York Times* auf dem Dach eines Güterwagens. Er war zur wichtigsten Stimme des Westens aus Moskau geworden. Der Sowjetbotschafter Kretinski forderte seine Zurückberufung. Nach einem Bericht über die verheerenden Folgen der Zwangskollektivierung in der Ukraine wird ihm Ende 1929 die Wiedereinreise verweigert.

Paul Scheffer wird Korrespondent der Zeitung in Washington, kehrt 1931 nach Deutschland zurück und übernimmt im April 1934 den Posten des Hauptschriftleiters (so wurden inzwischen die Chefredakteure bezeichnet), um sein kapriziöses und nach Verantwortung süchtiges Wesen in den Dienst einer so aussichtslosen Sache zu stellen wie der Artikulation einer oppositionellen Stimme innerhalb des Dritten Reiches. Aber ob Vorhaben aussichtslos sind, läßt sich immer erst im Nachhinein feststellen. Für Scheffer war der Nationalsozialismus eine Episode, und auf die Vorwürfe eines Emigranten, daß er seine über die Landesgrenzen hinaus geschätzte und gefürchtete Sprachgewalt den Bedingungen einer Diktatur anpaßte, antwortete er in dem Sinne, der auch für Boveri vorbildlich wurde: *Umso weniger konnte ich ihm klar machen, daß das Band mit seinem Land stärker sein kann für jemand, als der Abscheu vor seiner jeweiligen Regierung.*

Scheffer scharte um sich eine Mannschaft, mit der er in den schweren Gewässern der Goebbelsschen Medienpolitik bestehen zu können glaubte. Es waren vor allem junge Universitätsabsolventen, die sich mehr ihrem Fachgebiet verpflichtet fühlten als dem Journalismus. Zu ihnen gehörte Margret Boveri, die sich über ihre Reportagen hinaus als profunde Analystin außenpolitischer Entwicklungen einen Namen gemacht hatte. In der Außenpolitik, in deren Redaktion sie eintrat, und im Feuilleton gab es mehr Freiräume als in der stark reglementierten Innen- und Lokalpolitik. Scheffer versuchte, seine Mitarbeiter zu schützen, indem er von den Verhandlungen, die er mit dem Propagandaministerium zu führen hatte, nichts nach außen dringen ließ. Seine Erfahrungen in der Sowjetunion hatten ihn für den Umgang mit totalitären Regimes geschult: enge Zirkel bilden, die nicht allzu viel voneinander wußten, kein Geschwätz, keine Unvorsichtigkeiten, und wenn der Metteur Mey darum bittet, den Führergruß einzuführen, wird ihm nachgegeben, um allmählich zu den alten Gepflogenheiten zurückzukehren.

Unter Scheffer, der die begabte, arbeitswillige, doch recht naive junge Frau unter seine Fittiche nahm, erlernte Boveri das journalistische Handwerk in all seinen Facetten. Sie war bei den Mitternachtsumbrüchen in der Druckerei dabei, verrichtete Redaktionsarbeit, schrieb neben ihren außenpolitischen Beiträgen Rezensionen für die neue Beilage *Geistiges Leben*, in die leichter kritische Kommentare eingeschmuggelt werden konnten, und war ständiger Gast bei den Zusammenkünften für spezielle Mitarbeiter in der Wohnung ihres Chefs.

Dabei stand die Zeitung unter schärfster Beobachtung des Propagandaministeriums. Goebbels, auf den man als Vertreter einer linken, sozialromantischen Strömung in der Partei gewisse Hoffnungen setzte, hatte eine spezielle Beziehung zu dem Blatt, dem er unter Theodor Wolff mehrfach eigene Artikel zugeschickt hatte. Daß sie niemals gedruckt wurden, ließ die Bewunderung in Haß und Ressentiments übergehen, die die Redakteure auf den Pressekonferenzen, zu denen sie wöchentlich einbestellt wurden, und in den Attacken der Parteiblätter ständig zu spüren bekamen. Gleichwohl glaubte man nach der mit der Niederschlagung des Röhm-Putschs als beendet erklärten Revolution für die Konsolidierung des Regimes die beiden bürgerlichen Zeitungen aus Frankfurt und Berlin insbesondere für die außenpolitische Reputation nötig zu haben. Scheffer und seine Mitstreiter nutzten das zu dem Versuch, *die Geschehnisse des Tages in ihrer Unmittelbarkeit in actu anschaulich zu machen und zu interpretieren und einen Ort kritischer Besinnung zu schaffen*. Für die Theaterkritiken (obwohl es laut Goebbels »Kritik« im Feuilleton nicht mehr geben sollte, nur noch angemessene Würdigung) wurde Herbert Ihering engagiert, der Vorkämpfer für Brecht, Barlach und Piscator und später in der DDR ebenso anerkannt wie die damals arbeitslosen Zeichner Oskar Nerlinger und Eva Schwimmer, an die man Illustrationsaufträge vergab. *Die Einbruchstelle der Partei* blieb nach wie vor das Ressort für Inneres, in dem man ihre Verordnungen und Proklamationen abzudrucken und zu erläutern hatte, wobei man sich nur im Ton von der NS-Propaganda unterscheiden konnte. Waren ausführlichere Stellungnahmen dazu nötig, ließ man sie häufig unsigniert, um die eigene Distanz auszudrücken. – Eine tägliche Gratwanderung *zwischen der Wahrung eigener Positionen und deren Aufgabe, die einen Vorgang langsamer Eingewöhnung in die Verhältnisse, gegen die wir uns dauernd auflehnten,* zur Folge hatte.

30 Jahre später dokumentiert Boveri diesen Prozeß gemäß ihrem Credo, daß der damals bereits zum Schlagwort gewordenen »Aufarbeitung« der Verhältnisse eine angemessene Darstellung voranzugehen habe. Sie schildert den Wandel der Politik und seine Auswirkungen auf die Redaktionsarbeit, verfolgt die Biographien der Protagonisten im Dritten Reich, in der unmittelbaren Nachkriegszeit, der Bundesrepublik oder DDR. Jedem Kapitel fügt sie eine Sammlung von Artikeln aus jener Periode an, ohne davor zurückzuschrekken, die akrobatischen Windungen ihres Chefs zum Führerprinzip oder die Versuche des Kollegen Willy Beer vorzuführen, die Geschehnisse auf dem Nürnberger Parteitag metaphysisch zu fundamentieren. *Die Partei ist Staat geworden* schreibt er und konstatiert ehrfurchtsvoll die symbiotische Beziehung zwischen Führer und Volk, die sich auf diesem *Dankfest* offenbart.

Das Buch wird auch zum Protokoll der Verirrungen jenes bürgerlichen Mittelstandes, für den zu schreiben das *Tageblatt* einst angetreten war und der sich nun in Auflösung befand. Die Autoren teilen sie mit ihren Lesern, zerrieben zwischen der Anforderung, für Deutschland, das sie stets in einer Position zwischen dem egalitären Machtblock im Osten und dem kapitalistischen im Westen sahen, das Beste zu erreichen, und der, der Macht zu widerstehen, die dieses Deutschland zurzeit verkörperte. Auch durch Margret Boveri ging dieser Riß. *Es gab Tage, an denen man das BT ohne weiteres für eine Parteizeitung hätte halten können – wenn man nur auf die erste Seite sah.* Diese war das Schaufenster der Zeitung, in der die Anfangszeilen der Parteiauslassungen (der Rest folgte auf hinteren Seiten) neben den Mitteilungen über Devisenprozesse, Ausbürgerungen oder das Einsetzen eines Volksgerichtshofes (in Fettdruck gesetzt, um zur Empörung anzureizen) und den verordneten Aufrufen (Eßt Fleich im eigenen Saft) zur Besichtigung auslagen. Verstört registiert die Autorin beim Wiederlesen, wie sehr der Sprachschatz des LTI auch in ihrer Zeitung Einzug gehalten hatte, von *Schandurteil* und *Scherbengericht* bis zur *Brunnenvergiftung*. Man mußte bis ins Feuilleton oder in den Sonntagsbeilagen blättern, um der herrschenden soldatischen Diktion in die Gefilde ziviler Entspanntheit, gar zu Ironie und einen humanen, nicht von Verachtung getragenen Humor zu entkommen. Hier versuchte man, die Kontinuität demokratischen Geisteslebens zu pflegen, die Verbindung der Deutschen zu ihren Wurzeln zu erhalten. Im Feuilleton konnte man Essays von Theodor Heuss und Dolf Sternberger lesen, Kurzgeschichten und Fortsetzungsromane von Weyrauch, Andres und Otto Flake, Gedichte von Reinhold Schneider, dem jüngeren Jünger und Rudolf Alexander Schröder; die amerikanischen Romanciers wurden noch vor ihren Übersetzungen rezensiert, die später hingerichtete Mildred Harnack-Fish schrieb über Faulkner.

In Margret Boveris eigentlichem Ressort, der Außenpolitik, versuchte man Ähnliches. Wo sie hätte gegen ihre Überzeugung schreiben müssen, wie in der Memelfrage, akzeptierte Scheffer ihre Verweigerung eines Kommentars. Im Krieg Italiens gegen Abessinien, in dem das Propagandaministerium strikte Nichteinmischung forderte, verhehlte sie ihre Sympathien für das Reich des Negus nicht – sein Porträt unter Palmen und mit Kilimandscharo hatte sie gemeinsam mit dem Feuilletonisten Korn (nach dem Krieg bei der *FAZ*) auf die Innenseite ihrer Hütte in Groß-Köris gemalt. Als Italienkennerin sandte man sie nach Malta, Bastion der Briten und Brennpunkt im Mittelmeer, von wo sie regelmäßig Lageberichte schickte. Scheffer, der seine jungen Mitarbeiter gleichzeitig anfeuerte und steuerte, hatte in ihr *die Berufskrankheit gezüchtet, die sich bis zu einer krankhafte Sucht steigern kann: das Bedürfnis, sich immer neu gedruckt zu sehen, das Verlangen nach Zustimmung, nach Lob und öffentlicher Beachtung*. Er brachte sie mit den verschiedensten Menschen *der damals noch intakten Berliner Gesellschaft* zusammen; er versuchte, die distanzierte Historikerin in ihr zu bremsen und sie für *die langwierige Partie Schach* zu enthusiasmieren, die die Politik für ihn war und die die Presse in allen Einzelheiten, der sie habhaft werden kann, nachzuvollziehen hat. Sie wird dabei in die Regeln des riskanten Spieles eingeweiht, das Scheffer gemeinsam mit Vertretern des Auswärtigen Amtes und des Geheimdienstes spielte: auf der einen Seite die ausländischen Diplomaten und Presseleute ständig vor den Gefahren des Hitler-Regimes zu warnen, andererseits es mit dem Blick auf *die Zeit danach* dort zu unterstützen, wo es nationale Interessen vertrat, so in der Rheinlandfrage, so beim Austritt aus dem Völkerbund. Auch wenn Boveri im Nachhinein über die Anpassung an die staatliche Propaganda erschrickt, so bezweifelt sie doch, daß die Doppelbödigkeit der Journalistenexistenz in einer Diktatur weniger ehrenhaft sei als in der Demokratie, wo sie inzwischen das Schreiben *herabgewürdigt zum Broterwerb* erlebte.

Groteske Höhepunkte in diesem Kulturkrieg waren die allwöchentlichen Pressekonferenzen, in denen das Propagandaministerium nicht nur Lob und Rügen (diese vermehrt an das Tageblatt) verteilte, sondern auch ihre Direktiven zur *Sprachregelung* bekannt gab, etwa, daß fortan der Locarno-Pakt *Westpakt* und die Aufständischen im spanischen Bürgerkrieg *nationale Regierung* zu heißen haben. Während anfangs nur Propagandaministerium und Auswärtiges Amt zu solchen Direktiven befugt waren, flatterten sie später in schriftlicher Form auch von Wirtschaftsministerium, Arbeitsfront und zahlreichen anderen staatlichen Institutionen ins Haus. *Alle Schriftleiter, zu deren Aufgabe es gehörte, die Anweisungen täglich zu lesen und nach der Lektüre abzuzeichnen, mußten sich unter Androhung der Zuchthaus-, später der Todesstrafe verpflichten, nichts über ihren Inhalt verlauten zu lassen.* Zum Glück hat sie bis zum August 1934 ein Kollege Boveris gesammelt statt vernichtet, sie während der Bombardierung Berlins in der Lüneburger Heide vergraben und nach dem Krieg dem Bundesarchiv übergeben, wo sie gebunden als

Lehrbeispiel über die Verwandlung einer bürgerlichen Presse in eine totalitäre zur Verfügung steht.

Daß der Repressionsapparat des Regimes auch zu härteren Maßnahmen gegenüber Journalisten bereit war, hatte die Autorin bereits erfahren: Benno Reifenberg hatte man wegen einer Glosse über ein verschwundenes Bild van Goghs 24 Stunden lang verhört; *Hans Gerth verließ Deutschland nachts über die Grenze nach Dänemark, nachdem man ihm bei einer Vorladung in die Prinz-Albrecht-Straße sehr grob gekommen war: Er habe im Berliner Tageblatt abschätzige Bemerkungen über Hitler gemacht.* In einer Sommernacht 1938 wurde auch Margret Boveri aus dem Bett geholt und zuerst in die Prinz-Albrecht-Straße, dann zum Alexanderplatz gebracht. Bei den Verhören ging es um einen jungen Mann, den sie kürzlich zur Führung ihres Archivs engangiert hatte und der Material aus ausländischen Zeitungen für ein Oppositionsblatt der verbotenen Sozialistischen Arbeiterpartei verwendet hatte. Der Mann war festgenommen worden, und Boveri sollte, wie später auch von der Staatssicherheit praktiziert, eine Verpflichtung unterschreiben, mit niemandem über den Vorfall zu reden. Sie weigerte sich, weil sie zumindest ihren Chefredakteur und ihre Mutter unterrichten müsse. Das Verhör blieb ohne sichtbare Folgen, aber fortan gehörte sie zu jenen, die nachts bei ungewohnten Geräuschen aus dem Schlaf schraken, weil sie ein Klopfen der Gestapo fürchteten.

Paul Scheffer war einem ungleich stärkeren Druck ausgesetzt. Auch der *Besitz eines negativ ausgerichteten Fatalismus* konnte ihn nicht vor der Zermürbung schützen, die die ständigen Anfeindungen, Maßregelungen und Drohungen bei ihm bewirkten. Den Versuch, einen Zensor in der

Chefredaktion zu installieren, kann er noch abwehren, als er aber erfährt, daß bereits ein Nachfolger für ihn gesucht wird, bricht sein Widerstandswille zusammen. In Briefen nach Rom, wo sich Boveri Ende 1936 aufhält, spricht er davon, das Angebot der *Frankfurter Zeitung* zu erwägen, für sie nach Washington zu gehen. Nach der Rückkehr aus Rom ist sein Abgang beschlossene Sache, in der Redaktion herrscht *Empörung und Verstörung*. Boveri denkt über einen gemeinsamen Rücktritt nach, Ängste vor dem Konzentrationslager befallen sie. Die Gestapo hat den Paß Scheffers einbehalten, der nun entschieden hat, als Korrespondent von vier Zeitungen in die USA überzusiedeln. Als er seinen Paß zurückerhält, begleiten ihn Theodor Eschenburg, eine Bartänzerin und Margret Boveri zum Hamburger Bahnhof.

Sie wird ihren Mentor sechs Jahre später in New York wiedertreffen. Fürs Erste hatte sie beschlossen, das Erscheinen des neuen Hauptschriftleiters Erich Schwarzer abzuwarten. Seinem Namen entsprechend hielt er seine Antrittsrede in SS-Uniform, sprach von einem *neuen Geist* am *Tageblatt* und seiner Umwandlung *in eine nationalsozialistische Zeitung*. Als im Januar 1937 sein erster Leitartikel und die Ankündigung des Führungswechsels in der Chefredaktion erschienen, kündigten 6000 Leser, vor allem Berliner Juden und ostelbische Gutsbesitzer, ihr Abonnement.

Von den Lebensläufen, die in diesem Buch gesammelt werden, ist der Schwarzers besonders bezeichnend für die Zerrissenheit dieser Epoche und ihrer Protagonisten. Entgegen seinen martialischen Ankündigungen hatte Schwarzer, nachdem einem antisemitischen Artikel auf der Titelseite wieder Abbestellungen erfolgt waren, weitere Ausfälle gegenüber

Juden untersagt. Seiner Tätigkeit in Berlin folgte ein sechswöchiger Aufenthalt im KZ Dachau, weil er einen anonymen Zornbrief über das Dritte Reich nicht weitergeleitet hatte. In Breslau, wo er danach bei den *Breslauer Nachrichten* arbeitete, fand man bei einer Durchsuchung seiner Wohnung Pläne über die Besetzung von Verwaltungsposten für die Zeit nach dem 20. Juli 1944 und brachte ihn erneut ins KZ. Aus einer dritten Haft wurde er von der Roten Armee befreit, die ihn zu einem »Opfer des Faschismus« erklärten, was eine weitere Hausdurchsuchung nicht verhinderte. Da man dabei, auf dem Boden des Mietshauses, einen Revolver fand, lieferte man Erich Schwarzer in ein polnisches KZ ein, wo sich seine Spur verlor.

Das *Berliner Tageblatt* hatte ihn wegen des permanenten Leserrückgangs entlassen und einen Nachfolger eingesetzt, der in den folgenden, den letzten beiden Jahren der Zeitung aus ihr eine Deutsche *Times* machen und sich besonders der Wirtschaftsförderung annehmen sollte. Margret Boveri hat dies nicht mehr abgewartet und zum 1. April 1937 gekündigt. Die letzte Ausgabe des seit langem finanziell schwer angeschlagenen *Berliner Tageblatts* erschien am 31. Januar 1939. Besonders in Hinblick auf den prägenden Chefredakteur Scheffer resümiert Boveri: *Auch das Unmögliche zu versuchen, kann seine Meriten haben.*

Vita 2

Unmittelbar nach ihrer Kündigung brach Margret Boveri zu einer Rundreise durch Europa auf, während der sie Gras über die Affäre wachsen lassen und nach neuen Optionen

Ausschau halten wollte. In London, wo sie Quartier in einer Studentenwohnung am Hyde Park nahm, traf sie sich mit jüdischen Emigranten und dem Verleger ihres Mittelmeerbuches von der Oxford University Press, dem sie ausreden mußte, sie auf dem Klappentext als *antinazi* vorzustellen. Danach zurück nach Deutschland und Besuch in der Redaktion der *Frankfurter Zeitung*, wo man ihr den Abdruck neuer Reportagen zusicherte, aber keine Festanstellung anbot. Danach Ischia. Doch anstatt in Sonne und Meer zu baden, lag sie die folgenden Wochen im Internationalen Hospital von Neapel mit hohem Fieber und Blutungen aus einer alten Blinddarmwunde. *Ich hatte das Gefühl, mein Leben läuft davon.* Sie schrieb Briefe an Scheffer und las, was ihr nur in Krankenhäusern möglich war, dicke Bücher, in diesem Fall C. G. Jungs *Seelenprobleme der Gegenwart*. Danach zwei Herbstmonate lang allein in Höfen, wo sie ausgiebige Rilke-Lektüre zum *Bild der Urürgroßmutter* inspirierte, ihrem einzigen poetischen Text, in dem sie der, wie sie Johnson gestand, von ihr als wesensfremd empfundenen Sprache der Wissenschaft und Vernunft entfliehen konnte. Peter Suhrkamp druckte die Erzählung in der *Neuen Rundschau*, warnte sie aber vor dem Rückzug in die Verinnerlichung als einer Abart dessen, was Klemperer später die lingua tertii imperii nennen wird. Darüber, wozu dieses Reich fähig ist, konnte sie sich keine Illusionen mehr machen, als sie eines Morgens die Mutter in Würzburg besuchte. Vor der offenen Tür einer leeren Wohnung liegt zerbrochenes Geschirr; die Reinemachefrau berichtet, daß der Wohnungsinhaber verhaftet worden wäre, nachdem der Rektor der Universität an der Spitze von Studenten hier eingebrochen sei und persönlich die Kronleuchter zerschlagen hätte. In der Nacht habe die Synagoge gebrannt, einer der Wohltäter der Stadt, der Ziegeleibesitzer Lessing, sei verprügelt worden.

Zu den Opfern der »Reichskristallnacht« zählten auch viele ihrer Berliner Bekannten. Denjenigen, die nicht verhaftet wurden, versuchte sie, Verdienst durch Schreib- und Archivarbeiten zu verschaffen; Stefanie Mandel wurde bis 1939 ihre ständige Sekretärin. Margret Boveri beschloß ihre vorläufige Überwinterung in der Berliner Redaktion der Zeitschrift *Atlantis*, deren Schweizer Verleger Hürlimann in seinem gleichnamigen Verlag ihre Reisebücher veröffentlicht hatte. Dann folgte der Überfall auf Polen, nicht nur zu ihrer Überraschung assistiert von der Sowjetunion, und deutsche Truppen marschierten in Holland und Belgien ein. Im selben Jahr 1940 machte ihr die *Frankfurter Zeitung* das Angebot, als Korrespondentin in die USA zu gehen.

Margret Boveri nahm an und flog, da der Westen in Flammen stand, nach Moskau, um mit der Transsib nach China, von dort aus per Schiff nach Japan und mit dem Flugzeug in die Vereinigten Staaten zu reisen. Die geheimen Sympathien, die sie noch für das sowjetische Projekt empfand, verflogen auf dieser Reise. Getrennt von den Russen war das halbe Hundert Ausländer, vor allem jüdische Emigranten, die nach Shanghai wollten, in Viererabteilen untergebracht. Da das Personal des Speisewagens vor allem mit Trinken beschäftigt war, verpflegte Boveri sich wie in der Wüste mit ihrem Gaskocher selbst. An den Bahnhöfen wurden statt Lebensmitteln Stalin- und Leninbüsten verkauft. Sie sah keine Gärten und Blumen, nur ringsum die Stalinstatuen. Auf einem Nachbargleis schockierte sie der Anblick eines Waggons voller geschorener Köpfe und nackter Männerleiber – Gefangene unterwegs ins Lager. Auf dem Weg durch die Mongolei und die japanisch besetzte Mandschurei plagten die Reisenden Hunger, Durst und Schmutz; sie saßen zuletzt nur noch in einem Wagen. Nachdem die Emigranten in Charbin von einem jüdischen Komitee in Empfang genommen wurden, reiste Margret mit einem jungen Sinologiestudenten durch Korea und Nordchina bis Fusan, von wo die Schiffe nach Japan ablegten. In Tokyo luden sie und Kollegin Lily Abegg den für die deutsche Botschaft tätigen Richard Sorge zum Abendessen in ein Fischrestaurant ein; Boveri fand ihn *sehr intensiv und dabei subtil in den Gedankengängen* und wird in ihrem Buch über den »Verrat« auf ihn zurückkommen.

Nach der Landung in Los Angeles mietete sie einen Chevrolet, mit dem sie durch die kalifornische Wüste, über St. Louis, Chicago und Washington nach New York fuhr. Hier logierte sie vorläufig im »Hotel Woodstock«, traf Scheffer und andere Kollegen und fand nach den ersten drei Tagen, *gegen diese Stadt ist nichts einzuwenden*. Später allerdings häuften sich in ihren Rundbriefen, die sie seit Beginn der Reise an ihre Freunde schickte, die Klagen über ihre zunehmende Einsamkeit. Vor allem bedrückte sie die feindselige Einstellung gegenüber allem Deutschen; bei einem Friseur reagierte der Salon mit eisigem Schweigen, als sie gestand, nicht in Amerika bleiben, sondern irgendwann nach Deutschland zurückkehren zu wollen. Sie besuchte die Mutter in Massachusetts in einem alten hölzernen Farmhaus. Sie saß am ersten Weihnachtsfeiertag 1940 bei Fritz Kempner in der Park Avenue *unter einer Main-Landschaft von Max Beckmann. Wir hatten alle Heimweh*. Zum Broadway-Theater fand sie keinen Bezug, sie ging stattdessen in Kinos. Kontinuierliches Lesen wurde für sie unmöglich, weil sie ständig Radio hören mußte, das die politischen Nachrichten früher als die Zeitungen brachte. Sie fühlte sich wie als Kind in einer Traumwelt versinken, die keinen Bezug mehr zur äußeren Realität hatte.

Nur ungenügend befreite sie daraus ihre Arbeit als Korrespondentin, da diese ihre eigenen Absurditäten bereithielt. Wegen des Zeitunterschieds mußte sie nachts ihre Telefonate mit der Redaktion führen, bei denen es immer wieder um Änderungen und Streichungen ging; daß nur wenige ihrer Geschichten gedruckt wurden, brachte sie der Verzweiflung nahe – *aber ach, ach, das Pflichtgefühl.* Telegramme mußten in englischer Sprache verfaßt werden. Nach dem Überfall auf Pearl Harbour durften die Japaner ihre Wohnungen nicht mehr verlassen, die Deutschen und Italiener hatten ihre Radios und Fotoapparate abzuliefern und wurden als »potential enemy alien« eingestuft. Margret Boveri packte ihre Koffer und kaufte *sich feste Strümpfe, einen langärmligen Pyjama, eine große Handtasche* für den Fall ihrer Internierung.

An einem der letzten Dezembertage 1941 wurde sie von zwei FBI-Beamten zum Verhör abgeholt und anschließend mit dem Fährschiff nach Ellis Island überführt. Sie kam in eine Zelle mit acht Betten, in die man seine Sachen mitnehmen oder unter ihnen verstauen mußte. Für die meisten Frauen, die zu viel Gepäck, vor allem ihre Pelzmäntel, dabeihatten, ein ernstes Hindernis. Die praktische Fränkin wurde durch ihre Ruhe zur Ratgeberin in ihrem Trakt; für eine Italienerin schrieb sie eine Postkarte in den geforderten englischen Druckbuchstaben. Als sie die Mutter besuchte, zeigte sie zu deren Beruhigung den riesigen Aufenthaltsraum mit dem eindrucksvollen Tonnengewölbe – und rief bei ihr Entsetzen über die Menschenmassen, den Lärm und Schmutz hervor.

Bei den Verhören auf Ellis Island hatte Boveri die Gelegenheit, sich als Emigrantin registrieren zu lassen. Doch auf die Frage, wie sie zu Deutschland stehe, antwortete sie *Ich bin eine loyale Deutsche*. Was brachte sie zu dieser Erklärung, was hielt sie davon ab, sich zu Amerika zu bekennen? Die Abwehr des mütterlichen Einflusses ist nur ein Element ihrer Verweigerung. Sie hatte ihren Tocqueville gelesen, und auch Ortega y Gassets Thesen über die heraufziehende Massengesellschaft, die sie bei all ihren Besuchen in den USA bestätigt fand, waren ihr geläufig. In ihren Augen lieferte die egalitäre Einwanderergemeinschaft der Vereinigten Staaten das Vorbild dazu, dem die Russen und die Deutschen mit ihren brachialen Versuchen nacheiferten. Auch wenn die einen sich Demokraten, die anderen sich Kommunisten oder Nationalsozialisten nannten, waren ihre Ziele doch ähnliche: die Formierung einer dem Hochindustrialismus angepaßten Einheitsgesellschaft, in der die Mehrheit diktatorisch über die abweichenden Minderheiten herrscht. Die USA hatten auf diesem Weg einen erheblichen Vorsprung und die größten Chancen, das Gesicht der Einen Welt zu prägen, vor der sich Margret Boveri ein halbes Jahrhundert vor der Konjunktur des Begriffes »globalization« fürchtete. Ihr Bekenntnis zu Deutschland (nicht zu Hitler) war ein Bekenntnis zu Europa, wie sie es in ihrer Jugend kennengelernt hatte.

Am gleichen Tag, an dem ihre Mutter sie auf Ellis Island besucht hatte, erklärte Deutschland den USA den Krieg. Etwa zwei Wochen später wurde die Journalistin in ihre Wohnung entlassen, um unter Bewachung ihre Sachen packen zu können und über einige Umwege zusammen mit neun ihrer Kollegen und 150 Botschaftsangestellten in einem ansonsten leeren Zug in das »Hotel Greenbrier« in den Bergen West-Virginias verbracht zu werden. Es war ein Luxushotel und die Entsprechung eines Hotels in Bad Nauheim, in dem Deutschland seine für den Austausch vorgesehenen Amerikaner internierte und auf jede Beschränkung in Virginia mit genau der gleichen Gegenmaßnahme antwortete. Als am Silvestertag 1941 Paul Scheffer eingeliefert wurde, zog er sich bei einem Sturz über den Bettvorleger einen Schenkelhalsbruch zu und war nach der Operation an sein Hotelbett gefesselt. Bei seiner Elevin meldete sich im Januar der Blinddarm wieder, so daß sie bis in den März hinein in einem Krankenhaus in Baltimore versorgt werden mußte. Trotzdem mochte sie im Nachhinein diese letzten Monate in Amerika nicht missen. Die erzwungene Ruhe brachte sie sich selbst näher; statt Artikel zu schreiben, spielte sie Klavier im Hotelsaal, las viel und verbrachte die Abende in einem ausgewählten Kreis junger Leute mit Diskussionen im Zimmer Scheffers – *wir alle wollen einmal Romane oder Novellen über »Greenbrier« schreiben.*

Zumindest bei Margret Boveri wurde nichts daraus. Die nachfolgenden Ereignisse ließen sie nicht mehr zu Atem kommen. Am 6. Mai 1942 lief die auf 700 Passagiere ausgelegte »S.S. Drottungsholm« mit 1250 Heimkehrern (Paul Scheffer war wegen Transportunfähigkeit nicht darunter) aus dem Hafen von Hoboken aus. Ziel war Lissabon, *so europäisch, wie wir kaum mehr wußten, daß etwas europäisch sein kann.* Doch das Los der Journalistin erwartete sie in Gestalt von Telegrammen der *Frankfurter Zeitung,* die sie aufforderten, über die Ankunft zu schreiben, bevor sie richtig angekommen war.

Ein knappes Jahr später war es mit den Telegrammen vorbei, als Hitler einen zu wenig ehrerbietigen Artikel über den Ahnherren der nationalsozialistischen Bewegung Dietrich Eckart zum Anlaß nahm, um mit der *FZ* die letzte der dem liberalen Erbe verpflichteten Zeitung des Landes verbieten zu lassen. Margret Boveri wechselte nach Madrid, um für die deutsche Botschaft außenpolitische Studien zu schreiben; für ihre journalistische Arbeit stand ihr nur noch das von Goebbels als kulturelles Feigenblatt vor dem sonstigen publizistischen Elend gegründete Wochenblatt *Das Reich* zur Verfügung. Über die Jahre in Berlin, die jenem für sie entscheidenden Flug über das zerstörte Deutschland mit den Blicken auf Höfen und die Halbinsel Kohlgarten folgten, wissen wir durch die *Tage des Überlebens* Bescheid.

Weniger wissen wir über die Zeit danach, vor allem weil, als es um ihre Vergegenwärtigung ging, das Gespräch mit Uwe Johnson aufgrund eines Zerwürfnisses stockte, über das noch zu berichten sein wird. Unzweifelhaft ist, daß sie sich nach der Besetzung des Berliner Südwestens durch die Amerikaner sofort wieder in die Schreibarbeit stürzte. Ausgehend von der Überlegung, daß *Verständnis* erst dann entstehen kann, *wenn das von Grund auf Andersartige am Gegenüber erkannt und in seinen Wurzeln begriffen wird,* machte sie sich an die Abfassung einer *Amerikafibel für erwachsene Deutsche.* Das Problem daran war, daß es erwachsene Deutsche kaum gab und ihre Mehrzahl sich der Zumutung des Erwachsenwerdens durch den schnell zur Verfügung stehenden Vorwurf des »Antiamerikanismus« zu erwehren wußte.

Dabei hatte Margret Boveri nichts anderes versucht, als die grundlegende Differenz des amerikanischen Gesellschaftsmodells zu allen europäischen zu verdeutlichen. Sie ging dabei von ihren eigenen Erfahrungen aus. Amerika hatte sie als das einzige Land der Erde erlebt, das von Emigranten bewohnt wurde und in dem die Auswanderung demzufolge *als eine der moralischsten und tapfersten Taten* gilt. Die geschichtsbesessenen Deutschen hatten also keine besondere Nachsicht für ihre Unfähigkeit zu erwarten, sich von den eigenen Wurzeln zu trennen. Die Geschichte war für die Bewohner der Neuen Welt ohnehin ein abgeschlossenes Kapitel, mit ihnen hatte die Natur wieder ihre Herrschaft angetreten, in der alle Menschen frei, gleich und berechtigt sind, ihren persönlichen Anteil an Glück einzufordern. Indem die Zukunft als eingetreten galt, war sie nicht mehr existent, und sie über die gesamte Welt zu verbreiten und vor allem gegen die konkurrierende, die sowjetische Form der eingetretenen Zukunft durchzusetzen, betrachteten die Amerikaner als ihre geistige Mission. Die Angehörigen der besiegten Nationen mußten, um ihre Eingliederung in die Phalanx des unaufhaltsamen Fortschritts zu ermöglichen, dazu in ihrer gesamten Befindlichkeit möglichst genau analysiert, registriert und kategorisiert werden. Dem dienten die bekannten Fragebögen. Die Autorin leitet sie aus der Allgegenwart der »Tests« her, mit denen in den USA Intelligenzquotienten, Verbrauchergewohnheiten oder der Wahrheitsgehalt von Zeugenaussagen ermittelt werden. Sie gehen von der Vorstellung aus, daß das Innenleben des Menschen wie das eines seiner Produkte in möglichst kleine Einzelteile zerlegt und sie mit »right« oder »wrong« bewertet werden können. Ziel dieser Bemühungen ist der standardisierte Mensch, damit die Industrie sich ihm mit eigener Standardisierung anpassen kann.

Die *Amerikafibel* erschien 1946 im Badischen Verlag in Freiburg und erlebte zu Lebzeiten der Autorin keine Nachauflagen (die 2006 publizierte wurde durch ein Vorwort von Theodor Heuss eingeleitet). Margret Boveri hatte keine Zeit, über die Gründe der Ablehnung nachzusinnen, denn ihr Archiv wartete bereits darauf, für ein größeres Werk, für ihr Hauptwerk mit dem Titel *Der Verrat im XX. Jahrhundert* ausgewertet zu werden.

Opus 3

Das Wort »Verrat«, daß die Autorin mit einiger Plausibilität als eine zentrale Kategorie ihres Jahrhunderts verwenden konnte, ist aus dem politischen Vokabular des folgenden weitgehend verschwunden. Das bedeutet nicht, daß es den Verrat nicht mehr gäbe, sondern wir können davon ausgehen, daß, wie der inflationäre Gebrauch eines Wortes das Verschwinden seines Inhaltes anzeigt, das inflationäre Auftreten eines Verhaltens seine Benennung überflüssig macht. Wo es keine Loyalität mehr gibt, ist nicht mehr von Verrat zu sprechen; wo es keine Geheimnisse mehr gibt, wo die Transparenz, die Durchsichtigkeit eines Menschen zum höchsten Gut erklärt worden ist, gibt es kaum noch etwas zu verraten. Der Verrat ist zum Alltag geworden: die Regierungen verraten täglich ihren Staat, die Abgeordneten ihre Wähler, die Handwerker verraten ihr Handwerk, die Händler ihre Kunden – die Gewissenlosigkeit ist zur Voraussetzung des Erfolgs geworden.

Wo es keine Personen mehr gibt, gibt es keine personale Treue mehr, jene seit dem Mittelalter gepflegte Tugend, aus der die Historikerin Boveri die Vertrauenswürdigkeit jedes Gemeinwesens herleitet. In ihrem Jahrhundert existierten noch Reste davon, und wo sie gesprengt wurden, klammerte man sich an die verschiedenen Möglichkeiten überpersonaler Loyalität: die zu einer Nation, einem Staatswesen, einer Partei, einer Klasse, einem Berufsstand, einer Ideologie.

Diese unterschiedlichen Loyalitätsforderungen mußten besonders bei der Generation in Widerstreit geraten, der die Autorin selbst angehörte, der im Ersten Weltkrieg verloren gegangenen Generation, die wie keine andere an der *Krankheit unserer Zeit* litt, der *Bewußtseinsspaltung im Menschen selbst und des Verlustes der Heimat. In keinem Land, das in den Zweiten Weltkrieg hineingezogen wurde, sind die Vertreter dieser Generation heil, wenige ohne Lager- oder Gefängnishaft, sei es vor oder nach 1945, aus den Prüfungen hervorgegangen.* Boveri begann ihre Arbeit an dem Buch vor dem Hintergrund der Prozesse gegen die Verräter und Kollaborateure in den Reihen der Siegermächte unmittelbar nach Ende des Krieges. In Frankreich wurden bis Ende 1946 eine halbe Million Menschen verhaftet, gegen 160 000 von ihnen Verfahren eröffnet; in Belgien wurden 600 000, in den Niederlanden 130 000 Prozesse geführt; in Großbritannien ermittelte man gegen mehr als 10 000 Personen wegen »legitimer Zweifel« an deren Zuverlässigkeit; in den USA nahm McCarthys Komitee für unamerikanische Umtriebe seine Tätigkeit auf und hielt das Land über Jahre in seinem Bann. Außerhalb des Blickfeldes blieben leider die Prozesse und Verfolgungen im sowjetischen Machtbereich, *weil uns vorläufig der Einblick in die dortigen Verhältnisse abgeht.* Die Autorin hielt sich streng an die Regeln einer faktenbasierten, möglichst objektiven Recherche, bei der nach angelsächsischem Vorbild Tatsachen von Meinungen zu trennen sind. *Erfaßt wurden ganz einfach die Fälle, in denen ein Gericht, ein Poilzeiverfahren oder ein politischer Ausschuß einen Menschen angeklagt oder verurteilt hat.* Sie unterscheidet zwischen dem Verrat für und gegen Nationen und dem Verrat für und gegen Ideologien und widmet den ersten der vier Bände bekannten Kollaborateuren mit dem nationalsozialistischen Regime.

Paradox erscheint dabei ihre These, daß der Nationenbegriff seinen Höhenflug mit dem Ende der Ära der Nationalstaaten beginnt. Bis dahin galt im Deutschen dem Vaterland die Indentifikation, *das, unabhängig vom herrschenden Regime, im Boden, in der Tradition, der Sprache, der Landschaft wurzelte.* Danach wurde das Verhältnis zur eigenen Herkunft weniger vom Gemüt dirigiert als vom Kopf, der *die Nation mit einer politischen Losung identifizierte. Von nun an konnte jeder sein ideologisches Vaterland wählen,* und der Weg war frei zu dem internationalen Bürgerkrieg, der nach Boveri mit den russischen Revolutionen im Jahr 1917 begann.

Dieser erfaßte auch die westeuropäischen Staaten, in denen somit ein Potential von Kräften bereitstand, die aus den unterschiedlichsten Gründen und auf verschiedene Weise bereit waren, mit den Deutschen zusammenzuarbeiten. Welch komplizierte Lebensläufe sie zumeist hinter sich hatten, veranschaulicht Boveri an dem norwegischen Offizier Quisling, der den vom Dritten Reich gestützten Staatschefs dieser Jahre seinen Namen gab. Vidkun Quisling hatte die Kriegsakademie in Oslo mit dem besten jemals von ihr vergebenen

Abschluß absolviert und widmete sich früh der Politik. Seine Sympathien galten anfangs dem sowjetischen Experiment. Als Mitarbeiter von Fridtjof Nansen rettete er während der Hungersnot in den frühen zwanziger Jahren zahllosen Russen das Leben und vertrat sein Land von 1927 bis 1929 als Diplomat in Moskau. Aus Entsetzen über die stalinistischen Praktiken wandte er sich auf der Suche nach Alternativen zu dem angelsächsischen Merkantilismus dem deutschen Nationalsozialismus zu, den er als Vollender einer von ihm begrüßten konservativen Revolution mißverstand. Sein Amt als Kriegsminister, das er 1931 angetreten hatte, legte er zwei Jahre später nieder und gründete die »Nationale Sammlung«, eine Partei, mit der er bei den Wahlen von 1933 nur knapp zwei Prozent der Stimmen errang. Quisling träumte von einem religiös geprägten »nordischen Sozialismus«, in den er die skandinavischen Länder führen wollte. 1939 besuchte er Hitler, dem er allerdings mit seiner zu geringen Gefolgschaft nicht imponieren konnte. Als er während der Invasion 1940 sich in einem Staatsstreich an die Macht putschte, wurde er von den Deutschen abgesetzt und erst 1942 wieder als Ministerpräsident für ihre Zwecke benutzt. Seine Furcht vor dem Bolschewismus und die Ablehnung des westlichen Gesellschaftsmodells machten ihn bis zum Kriegsende zu einem willfährigen Vollstrecker der deutschen Besatzungspolitik. Im Mai 1945 wurde er verhaftet und in einem Hochverratsprozeß nach einem Gesetz, das die norwegische Exilregierung kurz zuvor erlassen hatte, zum Tode durch Erschießen verurteilt; die Hinrichtung erfolgte am 24. Oktober. Astrid Lindgren hatte die Politik Quislings und den Prozeß gegen ihn vom neutralen Schweden aus in ihren Tagebüchern dokumentiert, die 2015 unter dem Titel *Die Menschheit hat den Verstand verloren* erschienen.

Mit der gleichen Sachlichkeit hat Boveri den Verlust des menschlichen Verstandes bei den anderen prominenten Kollaborateuren protokolliert, nicht ohne den tragischen Aspekt ihrer Schicksale anzuerkennen: bei Marschall Pétain, dem einstigen Helden des Ersten Weltkriegs; bei dem unglückseligen Leopold von Belgien, der das Land nach der Okkupation nicht verließ und mit seiner Weigerung es zu regieren, ein Beispiel für den passiven Widerstand lieferte, und der, obwohl er sich nicht ohne Erfolg um die Befreiung von Gefangenen und die Verhinderung von Deportationen bemüht hatte, nach dem Krieg nicht auf den Thron zurückberufen wurde; bei dem Iren William Joyce, dessen Liebe zu den britischen Uniformen in Haß umschlug, als man ihm eine Karriere in der Army verwehrte, der sich der faschistischen Partei Sir Oswald Mosleys anschloß und 1940 die deutsche Staatsbürgerschaft annahm, um vom Kontinent aus den Feldzug gegen das britische Empire mit Propagandareden im Radio zu unterstützen, deren letzte er in Hamburg am 30. April 1945 hielt, bevor er sich mit seiner Frau in den Wäldern versteckte, dort bei seiner Entdeckung durch die Briten an seiner Radiostimme erkannt und anschließend nach einem Prozeß in London gehängt wurde.

Das Radio als massenwirksamstes Propagandamittel auf beiden Seiten der Front wurde auch dem amerikanischen Dichter Ezra Pound zum Verhängnis. Als Boveri über ihn schrieb, saß er im St.-Elisabeth-Spital, einem staatlichen Irrenhaus Amerikas. Sie erzählt, wie er dorthin gekommen ist. Als einer der ersten jungen Männer, die die Brutalität des

American way of life vertrieb, hatte er den umgekehrten Weg der Auswanderung genommen und war 1908 nach Europa gegangen, zuerst in die Stadt seiner anspruchsvollsten poetischen Träume, nach Venedig. Als er in England die Anerkennung für seine Dichtungen erfuhr, die man ihn in Amerika verwehrt hatte, übersiedelte er nach London, wo er bis 1920 lebte, während des Weltkriegs als Privatsekretär des von ihm verehrten W. B. Yeats, später als Haupt der angelsächsischen Dichterschule, die in der ersten Jahrhunderthälfte die Welt der Poesie revolutionierte. Er war mit Joyce befreundet und wurde von ihm geschätzt, er arbeitete mit Wyndham Lewis zusammen und redigierte *The Waste Land* von T. S. Eliot auf eine Weise, die es zum bitteren Triumphgesang der modernen Lyrik machte. Für Boveri war er *Revolutionär und Klassizist in einer Person, er demolierte die Dichtung, jedoch mit der größten Ehrfurcht vor ihren Beständen.* In seinen *Cantos*, an denen er bis zu seinem Lebensende arbeitete, verwandelte er sich in Shakespeare, Dante, in einen japanischen Haiku-Dichter, sprach, sang, deklamierte er in fremden Zungen, als hätte ihn bei einem permanenten Pfingstfest der Heilige Geist in seiner Gewalt. Die Odyssee seines Lebens führte ihn ins *heißgeliebte Italien* zurück, wo er einen Ankerplatz für seinen gejagten Geist im von einer Wiederbelebung des Römischen Imperiums träumenden Faschismus zu finden meinte. Von Rom aus hielt er Radioreden, in denen er anfangs von pazifistischem Standpunkt aus für einen Verhandlungsfrieden plädierte. Nachdem die USA in den Krieg eingetreten und sein Repatrisierungsantrag abgelehnt worden war, wendete er sich gegen sein einstiges Heimatland und die internationale Judenschaft als die vermeintlich eigentlichen Kriegstreiber.

Das mußte er bitter büßen. Nach der Landung der Amerikaner in Genua stellte er sich freiwillig und wurde in ein Straflager in Pisa eingewiesen, *wo man ihn zuerst in einen ›Todesbunker‹, nachher in einem eisernen ›Gorillakäfig‹, in dem er den Pöbel zur Schau gestellt wurde, schließlich in einem kleinen Zelt isoliert gefangen hielt, bevor er als gebrochener Mann nach Amerika überführt und vor Gericht gestellt wurde.* Unter diesen Bedingungen erklomm er die Gipfelhöhen seines Schaffens, die *Pisaner Cantos, ein Gesang, in dem zum ersten Mal eine Mythologie unseres Jahrhunderts – die Welt der Konzentrationslager – dichterisch Gestalt gefunden hat.* In seinem Prozeß entging Pound der Verurteilung und einer möglichen Todesstrafe nur, weil ihn ein Gutachter für geisteskrank erklärte. Aus der Nervenanstalt wurde er 1958 entlassen, nachdem Ernest Hemingway bei seiner Nobelpreisrede, T. S. Eliot und andere seiner Kollegen immer wieder an sein Schicksal erinnert hatten. Er starb 1972 in Venedig; von seinen letzten Jahren wird berichtet, daß er das Sprechen verweigert hatte.

Diesem *sichtbaren Geschehen* des Verrats für und gegen die Nation läßt Boveri im zweiten Band ihres Buches *Das unsichtbare Geschehen* folgen. Daß sie dabei neben der Arbeit der Geheimdienste die Widerstandsbewegung im Dritten Reich behandelt, ist ihr aus verschiedenen Gründen verübelt worden. Einerseits galt die Kollektivschuldthese der Alliierten, in der etwa der Umsturzversuch vom 20. Juli nur als Verschwörung einer reaktionären Offiziersclique Platz hatte, bei der sich, laut Churchill im Unterhaus, die nationalsozialistischen Führer »gegenseitig ermordeten« und an die noch im Sommer 1946 kein Sender in der amerikanischen Zone erinnern durfte. Andererseits suchten die Deutschen allmählich nach sie entlastenden Identifikationsfiguren, die sie ungern in Verbindung mit Hoch- und Landesverrat gebracht sahen, wie er in der Hitlerzeit propagiert worden war. Aber die Chronistin fühlt sich verpflichtet, die ganze Schärfe des inneren Konflikts zum Ausdruck zu bringen, indem sie die in der Mehrzahl militärischen Akteure in das Spannungsfeld zwischen geleistetem Eid und persönlichem Gewissen stellte. Diesem zu folgen, machte die Größe und Würde der Verschwörer aus, bedeutete im staatsrechtlichen Sinne aber tatsächlich »Verrat«; ihn zu begehen fiel den älteren Generälen, die seit dem verhängnisvollen Ausflug Ludendorffs in die Politik von ihr Abstand zu halten versuchten, schwerer als den jungen Hauptmännern und Leutnants. Für beide war die Zurückweisung ihrer Annäherungsversuche durch die Kriegsgegner das entscheidende Problem. *Der deutsche Widerstand erfolgte von innen in einer Synthese von Kompromiß und äußerster Gefährdung. Er blieb, trotz der vielen versuchten Kontakte mit dem Ausland, einsam und in seinem Untergang unverstanden.* Er blieb zersplittert und von differierenden politischen Zielrichtungen geprägt. Stauffenberg etwa wollte den Sieg der deutschen Wehrmacht, sein Mitstreiter Moltke ihre Niederlage; Goerdeler, der ehemalige Bürgermeister Leipzigs, auf den man sich als neuen Regierungschef geeinigt hatte, strebte die Restauration Weimarer Verhältnisse an, der aristokratische Kommunist Schulze-Boysen hatte die Partnerschaft mit der Sowjetunion im Visier. Boveri verfolgt die Herkunft, den Charakter und das Schicksal der verschiedenen Gruppen und Akteure und verwandelt sich in einzelnen Fällen von der Chronistin *zwar nicht in eine Mithandelnde, aber doch in eine Mithörende und Mitverzeichnende.*

Das trifft insbesondere für den Kreisauer Kreis zu, den sie sich über Adam von Trott besonders verbunden fühlte. Der Gutsbesitz der Moltkes in Schlesien wurde schon früh im Jahrhundert zu einem Laboratorium für, dem heutigen Sprachgebrauch nach, alternative Lebensformen. Der junge Helmuth James Graf von Moltke, Neffe des »großen Schweigers« und Generalstabschefs des preußischen Heeres, gründete gemeinsam mit zwei Freunden ein Arbeiter- und Studentenlager, das vorbildlich für freiwillige Arbeitslager in ganz Deutschland wurde. Hier sollten Alters- und Klassenunterschiede überwunden werden, sich Professoren und Studenten, Arbeiter, Arbeitslose und Jungbauern, Völkische und Kommunisten zu einer Gemeinschaft formen, wie sie den Initiatoren als Gesellschaftsform der Zukunft vorschwebte. In ihrem förderalistischen Staatsdenken hatten sozialistische und konservative, demokratische und ständische Ideen Platz. Nach der Machtergreifung Hitlers mußte die Arbeit unter konspirativen Bedingungen fortgeführt werden. Je strenger sich der Nazismus gebärdete, *desto planvoller und konsequenter wurde der Zusammenschluß der einst lockeren Gemeinschaft.* Organsisationsprinzip blieb die sich einem bestimmten Sachgebiet widmende, möglichst kleine und möglichst wenig Verbindungen zu anderen Gruppen unterhaltende einzelne Zelle. Zusammengeführt mit anderen wurde sie nur bei insgesamt drei geheimen Treffen auf Moltkes Besitz in Schweidnitz – *etwa die Hälfte der Teilnehmer hat sie mit dem Leben bezahlt.*

Adam von Trott zu Solz stieß früh zu den Kreisauern. Margret Boveri hatte er bei ihren Begegnungen tief beeindruckt, und David Aston, der spätere Herausgeber des

Observer, sagte von ihm: »Er war der Größte unter meiner Generation, dem ich in irgendeinem Land begegnet bin.« In Oxford hatte er Trott als Mitstudent kennengelernt, dem eine glänzende internationale Karriere offenstand, der aber 1933 nach Deutschland zurückkehrte, um im dortigen Justizapparat Fuß zu fassen. Zwei Ziele leiteten ihn dabei: *in dem Staat, den er nicht liebte, an eine entscheidende Stelle zu kommen* und den Kriegsausbruch zu verhindern. Dazu trat er in die NSDAP ein, wechselte in die Kulturabteilung des Auswärtigen Amtes und unternahm ständig Reisen ins feindliche Ausland, auf deren einer er in London 1939 Lord Halifax, den Außenminister, und Premier Neville Chamberlain aufsuchte, um sie zu einer harten Haltung gegenüber Deutschland zu bewegen. Mit Billigung des Foreign Office reiste er im Oktober weiter nach New York, hielt dort einen Vortrag über die von Deutschland ausgehende Gefahr und traf sich mit Paul Scheffer. Der hatte ein Memorandum erarbeitet, in dem er von den USA Handlungsfreiheit für die deutsche Opposition und ihre Unterstützung einforderte. Trott legte das Papier im State Department vor, wo es anfangs auf Zustimmung stieß, nicht aber Präsident Roosevelt bewegen konnte, den von Churchill vorgegebenen Weg der »Absolute Silence« gegenüber Annäherungsversuchen deutscher Widerständler zu verlassen. Trott reiste nach Deutschland zurück. *Fortan war er überzeugt, daß Deutschland gestraft und unschädlich gemacht werden müsse.* Über Julius Leber, der in der Vorstellung der Kreisauer Goerdeler als zukünftigen Regierungschef abgelöst hatte und unter dem Adam von Trott Außenminister werden sollte, lernte er Graf Schenck von Stauffenberg kennen. Der hatte nach der Verhaftung des ein

Attentat ablehnenden Grafen von Moltke die Organisation des militärischen Widerstands übernommen. Noch am Vorabend seiner Abfahrt zur Wolfsschanze hatte Trott ihn in seinem Vorhaben bestärkt. Nach dem Scheitern von Tyrannenmord und Militärputsch wurde Adam von Trott verhaftet, vom Freislerschen Volksgerichtshof zum Tode verurteilt, im Polizeigefängnis Plötzensee hingerichtet und seine Asche, wie die der meisten Mitverschwörer, über den Berliner Rieselfeldern verstreut.

Margret Boveri, die behauptete, wie jeder redlich denkende Mensch nicht zu wissen, ob sie liberal oder konservativ sei, war nichtsdestotrotz von ihren bedingungslos einer Ideologie folgenden Zeitgenossen fasziniert. Sie wollte sie verstehen, was nicht verzeihen heißt, aber doch den Versuch einschließt, in der polarisierten Leserschaft des Nachkriegs Verständnis dafür zu erwecken, *daß auch der Gegner, ja der Feind, ein achtenswerter Mensch sein kann.* Den Verräter aus ideologischen Gründen par exzellence hatte sie mit Richard Sorge in Tokio kennengelernt. Ein Jahr, nach ihrem Treffen erfuhr sie von seiner Verhaftung. Wie alle, die mit ihm in Berührung kamen, hatte sie seine Persönlichkeit in Bann geschlagen, und führte nun, zwanzig Jahre später zu dem Versuch, sie zu enträtseln. Richard Sorge wurde als Sohn eines deutschen Erdölingenieurs und einer russischen Mutter in Baku geboren, kam früh nach Deutschland, wurde auf dem Gymnasium wegen seines historischen und politischen Wissens »Reichskanzler« genannt und meldete sich 1919 als Kriegsfreiwilliger, was ihm an Ost- und Westfront drei Verwundungen einbrachte, ohne zum Offizier befördert zu werden. *Drei Tage lang lag er delirierend im Stacheldraht. In diesen Tagen geschah eine rapide*

Wandlung zum Kommunisten in einer Art von mystischem Sterben und Wiedergeborenwerden. Nach dem Krieg schrieb er eine Doktorarbeit über die deutschen Konsum-Vereine, arbeitete im Bergwerk, trat in die Kommunistische Partei ein, sobald sie gegründet wurde, war an führender Stelle an ihrem mißlungenen Putschversuch in Hamburg 1923 beteiligt und ging danach an das Frankfurter Institut für Sozialwissenschaft. Wie von Salomon und Boveri legte er als Sproß des der Historik verfallenem 19. Jahrhunderts ein Archiv an, das später eine Grundlage seiner Spionagetätigkeit werden sollte. Er sammelte moderne Kunst und war ein exzellenter Koch, seine Wohnung der *gesellige Mittelpunkt der literarisch interessierten kommunistischen Gruppe in Frankfurt.* In Kontakt zu den russischen Bolschewiki kam er, als er illegal zum Parteitag der KP eingereiste Berater zu betreuen hatte. Ende 1924 fuhr Sorge nach Moskau und trat in die KPdSU ein. Über China reiste er in Japan ein, wo er als Auslandskorrespondent der *Frankfurter Zeitung* und Berater des deutschen Botschafters Ott arbeitete und seine geheimen Berichte an das 4. Büro der Roten Armee verfaßte. Er hatte drei Frauen in Tokio und war für seine wilden Saufereien und Motorradfahrten berüchtigt. Er hatte Zugang zum Schriftverkehr der Botschaft, zapfte deren japanische Mitarbeiter an und knüpfte auf seinen Chinareisen enge Verbindungen zu den dortigen Sozialisten, zu russischen Emigranten und deutschen Militärberatern Tschiang-Kai-Scheks. Hauptziel seiner Tätigkeit war die Verteidigung der Sowjetunion, die er mit hunderten Funksprüchen und Mikrofilmen über die Aktivitäten ihrer Feinde informierte. Als er Ende Mai 1941 nach Moskau meldete, daß die Deutschen am 20. Juni mit 170 bis

190 Divisionen das Land angreifen würden und man ihm dies nicht glaubte, bekam er einen Tobsuchtsanfall und fiel anschließend in schwere Depressionen. Die japanische Abwehr widmete sich ihm erst, als er über die Kriegsvorbereitungen Nippons gegen die SU berichtete. Wenige Tage nachdem er Moskau um seine Rückberufung bat, weil die Kriegsgefahr gebannt sei, wurden er und sein Funker und Schatzmeister Klausen verhaftet. Im Gefängnis hielten ihn Yogaübungen, das Schreiben von Briefen und eines Lebensberichtes aufrecht. Seine Haltung erregte Bewunderung bei den Gefängnisbeamten. Vor dem Gang zum Galgen bedankte er sich bei ihnen und beim Gefängnisseelsorger.

Tief in den Kalten Krieg hinein führt uns der Fall der britischen Diplomaten Burgess und MacLean, die nach dem Besteigen des Schnellzuges Rennes – Paris nicht mehr gesehen wurden und deren Verschwinden das Foreign Office einige Jahre später in einem Weißbuch eingestehen mußte, nachdem der russische Überläufer Petrow es vor einem Untersuchungsausschuß öffentlich gemacht hatte. Die beiden Engländer hatten jahrzehntelang dem KGB zugearbeitet und wurden kurz vor ihrer Enttarnung von Kim Philby gewarnt, dessen Namen die Chronistin noch so wenig kannte wie den der »Cambridge Five«, unter dem die Spionagezelle später bekannt wurde. Sehr wohl aber kannte sie das britische Universitätsmilieu der Zwischenkriegszeit, in dem sich beide kennengelernt hatten und verzweifelt nach Orientierung suchten. Sie *gehörten zu der typisch englischen Welt, wo Akademikertum, Politik und Literatur ineinander übergreifen.* Sie sammelten sich um kurzlebige Literaturzeitschriften, ergriffen Partei für die Republikaner im spanischen Bürgerkrieg und wurden Mitglieder der »Cambridge Apostles«, eines streng marxistischen Geheimzirkels, in dem sie Philby traf und mit dem KGB zusammenführte. *In einer Minute waren sie Engländer der Oberklasse, in der nächsten geängstete Menschen, die sich verfolgt fühlten, in der dritten Marxisten, die für eine bessere Welt kämpften.* Beide zahlten einen hohen Preis und standen nur als Alkoholiker das Doppelleben im diplomatischen Dienst durch, zu dem beide auf unterschiedlichen Wegen gelangten und in dem MacLean bis zum Leiter der Amerikaabteilung des Foreign Office aufstieg. In den Passagen, in denen Boveri ihre Zerrissenheit und damit die ihrer Generation beschreibt, ist man besonders dankbar dafür, daß sie dem Ruf der Poesie nicht gefolgt ist und zeitlebens *Tagelöhner der Zeitgeschichte* blieb, mit einer klaren Sprache, die in komplexen Sätzen die komplexen Sachverhalte ihrer Epoche zu fassen vermochte – *des Zeitalters der Beängstigung und ziellosen Flucht, der Willenlosigkeit und gelenkten Willen, in dem die Natur zum Sklaven des unpersönlichen Kollektivs wurde und die Technik die Macht von der Person auf die Maschine übertrug, für die es keine Treue und also auch keinen Treubruch gibt.* Burgess und MacLean wurden im Februar 1956 auf einer Pressekonferenz in Moskau als zwei britische Staatsbürger vorgestellt, die in die Sowjetunion übergesiedelt seien, um der Annäherung von Osten und Westen in der gespaltenen Welt zu dienen. Burgess starb 1963 in Moskau, MacLean zwanzig Jahre später als außenpolitischer Berater der Sowjetregierung und Offizier des KGB.

Im vierten Band setzt Boveri ihre Aufklärungsarbeit über die neue Weltmacht USA fort und beginnt mit deren Geschichte. Für sie ist Amerika ein Kontinent der Extreme, in dem sich von Beginn an zwei europäische Traditionslinien gegenüberstanden, eine von der Französischen Revolution beeinflußte liberale, die in Jefferson und Paine ihre frühen Repräsentanten hatten, und die konservativ-britische, auf Washington zurückgehende. Beide lösten sich in Wellenbewegungen regelmäßig an der Macht ab und erklärten die jeweils andere zur Landesfeindin, die nicht selten Verfolgungen und Hetzjagden ausgesetzt war. Diese wurden in erster Linie von der sich in Presse und später im Rundfunk artikulierenden und zu einer in Europa unbekannten Macht gelangenden öffentlichen Meinung organisiert. *Mit der wachsenden Macht der öffentlichen Meinung schwindet ein wesentliches Element der Demokratie: die Achtung, die der abweichenden Überzeugung der Minderheit gebührt.* Nach dem Kriegseintritt 1917 etwa wurde keinerlei Opposition geduldet. *Wer gegen den Krieg, gegen die Einberufungen sprach, wurde verhaftet.* Nach Kriegsende wandelte sich das Feindbild vom Pazifisten zum Revolutionär, daß erst verblaßte, als der Börsenkrach von 1929 und die Große Depression eine völlig neue Realität schuf, in der es 13 Millionen Arbeitslose gab und laut Roosevelt ein Drittel der Nation »unterernährt, unterbekleidet, unterbehaust« war. Eben jener Franklin D. Roosevelt leitete, nachdem er zum Präsidenten gewählt worden war, den Umschwung ein, den New Deal, die »pink decade«, in der Verstaatlichungen, Arbeitsprogramme und andere Elemente der Planungswirtschaft sich mit einer antifaschistischen Grundstimmung und Sympathie für die Sowjetunion verbanden. An ihrer Seite wurde der Krieg gewonnen und erst mit seinem Ende und dem Tod des Präsidenten wurde sie im Zuge der neuen Gegenwelle unter dem republikanischen Hardliner Truman zum Feind im Kalten Krieg erklärt.

Jetzt gerieten Roosevelts »bright young men« ins Visier der Geheimdienste und Untersuchungsausschüsse, verdächtig der Kollaboration mit der UdSSR, wurden die geheimen Mitglieder der Kommunistischen Partei aufgespürt und die Jagd auf ihre zahlreichen Sympathisanten in den Gewerkschaften, Presseorganen und Filmstudios, auf den Universitäten und in den Behörden eröffnet. Das Besondere daran war ein Verfahren, dessen Vorbild Boveri in der Sowjetunion vorgeprägt und für die Demokratie lebensbedrohlich fand: die dritte Gewalt im Staate, die Justiz, war an diesen Untersuchungen kaum beteiligt, sondern sie wurden von Kommissionen und Ausschüsse durchgeführt. Schon 1939 hatte der Abgeordnete Martin Dies Gelder für einen Kongreßausschuß zur Untersuchung von »un-American activities« bewilligt bekommen, des Ausschusses, der dann unter Senator McCarthy zur mächtigsten Waffe im Kampf gegen die Kommunisten wurde. Die Frage, was unamerikanische Umtriebe eigentlich seien und worin die Schuld der Angeklagten bestand, wurde dabei nur selten gestellt. *Ihre Beantwortung hätte in den meisten Fällen ergeben, daß die kommunistischen Mitgliedschaften und Beziehungen nur die damalige Form des Konformismus darstellten.* Die neue Form des Konformismus erforderte mehr als eine Distanzierung davon, sie erforderte eine aktive Mitarbeit bei der Bekämpfung. Als die gesamte Lehrerschaft New Yorks durchleuchtet wurde, hatte man dem Verdächtigen nicht seine Schuld nachzuweisen, sondern er mußte seine Unschuld glaubhaft machen. *Den Nachweis des guten Glaubens erbringt er, indem er sich bereit erklärt, andere Personen als Kommunisten zu identifizieren.* An den Universitäten wurde die Ablegung einer eidesstattlichen Loyalitätserklärung gefordert und erst durch einen von den Studenten erstrittenen Gerichtsbeschluß verhindert. Die »Schlacht der Bücher« wurde 1952 durch ein Gesetz eingeleitet, *wonach alle ›subversiven Tendenzen‹ in den neun Millionen Büchern der Kongreß-Bibliothek katalogisiert werden sollten, damit die übrigen Bibliotheken Amerikas aufgrund dieser Listen die gefährlichen Bücher ausmerzen könnten.* Mit den Büchern gerieten die Autoren auf schwarze Listen, Thomas Paines Schriften wurden verboten, weil er von einem Kommunisten zitiert worden war, vom McCarthy-Ausschuß wurden en gros Journalisten angeklagt, darunter allein 30 Angestellte der *New York Times.* Die Hetzjagd erfaßte sämtliche Berufssparten und sämtliche Landesteile, einschließlich der im Ausland angesiedelten Dependancen des Auswärtigen Amtes, der Geheimdienste und anderer Institutionen; Denunziantentum und Verdächtigungen vergifteten die Atmosphäre, in der man bereits *schuldig durch Verbindung* zu einer inkriminierten Person oder Organisation werden konnte.

Auch der Mensch des 21. Jahrhunderts weiß inzwischen, welch groteske Höhen der Anpassungsdruck in einer von den Massenmedien dominierten Gesellschaft erreichen kann. Margret Boveri untersucht seine Auswirkungen bis in die feinsten Verästelungen der verschiedenen Gesellschaftsbereiche in den USA der vorigen Jahrhundertmitte, um sich dann intensiv einer Berufsgruppe von besonderer Brisanz zuzuwenden, den Physikern. Seit Einsteins Entdeckungen war speziell die Kernphysik zur Leitwissenschaft der so wissenschaftsgläubigen Moderne geworden, mit der sich die höchsten Hoffnungen und Befürchtungen der Menschheit verknüpften. Als Otto Hahn erkannte, welch furchtbare Auswirkungen die Uranspaltung hat, wollte er sich das Leben nehmen und sämtliches Uran im Meer versenken. Drei Jahrzehnte später arbeitete ein in Los Alamos interniertes und auf Schritt und Tritt bewachtes riesiges Team von Wissenschaftlern fieberhaft an Entwicklung und Produktion der ersten Atombomben. Als sie nach dem Ende des Krieges mit Deutschland über Japan abgeworfen wurden, sprach Robert Oppenheimer, der Leiter des Projektes, davon, *die Wissenschaftler hätten mit der Sünde Bekanntschaft gemacht*. In einer Reihe von ihnen folgte eine *Periode der Enttäuschung, der Gewissenserforschung, zum Teil der Verzweiflung*. Nicht wenige dieser Physiker waren jüdische Emigranten und dem Weg von Albert Einstein, James Franck und Max Born in die USA gefolgt, um sie im Kampf gegen das Deutschland Hitlers zu unterstützen. Auch nach dessen Niederlage ging der Transfer dieser Wissensträger, zum Teil gewaltsam durch Entführungen, in die beiden großen Siegermächte weiter: *Die Hirne werden gleich den Rohstoffquellen eines Staates nationalisiert oder gleich den Industrieerzeugnissen und Kunstschätzen eines unterlegenen Gegners als Siegesbeute betrachtet*. Nicht nur unter ihnen, sondern grundsätzlich unter den das Land überschwemmenden Emigranten gab es Fälle, in denen die Loyalität zu ihrer nationalen oder ideologischen Heimat stärker ausgeprägt war als die zu den Vereinigten Staaten und die somit anfällig für wirklichen, nicht nur für unterstellten Verrat waren.

Aus ihrer Schar wählte Boveri für ein detaillierteres Porträt Klaus Fuchs aus, weil er *geradezu als Modell für ein Denkmal des Flüchtlings im 20. Jahrhundert dienen* konnte. Sein Vater war lutherischer Pfarrer in Rüsselsheim, stark von sozialistischen und pazifistischen Einflüssen geprägt, die er auch von der Kanzel verkündete, so daß er vor den Volksgerichtshof gestellt und anschließend von der Gestapo überwacht wurde. Die Geschwister waren in der Flüchtlingshilfe aktiv, bevor sie emigrierten. Klaus Fuchs ging, nachdem er in Kiel von Nazis mißhandelt worden war, in den Untergrund und danach mit Billigung der KPD, in die er früh eingetreten war, zum Studium der Physik nach Paris. Als ihm dort das schlichte Verhungern drohte, nahm ihn eine mit dem Vater bekannte Quäkerfamilie in England auf. Er wurde Doktor der mathematischen Physik in Bristol, der theoretischen Physik in Edinburgh; der Kommunismus blieb seine Sonntagsreligion. Ablehnung seines Antrags auf Einbürgerung 1939 und Verhaftung als deutschstämmiger Ausländer 1940. Mit einem Gefangenenschiff kam er in ein Lager nach Kanada, wo man ihn als Nazi empfing und behandelte – seine Häftlingskleidung mit der eingenähten Gefangenennummer behielt er danach in einem Koffer bei sich, Mißtrauen und Verachtung gegenüber der westlichen Demokratie in Brust und Kopf. Nach der Rückkehr nach Great Britain im Jahr 1941 wurde der Experte für Kernspaltung in die wissenschaftlichen Vorarbeiten des britisch-amerikanischen Atomprogramms »Manhattan Projekts« einbezogen, ein Jahr später eingebürgert, dann nach New York versetzt und landete schließlich in der Wüstensiedlung Los Alamos. Doch bereits im Oktober 1941 hatte er Kontakte zum sowjetischen Militärattaché in London geknüpft, weil er die USA verdächtigte, *mit der eigenen Kriegsführung zuzuwarten, bis Rußland und Deutschland sich gegenseitig ausgeblutet hätten.* Um die Sowjetunion in die Lage zu versetzen, das Kernwaffenmonopol der Amerikaner zu brechen, informierte er sie regelmäßig über den Forschungsstand und lieferte im September 1945 eine genaue Beschreibung der Versuchsexplosion von Alamogordo. Als sich nach dem Krieg seine Zweifel an Stalins Politik verstärkten und er zugleich Loyalitäten zu seinen Mitarbeitern in der Wissenschaftler-Kolonie Harwell entwickelte, konnte er seine *kontrollierte* Schizophrenie nicht länger aufrechterhalten: er lieferte nur noch zögerlich Informationen, erkrankte, lag, nicht essend und nicht redend, tagelang in seinem Bett mit dem Gesicht zur Wand. Die Gespräche, die ein Beamter der aufmerksam gewordenen Sicherheitsbehörde in dieser Situation mit ihm zu führen begann, waren für ihn eine Erlösung. Die Gespräche wurden zu Verhören und diese zu einer Beichte, in der er über das Geständnis seiner Untat und bitterer Reue zur Vergebung zu gelangen hoffte. *Aber er hatte gestanden, und damit war er erledigt.* 1950 wurde Klaus Fuchs in London wegen Spionage zu 14 Jahren Haft verurteilt. Nachdem man ihn neun Jahre später begnadigte, folgte er seinem Vater, der an der Leipziger Universität inzwischen Professor war, in die DDR und wurde zum stellvertretenden Leiter des Atomforschungsprogramms in Dresden ernannt.

Exkurs 2 (Aufarbeitung, Bewältigung, Verdrängung)

Die Legende oder, wie der Zeitgeist heute formuliert, das »Narrativ« der bundesrepublikanischen Geschichtsschreibung besagt, daß die ersten Nachkriegsjahrzehnte von einer

Verdrängung der nationalsozialistischen Vergangenheit geprägt waren und erst die Generation von 1968 zu ihrer Aufarbeitung und Bewältigung gelangte, die seitdem unaufhaltsam fortschreitet. Betrachten wir zunächst die Begriffe. Der der »Aufarbeitung« stammt aus der Schneiderbranche und bedeutet, daß man ein zerschlissenes Kleidungsstück repariert oder auch wendet, um es wie ein neues aussehen zu lassen. Die »Bewältigung« ist eine Verwandte der Gewalt, darauf bedacht, ein Geschehen, in diesem Fall ein vergangenes, so weit in den Griff zu bekommen, daß es keinen Schaden mehr anrichtet. Beides sind Akte des guten Willens, die das Weiterleben erleichtern sollen und dazu die richtigen Lehren aus der mißglückten Historie zu ziehen bemüht sind. Die einfachste Form der Bewältigung und damit der Selbstentlastung ist die Zuweisung von Schuld: in erster Linie natürlich an »die Nazis«, aber auch an das deutsche Volk insgesamt, das ihren Aufstieg nicht verhindert hat, und speziell an die Vätergeneration und ihre Vorfahren im Kaiserreich.

Wie wir wissen, hat Margret Boveri vor die eilige Kategorisierung der Ereignisse ihre umfassende und detaillierte Darstellung gesetzt. So weit es die zerstörte und sich unter den wachsamen Augen der Besatzungsmächte erst wieder formierende Verlagslandschaft zuließ, widmete sich die übergroße Mehrzahl der, mitunter noch im äußeren oder inneren Exil verfaßten, Neuerscheinungen dieser Aufgabe, nicht ohne das der Journalistin Boveri gesetzte Maß an Reflektion und historischer Einordnung zum Teil beträchtlich zu überschreiten. Eugen Kogons *Der SS-Staat*, Klemperers *LTI*, Max Picards *Der Hitler in uns*, Salomons *Fragebogen*, Ernst Niekischs *Das Reich der niederen Dämonen* gehören dazu, die Arbeiten von

Jaspers, Sternberger, Wiechert und vor allem die epochalen Werke von Hannah Arendt. Richtig ist aber auch, daß, nicht zuletzt durch die verordnete »Entnazifizierung«, eine die gesamte Gesellschaft erfassende und ihre so widersprüchlichen Erfahrungen und Erkenntnisse ausdrückende Diskussion nur bedingt stattfand und daß die Ansätze dazu in den wirtschaftswunderlichen Jahren der Bundesrepublik verkümmerten, um, so wie in der DDR unter umgekehrten Vorzeichen, einer Agitation gegen den neuen Feind Platz zu machen.

Trotz der auch von Boveri begrüßten Rebellion der Jugend in den sechziger Jahren gegen Restauration und Ökonomismus blieben deren Verdienste um eine Aufhellung des dunkelsten Kapitels deutscher Geschichte recht begrenzt und verloren sich in pauschalen Urteilen und moralischen Appellen. Was noch an Substantiellem kam, wie die Hitlerbücher Haffners und Fests, stammte von Älteren, die mit dem Dritten Reich noch ihre eigenen schmerzlichen Erfahrungen gemacht hatten. Verdienstvoll wird aber immer bleiben, was einige der jungen Autoren für die Entdeckung oder Wiederentdeckung und Propagierung der Werke von ihnen verehrter Vorgänger leisteten. Martin Walser setzte sich, wenn auch vergeblich, für Vigoleis Thelen ein, Grass warb unermüdlich für Alfred Döblin, Botho Strauss verwendete sein Büchnerpreisgeld für eine Werkausgabe des Orgelspielers und -bauers, Pferdezüchters, Hormonforschers, Dramatikers und großartigen Prosaisten Hanns Henny Jahnn, Peter Handke tat alles Erdenkliche, um Hermann Lenz dem ihm gebührenden Rang als einen der großen Erzähler des Jahrhunderts zu sichern.

Auch die Bemühungen Uwe Johnsons um eine angemessene Würdigung des Werks von Margret Boveri gehören hierher. Er hatte zu »der großen Dame des politischen Journalismus«, wie Boveri von Karl Korn genannt wurde, Ende 1968 Kontakt gesucht, weil er sich bei Recherchen für seinen neuen Roman von ihr Unterstützung erhoffte. Sie hatte daraufhin zwei Mal die *Mutmaßungen über Jakob* gelesen und ihn zu Höfener Bauernbrot und Kräuterquark nach Steglitz eingeladen. Mit seinem Roman hatte er nach Rilke und Jünger ihre Hochachtung als einer derjenigen erobert, die mit Worten die Welt nicht nur nachzeichnen, sondern eine neue erschaffen können. Für Johnson wiederum wurde Boveri zur Nachfolgerin von Hannah Arendt, zu der er in New York ein enges Verhältnis aufgebaut hatte. Auch hier entwickelte sich eine Freundschaft, in die später Johnsons Frau Elisabeth einbezogen wurde und die sich in den Gesprächen über die deutsche Vergangenheit festigte, von der Boveri nicht loskam und in die Johnson tiefer eindringen wollte. Von ihm kam die Anregung zur Niederschrift einer Autobiographie, der Boveri nur zögernd folgte, und er drang, als sie vor der Aufgabe kapitulierte, darauf, mit Tonbandaufzeichnungen und schriftlichen Ergänzungen weiterzuarbeiten. In den Protokollen wird das tiefe gegenseitige Interesse, aber auch das grundlegende Spannungsverhältnis der beiden Generationen zueinander deutlich. In einem Brief schreibt Boveri: *Ich glaube, während ich Ihnen Vergangenheit liefere, bekomme ich durch Sie eine andere Art als die mir zugängliche Gegenwart und etwas von der in ihr erhaltenen Zukunft*. Die Spannung hält Johnson aufrecht, indem er von seiner Gesprächspartnerin nie anders als von »Frau Boveri« redet und neben der

Kunst des Fragens auch die des damals in Schwung kommenden Hinterfragens übt. Er ficht immer wieder die Argumente für ihre Nichtemigration an, und als sie den Antisemitismus in ihren letzten Artikeln für das *Berliner Tageblatt* mit der Absicht begründet, den Ruin der Zeitung beschleunigt gewollt zu haben, bezweifelt er zu Recht deren Glaubwürdigkeit. Es kommt zu Mißverständnissen. Boveri wirft dem *Rechthaber, der Sie sind,* vor, sie als *Nazideutsche* bezeichnet zu haben, was dieser von sich weist und auch nach der Krebserkrankung der inzwischen Siebzigjährigen, die enge Beziehung zu ihr aufrechterhält. Es bleibt ein Verdienst von ihm, die Widersprüche in der Autorin und die zwischen sich und ihr formuliert zu haben, ohne den Eindruck von Vorbehalt und Distanzierung zu groß werden zu lassen. Und Uwe Johnson war es, der nach dem Tod von Margret Boveri die Lücke in ihren Erinnerungen zwischen ihrem Aufbruch nach Amerika und der Rückkehr nach Deutschland schloß, indem er im ausführlichen Nachwort ihre Briefe und Tagebuchnotizen dazu nutzte. In ihrem Testament hatte Boveri verfügt: *Alle Ansätze zum Schreiben meiner Memoiren (…) gehen an Uwe Johnson. Ebenso die Tonbänder und Tonbandabschriften, die wir im Hinblick auf diese Memoiren in seiner Wohnung gemacht haben. Er bestimmt allein, was damit zu geschehen hat.* Zu unserem Glück hat er sie geordnet, redigiert und 1977 im Piper Verlag publiziert.

Vita 3

Die letzte Lebensetappe erscheint, obwohl sie häufig die längste ist, bei Margret Boveri und den meisten ihrer

Generationsgefährten als diejenige, die am wenigsten Bemerkenswertes liefert und dies nicht nur, weil im Alter die aktive Handlung zugunsten der Kontemplation zurücktritt. Das gesamte Jahrhundert scheint sich, zumindest in Europa, ausgeblutet zu haben und nach den letzten Explosionen mit klingenden Ohren einer heilsamen Ruhe hingeben zu wollen. Der Kalte Krieg ist kein heißer, der Alltag in ihm ist friedlich, anfangs ärmlich, doch im Westen des Kontinents, der sich bald allein noch als »Europa« begreift, von einem zu beispielloser Prosperität führenden Wiederaufbau in Anspruch genommen. Noch nie haben die breiten Massen so sicher und gut gelebt wie unter dem Schatten der Atombombe. Aber Frieden, Wohlstand und tägliche Überstunden haben etwas Sedierendes. Von Hausbau und Urlaubsreisen läßt sich weniger aufregend erzählen als von Fronteinsatz, Bombardement, Vertreibung und Flucht.

Margrit Boveri versucht, dieser sie lähmenden Stille zu entgehen, indem sie in Berlin bleibt. Als altes Schlachtroß, das sie nach ihrer Aussage ist, braucht sie Lärm und Geruch der Gefechte, und diese sind in der alten und neuen Frontstadt am deutlichsten vernehmbar. Nur noch einmal wird sie in den folgenden dreißig Jahren umziehen: »Im schwarzen Grund« von der einen auf die andere Straßenseite, wo ihr ein befreundeter Architekt eine Wehrmachtsbaracke zum Gartenhaus umgestaltet und sie eine kultivierte Wildnis vor allem aus den Pflanzen schafft, deren Schößlinge sie von ihren Reisen mitbringt. Zwei oder drei Monate im Jahr verbringt sie in Höfen, um den Familiensitz vor der Verwahrlosung zu bewahren und ihn schweren Herzens schließlich doch zu verkaufen. Die längste Reise führt sie im Auftrag der *Frankfurter*

Allgemeinen Zeitung für ein halbes Jahr nach Indien. Noch einmal *der schöne Fatalismus der Orientalen,* noch einmal Abstand vom zerrissenen Europa, dann wieder zurück an den Berliner Schreibtisch. Sie hat das Resümee der ersten Jahrhunderthälfte zu ziehen, im *Verrat,* in *Wir lügen alle* und in *Tage des Überlebens.* Und sie hatte in Buchbesprechungen, Aufsätzen und Kolumnen im *Merkur* und in der *FAZ* ihre Position zu verteidigen, die wieder einmal eine zwischen allen Fronten war. Als ihr von alten Kollegen in der Nachfolgerin der *Frankfurter Zeitung* eine feste Stelle als Redakteurin angeboten wurde, lehnte sie vor allem deshalb ab, weil sie deren Unterstützung der Adenauerschen Politik nicht mittragen konnte. Boveri hielt die Eliminierung Deutschlands als eines selbständigen Faktors in der Weltpolitik, seine vorbehaltlose Integration in die westliche Allianz und damit seine Teilung und die des ganzen Kontinents in zwei feindliche Blöcke für eine fatale Fehlentwicklung. Die frühere Expertin für Außenpolitik war für Diplomatie und das Nichtzerreißen des Gesprächsfadens. Erst als der von ihr bewunderte Kennedy und Willy Brandt eine Politik der Annäherung einzuleiten versuchten, konnte sie sich mit der Existenz der Bundesrepublik aussöhnen und wurde später sogar »für ihren publizistischen Einsatz für eine Verständigung zwischen Ost und West« mit dem Bundesverdienstkreuz erster Klasse ausgezeichnet.

Zu ihrem bevorzugten Terrain in der Zeitungsarbeit hatte sie sich aber das Feuilleton erkoren, dessen Ressortleiter in der *FAZ* inzwischen Karl Korn geworden war. Er schickte sie auf Reisen wie die nach Indien, regte sie zu essayistischen Arbeiten und Buchrezensionen an, unter anderem der Werke von Ernst Jünger. In der Vorkriegszeit hatte Jünger in dem liberal geprägten Denken von Margret Boveri eher die Rolle eines der Partnerschaft mit dem Nazismus verdächtigen Nationalisten gespielt; erst, als sie während ihrer Internierung auf Ellis Island *Auf den Marmorklippen* las, wurde ihr seine fundamentale Opposition gegen das technizistische Zeitalter auch in seiner faschistischen Ausprägung bewußt und sie glühende Anhängerin vor allem seiner theoretischen und aphoristischen Schriften. Jünger hatte sich geweigert, den Fragebogen zur Entnazifizierung auszufüllen und deshalb Publikationsverbot in Deutschland bis 1949. In dieser Zeit schrieb sie ihm einen unterstützenden Brief, in dem sie ihre Jüngerjüngerinnenschaft offenbarte und aus dem sich eine langjährige Korrespondenz mit Austausch ihrer Bücher und schließlich auch eine Audienz beim großen Meister in Kirchhorst ergaben. Diese aber wurde insofern zu einer Klippe in ihrer Beziehung, als Boveri bei diesem Besuch zwar weiterhin die unbedarfte Anbeterin vom Lande spielte, doch nicht so sehr aus ihrer Haut konnte, danach in einem Rundbrief an ihre Freunde den Hausherrn auf eine nicht boshafte, aber herrlich respektlose Weise zu porträtieren. Dummerweise geriet der Brief in die Hände von Jüngers Sekretär Mohler, von seiner Veröffentlichung wurde in beiderseitigem Einverständnis abgesehen, aber dieses hatte nunmehr einen Bruch, den zu kitten Boveri viel Sorgfalt und Fingerspitzengefühl kostete. Es wurde weiterhin rezensiert und korrespondiert, ohne daß sich jedoch die Hoffnung der Gärtnerin Boveri erfüllte, den großen Kenner der Insekten- und Pflanzenwelt bei einem seiner Berlinvisiten ihre Züchtungen im »Schwarzen Grunde« bewundern zu sehen.

Die Reisen der letzten Jahre führten sie vor allem durch Krankenhäuser. Nie habe sie sich so gesund gefühlt wie zur Zeit des Bombardements von Berlin, muß sie verwundert konstatieren, während sie nun, im friedlichen Alter, den verschiedensten Malaisen anheim fiele. Zuerst waren es die Folgen eines Autounfalls, zuletzt der Krebs, der sie an die Klinikbetten fesselten. Der wiederhergestellte Kontakt zu Uwe Johnson riß dabei nicht ab. Mit ihm blieben aber auch die Wunden, die ihr seine Fragen zugefügt hatten. Eine Zeit der Selbsterforschung nach so viel der Forscherarbeit an den Geheimnissen ihrer Epoche gewidmeten Jahren. Steckte in dem Satz »Das nenne ich amoralisch«, den er einen ihrer Rechtfertigungsversuche für ihr Schwanken zwischen Widerstand und Anpassung im Dritten Reich entgegengesetzt hatte, vielleicht mehr als nur ein Körnchen Wahrheit? *Ich habe zwar zu Hause Moral mitbekommen, aber keine Religion. Moral ohne den Rückhalt der Religion hält in extremis nicht Stand.* Und warum hatte sie sich nicht mehr der von ihr so geliebten Musik gewidmet? Nicht mehr der Poesie der Worte als ihrem Sinn? *Sie wissen, wie klar mir ist, daß ich das Schreiben, das zu schreiben ich mir wünschte, nicht kann, es auch kaum mehr erreichen werde.* Ihre Briefe aus den Krankenhäusern sind Reflexionen angesichts des nahenden Endes, voller Zweifel, von denen wir nicht wissen, ob sie ihr Raum gelassen haben für eine Aussöhnung mit sich selbst. Kraft genug hatte sie noch, über die Frage nachzusinnen, wie die Lücken in ihren Memoiren zu füllen seien. Uwe Johnson nach ihrem Ableben: »In die Trauer über ihren Tod fiel auch ein Gefühl des Protestes: sie hatte doch noch dieses Buch fertig zu schreiben!«

7

Albert Paris Gütersloh

Kakanier und falscher Aristokrat

Du bist wie ich und deine Kindeskinder geschaffen, den bodenlosen Abgrund ewig anzufüllen, daraus die Frage dampft, die dich umnebelnde, wer dieser ungeheuren Räume Ursache sei. Dies spricht Adam zu seinem Sohn Abel in der Erzählung *Kain und Abel*, die Gütersloh 1924 erstmals zusammen mit eigenen Lithographien veröffentlichte. Gütersloh, einer von Abels Kindeskindern, war der Überzeugung, *daß die Geschichte des Abendlandes jedem von uns so im Geiste liegt wie im Fleische die neunmonatige Abbreviatur der Naturgeschichte* und daß das Schicksal der Adamschen Urfamilie sich unaufhörlich in seinen Nachfahren wiederholt. Die Frage nach der Herkunft »*dieser ungeheuren Räume*« und derer, die sie bewohnen, läßt Adam unbeantwortet. *Es ist niemand da außer uns*, hört Abel, denn Adam und Eva haben sich im Interesse der Familienordnung verschworen, ihren Kindern nichts von ihrer Vertreibung aus dem Paradies zu erzählen. Jetzt siedeln sie in einer Gegend, die in ihrer melancholischen Ausdruckslosigkeit stark an das österreichische Voralpenland erinnert, wie es von Gütersloh empfunden wurde. Zu ihrem Gehöft gehören die Wohnungen für die Kinder und deren untereinander gezeugten Nachkommen, Stallungen für Tiere, eine Pumpe und ein Misthaufen auf dem Hof; rundum dehnen sich Felder bis zu einer bewaldeten Hügelkette, in die es Abel immer wieder zieht. Er ist, im Gegensatz zu dem ernsten, bereits mit einer Mirriam kopulierten Kain, jung, schön, langhaarig und trägt Kleider wie seine Schwestern. Er ist der Liebling von Eva wie Kain es der von Adam ist. Die Mutter hat für ihn das Privileg erwirkt, an jedem Sabbat den Hof verlassen und über die Feldwege bis in den dunklen Wald ziehen zu dürfen.

Hier, in der Gemeinsamkeit mit wild wuchernden Pflanzen und ungezähmten Tieren, *fühlte er noch eine andere Sprache über der Menschensprache*. Sie strömte aus dem Mund eines Unsichtbaren, der sich als der Schöpfer aller Dinge und Lebewesen zu erkennen gab und einstmals auch Adam und Eva geschaffen hatte. Ohne sich mit Arbeit abplagen zu müssen, verbrachten sie ihre Tage singend und tanzend mit der Lobpreisung Gottes. Dieser, überdrüssig des Lebens mit den blutlosen Engeln, gesellt sich eines Tages zu ihnen, um an der Liebe und dem Frohsinn seiner menschlichen Geschöpfe teilzuhaben. Allerdings verbietet er ihnen, der Herkunft seiner Macht und seines Glanzes nachzuforschen und ihm zu folgen, wenn er sie verläßt. Eva aber, die der Verlockung nicht widerstehen kann, mißachtet eines Abends das Verbot und gelangt auf den Spuren Gottes zu seinem Haus, das im Glanz himmlischer Engel erstrahlt. Als Gott sie entdeckt, kehrt er nicht mehr zu dem Menschenpaar zurück und straft Eva mit Schmerzen bei ihren Geburten und Adam mit Mühsal und schweißtreibender Arbeit.

Im Walde, der dies Abel offenbart hat, errichtet er ein steinernes Haus, in dem er an jedem Sabbat Blumen verstreut, duftende Harze verbrennt und mit Gesang und Tanz den unbekannten Gott anbetet. Das Gotteshaus, in dem Abel das Priesteramt ausübt, soll aber nicht ihm allein dienen, sondern allen offenstehen, die die himmlische Botschaft hören wollen. Zuerst will er den störrischen Kain bekehren, führt ihn zu der Kapelle im Walde, tanzt, singt und opfert vor ihm seinem Gott, dessen Geschichte und die ihrer Eltern er dem Bruder in einem langen rhythmischen Poem offenbart. Als die Gewalt des Gesanges in ihm verebbt, überkommen ihn Zweifel; er will gestehen, daß die gesamte Erzählung eine Ausgeburt seiner Phantasie ist, aber er vermag es nicht. Denn: *Wie in den Weibern, gleich Eva, die Geburt des Menschen, so in den Männern, dem Abel ähnlich, wiederholt sich die Geburt Gottes.* Kain, der Zeuge dieser Geburt, glaubt seinem Bruder, opfert ebenfalls dem neuen Herrn der Welt, kann jedoch seine Stimme nicht vernehmen. Er fragt Abel, wo er Gott gesehen hat und wo auch er ihn treffen kann. Abel: *ich hab ihn nie gesehen.* Daraufhin verfällt Kain einer Raserei, die ihn Säulen stürzen, Gewölbe niederbrechen und Abel unter den Trümmern seiner Kirche begraben läßt. Aus ihnen heraus erhebt Abel, dem inzwischen zwei kleine Hörner gewachsen sind, ein letztes Mal die Stimme, beteuert nun, daß er Gott doch gesehen und gehört hätte und beendet sein Leben mit den Worten *Dich aber überlasse ich der Qual, zu wissen, wann ich Wahrheit geredet: früher oder jetzt.*

Zurück im Hof hört der sich hinter einer Mauer verbergende Kain, wie alle Frauen nach dem vermißten Abel rufen, niemand aber nach ihm, nicht Miriam und nicht seine Mutter Eva. Als Kain zu ihr tritt, fragt er sie nach dem fremden Gott und dem Paradies. Eva fällt in Ohnmacht. Adam, der sie von der Erde aufhebt, flüstert sie ins Ohr: *Verraten ist unser Geheimnis.* Die Sippe hat sich inzwischen in einem Kreis versammelt. Kain ergreift das Wort, berichtet von dem

Gotteshaus im Walde und wie Abel ihm von dem Leben der Eltern mit ihrem Schöpfer erzählte und daß dieser sie und ihre Nachkommen wegen Evas Sucht nach Macht und Glanz verflucht habe. *So redet, Adam und Eva!* Auch ihre Kinder, die das Ende der väterlichen Tyrannis wittern, verlangen nach Antwort. Adam, der getreue Sohn des Herrn, der sein Geheimnis stets bewahrt und nie angetastet hat, der sich zum Sachwalter der von ihm gestifteten Ordnung berufen fühlt, wahrt diese auf einer Lüge gegründete Ordnung, indem er in seiner Rede beteuert – *daß Abel log!* Befreit von seinem Zweifel faßt Kain die Hände seiner Kinder, man feiert im Tanz das wiedergeborene alte Leben, Kain küßt Adams Füße und gesteht, daß er den Lügner Abel wegen seiner Mutterverleumdung und Vaterverachtung erschlagen habe. Eva sinkt, mit einem Schrei, wiederum zu Boden, die stumme Miriam lacht bei geschlossenem Mund, und Gütersloh beendet seine Version der Schöpfungsgeschichte mit Adams Aufforderung an die erwachte Eva: *Rede!* Ob und was sie geredet hat, erfahren wir nicht mehr.

Wir fühlen uns zum Gebrauch des pluralis majestatis ermuntert, weil er die bevorzugte Redeform von Gütersloh war, und zwar nicht, wie er in *Sonne und Mond* erklärt, aus Hochfahrenheit oder Ironie, sondern weil sein Erzähler ein plurales Wesen ist. *Dieser Erzähler besteht nämlich aus drei Menschen: aus einem, der das Ungeformte erlebt, aus einem, der das Erlebte formt, und einem, der das Erlebt-Geformte deutet.* Wir aber haben ein Viertes hinzuzufügen, indem wir den passionierten Deuter zu deuten, den Kommentator zu kommentieren versuchen werden. Bescheidener ausgedrückt müssen wir die Rolle des Famulus Wagner annehmen, der schwarz auf weiß nach Hause tragen will, was die hohen Geister Faust und Mephistopheles (die Gütersloh beide zu seinen Ahnherren zählt) so gern ins Blaue hinein sprechen. Seine erste Frage lautet: Was steckt an Erlebtem in einer so artifiziell geformten Legende wie der von Kain und Abel?

Albert Paris Gütersloh wurde am 5. Februar 1887 in Wien Gumperndorf als Albert Conrad Kiehtreiber geboren, einem Namen, von dem Helmut Heißenbüttel zu Recht behauptet, er hätte nicht weniger nach Pseudonym geklungen. Er war *katholischer Leute Kind und mehr vom Lande* als von der Stadt. Das hieß, das Gumperndorf damals noch ein ländlich geprägter Vorort war mit ungepflasterten Straßen, einstöckigen, schindelgedeckten Häusern und Pumpe und Getier auf den Höfen, wie seit Adams Zeiten üblich. Es hieß ebenfalls, daß insbesondere der väterliche, aus dem Waldviertel stammende Zweig der Familie sein bäuerliches Gepräge bewahrt hatte, auch wenn der Vater selbst inzwischen zum Kommis in einer Wiener Fabrik avanciert war. Die Mutter war gebürtige Wienerin, doch deren Mutter die Tochter eines Schuhmachermeisters aus Oberösterreich und für den kleinen Albert die wichtigste Erzieherin. *Von ihr lernte ich beten, gerne die Kirche besuchen und ein Bild des dornengekrönten Heilandes verehren, das im Wohnzimmer über einem grünen Sofa hing.* Auch eine Zither war da, das Spinett der Armen, auf dem ein Onkel Ludwig gern nach Feierabend spielte. Die Großmutter wohnte nahe dem Linienwall, einem dünn begrasten Brachfeld, auf das sie den Enkel häufig zum Spielen führte, während sie sich selbst mit ausgebreiteten Röcken in den warmen

Sand setzte. *Ich glaube nicht, daß sie jemals in einem Park ordentlich auf einer Bank oder gar auf einem Mietsessel gesessen ist.*

Aber sie nahm den Jungen auch in die wohlhabenden Viertel mit, zeigte ihr in der Mariahilfer Straße die barocken Paläste des alten und die neobarocken des neureichen Adels, in denen sie als Magd Dienst getan hat. So wuchs Gütersloh im Herzen der alten Monarchie auf, atmete sowohl die staubige, aus der pannonischen Ebene herüberwehende Luft des ländlichen Österreich als auch die heiter elektrisierende Atmosphäre der Metropole eines zumindest ehemaligen Weltreiches.

Da diese Kaiserliche und Königliche Monarchie ein Europa im Kleinen darstellte, sollten wir die Rolle, die sie über Jahrhunderte gespielt hat, etwas genauer betrachten. Wenn das Heilige Römische Reich Deutscher Nation das kurioseste aller je existierenden Staatsgebilde war, so stellte das Herrschaftsgebiet der Habsburger seinen kuriosesten Bestandteil, sein Herzstück dar. Ein recht unbedeutendes Adelsgeschlecht, in mittelalterlichen Wirren zur Kaiserkrone gelangt, hatte es fertiggebracht, diese ein halbes Jahrtausend lang auf seinen Köpfen zu behalten und aus seinem alpinen Herzogtum ein Imperium ohne Sonnenuntergang zu machen. In seiner glorreichsten Zeit reichte es über die hispanische Atlantikküste bis nach Amerika im Westen, bis in die ukrainischen Steppen und die Balkangebirge im Osten; es umfaßte die Niederlande im Norden und beträchtliche Teile Italiens im Süden. Und dieser Kosmos wurde weniger in Kriegen als mit raffinierter Diplomatie und kluger Heiratspolitik errungen. Während in Westeuropa sich Nationalstaaten herausbildeten, die der bürgerlichen Demokratie den Weg ebneten, überlebte in der Mitte des Kontinents ein von der Aristokratie beherrschter Ständestaat; während die atlantischen Staaten sich zu überseeischen Kolonialreichen entwickelten, wurde Österreich-Ungarn nach dem Verlust der spanischen Besitztümer zu einer reinen Landmacht, die sich mit ihrer Wahrung ältester europäischer Traditionen immer mehr in einen lebenden Anachronismus verwandelte. Während Güterslohs Kindheit wurden in diesem Reich noch rund ein Dutzend verschiedener Sprachen gesprochen, und der spätere leidenschaftliche Dialektiker hat es als eins der Dualismen empfunden, in dem sich die unterschiedlichsten Herkünfte, Mentalitäten, Kulturen kreuzten. Das spiegelte sich unter anderem in dem einen K und dem anderen, aus dem Musil den Kakanier hervorgehen ließ, in dem österreichischen und dem ungarischen Kronland, in der Teilung des Reiches in ein Cis- und ein Transdanubien. Vor allem den Zusammenstoß und die Durchmischung nord- und südeuropäischer Daseinsweisen erlebte Gütersloh in sich und seiner Umgebung als wesenseigen. In seiner blühenden Ideenwelt wurde der südländische Einfluß mit dem des alten Roms und der katholischen Kurie als Teil eines väterlichen Erbes identifiziert, das die heidnische Mütterlichkeit des germanischen Nordens erobert und geschwängert hat. Rechnete man dazu noch die slawische Schwermut und den aristokratischen Stolz der spanischen Caballeros, mußte daraus ein gesellschaftliches Mischwesen entstehen, in dem all diese Varianten europäischen Lebens nur durch die Fähigkeit zum Ausgleich, zum permanenten Kompromiß koexistieren konnten. Am Ende des neunzehnten Säculums, als eines dessen letzter Kinder sich Gütersloh empfand, schien diese Kompromißfähigkeit erschöpft; das zweischneidige Schwert des Nationalismus, das einerseits dem Kontinent eine ungeheure Kraftentfaltung und Prosperität erfochten hatte, kappte andererseits die Wurzeln eines, wenn auch stets prekären, so doch über Jahrhunderte bewährten Zusammenlebens, indem er die in den multinationalen Imperien Mittel- und Osteuropas vereinten Völker zu einem Expansionswillen trieb, der diese Imperien zerbrechen ließ. Ihre Legitimität, die eine rein metaphysische, nämlich auf dem Gottesgnadentum seiner Herrschergeschlechter beruhende, war, schwand unter den Donnerschlägen der Industrialisierung und den Geistesblitzen der neuen Naturwissenschaften dahin und versank im Meer der allgemeinen Säkularisierung. In Wien allerdings nicht sang- und klanglos, wie es der junge Gütersloh bei seinen Gängen über den Ring, durch die von Walzermelodien durchwehten Parks, in das im benachbarten Mariahilf neu erbaute Raimund-Theater erleben konnte. Alles spielte sich auf sehr engem Raum ab. Und der engste war seine Familie *mit dem tausendarmigen Labyrinth der Zärtlichkeiten und Rücksichten*, von dem er sich ummauert und wie Abel in der Adamschen Familie zu einem züchtigen inzüchtigen Gefangenendasein verurteilt sah, das er als symptomatisch für das Wiener Gesellschaftsleben ansah. Wie Abel war er der Liebling der Mutter, *sie hütet die Keuschheit des Knaben und beachtet dieselbe noch am Jüngling und ledigen Manne*. Was sie ausstrahlt, *ist wenig Freude, wenig Lachen, wenig Zärtlichkeit und ein großer Abstand zu Gefühlen, Sachen und Personen*. Wir wissen davon oder glauben es zu wissen nicht durch die raren autobiographischen Äußerungen Güterslohs, sondern durch seine Figurenschilderungen, die, wo sie am eindringlichsten sind, auf persönliches Erleben hindeuten. Danach war er *weder ein überschwänglich guter, noch ein recht schlimmer Bub gewesen (...), sondern ein außergewöhnlicher, was weit ärger ist.* Was war das Außergewöhnliche an ihm? Sicher die hohe Intelligenz, die immer wieder vorzuführen, ein nicht unwesentliches Anliegen seines Lebens und Wirkens ist. Aber sie wäre ohne künstlerische Bedeutung, wenn sie nicht durch eine besondere Feinheit und das Gespitzte der Sinne gespeist würde, die den Gedanken durch vorheriges Empfinden erst ihre Außergewöhnlichkeit verleiht. *Ferner war er auch schön. Sehr schön. Ein junger Bacchus und ein junger Johannes zugleich. Dunkelhäutig, goldblond, und fastenschlank der Leib.*

Die Schönheit ist ein Geschenk, an dem ein Mann oder eine Frau schwer zu tragen haben können, wenn ihnen nicht zugleich Dummheit verliehen wurde. Bei Gütersloh war das nicht der Fall. Überall die Blicke auf sich zu ziehen und in ihrem Mittelpunkt wie inmitten von Spiegeln zu stehen, kann schmeicheln, doch auch unbehaglich machen. Als er in das Gymnasium des Benediktinerstifts Melk eintrat, verursachten die Blicke der Fratres diese Unbehaglichkeit, bewundernde oder begehrliche Blicke, die im Glanze der Verzückung strahlten, wenn der Eleve seine hohe, klare Stimme im Schülerchor erklingen ließ. In der Parabel von der Freundschaft (und zwar der zwischen Faust und Mephisto) läßt er die, den jungen Faust unterrichtenden Professoren in zwei Parteien zerfallen. Die einen sehen in ihm den *geistlichen Menschen, dessen Wissen und Können im Besitzen und dauernden Bewahren der Unschuld besteht, die anderen sind der*

Meinung, die Holdseligkeit des Fäustchen sei bloß jener überaus schöne Schein, mit dem die zu ihrer Vergötzung lockenden Dämonen Personen und Dinge umgeben.

Die nach Höherem strebenden Eltern hatten ihren Albert nach Melk gegeben, damit er die von dem Vater verfehlte Priesterlaufbahn einschlüge (wenn er nicht doch, wie die Mutter während ihrer Schwangerschaft geträumt hatte, ein großer Hofburgschauspieler würde). Aber weder bei den Benediktinern noch bei den Franziskanern später in Bozen gestaltete sich die schulische Laufbahn des hochbegabten Jungen so reibungslos wie erwünscht. Dazu hätte er nicht von so unterschiedlichen Talenten und geistigen Interessen hin- und hergerissen werden dürfen, wie es ihm geschah. Zum einen verließ ihm nie die Sehnsucht nach dem personalen, allgütigen Schöpfer aus den Erzählungen seiner Großmutter, und man durfte ihm zutrauen, daß er durchaus, wie Till Adelseher, eine Figur seines Hauptwerkes *Sonne und Mond,* die Bibel auswendig konnte. Andererseits hatten die modernen Naturwissenschaften tiefe Zweifel an der Existenz eines solchen Schöpfers in ihm gesät. Das Mindeste war, daß er sich seit Kains und Abels Zeiten vor den Menschen verbarg und nur in besonderen Gnadenakten und Wundern zu ihnen sprach. Wege aus diesem Zwiespalt konnte er nur in den Schriften der Kirchenväter, Scholastiker und Mystiker finden, die seit je sich darum mühten, das Unerklärliche zu erklären, das Irrationale im rationalen Netz einer möglichst komplexen, sowohl hermetischen als auch offenen Sprache zu fangen. Das theologische Schrifttum besteht, bei den katholischen Christen wie bei ihren Ahnen, den Talmudisten, vor allem aus Glossen, Kommentaren, Erörterungen diffizilster Art.

Von ihnen hat der Schriftsteller Gütersloh den Hang geerbt, jede dargestellte Handlung von seinen Reflexionen, Zweifeln, alternativen Verläufen eskortieren zu lassen. Bein ihnen ist er in die hohe Schule der Dialektik gegangen, sie ließen in ihm die Erkenntnis reifen, daß nicht nur die österreichisch-ungarische Monarchie ein zum Staat gewordener Dualismus war, sondern das gesamte Leben auf dem Kampf und dem Ausgleich zweier unterschiedlicher Prinzipien beruhte. Ohne die Nacht würde es nie Tag werden, ohne den Tod gäbe es kein Leben, ohne das Böse nicht das Gute, ohne das Nichts nicht das Sein, und unwiderruflich ist die menschliche Existenz nur in seinen beiden Geschlechtern denkbar; ja, ohne Satanas gäbe es keinen Gott. Und weder Kiehtreiber noch Gütersloh gäbe es, wenn in seiner Brust nicht das Erbe der Gnosis, zwei Seelen, weiterleben würden. Die eine wollte genau so bedingungslos glauben wie die andere wissen; der einen stand der Sinn nach Askese und Mönchtum, der anderen nach den Verführungen des so reichen irdischen Lebens. Um ihn blühte noch immer der Barock, in dem der christliche Gott, seine Apostel und Heiligen ein fast unzüchtiges Verhältnis mit den heidnischen Göttern eingegangen waren. Sie fügten dem Wesen Jesu das hinzu, was ihm zur wirklich menschlichen Komplexität fehlte, den Eros. Und Gütersloh, der vom göttlichen Schöpfer glaubte, daß es ihm weniger auf das Werk einer harmonischen Christengemeinschaft als auf die Schaffung möglichst vollkommener Einzelwesen ankam, wollte alle Götter in seinem geistigen Kosmos vereinigen. Christlich grundiert blieb dieser immer durch sein nicht zu tilgendes Sündenbewußtsein. Sündig wurde der Mensch von dem Moment an, da er ins Leben trat, weil er dieses nicht anders erhalten konnte als durch den Tod anderer Lebewesen; sündig war er, weil er seit Adam nach den von seinem Herrn verbotenen Früchten der Erkenntnis strebte; sündig war er für den Priesterzögling, wenn er aus reiner Lust nach Vereinigung mit dem Weibe strebte, und für das Erdenkind, wenn er sich dieser verweigerte; Sünde waren all die Zweifel, die Gütersloh bei jeder Handlung als einer möglicherweise sündigen beschlichen; und ein Sünder war und blieb, wer darob der Melancholie verfiel und von ihr in diesem Leben nicht mehr verlassen wurde. Da er Gewissen als den Komparativ von Wissen ansah und er voll von diesem war, blieb es nicht aus, daß er alle in der Welt verübte Schuld auf seinen noch schmalen Jünglingsschultern lasten fühlte. *Einer, der fest glaubt, er sei der größte Sünder, wird, weil er eifersüchtig wacht über die Einzigartigkeit solchen Ruhms, hellsichtig* und zu einem Ärgernis für seine Mitmenschen.

Der noch nicht achtzehnjährige Gütersloh fand keinen anderen Ausweg aus diesem Konflikt, als vor dem Abitur das Gymnasium in Bozen zu verlassen, nach Wien zurückzukehren und dort Schauspielunterricht zu nehmen. Der Schauspieler war nicht nur für die Mutter der große Held jener Zeit. In einer Welt, die sich wie ein Theaterstück inszenierte, lag man den Mimen zu Füßen und hob sie in den Himmel. Wenn Gütersloh schon kein Heiliger werden konnte, so wollte er zu einem dieser sündigen Theatergötter werden. Den Unterricht übernahm Wilhelm Popp, der Oberregisseur am Raimundtheater. *Er fand einen verzweifelt beredten Menschen vor,* dessen wilden Deklamationsstil er so zähmte, daß Gütersloh die Schauspielerprüfung bestand, die einzige

Prüfung, der er sich je unterzog. Das war 1906. In den folgenden Jahren nahm er Engagements an verschiedenen Provinzbühnen an, trat in Reichenhall und Salzburg, Mährisch-Ostrau und Pettau auf. Wir wissen nichts von den Rollen, die er spielte, nichts von seiner Wirkung auf das Publikum. Wir erfahren nur den Nachhall jener Zeit von einer seiner literarischen Gestalten, die daran verzweifelt, nach jedem Flug durch das Reich der theatralischen Illusionen und den ihn beschließenden Beifall in eine tiefe Leere, ins Nichts zu stürzen. Und wir erahnen, daß er die Selbststilisierung, in die er sich in seinem alltäglichen Leben flüchtete, auch auf seine Bühnenfiguren in Form eines sich distanzierenden Manierismus übertrug. In den Kaffeehäusern Wiens trat er stets in schwarzer Kleidung auf, ein antikisch schöner Jüngling mit halb römischen, halb mönchischem Kurzhaarschnitt, wie er mit großen Augen als Urbild seiner ephebenhaften Jünglinge von den Leinwänden und Papieren Egon Schieles blickt. Schiele hatte er, wie Kokoschka und Josef Hoffmann, in dem Kreis um Gustav Klimt kennengelernt und zum Freund gewonnen, als ihn die bildnerischen Künste zu faszinieren begannen. Denn der junge Gütersloh war nicht nur voll von Sprache, die, seit er Bücher lesen und einen Federhalter handhaben konnte, in den verschiedensten literarischen Formen auf das Papier floß, sondern auch von Bildern. Die Feder oder der sehr feine Pinsel schufen jetzt nicht nur imaginierte, sondern auch reale Bilder, zumeist im Miniaturformat, die Klimt so bemerkenswert fand, daß er ihre Ausstellung auf der Internationalen Kunstschau in Wien 1909 vermittelte. Gustav Klimt war es auch, der Gütersloh im »Café Museum« mit Max Reinhardt während dessen Gastspiels in Wien zusammenführte.

Der hellste Stern am damaligen Theaterhimmel, beeindruckt von der Originalität des jungen Schauspielers, bot ihm umgehend ein Engagement am Deutschen Theater an, was Gütersloh, wiederum umgehend, veranlaßte, Österreich zu verlassen und nach Berlin zu ziehen. Dort aber lernte er nach der Leere nach dem Applaus nun die absolute Leere, nämlich die des Nichtgebrauchtwerdens, kennen. Da Untätigkeit für ihn die schlimmste aller von Höllenqualen begleiteten Sünden war, vergrub er sich hinter seinem Mansardentisch und schrieb seinen ersten Roman.

Es ist Winter. Aber es schneit nicht.

In den erkalteten Straßen liegen die verworrenen Silhouetten der Bäume, wie Schlangen, die einfroren.

Den Bäumen wachsen weiße Brauen auf den Ästen.

Dunkel wie Wiegen ohne Kinder standen die Fenster in der Wand.

Sätze aus *Die tanzende Törin*. Klare und einfache Hauptsätze, die, in den Beschreibungen wie in den Dialogen, eigene Zeilen beanspruchen. Wenig Adjektive, auch an Verben wird gespart. Die Dialoge sind schwer von den Beschreibungen zu trennen, diese gehen in innere Monologe über. Beschreibungen ist das falsche Wort, denn die Dinge sollen selbst sprechen. Sie sprechen unter Druck, mitunter exaltiert. Die drei Punkte halten Einzug in die deutsche Literatur, lange bevor Celine übersetzt wird, bevor er schreibt. Sie erhöhen das Tempo, erzeugen Atemlosigkeit. Der Text vibriert, schwankt, droht ständig überzukippen. Man wird es später Expressionismus nennen, und Franz Blei den Erstling Güterslohs als eine der wenigen Inkunabeln des neuen Stils bezeichnen. Wurde also der österreichische Expressionismus in Berlin geboren, aus der Frustration einer katholischen Seele an der preußischen Kälte und Asphaltierung? Von Beginn an trat zu der im Norden sich etablierenden vertikalen Schreibweise bei Gütersloh eine Horizontalität, die den Klassizismus seiner späteren Werke ankündigte. Seine scheinbar so hermetischen einfachen Sätze treten in vertrackte Beziehungen zueinander und bilden ein schwer enträtselbares Geflecht, das das Ornament keineswegs als Verbrechen ansieht. Wie Kokoschka und Schiele in ihren Bildern leugnen die literarischen Expressionisten, die jungen Trakl, Musil und Gütersloh nicht ihre Herkunft aus dem Wiener Jugendstil. Und jene wuchernde Flora des Fin de Siècle ist es auch, die sich in *Die tanzende Törin* einen Kampf mit der Maschinenwelt des neuen Jahrhunderts liefert. Die Törin ist Törin, weil sie in diesem Kampf den Sinn ihres Lebens verfehlt. Sie wuchs im großbourgeoisen Viertel hinterm Tiergarten auf. Hier gebaren sie den Snob. *Damit der Geist den Reichtum rechtfertige, denn das Gemüt sei von Grund aus demokratisch … Der echte Snob ist arm … Seine Fantasie beginnt jenseits des Geldes.* Um in das geldlose Reich der Fantasie zu gelangen, brüskiert Ruth Herzenstein den wohlhabenden Bewerber um ihre Hand mit dem öffentlichen Bekenntnis, sie sei nicht mehr Jungfrau. Eine Lüge wie alles, worauf sich ihr zukünftiges Leben aufbaut. Auch der Inzest mit dem Bruder Roland wird nur in Gedanken verübt. Durch ihn gewinnt sie Anschluß an die Jeunesse dorée der Reichshauptstadt, der sie sich als eine kapriziöse Schönheit zugesellt, die ihr Leben dem Tanz gewidmet hat. Ja, sie will tanzen, sie glaubt, dazu geboren zu sein, aber nicht zu einem dressierten Balletteusendasein, sondern zu einem als junge Halbgöttin, die mit den fließenden, frei improvisierten Bewegungen des »Ausdruckstanzes« ein Paradies nach dem Sündenfall erblühen läßt. Als solche in spe wird sie die platonische Geliebte eines masochistischen Erfolgsmalers, schließt sich dem erotischen Reigen einer Gruppe begüterter Jungkünstler an, ohne sich je einem von ihnen hinzugeben. Sie malen, schreiben, philosophieren und diskutieren vor allem über ihre nie vollendeten Werke. Sie hören auf bedeutungsträchtige Namen wie *Tonio, Corinth, Faustiner, Moses* und geben damit zu erkennen, daß sie in erster Linie Erben sind, die Sprößlinge einer von Arbeit und Erfolg besessenen Generation, die ihnen viel Geld hinterlassen hat, aber nichts zu tun. Ruth ist in diesem Kreis für die noch unbesetzte Rolle der Femme fatale willkommen. Es ist die Zeit, in der Frauen einerseits altenbergisch bewundert werden, sie andererseits als männermordende Salomes, Carmens, Turandots über die Bühnen, Leinwände und durch die Romane des sich bedenklich der Nacht zuneigenden Abendlandes geistern. Ruth besucht die hohe Schule dieser Inszenierungskunst in Paris, wo es nur eine Sünde gibt, die des Alleinseins. *Oh, die Frauen haben es dort gut. Vielleicht werden sie nicht so tief geliebt wie bei uns. Aber dafür sind sie nie allein.* Und sie lernt das Credo des aufstrebenden Artisten: *Wer schüchtern auftritt, wird zerstampft. Recht so. Der Künstler soll klirren und glänzen, Geschrei sein und Prunk.* Indessen dreht sich ohne sie das Karussell ihrer sich gegenseitig liebenden und hassenden Verehrer in Wien weiter. Denn die Rennbahn zum Erfolg ist schmal und kein Vorwärtskommen, wenn man nicht bereit ist, den Freund als Rivalen aus ihr zu drängen. Gütersloh verarbeitet dabei seine eigenen Erfahrungen im Konkurrenzkampf der Künstler in beiden deutschen Hauptstädten, der zugleich, dem hocherotisierten Zeitgeist gemäß, ein Geschlechterkampf ist, auch innerhalb der beiden Geschlechter. In welchem Paar auch immer, jeder will den Part des Überlegenen, des Siegreichen, des triumphierenden Mannes spielen, und wenn es mit den scheinbar weiblichen Mitteln der List und des Betruges ist. Geschwisterliebe, Hermaphrodismus und Homoerotik – das lag in der schwülen Luft der Jahrhundertwende, in der die Kinder der noch in Korsette und Gamaschenstiefel gezwängten Gründerzeitgeneration nach einer neuen, freieren Rolle in der Tragikomödie des Lebens suchten. Niemand jedoch hat diese Atmosphäre zu solchen Gewitterwolken wie Gütersloh verdichtet, so daß *Die tanzende Törin* noch im Weltkrieg unter jungen Offizieren wie ein neuer, weiblicher »Werther« kursierte. Seinen Teil dazu beigetragen hat sicher der Wille des Debütanten, keineswegs ob seiner Schüchternheit *zerstampft* zu werden und der lieber *klirren und glänzen, Geschrei sein und Prunk* sein wollte. Wie aber konnte man Aufmerksamkeit wecken auf diesem wimmelnden Markt namens Literatur, in der der Symbolismus den Naturalismus jagte und, speziell im Wien Freuds, der Psychologismus den Realismus? Keinesfalls, indem man Tageszeitungen zwischen Buchdeckel preßte. Wir, die heute längst bei dieser Form von Antiliteratur gelandet sind, haben kaum noch eine Vorstellung davon, wie ein Jahrhundert früher um neue Sprachformen gerungen wurde, wie die alten demontiert wurden, um aus ihren Trümmern ein möglichst neue, höchst individuelle Geisteswelt entstehen zu lassen. Die Güterslohsche war von Beginn an eine, die alle gesellschaftlichen Widersprüche mit den inneren des Autors, das Uralte und das Brandneue, das Standesbewußte, Individualistische und Kollektivistische, das Asketische, Sinnliche, Religiöse und Atheistische vermischen und zu einem sprachlichen Ausdruck bringen wollte, der, um zu frappieren, durchaus so unverständlich sein konnte, wie dem Schreibenden sich die Welt und sein Ich darbot. Wir werden später versuchen, ihn zu untersuchen. Zunächst wollen wir den Handlungsfaden finden, an dem sich die Geschichte der Törin und ihrer Verehrer fortspinnt. Es ist ein vielfach zerrissener, wieder verknoteter und in dem Innenleben der Akteure sich verlierender. Als Ruth nach Wien zurückkehrt, wandert sie zwar nicht durch die Hände, doch durch die Hirne all ihrer Freunde. Jeder ist auf seine Weise in sie verliebt, vernarrt, von ihr besessen. Aber keiner ermannt sich genug, um ihr die sich hinter dem Schutzschild der Dekadenz und Verworfenheit verbergende Jungfräulichkeit zu nehmen. Denn auch sie sind zumeist Un- oder nur in Bordellen berührte, und ihre Exzesse spielen sich lediglich in Gedanken ab. Moses ist der Schriftsteller in dieser Runde. *Er schreibt. Vor sich einen Spiegel. Darin holt er sich sein ihn stimulierendes Gesicht, sooft er nach der Tinte hinguckt.* Irgendwann ist ihm das zu wenig, und er will anderes sehen, die Personen eines seiner Dramen auf einer Bühne. Ein Theatersaal in einer Dorfwirtschaft wird gemietet, eine fahrende Truppe von Schauspielern engagiert und das Stück notdürftig einstudiert. Als man zur Aufführung auf das Land fährt, erlebt man als dessen glorreichen Höhepunkt, daß die Schauspieler nicht erscheinen und der Wirt eine Bauernkapelle zum Tanz aufspielen läßt. Als Gefangene unter Vorstadtbarbaren erleben die Apostel Ruths zum ersten und einzigen Mal, daß ihre Göttin tanzt. *Sie tanzt mit dem Kohlenschipper, dem Erdarbeiter, dem Tagelöhner.* Mit Hilfe des brachialen Wirtes holt Moses sie aus dem Gewühl heraus, gemeinsam preschen sie in einer Kutsche davon, von Steinen beworfen. Der Schriftsteller nimmt Ruth mit in seine komfortable Wohnung, die von Gemälden Cezannes, van Goghs *und natürlich auch Kokoschkas verschönt wird. Ruth zieht eben das Hemd aus … Moses will vor gräßlicher Scham die Lider fallen lassen … Zum erstenmal sieht er ein lebendes nacktes Weib … Er schämt sich, daß das geliebte Weib ihn nicht erregt.* Wie als Theaterautor versagt er jetzt als Liebhaber. *Allen Uhren ist die Zeit ausgegangen, und sie fangen wieder mit »eins« an.* Die einzige Liebesbeziehung, die in diesem Buch ihre körperliche Erfüllung findet, ist die zwischen dem Musiker Livland und dem Knaben Elias – mit ihr hält, noch vor Thomas Mann, die Homosexualität Einzug in die deutsche Literatur. Warum kann Livland keine Frauen lieben? Weil er bei ihnen *immer an schmutzige Unterwäsche, nicht gereinigte Füße, Haareinlagen und Achselgeruch denken muß.* Sie rühren von der *Stallseite des Muttertieres* her, während der ihnen entsprossene Knabe oder junge Mann eine davon unbefleckte Geistigkeit verkörpert. Livlands *Liebe zu Elias ist Reinlichlichkeit … Liebe zur Reinlichkeit ausschließlich.* Es sind Ideen, die nicht allein durch Livlands Kopf geisterten. Moses spricht zu einem seiner Freunde: *Weißt du noch, wie ich über Weininger zusammenbrach, und fand mich in jedem seiner Sätze, geköpft, gevierteilt, im Innersten entdeckt, wieder.* Otto Weininger hatte in jenen Jahren die Wiener Gemüter ähnlich gefesselt wie sein Kollege Sigmund Freud, allerdings weniger die der Frauen als die der jungen Männer. Ebenfalls Jude, trat er zum

Protestantismus über, wurde in seinem Hauptwerk *Geschlecht und Charakter* zum Propagandisten von Antjudaismus, Misogynie und Bisexualität und, nachdem er sich im Sterbehaus Beethovens eingemietet und spektakulär umgebracht hatte, zu einer nicht mehr lebenden Legende. Moses, Livland und demnach auch ihr Schöpfer Gütersloh waren ihr verfallen. *Ich sage euch, so ihr nicht auf die Welt kommt ohne Geschlecht, so ihr es euch nicht frei wählet, kommt ihr nicht ins Himmelreich der Leidenschaft.* Livland wählte das des Liebhabers von Jünglingen. Dem blonden Elias hat er sich in einem Brief offenbart und ihn nach Wien eingeladen. Er kommt eines Sonntags, und sie spazieren in die offene Landschaft hinaus, wo sie vor einer Dorfkirche stehende Bauern treffen. *Ihre Hüte halten sie so in der Hand, als lauerten sie nach flatternden Schmetterlingen.* Sie folgen ihnen zum Gottesdienst, der Livland plötzlich wie eine abgelebte Farce erscheint. *Fort aus diesem geistig längst überwundenen Raum … Fort von diesem ungesunden Ort.* Hier spricht der Apostat, der abgefallene Priesterzögling aus Gütersloh, der in ihm fortwährend mit dem ältestkatholischen Gläubigen, dem Mönch und dem häretischen Mystagogen zu kämpfen hat. Livland und Elias ziehen weiter. Sie ziehen durch lichten Birkenwald, über eine blühende Margeritenwiese. Sie liegen nackt in ihr, ohne sich zu berühren. Dazu kommt es erst im Schutze der Nacht, unter dem Schindeldach eines abgelegenen Gasthofes. *Am Morgen schlich Livland aus dem Zimmer. / Zum Klavier zog es ihm hin.* Denn Livland hatte einen Auftrag Ruths zu erfüllen, der in Amsterdam durch die Vermittlung ihres malenden Mäzens die Rolle in einem Tanzstück angeboten wurde. Nie hat sie Unterricht genommen, und ihre Hoffnung ist, daß durch eine Komposition Livlands doch noch ihr tänzerisches Genie erweckt würde. Während sie in dem Amsterdamer Theater vergebens auf die Noten wartet, klimpert Livland auf dem verstimmten Klavier des Gasthofes vor sich hin. Elias wird geweckt davon, kommt die Treppe herunter. *Der Knabe tanzte.* Ruth verläßt das Theater, ohne Geld in den Taschen, findet aber an einer Gracht Zuflucht in einem Ballsaal, wo Damen keinen Eintritt zu bezahlen haben. Sie trifft auf einen halb oder ganz Irrsinnigen in Pierrotkostüm. Sie führen ein langes Wortgefecht, an dessem Ende der Pierrot aus dem Saal stürzt. Ruth ihm nach. Sie sieht über ein Geländer.

In der Gracht zog des Pierrots Gewand dicke, wülstige Falten.

Dann glitt es sanft tiefer.

Ruth lächelte … Das irrsinnige Lächeln des Ertrunkenen.

Albert Paris Gütersloh versuchte zwei Mal in seinem Leben, eine Ehe zu führen, beide Male mit Tänzerinnen. Von der ersten, Emma Berger, berichtet Schnitzler in seinem Tagebuch, daß in öffentlicher Runde über einen Vater des von ihr gewünschten Kindes debattiert und schließlich Gütersloh dazu ausersehen wurde. Die Ehe wurde geschlossen, das Kind geboren, und Emma bezahlte kurz nach der Entbindung dafür mit dem Leben. Das war 1917. Von Vera Reichert, die Gütersloh 1921 heiratete, wurde Gütersloh zehn Jahre später geschieden. Seitdem lebte er allein, wenn auch in einem wechselvollen Verhältnis zu Milena Hutter, der Frau eines Wiener Arztes; sie hatte schon 1928 den Sohn Wolfgang geboren, der vom Vater aber erst in seinem Testament anerkannt wurde. Keine dieser dramatischen Beziehungen, auch nicht der frühe Tod von Emma Berger, kann aber als eine

Quelle für *Die tanzende Törin* gelten, denn diese wurde schon 1909 und 1910 geschrieben. Die ursprüngliche Erschütterung, die Gütersloh nach seiner Aussage zum Schriftsteller machte, indem sie ihn vom Dach seines Hauses durch sämtliche Geschosse bis in den Keller stürzte, muß früher erfolgt sein. Es dürfte sich Verschiedenes zusammengeballt haben: das Ende der Karriere als Schauspieler, das Verdorren seiner familiären Wurzeln, der immer unerträglicher werdende Konkurrenzkampf unter den Künstlern und ganz gewiß das Scheitern einer Liebesbeziehung zu einer angebeteten Frau, die man sich nicht anders als eine dritte, unbekannte, Tänzerin vorstellen kann. Bevor Gütersloh abwechselnd zum Libertin (zumeist drei Tage lang) und Zölibatär wurde, strebte er die Ehe als die gottgewollte und möglichst lebenslange Form des Zusammenlebens zwischen Mann und Frau an. Eine seiner Figuren läßt er von seiner Geliebten verlangen *zu schwören, daß Du mich liebst, immer lieben wirst und unter allen Umständen mir die Treue hältst. Ihm antwortete Hohngelächter aus der Hölle des Unterleibs.* Bevor Gütersloh zum Apostel der kreativen Untreue wird, muß er einen Tag erlebt haben, *einen häßlichen Tag, der ein kleiner jüngster ist, wenn die aus einer viel tieferen Tiefe, als der Treue eigen, hervorkrachende Untreue den ehelichen Tisch umwirft.* Von da an war er ein Eifersüchtiger vor jeder Untreue, strebte ihr zuvorzukommen oder sie zu beantworten mit eigener Treulosigkeit, von da an versuchte er, eine Theorie des Eros – des neben der religio zweiten Poles seines Denkens – zu formulieren, in der die jeder Partnerschaft zumindest drohende, wenn nicht wesenseigene Untreue den ihr zukommenden Platz erhält. Zusammengefügt aus den über sein Werk verstreuten Bruchstücken würden wir sie so formulieren: *Adam hat sehr lange ohne Eva gelebt. Die Liebe ist also der fast immer vergebliche Versuch, jenen großen Zeitraum zu überbrücken, während welchem die beiden Geschlechter keine gemeinsame Geschichte gehabt haben.* Da Eva aus Adams Rippe geschnitzt wurde, vereinigte er als eine Art Hermaphrodit ursprünglich beide Geschlechter in sich. Ihre Ununterscheidbarkeit kennzeichnete das paradiesische Zeitalter. Aber der Herr bedurfte zur Fortdauer seiner Schöpfung der Gegensätze, und so schuf er als Antipodin des Mannes das Weib. Durch sie nur ist die notwendige Spannung im Lebensprozeß gegeben, ist der Dialog möglich, wird aber auch die Sehnsucht nach einer aus allen Zwängen befreienden Wiedervereinigung aufrechterhalten. Die Idee des Hermaphrodismus geisterte durch alle luxurierten Endzeiten, durch die römische Spätantike wie die Kastratenwelt des Barocks wie die decadence des späten neunzehnten Jahrhunderts. Im androgynen Gütersloh mußte sie prachtvolle Blüten treiben und zusammen mit Zwangsgedanken an Inzest und Knabenliebe, Narzißmus und sexuelle Extasen und Befreiung daraus durch Askese den ganzen Strauß geschlechtlicher Wirrungen dieser Epoche bilden. Daß er die Frau zumeist »das Weib« nennt, soll nicht deren Verachtung bedeuten, sondern ihre Geschlechtlichkeit, ihre grundsätzliche Andersartigkeit betonen. *Wie wär's also, wenn wir für des Weibes Kopf des Weibes Schoß setzten? Wenn wir zu begreifen suchten, daß die Weiber nicht, wie wir Männer, von oben nach unten denken, sondern von unten nach oben? Auf ihre Art so logisch wie auf die unsere wir?* Das Weib ist für ihn der irdische Gegenpol zum kosmischen des Mannes, der irrationale zum rationalen, und in seiner engeren, aber tieferen körperlichen Weisheit ist es zu beneiden. *Selig sind die, die selig wie unselig machen: die Weiber.* Man kann sie anbeten und vergöttlichen oder verdammen, sie begehren oder verabscheuen, ihnen verfallen oder sie verlassen – aber leben kann man mit ihnen nicht. Kann Gütersloh nicht. Alle seine Versuche dazu scheitern an der Furcht, im Strudel der Leidenschaften seinen Verstand, in der gelebten Zweisamkeit die Autonomie der eigenen Person zu verlieren. Das sicherste Mittel dagegen ist die Verweigerung. *Bereits während der Hochzeitsnacht wird die Klosterglocke der Askese gezogen, um das sicher und bald Eintreten des Nichtinteresses am Geschlechtlichen auf die landläufigste Weise zu heiligen.* Dieses Nichtinteresse am Geschlechtlichen bezeugen nicht wenige von Güterslohs Gestalten. Deutet es möglicherweise auf ein Nichtinteresse an einem anderen menschlichen Leben als dem eigenen hin? Was anderes als ein Ausdruck des Narzißmus ist es, wenn er schreibt … *wie er eigentlich nicht die Hand der Geliebten küßt, sondern die eigene, die allein ihn sterben und auferstehen macht?* Und was ist die von ihm wiederholt thematisierte und in seinem Wörterbuch zu *Sonne und Mond* definierte *Griechische Liebe* anderes als verweigerte Hingabe an das fremde Geschlecht und Faszination durch das eigene in Gestalt des schönen Knaben, der er einmal selbst war? *Der Knabe, in dem er als in dem fleischgewordenen Begriff des Schönen dereinst hatte zeugen wollen, muß ihm durchaus nicht im Bewußtsein liegen, für den Mißerfolg beim stellvertrenden Weibe genügt, daß er ihm im Unterbewußtsein liege.* Die Mißerfolge beginnen schon mit der verfehlten Kontaktaufnahme. *Ich kann kein Weib ansprechen, denn in meiner Urzeit sprach man nicht. Ich kann es nicht unterhalten, denn wir unterhielten uns nicht.* Seine Sprache muß jeder Frau fremd sein, weil sie Zergliederung, Überprüfung, Infragestellung jedes Sachverhalts ist, also auch die eines gemeinsamen Zusammenlebens. Dem steht die grundsätzliche Tatsache entgegen, daß der Raum, der Gütersloh zufolge ursprünglich nur einem Menschen zugedacht war, in der Ehe von zweien beansprucht wird. Für seinen Grafen Lunarin wäre die Lösung *eine ebenso reine wie willige Magd aus der Zeit der Patriarchen*, die keinen eigenen geistigen Raum benötigt und nach der er unter den böhmischen, mährischen, slowenischen Dienstmädchen sucht. Aber seinen Schöpfer können auch sie nicht befriedigen, da der vormalige Bauernsohn Albert Kiehtreiber nach Höherem strebt, nach Ärztegattinnen und Tänzerinnen, mit denen er den Kampf um den Platz an der Sonne im Halbdämmer der Schlafgemache auszufechten hat. Denn er, der im anderen Ich vor allem das eigene sucht, kann Partnerschaft zwischen Menschen welchen Geschlechts auch immer nur als Rivalität erleben, und diese ist nur zu ertragen durch lange Trennungen. *Wenn echte Doppelgänger verschiedenen Geschlechts nach dem ersten wiedersehensfreudigen Vertauschen von Ich und Ich und dem begreiflichen gierigen Auskosten der es begleitenden abartigen Vergnügungen, die denen der gleichgeschlechtlichen Liebe verdammt ähnlich sehen, plötzlich sich gemahnt fühlen, die alte und ewige Ordnung des Ich und Du wiederherzustellen, das entartete, nur noch so heißende Zeugungsgeschäft auf seine Natur zurückzuführen…* – ja, was dann? Dann beginnen Routine und Langeweile aufs neue, beginnt wieder der Kampf um den Raum, den nur ein Ich einnehmen darf, wird das *Zweisein* zum Noch-weniger-als-Alleinsein und ist die erneute Trennung vorprogrammiert. Diese beansprucht immer längere Zeiträume, ihre

Konsistenz wird immer fester, bis der sich immer wieder Trennende in ihr zuhause ist, bis er, der älter werdende Gütersloh, zum bekennenden Solitär, zum Einspänner wird, zu dem die Liebe in ihrer präsexuellen, in platonischer Form zurückkehrt. *Im Alter lassen die Hände nach und die Liebe auch. Diese wird immer mehr zu einem geistigen Zusammensein, das, eine zeitliche Ewigkeit vorwegnehmend, über uns stattfindet.* Er erfährt in der Ewigkeit des Alterns endlich die Besänftigung, die ihm sagen läßt: *Mit einem einzigen Weib Frieden geschlossen zu haben* – es dürfte sich, wie der Briefwechsel nahelegt, um Milena Hutter handeln –, *beweist die Möglichkeit solchen Friedens.*

Albert Paris Gütersloh ist nicht einzigartig wegen der Spezifika seines erotischen Lebens. Diese teilt er mit vielen nicht nur seiner Zeitgenossen; seine Größe besteht darin, sie in allen ihren Facetten ausgedrückt zu haben, und zwar nicht, um sich exhibitionistisch darzustellen, sondern als Teil einer Gewissenserforschung, die sein wichtigster künstlerischer Antrieb war.

Im Jahr 1913 erscheint *Die tanzende Törin* bei G. Müller in München, und ein reichliches Jahr später wird ihr Verfasser als »Einjährig-Freiwilliger« zum Frontdienst beim Festungsartillerieregiment eingezogen. In dem rund zehn Jahre später geschriebenen Roman *Eine sagenhafte Figur*, der, um veröffentlicht werden zu können, eines weiteren Weltkrieges bedarf, läßt Gütersloh die inneren Konflikte, in die er bei Kriegsausbruch geraten ist, einen Erzähler namens Kirill durchleben. Er ist der Pflegesohn eines beim Wiener Hofe hochangesehenen Vaters, und der Roman *Ein platonischer*

Roman, weil Kirill sich der körperlichen Vereinigung mit der von ihm angebeteten Tochter des Hauses trotz Verlobung entzieht und diese ihrerseits mit einer Lähmung der unteren Gliedmaßen reagiert. In dieser vertrackten Situation sitzt man im Salon beieinander, als von der Straße Musik herauftönt. *Schnelle Musik, bald nah mit schrillem Pfiff, bald fern in dunklem Paukenton, bog durch die Windungen der Gassen. Die eine Musik schwieg und eine andere, höhergestimmte, kam anderswo her. In der Wohnung über uns warf ein Jemand einen Stuhl um und schlug eine Tür zu. Die Lampe an der Decke schaukelte leicht. / »Das ist der Krieg!« sagte mein Vater. Ohne Hast öffnete er ein Fenster.* Er war darauf vorbereitet. Als Erzieher des in Sarajewo erschossenen Kronprinzen war er bei jener zehnminütigen Besprechung der Hofkamarilla zugegen, die über Krieg und Frieden entschied. Der Kaiser hatte ihm das Portefeuille der inneren Angelegenheiten angeboten, der Vater abgelehnt, weil er, auf den in Friedenszeiten niemand gehört hatte, sich nun als Feigenblatt mißbraucht sah. *Großmut und schleunige Reformen! – Das ist der Krieg, den Sie führen sollten.* Er wird in Unehren entlassen und kehrt als Fußgänger zur Familie zurück. Umso entsetzter war er, als sein Pflegesohn ihm mitteilte, daß er sich am Morgen nach der Kriegserklärung bei seinem Regiment melden wolle. *Ich wünsche den Tod für die Bagatelle meines Lebens einzuhandeln.* Es ist also nicht vaterländische Begeisterung, die Kirill und wohl auch Gütersloh zu den Waffen treibt, sondern die Hoffnung, der unerträglich gewordenen Erstarrung aller Lebensverhältnisse zu entfliehen, die Illusion, *daß die schon besiegelte Ewigkeit dieses Daseins eine unerwartete gnadenweise Aufhebung erfahren hat, daß abgeschlossene Lebensläufe erneut aufs Spiel gesetzt werden dürfen.* Kirill mußte sich nicht mehr für oder gegen die Ehe mit einer gelähmten Frau entscheiden, als er sich in das schäbige Musterungslokal begibt. *Ich sprang auf und wollte nichts als stark, gesund, ein schöner Soldat sein. Der Feldwebel, der den Vorhangsspalt hielt, schlug mich klatschend aufs Gesäß, wie einem prächtigen Tier.* Als er wieder vor den Vorhang tritt, hört er das vernichtende Urteil Untauglich! Sein Ziehvater sprach aus dem Musterungsoffizier. Kirill würde den Untergang des Habsburgerreiches und der alten europäischen Welt als eine Art Untoter überleben, der nichts dagegen oder dafür hatte tun können.

Nachdem Gütersloh zum Sanitätsdienst abgestellt worden war, berief man ihn 1917 ins Kriegspressequartier, ein Zeichen, daß er nach seinem Debütroman zur Elite der österreichischen Schriftsteller gezählt wurde, denn dort taten Hugo von Hoffmannsthal und Hermann Bahr, Herrmann Broch, Robert Musil und Franz Blei Dienst. Mit Franz Blei verband ihn bald eine enge Freundschaft, für Musils Anerkennung als Theaterautor wird er nach dem Krieg tätig werden und seine, Brochs, Bleis und Doderers Bücher als die einzigen neben den Werken des Thomas von Aquin und »De imitatione Christi« bezeichnen, die er immer wieder und fast ausschließlich liest. In seiner Rede zu Güterslohs fünfzigsten Geburtstag wird Blei ihn, Musil und Broch »die drei repräsentativen Gestalten der neuen deutschen Dichtung« nennen und als ihr gemeinsames Kennzeichen ausmachen, daß sie zwar als Dichter geboren waren, aber um sich »dieses verhängnisträchtige Wiegengeschenk der guten oder bösen Fee« zu verdienen, einen Umweg über die Wissenschaft nahmen.

»Der Umweg war die Physik, die Mathematik, die Theologik. Er hat sie zu Logisten gemacht«, die nicht mehr zur »Belletristik« fähig waren, zur mehr oder weniger realistischen Abschilderung der Wirklichkeit zum Zwecke der Unterhaltung, sondern den Funken der Poesie nur noch innerhalb der nacheuklidischen Denkweise des zwanzigsten Jahrhunderts und unter dem Diktat strengster Formgesetze entfachen konnten. Den Kampf gegen die Belletristen nahmen Franz Blei und Gütersloh in ihrer 1918 und 19 gemeinsam edierten Zeitschrift *Die Rettung* auf. Es wurden Carl Otten, Rudolph Borchardt und Hermann Broch gedruckt und der blasphemische Kampfruf »Es lebe der Kommunismus und die katholische Kirche« verkündet. Mit den beiden Herausgebern hatten sich zwei Geister gefunden, die sich und die Welt vor den Zumutungen einer Gegenwart zu retten suchten, in der nur mit Geld bezahlt wurde und nicht mehr, wie dies Gütersloh Jesus attestierte, oder noch nicht wieder mit Wundern. Musil attestierte ihnen: »Gemeinsam sind sie besser zu verwenden als einzeln. Mit ihren Projekten, ihren gegenseitigen Entzündungen sind sie ein Paar wie von Cervantes.« Daß man Gefechte gegen Windmühlen ohne Fanatismus und mit ironischer Distanz führen kann, zeigte Blei in dem Artikel, den er dem Freund in seinem köstlichen *Bestiarium* widmete. »Das Gütersloh«, schreibt er dort, »ist eigentlich ein leichter Vogel, fliegt aber so selten, daß man ihn einen ethisch verkommenen Windbeutel nennen könnte. Will man ihn zum Fluge zwingen, so soll er, wie einige behaupten, die sogar hören können, was er singt, anfangen, in rührender Art seine Hemmungen zu besingen. Diese Vogelsprache eines Flügellahmen, dieser Ton, der seine eigene Existenz wieder aufhebt –: es ist zu bezweifeln, ob er auf den Wachsplatten des literarischen Institutes sich wird festhalten lassen …« Das war 1922, im selben Jahr, als Blei Gütersloh zum Theodor-Fontane-Preis verhalf. Vier Jahre zuvor waren beide in erhebliche Kalamitäten geraten, als Oberleutnant Egon Erwin Kisch aus dem Kriegspressequartier in den Wirren der Revolution eine »Rote Garde« ins Leben rief, die für die drei Toten am Tage der Ausrufung der Republik verantwortlich gemacht wurde. Vor dem Parlament wurden rotweiße Fahnen herabgerissen, rote gehißt, Panik brach aus, es wurde geschossen. Neben Kisch wurden Franz Werfel, Blei und Gütersloh als seine Kombattanten in einem Zeitungsartikel der indirekten Blutschuld bezichtigt. Gütersloh weist dies in einer Gegendarstellung zurück, in der er sich *ein sozialistischer Katholik, ein dezidierter Christ, ein Sozialdemokrat und ein Weltfreund* nennt. *So werde ich, ohne Feind der Gesellschaft zu sein, zu dem ihren gestempelt, wie man Schlachtvieh stempelt,* schließt er. Die Ehrenbeleidigungsanklage, die Franz Blei gegen den Verfasser des Artikels erhebt, wird von den Geschworenen einstimmig zurückgewiesen. Fest steht, daß Gütersloh es in dieser Zeit nicht geschafft hat, »auf den Wachsplatten des literarischen Instituts« festgehalten zu werden. Trotz Fontane-Preis und obwohl der begeisterte Franz Pfemfert ihm eine Sondernummer der *Aktion* gewidmet hatte, erwarb er sich den Ruf, die unbekannteste Berühmtheit in der Literatur der Epoche zu sein und arbeitete sein Leben lang an dessen Festigung. Statt der *Törin* nun ein zweites, möglichst ähnlich gelagertes Werk folgen zu lassen, mit dem man gewöhnlich seine Laufbahn sichert, veröffentlichte er Erzählungen und philosophische Traktate in Zeitschriften und fand für seine kaum gelesenen

Bücher nur den Verleger Hegner in Hellerau, der Hauptstadt von Ausdruckstanz und Möbelbau. Aber Güterslohs unbändiger Arbeitswille fand genügend anderes zu tun. Kurz nach Kriegsende hatte er für das Burgtheater Bühnenbilder zu Theaterstücken Tolstois, Gogols und Molieres geschaffen, war dann, als der Wiener Boden für ihn zu heiß wurde, zwei Spielzeiten als Oberregisseur und Bühnenbildner am Schauspielhaus München tätig. Und hatte fortan das von Blei formulierte Gerücht, »das Gütersloh habe etwas mit Malerei zu tun«, weil »sein prächtiges Gefieder leicht« abfärbe, bestätigt.

Das sicherste Kennzeichen des Verfluchtseins ist das Gespaltenwerden der natürlichen Gabe des Talents in zwei oder gar mehrere Talente. Gütersloh war neben seinem sprachschöpferischen Talent mit denen zum bildenden Künstler und zum Schauspieler geschlagen. Das letztere nutzte er in späteren Zeiten nur noch bei Reden, öffentlichen Auftritten und Vernissagen, von denen Ernst Fuchs sagte, nach den Güterslohschen wären in Wien eigentlich keine weiteren möglich gewesen. Die bildenden Künste aber begleiteten ihn sein ganzes Leben. *Zum Schriftsteller geboren, wurde ich sehr früh, durch allerlei Umstände in die Malerei verschlagen, wie Robinson auf die Insel. Aber ich rächte mich am Schicksal: meine Malereien sind Literatur. Entweder ungeschriebene Bücher oder Illustrationen zu geschriebenen.* Die frühesten Bilder sind mit Feder, Stift oder sehr feinem Pinsel verfertigte Miniaturen, wie er sie aus den Klosterbibliotheken kannte. Musil schreibt dazu: »Seine teils hieratisch ornamentale, teils spitzpinselig sehende Prosa (die sehr schön ist) wandelt sich in seinen reizvollen kleinen Aquarellen ganz zu optischer Phantasie zurück«. Später kamen große Ölgemälde, Gobelins, Mosaiken hinzu. Zu der vom Auge kontrollierten Tätigkeit der Hände konnte er stets zurückkehren, wenn sein von der Hirnarbeit des Schreibens erschöpfter Geist der Ruhe bedurfte. Beim Malen übernahmen die Sinne die Führerschaft, Bilder durften unverständlich sein, über ihren Rand hinaus bedeuteten sie nichts, und das Schaffen aus dem den Malern zugeschriebenen *ordentlichen Unterleib* heraus bürgte für ein langes Leben. Mitte der zwanziger Jahre entfloh er den verzweifelten Kämpfen der Ratio, die ihn in Wien zerrissen, entfloh er diesem liebend umworbenen und ihn zugleich abstoßenden Wien, entfloh dem barbarischen Norden in den zivilisierten, romanischen Süden. Zuerst nach Rom, dann in die Sonne der Provence. *Ich habe um drei Jahre in einem kleinen bei Nizza gelegenen Dorf verbracht, in dem Renoir lebte und starb. Ich meine das auf einem riesigen Felsblock gelegene Cagnes-sur-mer. Ich wurde hier, angesichts der ganz eigenen Vegetation, zum Blumenmaler.* Hier wird er zum *Heiden aus sinnlicher Frömmigkeit,* zum *Romantiker in unromantischer Zeit.* Seine Stilleben sind *Porträts von Blumen,* doch läßt er sich von der Umgebung nicht zu einem ihn zu leicht dünkenden Impressionismus verführen. Seine Sonne scheint außerhalb des Rahmens und taucht die Pflanzen, Landschaften und in ihnen spielenden figürlichen Szenen in ein unwirkliches Licht. Auch wenn er sich durch Schreibabstinenz vom Denken zu erlösen wünscht, so denkt doch Apoll in ihm. Und der denkt wie der Autor Gütersloh, daß zu dem neuen Weltbild wesentlich die Erfindung des Mikroskops beigetragen hat, und versucht, *die Wirklichkeit in mikroskopischer Vergrößerung, also übergetreu, statt naturgetreu* wiederzugeben. Diese Übertreue führt im Detail zu neuen Strukturen, die sich ornamental verbinden lassen, besonders auch in der von ihm wiederbelebten Gobelintechnik. Das kunstvolle Verweben der Ariadnefäden aus dem Labyrinth seines Geistes verschafft ihm Anerkennung und Arbeit in Österreich; ihr folgen Aufträge für die Gestaltung von Glasfenstern und Mosaiken in Kirchen von Wien und Umgebung. Gütersloh beteiligt sich an wichtigen Ausstellungen, erhält verschiedene Preise, darunter den Österreichischen Staatspreis für Malerei, und wird 1931 zum Professor an der Kunstgewerbeschule in Wien ernannt. Die bildenden Künste sichern ihm seinen Lebensunterhalt und die Möglichkeit, sich ohne Zwang zu Erfolg und Ruhm der Literatur zu widmen, die für ihn immer die brotloseste aller Künste blieb. Wir überspringen die Zeit seines Berufsverbotes, der wir uns in anderem Zusammenhang zuwenden werden, und finden ihn nach dem zweiten Weltkrieg als einen hochgeehrten Überlebenden aus der goldenen Zeit der Wiener Malerei wieder. Er hielt eine Gedenkrede für Klimt, schrieb über ihn, Schiele und Arnold Schönberg als Maler glanzvolle Essays. Er wird an die aus ihren Trümmern gerade wiedererstandenen Akademie der Künste berufen, später ihr Rektor und als ihr Lehrer zum Vater der »Wiener Schule des phantastischen Realismus«. Nach dem Expressionismus in der Literatur wird Gütersloh also zum zweiten Mal zum Vorreiter einer neuen Kunstbewegung in der Moderne. Er darf erleben, wie sich die Jungen, wie sich Ernst Fuchs, Friedensreich Hundertwasser, Wolfgang Hutter um ihn scharen, nach einem Weg aus dem Engpaß suchend, in den sie zwischen erstarrtem Akademismus und der Unverbindlichkeit der neuen Abstraktionisten geraten sind. Gütersloh ist ihnen ein überraschend zurückhaltender Lehrer, sagt gern »Gut, gut«, ordnet Stilleben und überläßt sie ansonsten der eigenen Wahrheitssuche. Er wirkt vor allem durch das Beispiel seiner Malerei, durch die nun allmählich das Licht der Öffentlichkeit erblickenden Schriften, durch seine Vorträge und Reden. In der über Klimt etwa charakterisiert er dessen Kunst *als eine ravennatische, byzantinische, vom Westen abgekehrt nach Osten schauende, der er die atlantischen Abstrakten gegenüberstellt, die mit den Figuren auch auf die Zaubermacht über sie verzichtet haben.* An ihnen, an der Darstellung der menschlichen Gestalt hat Gütersloh stets festgehalten und erscheint somit in den wirklichkeitsentleerten Kunstgefilden der kommenden Zeit *als Liebhaber des Alten und eiserner Ritter des Gestern. Als solcher ist er von leidenschaftlichem Hasse gegen das Neue erfüllt, von Haß gegen die zeitlosen Anonymi, gegen die unbewußten Schöpfer des Fortschritts,* in deren Werkstatt kein Hammer ertönt, *der nicht den Sarg eines rückständigen Vorgängers erinnerte.* Denn für Gütersloh standen im Raufhandel der Moderne nicht nur zwei Kunstrichtungen gegenüber, sondern die Lebensprinzipien von *Treue und Verrat.* Kompliziert daran ist, daß beide ihm nicht fremd sind: *ohne die Treue ist das Leben nicht lebenswert, und ohne den Verrat würde neues Leben nicht entstehen!* Oh, ewig unaufhebbare Antinomie! Und so saß nicht, sondern stand Gütersloh ein Leben lang zwischen allen Stühlen, unermüdlich malend, webend, schreibend.

Am Tage des Einmarsches der deutschen Truppen in Wien wurde ich vom Amte eines Professors an der Kunstgewerbeschule in Wien suspendiert. Wenn Gütersloh je Illusionen über die

Vereinigung des deutschösterreichischen Rumpfes der alten Monarchie mit dem Deutschen Reich gehabt haben sollte, so wurden sie mit der Heimkehr des ehemaligen Kunststudenten Hitler nach Wien hinfällig. Zu katholisch war der Professor in seinen ideologischen Vorstellungen, zu anarchisch in seinen politischen, zu avantgardistisch in seinen künstlerischen Werken. Man erzwang seine Pensionierung, erteilte ihm Berufsverbot, ließ ihn im August 1942 von der Gestapo verhaften und verhören und zog ihn bis zu Kriegsende zum Arbeitsdienst ein, den er als Büroangestellter in verschiedenen Rüstungsbetrieben ableistete. *Der Maler und Schriftsteller war ausgelöscht.* Aber dies nur als Person des öffentlichen Lebens. Weder Stifte, Papier noch Schreibmaschine konnte man ihm nehmen und verhindern, daß er sie weiterhin benutzte. Als *Höhlenbewohner* von im Laufe der Jahre rund ein Dutzend zumeist möblierter Zimmer ist er geübt im Katakombenleben. *Wenn er schreibt – und seine Schreibenszeit ist ja der Vormittag –, wirft er den alten roten Teppich, nun Vorhang, über das Fenster und dreht die Höhlenlampe an.* Und das Schreiben, das er unter diesen Bedingungen am leichtesten, wenn auch selten vormittags, betreiben konnte, war immer Güterslohs Hauptanliegen geblieben. Als er im Sommer 1933 Franz Blei ein letztes Mal auf Mallorca besucht, erlebt auch er es als »Insel des zweiten Gesichts« und setzt über seine dortigen Notizen die Buchstaben S + M. Sie bedeuten *Sonne und Mond* und bezeichnen ein Romanwerk, das ihm die nächsten dreißig Jahre beschäftigen und schließlich mehr als 2000 Seiten umfassen wird.

Nicht allein Gütersloh drängte es zu monumentalen Prosawerken. Das Finale der bürgerlichen Gesellschaft verlangte nach finalen Apotheosen, die all das zusammenfaßten, was man als das Geschick des Abendlandes verstand. Und der Roman, *eine sehr großstädtische Erfindung*, war zu dem Medium geworden, das diese Erfahrungen in all ihrer Fülle zu transportieren in der Lage war. Er hatte alle literarischen Gattungen adsorbiert und war nun *der Kahn, auf den die schiffbrüchige ältere Poesie samt ihren Kindern sich rettete*. Von Proust bis zu Thomas Mann, von Dostojewski bis zu Joyce und Döblin reicht die Phalanx der Erbauer solcher Rettungsschiffe, und in Österreich waren Gütersloh die befreundeten Musil und Broch und Joseph Roth vorangegangen. Nimmt man die spätklassische Musik hinzu – die unserem Logizisten, vielleicht aus Eifersucht gegenüber der populärsten aller Kunstformen, stets fremd blieb, die Kompositionen der Bruckner, Mahler und Richard Strauß, so erklang wohl nie ein großartigerer Abgesang auf eine Gesellschaft als der auf die des Habsburgerreiches. Es lag wohl daran, daß mit ihr eine ganze Welt unterging. Wenn Frankreich und England auch ihre Kolonien verloren, so blieb ihr nationalstaatlicher Kern doch unangetastet, büßten ihre Sprache, Kultur und Metropolen nur wenig von ihrer Strahlkraft ein. Die doppelte Monarchie im Herzen des Kontinents jedoch war, von ihrem slawischen und magyarischen Anteil entblößt und auf ihr deutsches Stammland zurückgeworfen, bis in die Grundfesten zerstört. Was also anderes als diese Zerstörung, und zwar von innen, aus sich selbst heraus, und der Versuch des Fortexistierens seiner Elemente, konnte das Thema eines Romans sein, der die Epoche resümieren sollte? Gütersloh war sich dabei der Problematik bewußt, daß die traditionelle Romanform, die mit ihrer Fixierung auf eine möglichst glaubhafte Handlung ohnehin nie seine Sache war, dafür nicht in Frage kam, und wählte für sein Manuskript den Untertitel der *Materialogie*. Als später bei den Verhandlungen mit dem Piper Verlag sich der Begriff des Romans als unverzichtbar erwies, konnte der Autor auf seine Definition im *Wörterbuch zu »Sonne und Mond«* verweisen, das parallel zum Hauptwerk entstand und für manche Leser zu seinem wesentlichen Kern wurde. *Wir bekennen offen*, schreibt er da, *daß eines Romanes Anfang ein zufälliger ist und sein muß, und daß sein Ende unendlich weit hinausgeschoben werden kann und soll, daß nur die Müdigkeit oder der Tod des Autors setzen kann. Was nun die ihm eigentümliche Breite anbelangt, sein mähliches Sichergießen in die Runde, das den ursprünglich pfeilgerechten Ablauf zu einem dem Weltumfang gleichen Kreis krümmt*, so sind sie im Charakter des vitalen Lebens begründet, *dessen Weitschweifigkeit gar nicht abgesehen, sein dauerndes zeitliches Ausbiegen vor dem Sog zu einem Ende in der Zeit nicht vorausgewußt, seine galoppierende Flucht* vor diesem Ende *nicht verhindert werden kann*. Die Schöpfung ist so unendlich wie ihr Schöpfer, und mithin hat sein irdisches Nachbild, der Schöpfer eines Romanes, diesen ebenfalls nicht enden zu lassen. Von Carl Schmitt den Begriff des »Dezidierten« aufnehmend, konstatiert Gütersloh: *Das dezidiert Bewußte und das bewußt Dezidierte gehen gegen den Strich des Romans, der vielmehr unerschütterlich fest auf der Ergriffenheitsstufe stehen muß, die ihn emporgeboren* hat. Voraussetzung für den von ihm angestrebten und von der Kritik später immer wieder beschworenen »totalen Roman« ist die zur *Gesamthandlung* gewordene

Undezidiertheit. Er weiß sich damit im Einklang mit der Zeit. So lange das *Sich-nicht-Entscheiden-können-oder-wollen* das Vorrecht einiger Weniger war, hatte der unendliche Roman noch *keine Stätte,* jetzt aber, da es durch die Demokratie zu einem gesetzlich festgelegten Allgemeingut geworden ist, wird *er zu einer Alleinherrschaft erhoben (...), wie sie noch niemals von einer Kunstgattung ausgeübt worden ist.* – So weit eine Vision, die, zum Glück oder Unglück der Leserschaft, Vision geblieben ist. So weit ein hier verkürzt wiedergegebener Gedankengang, der im *Wörterbuch* einen Satz von zwei Seiten Länge beansprucht und somit den Anflug von Unendlichkeit vermittelt, der zu der dem Autor für sein Schreiben unabdingbar notwendigen *Ergriffenheitsstufe* gehört.

Für dieses unendliche Spiel hat der Autor einen sehr endlichen Spielplatz gewählt, das ihn zur Welt und zur Verzweiflung gebracht habende niederste Niederösterreich, eine mäßig gehügelte Landschaft *mit gelegentlich sehr schroffen Abstürzen, die einem Troge gleichende Mulden bildeten,* zwischen denen Ortschaften mehr welken als blühen, die auf Namen hören wie *Alberting, Amorreuth, Mundefing* und *Recklingen,* in welch letzterem kein Haus älter als 50 Jahre wird. In dieser von Gott verlassenen und ihn um so mehr bedürfenden Gegend inszeniert nun der frühere Komödiant ein Bühnenstück, das weniger dem zeitgenössischen Geschmack als dem des jesuitischen Barocktheaters entspricht. Es ist eine Farce, in dessen Mittelpunkt das so monströse wie verfallssüchtige Schloß eines Grafen Enguerrand steht. Dessen recht umfangreiches Testament und der Briefwechsel mit dem Advokaten ist der Auftakt des Buches. Der kinderlose Greis will seiner ihm eingeborenen und sorgsam gepflegten Bosheit einen letzten Triumph verschaffen, indem er das Schloß und damit den vorprogrammierten Ruin seines zukünftigen Besitzers, dem letzten Sproß eines ihm verhaßten Zweiges seiner Sippe, vermacht. Es ist der Graf Lunarin junior, von seinem Vater, berühmt für die *schönsten Beine, die je statt einen Frauen- einen Männerleib getragen haben*, einst in einer costaricanischen Zuckerrohrplantage gezeugt und nun selbst auf ähnlich abenteuernde Weise unterwegs. Diesen *halbspanischen, bald olivengrünen, bald quittengelben, dazwischen rauchgeschwärztem Bernstein* und somit dem Autor Gütersloh gleichenden Grafen kann man als Vertreter des exotischsten Teiles jener Adelswelt sehen, die das Reich der Habsburger an den Abgrund geführt hat. Dieses wiederum wird symbolisiert durch die Enguerrandsche Schloßruine, ist also ein Spielball aristokratischer Rivalitäten oder auch eine Art Schwarzer Peter, den man dem Nächsten zuzuschieben hat, bis sich ein Letzter findet, den bekanntlich die Hunde beißen. Dem jüngsten Lunarin also ist diese Rolle zugedacht. Er hat gerade eine Hammelherde in Nordafrika gekauft, konnte sie aber nicht losschlagen und fühlt sich nun von ihr, mehr aber noch von einer gewissen Benita verfolgt, mit der ihn eine, dem Leser Güterslohs ebenfalls nicht unbekannt vorkommende, Haßliebe verbindet. Das ihm zufallende Erbteil könnte also vorerst einige der drängendsten Probleme lösen. Die Annäherung an dasselbe durch halb Europa vollzieht sich allerdings so langsam, daß Gütersloh genügend Zeit bleibt, einige Dutzend Seiten mit der Schilderung der Verhältnisse in Dorf und Schloß, der pittoresken Umstände des Enguerrandschen Ablebens, der Spezifika des ländlichen Advokatenlebens und mit Lunarins Erinnerung an den Wiener Ringtheaterbrand

1881 mit nahezu 1000 Toten zu füllen, der den späteren Weltenbrand vorwegzunehmen scheint. *Ich lasse die Sache sich von selbst schreiben,* schreibt der Autor in einem Brief an Heimito von Doderer, der uns später noch und nicht nur in Zusammenhang mit diesem Buch beschäftigen wird. Als Lunarin endlich das Schloß erreicht, nähert sich diesem auch seine Benita, die ihn derart in Beschlag nimmt, daß er die Verwaltung des Anwesens einem Herrn Till Adelseher überträgt und bis zum Schluß des Manuskriptes kaum noch gesehen wird. Dieser Till kennt nicht nur die Bibel auswendig, er ist auch ein angesehener Agronom und erfahren im Sammeln und Restaurieren von Antiquitäten, für die er eigens einen basaltenen Turm neben seinem Wohnhaus errichten ließ. Mithin genau der richtige Mann, um das vom Grafen verlassene Schloß, beziehungsweise das ebenso herrenlos gewordene Österreich, vor dem endgültigen Zerfall zu retten und in ihm eine zukunftsfähige Ordnung einzurichten. Für Gütersloh eine Gelegenheit, seine äußerst vielfältigen Gedanken zur Monarchie und ihrem Monarchen, zur Republik und ihren Präsidenten, zu Aristokratie, Demokratie und Theokratie darzulegen, und für uns eine, endlich zum eigentlichen Helden, vielmehr der Heldin, seiner Epik zu gelangen, der Sprache.

Über einen gotischen Schrank im Adelseherschen Hause schreibt Gütersloh: *Zum Zeichen, daß er doch abgestorben und nur eine Erscheinung, trägt er das edelste Verwesungsmerkmal seiner Art, einen ganzen schwarzen Sternenhimmel von Wurmstichen, der sogar dem Astronomen in unserem Turme, über Ententümpel und Küchengärten hinweg, deutlich sichtbar ist.* Wir haben, nach so vielen bereits dargereichten Fragmenten, einen vollständigen Satz ausgewählt, der nicht zu lang ist, uns zu überfordern, aber doch die Komplexität des Güterslohschen Denkens und Schreibens andeutet. Es gibt keinen Zweifel, daß unser Autor randvoll mit Worten war, die ständig danach strebten, sich zu Gedanken zu organisieren und überzufließen. Anders als die bloße Geschwätzigkeit setzt der Gedankenreichtum eine Schärfe und Feinheit der Sinneseindrücke voraus, deren Überfülle nicht anders als durch Formulierung bewältigt werden kann. Der zitierte Satz ist insofern exemplarisch, als er die Sinnlichkeit des Verfassers mit seiner Gedankenarbeit vereint, das Konkrete mit der Abstraktion, das Irdische in Gestalt von Wurmstichen und Ententümpel mit dem Jenseits von Sternenhimmel und Astronomie. Wegen solcher Sätze, wegen einzelner Formulierungen und ganzer Kapitel von ähnlicher Intensität und Eleganz wird der Leser immer weitergetrieben, auch wenn er dabei in manchem Wüstenstrich zu verdursten, in manchem Dschungel der Rhetorik sich zu verirren droht. *Seine Sätze, in der Regel lang, schön geschwungen wie Geigenstriche, die viele Noten zusammenbinden müssen,* entsprechen, wie verschiedene Ohrenzeugen berichten, der Redeweise des großen Deklamators Gütersloh und wollen demzufolge vor allem gehört werden. Demzufolge auch unterscheidet sich die Sprache in den Dialogen kaum von der in den beschreibenden Passagen. Die Menschen sprechen bei unserem Autor so, wie, außer ihm, kein Mensch auf der Welt spricht. Es ist gewissermaßen eine Hofsprache, in der sie dialogisieren oder auch gern in Monologe verfallen. Nur zum Teil in Wien beheimatet, trägt dieser Hof auch spanische, römische und byzantinische Züge.

Eine ganze untergegangene Welt, die Welt der das Abendland konstituierenden Aristokratie des Schwertes und des Geistes soll ja in dieser Sprache bewahrt und gegen die allgemeine Nivellierung verteidigt werden. In einer Sprache, die in größtmöglicher Fülle ein Continuum aufrechterhält, das in der realen Welt nicht mehr existiert. Einer zeremoniösen, einer religiös inspirierten und also anachronistischen Sprache. *Wir, die wir an das Wort glauben, bitten Dich, o Herr, uns beizustehen, die Schönheit wieder mit der Wahrheit zu verbinden, damit dieselbe Sprache, die auf dem Markt zu erniedrigen wir gezwungen sind, auch die dem Tempel angemessene sei, und alle, die Ohren haben, sie zwar verstehen, trotzdem aber vermeinen sollen, eine fremde zu hören.* Die Fremdheit wird hergestellt, indem Gütersloh häufig die normale Folge der Worte auflöst und in neue Stellungen zueinander bringt, indem er auch für banalere Sachverhalte das Vokabular von Theologie, Philosophie und Poesie benutzt, indem er Abstrakta in metaphorische Gewänder hüllt und indem sein Ideal, *der wohlkadenzierte Satz,* sich in für den Leser schwer zu fassenden Ausuferungen versteigt, die, wenn es gutgeht, als eine periodische Pagode enden, wenn schlecht, als ein sprachliches Trümmerfeld. In diesem Fall spricht der Autor von bewußten Fehlern, die er, wenn er ein wahrer, also ein nichtprofessioneller ist, sich leisten muß, um auf dem Weg ins Unendliche nicht außer Tritt zu kommen. Verstehbarkeit ist in einer unverständlichen Welt keine künstlerische Kategorie. Im Anfang war das Wort, und danach erst sein Sinn. Im Anfang war die von Gott geschaffene Grammatik, die *die hierarchische Gegliedertheit des Universums und so auch der menschlichen Gesellschaft* widerspiegelt, *das Aufeinander- und Durcheinanderwirken des Obersten und des Untersten, und das so verursachte Entstehen von unzähligen Zwischenstufen des Gesamtseins auf das Absolute hin.* Das alles wäre zu schwer verdaulich, wenn es nicht als Spiel betrieben würde, in dem derjenige zum Verlierer wird, der es mit tierischem Ernst betreibt und auf den schnellstmöglichen Sieg setzt. *Bei Poeten und Verschwendern krönt erst das Überflüssige das Notwendige, ist der Umweg der kürzeste Weg.*

Der Humor, der sowohl Sonne als Mond, Geist als Materie, Mann als Frau, in milderem Glanz erstrahlen läßt, empfing Gütersloh als ein spätes Geschenk. Während in der Jugend die Empörung ihm das Lachen und Lächeln erschwerte, bot das Hinübergleiten in das Alter, bot die Endlosigkeit seines mit ihm wachsenden Werkes den Raum, um den sich wiederholenden Absurditäten des Lebens mit einer gelassenen Distanz zu begegnen, die an ihnen auch ihre komischen und damit zu verzeihenden Aspekte wahrnimmt. *Der Humor ist eine goldene Schadenfreude an den der Welt integralen Schäden.* Damit entbehrt er nicht der Würze des Schmerzes, den er zu verbergen oder zu bewältigen sucht. Von ihm und den Klagerufen über seine Einsamkeit, über die Sinnleere und finstere Wirrnis der Zeit sind die Briefe voll, die er in jenen Jahren schreibt – in die phantastische Welt seines Romans erhalten sie nur Einlaß in geläuterter, häufig zum Witz verfremdeter Form. *Jedermann weiß, daß die besten Witze ein Verzweifelter macht, der tiefste Humor von der Höhe des Galgens kommt.* Eine Erkenntnis seines Alterns ist, daß es geprägt wird durch eine Milderung des Menschenhasses, der der Menschenliebe immer ähnlicher zu werden beginnt.

Wir kehren zurück in jenes von der Autokratie ruinierte Schloß, das der Demokrat Adelseher nun mit einer Hingabe instandzusetzen versucht, als hätte er den Verfall verursacht. Kein leichtes Unterfangen, wenn seine Bewohner in ihm, dem Präsidenten der neuen Republik, noch immer den alten Monarchen verehren wollen, dem sie die Ergebenheit und Passivität von Dienern entgegenbringen. Die Misere des neuen Staatsgebildes hat Gütersloh in einem adäquat der Problemlage verschlungenen Satz auszudrücken versucht. *Es ist uns während des langen Friedens, den wir unter dem Kaiser genossen haben, und jetzt, nach dem Kriege, in einer Republik, die den gestörten imperialen Schlaf auf der andern, der demokratischen Seite fortsetzt, wunderbarer und bedauerlicher Weise wieder genießen, jede Anschaulichkeit von echtem Tun und Lassen, von Arbeit und Nichtarbeit, von Sinnvoll und Nutzlos, von Vor- und Rückschritt, von Veränderung und Verwandlung, vom Leben, und also auch vom Sterben, zu schweigen vom Auferstehen von dem Tode, also von Religion, verlorengegangen.* Die Demokratie aber, braucht, wenn sie lebendig werden soll, diese Anschaulichkeit, braucht die Aktivität selbstbewußter Bürger und nicht die Servilität von Untertanen. Gütersloh steht ihren Möglichkeiten skeptisch gegenüber. Da ist zum einen das *Unterbrechen des geschichtlichen Continuums*, daß der so tief in der Historie verwurzelte Denker nur mit Sorge betrachten kann. Da ist der Mann der gestalteten Form, der Rituale, der sich in Sprache, Weltenbau und Gesellschaft manifestierenden Hierarchien, dem deren Verfall in einer alles nivellierenden Demokratie tief in die Seele schneidet. Da ist der Künstler, der durch die Herrschaft des Jedermanns seine ohnehin stets gefährdete Individualität bedroht sieht. *Wenn wir alle regieren, was wir in der Demokratie tun oder zu tun scheinen, bringen wir uns um das einzige, wozu Regiertwerden frommt: um das Freisein von Politik.* Und da ist der in diesem Fall nicht rückwärtsgewandte Prophet, der zu sehen meint, womit *die reinste Form der Demokratie sich deckt. Mit dem Pulver, das sie sprengen wird.* Er hat diese Sprengung erlebt und fühlte sich in der Furcht bestätigt, daß die Volksherrschaft, wenn sie, nicht gebändigt durch eine dazu bereite und fähige Bürgerschaft, in die Anarchie übergeht, sich von sich selbst durch Diktatoren zu befreien bestrebt ist. Till Adelseher ist alles andere als ein solcher. Der Gerichtstag, den Gütersloh über ihn abhalten läßt, ist ein Versuch, ihm Gerechtigkeit widerfahren zu lassen und sich mit der Republik auszusöhnen. Als Verwalter des Schlosses versucht er ebenso zu verhindern, daß ein neuer Tyrann einzieht, wie, daß der verwaiste Thron zum bequemen Bürgersessel wird. Aber er ist machtlos gegen die nie zu befriedigende Gier des von den Fesseln der Tradition befreiten Menschen, für die der Autor das Bild *vom dürstenden Tantalus und von dem Zurückweichen des stygischen Wassers vor diesen Lippen* wählt. *Wir sehen die stets gleich groß bleibende Entfernung zwischen Begehr und Begehrtem,* und das altösterreichische Schloß wandelt sich in einen *sehr schiefen Turm, der zwischen Nochstehen und Schonfallen ein physikalisch unmögliches Verbleiben in einer dritten Situation* zu verwirklichen sucht. Ein Aufrechtstehen des Baues ist für Gütersloh undenkbar ohne aufrechtstehende Bewohner, und dies bedeutet für ihn die Wahrung eines inneren Adels, auch wenn dessen äußere Entsprechung den Weg dorthin gehen mußte, wo Tantalus zu Hause ist, in den Hades.

Es gibt zwei Legenden, die unseres Autors offizielle Namensänderung in *Albert Paris von Gütersloh* im Jahr 1921 umranken. Die eine besagt, daß der junge Albert Conrad Kiehtreiber in Bozen, dem Ort seiner vergeblichen Bemühungen um das Abitur, von zwei Damen aus Gütersloh umschwärmt wurde, zwischen denen er sich nicht entscheiden konnte. Die andere verlegt das Geschehen nach Gütersloh selbst, an dessen Bühne er kurzzeitig engagiert gewesen sei, und verjüngt die Damen zu Mädchen, die nichtsdestotrotz das gleiche Schicksal ereilt. Wir können den Fall nicht klären, in dem es uns ohnehin auf das *von* in seinem Namen ankommt, auch wenn er es wenige Jahre später dem staatlichen Verleiher als nicht mehr benötigt zurückgab. Was aber hatte den Bauernsohn dazu getrieben, sich vorübergehend selbst zu adeln? Zwei Jahre nach der Gründung der Republik war das natürlich ein Akt der Provokation gegen diese und nicht wenig daran geschuldet seinem Hang zu Skandal und Exaltation. Aber der Hintergrund war ein durchaus ernsthafter. Wie der Proteus Gütersloh über eine seiner Inkarnationen, dem vom Walfisch verschlungenen Jonas, schreibt, war auch er *ein Ehrfürchtiger von Berufung, ein Verehrender, ein Bewunderer*. Seine Verehrung und Bewunderung sparten das gelungene Naturprodukt keineswegs aus; aber vor allem galten sie dem Außergewöhnlichen, dem Überwinden natürlicher Begrenzungen und Erreichen eines Zustandes des Exzeptionellen, des Künstlerischen, der Erhöhung in Bereiche jedenfalls, die Zugänge zu Jenseits, Himmel, Ewigkeit eröffneten. Die Sehnsucht des Menschen danach und seine Fähigkeit dazu sah Gütersloh in jener Schicht symbolisiert, die, dem Alltag enthoben, sich aus dem Beschützer des gemeinen Volkes zu seinem Vormund, Beherrscher, zu seinem Repräsentanten vor Gott entwickelt hatte. Dem Adel anzugehören, bedeutete edel zu sein. Es bedeutete, sich zur Geschichte zu bekennen, zu Pracht, Überfluß und schöner Form, es bedeutete, über nationalen und religiösen Grenzen zu stehen. Wenn der Mensch den Anspruch darauf aufgibt, so wird er, fürchtete Gütersloh, so verflachen wie die von ihm eingeebnete Gesellschaft. So beschloß er, als ob *die Wirkung eine Ursache sich gegeben hat, als ein Mensch unedler Abkunft sich eine edle* zu geben, was im republikanischen Österreich in Form eines »von« im Künstlernamen möglich, während es ansonsten eliminiert worden war. Daß er das Adelsprädikat wieder ablegt, dürfte mit dem Abgleiten der Aristokratie in Schmarotzertum und karnevaleske Selbstdarstellung zu tun haben, wie er sie in *Sonne und Mond* karikiert.

Inwiefern es dabei eine Rolle spielte, daß Gütersloh 1924 mit Heimito von Doderer einen Schriftsteller von wirklichem Adel kennenlernte, ist unklar. Der junge Mann, obendrein einer der reichsten Familien des Landes angehörig, war zu einer Wohnungslesung des soeben aus Südfrankreich zurückgekehrten Autors erschienen und von dessen tiefschwarzen Kinnbart, der sonoren Stimme und dem ausholenden Pathos wenig erbaut. Als er aber seine Bücher gelesen hatte, wurde er zu ihrem Verehrer und ihres Verfassers ergebener und einziger Schüler, wie er später bekannte. Dessen Verleger Haybach wurde sein eigener, und als dieser 1924 über die Möglichkeiten von Güterslohs Popularisierung nachsann, schrieb Doderer »Der Fall Gütersloh«, in dem er die Hymne auf das einzigartige Talent seines Idols mit der

Kreation seines eigenen, an dessen Schreibweise orientierten Stil verband. Das Verhältnis von Meister zu Schüler, das ihm von Doderer angetragen wurde, nahm Gütersloh willig an. Es replizierte, mit umgekehrten Vorzeichen, die früher so enge und sich inzwischen lockernde Beziehung zu dem älteren Franz Blei und war für ihn durch die geklärte Rangordnung die einzige Möglichkeit eines engeren Verhältnisses von Schriftsteller zu Schriftsteller, von Mann zu Mann. Doderer wurde bis weit in die zweite Nachkriegszeit hinein sein enger Gefährte, sein unermüdlicher Propagandist in Reden und Artikeln, sein Nachbar in der Bachfeldgasse. Er teilte mit ihm zeitweise eine Atelierwohnung und im Wiener *Tag* eine Kolumne, die, abwechselnd geschrieben, ihnen den von Friedrich Torberg überlieferten Spottvers einbrachten: »Du guader Himmelsvoderer, / Ich brauch kein Paradies. / Ich les Heimito Doderer / Und Gütersloh Paris.« Sie waren ein Gespann, in dem allerdings Doderer bald zum Zugpferd wurde und seinen Meister in der öffentlichen Anerkennung als Schriftsteller überholte. Als er mit der 1951 erscheinenden *Strudlhofstiege* und dann mit den *Dämonen* zur Gallionsfigur der österreichischen Nachkriegsliteratur aufstieg, mußte es Gütersloh erscheinen, als hätte der Zauberlehrling, anders als der Goethesche, die von seinem Herrn und Meister heraufbeschworenen Dämonen, Geister und Furien gebändigt, während ihn selbst sie noch immer plagten und jagten. Was bei Gütersloh ins Uferlose schäumte, wurde bei Doderer ins Bett einer sicher strömenden Prosa geleitet. Was bei jenem ein bewußt dilletantisch betriebenes Spiel war, wurde bei diesem professioneller Ernst. Was bei jenem Ambivalenzen waren, wurden bei diesem Eindeutigkeiten, auch in ihrer Stellung zur Politik. Was bei Gütersloh utopische Gedankenspiele eines eigentlich ganz woanders beheimateten Künstlers waren, wurden bei Doderer eherne Prinzipien, gegen die kein Widerspruch zu dulden war. Unter dem Stichwort *Rechthaben* schreibt Gütersloh in seinem Wörterbuch: *Es gibt ein einziges sicheres Zeichen dafür, daß und wann das zweifelloseste Rechthaben Unrecht hat: wenn es unter dem Unheiligenschein der absoluten Humorlosigkeit auftritt.* Dieser Unheiligenschein um Doderers aristokratisches Haupt, der demonstrative Tiefsinn und Ernst, die bei seiner Anwesenheit immer das Gefühl verbreiteten, es ziehe kalt durch Türritzen, ließen Gütersloh keine andere Wahl, als sich von den Bedrängungen durch ein ungehemmt boshaftes Porträt in seinem Roman zu befreien. In ihm leuchtet unter den Heerscharen von Nebenfiguren eine auf den schönen Namen *Ariovist von Wissendrum* hörende hervor, die es wie Doderer liebt, nur mit einem Lendenschurz bekleidet die edle Kunst des Bogenschießens zu üben, und eines unschönen Tages an der Spitze einer schwarzen Reiterstaffel in das Dorf einreitet, um die Übergabe der im Adelseherschen Turm gestapelten Altertümer an einen jüdischen Antiquitätenhändler zu verhindern.

Diese Erinnerungen an seine antisemitischen Verirrungen mußten Doderer ebenso erbosen wie das Bildnis seiner Familie, für die Gütersloh als entscheidendes Merkmal eine exemplarische Häßlichkeit ausmacht. Und das, obwohl es Doderer war, der unermüdlich die Trommel gerührt hatte für das im Dunkel wuchernde Prosawerk und es schließlich schaffte, daß die Materiologie auf dem Münchner Schreibtisch seines Verlegers Piper landete und dieser dem Autor einen Vertrag anbot. Zwei Lektoren, mehrere Schreibmaschinistinnen und diverse andere Mitarbeiter waren damit beschäftigt, das riesige Konvolut zu einem lesbaren Manuskript zu machen, zu ordnen, zu redigieren und für den Druck vorzubereiten. Man entschied sich, die Romanfassung auf etwas über 800 Seiten einzudampfen, das Wörterbuch auszusondern und später nachzuliefern. Gütersloh konnte dabei nur begrenzte Hilfe leisten, hatte er doch längst den Überblick verloren und verstand manche seiner überkomplexen Sätze selbst nicht mehr. Die Reaktion auf die Veröffentlichung im Jahr 1962 war entsprechend stürmisch. Auf literarischem Gebiet war der Autor zu einer verblassenden Legende geworden, von der man allerdings munkelte, in seinen Schubladen schlummere Ungeheures. Und dieses erwies sich nun tatsächlich als ungeheuerlich, nämlich als die ersehnte Epopöe über den Untergang nicht nur Österreichs, sondern des christlichen Abendlandes, durchaus anekdotisch im Torbergschen Sinne, aber verwoben zu einer so irrealen wie allumfassenden, also katholischen Allegorie. Nach der Wiederentdeckung der Planeten Robert Musil, Hermann Broch und Joseph Roth war nun neben Doderer ein zweiter Fixstern am österreichischen Nachthimmel sichtbar geworden. Daß er gerade auch in Deutschland mit Enthusiasmus begrüßt wurde, darf nicht verwundern. Nachdem der Nationalsozialismus die weitere Entwicklung der Moderne verhindert und die Rückkehr zu den Erzählstrukturen des 19. Jahrhunderts (die für Gütersloh in einem eklatanten Widerspruch von Inhalt und Form bestanden) befördert hatte, glaubte man, die Zukunft mit der Renaissance avantgardistischer Konzepte, mit den verschiedensten Formen konkreter Poesie und experimenteller Prosa anbrechen zu sehen. Daß dies nicht der Beginn eines Prozesses war, sondern sein vorläufiges Ende, zeigt sich nicht zuletzt daran, wie rasch Güterslohs Ruhm wieder verblaßte. Vorerst aber begrüßt nicht nur Heißenbüttel *Sonne und Mond* als ein »phänomenologisches Fabelbrevier«, in dem sich »gesellschaftlich-politische Diagnosen und allegorisches Panorama durchdringen«. Auch Walter Jens wird überschwänglich, wenn er über dieses »europäische Resümee« schwärmt: »Noch einmal die ganze Welt ... aber auf dem Theater! Noch einmal Feste, Bankette, Soireen, Aventiuren, noch einmal Zauber des Barocks ... aber in einem venezianischen Luftreich, als eine kolossalische Totenbeschwörung.« Für Peter Härtling wiederum handelte es sich um »ein ins Fegefeuer der Ironie gehaltenes Rokoko, eine artistische Reise in die für Güterloh stets gegenwärtige Vergangenheit seines Vaterlandes Österreich.«

Dieses Vaterland Österreich blieb aber in Güterslohs Bewußtsein stets ein amputiertes. Obwohl es ihn im Alter hoch ehrte, verdichteten sich die Schatten der Depressionen, die ihn von früh an begleitet hatten. Immer wieder kreisten seine Gedanken um die Verlockungen und Bedrohungen des Freitodes, und *letztendlich die teuren Leiden des Weiterlebens den billigen Freuden der Selbstvernichtung vorgezogen zu haben,* bedeutete einen täglichen Kampf gegen die Kapitulation. Gewiß, seinem unendlichen Roman folgte eine lange Kette von Publikationen früherer Werke, folgten das Wörterbuch und Gedichtsammlungen, war er, wie in der bildenden Kunst, nun auch in der Literatur als eine ehrfurchtgebietende Brücke zwischen den Generationen anerkannt, aber als diese fühlte er sich in Wien, *in dieser verfluchten Stadt, die allein meinen Tod auf dem Gewissen haben wird,* zunehmend allein und fremd. Die Schüler konnten ihm seine Generationsgefährten nicht ersetzen, die überlebt zu haben schon für den greisen Goethe eine durch nichts zu füllende Leere bedeutete. Mit Doderer war der letzte Dialogpartner entschwunden, der ihm noch zugehört hatte. Zu Hermann Broch nahm er brieflich wieder Kontakt auf, doch dessen Versuche, für ihn in New York eine Ausstellung seiner Werke zu organisieren, verliefen im Sande. Gütersloh reiste also nicht über den großen Teich, er reiste nirgendwohin. Für ihn, dem einmal das Unterwegssein die eigentliche Heimat bedeutete, gab es keine Verlockungen mehr, seine Höhle zu verlassen, denn das von ihm in jüngeren Jahren unentwegt durchstreifte Europa hatte aufgehört zu existieren. Es war von einem eisernen Vorhang durchschnitten, und sein östlicher Teil verschwand nicht nur als eine erlebbare Möglichkeit, er verschwand grundsätzlich aus dem Bewußtsein der westlichen Europäer. Wien, bis 1955 von der Roten Armee besetzt, war ohne die pannonische Ebene, die dalmatinische Küste, die galizischen Berge seines historisch so wichtigen südöstlichen Hinterlandes beraubt. Prag, Preßburg und Budapest lagen auf einem fremden Planeten. Der nirgendwo als in der Sprache gewordenen Geschichte zuhause sein wollende, wie konnte er sich in einer Stadt zuhause fühlen, die ihre Geschichte verloren hatte? Der von sich behauptete, für die Seligen schreiben wir nicht, wie konnte er von einem Wien, das sich ganz der Walzer-, Wein- und Donauwellenseligkeit verschrieben hatte, nicht befremdet sein? Der stets das Wunder am Leben erhalten wollte, wie konnte er eine Zeit akzeptieren, das nur noch das Wirtschaftswunder kannte. Dieses hatte, nach einigem Zögern, auch vor Österreich nicht Halt gemacht, und sein Genuß wollte nicht gestört werden durch einen mit sich und der Welt Unzufriedenen, dessen Credo es blieb, mit seinem Schreiben Unruhe zu verbreiten und *das selbständige Denken des Lesers in Gang zu setzen.* Nichts aber will der Durchschnittsleser weniger als das, zumal dort, wo *die zahlreichen Fußgänger, hinkende, eine wesentliche Eigentümlichkeit dieser im geschichtlichen Fortschreiten gehinderten Stadt* darstellen. Wien war jedoch mit dieser Behinderung keineswegs allein. Während sich das westliche Europa in einer rasenden Beschleunigung seines Fortschreitens glaubte, sah Gütersloh darin vor allem Verfall und geistige Stagnation.

❁

Wir können nun, rund fünfzig Jahre nach dem Ende seiner irdischen Existenz, zu resümieren versuchen, was an seinen Visionen hellsichtig und was finstere Apokalyptik war. Wenn wir das Jahrhundert überblicken, das Albert Paris Gütersloh und seine Gefährten durchmessen haben, so können wir zwei gegensätzliche Grundtendenzen konstatieren. Zum einen hat Europa einen Stand der wirtschaftlichen Prosperität und der Sicherheit eines im Großen und Ganzen friedlichen Zusammenlebens erreicht, der für frühere Generationen immer nur Traum geblieben war. Die Bevölkerung dürfte sich in diesem Zeitraum verdoppelt haben, sie erreicht ein wesentlich höheres Alter, wird weniger von Krankheiten geplagt und noch weniger von einem zermürbenden Arbeitsalltag, dessen Stundenzahl sich inzwischen etwa halbiert hat. Der durch den technischen Fortschritt erheblich gewachsene materielle Reichtum ist gleichmäßiger verteilt als je zuvor und durch den Wegfall gesellschaftlicher Schranken für jeden ebenso leicht oder schwer erreichbar wie das Maß an Bildung, dessen er fähig ist. Dem durchschnittlichen Bürger Europas ist bei seinen Urlaubsreisen die gesamte Welt zugänglich, und er kann sich über diese nach Belieben informieren, ohne daß ihn Machthaber und ihre Ideologen bisher wesentlich darin beschränken konnten. Dem stehen Verluste von nicht weniger bedeutenden Ausmaßen gegenüber. In der gleichen Epoche hat der Mensch eine Verarmung seiner Fähigkeiten erlitten, die nur mit der bei dem Zusammenbruch der antiken Zivilisation vergleichbar ist. Es beginnt mit einfachen manuellen Fertigkeiten, die Mechanisierung und Automatisierung überflüssig gemacht haben, reicht über deren kompliziertere, in heute ausgestorbenen Handwerken gepflegte Formen bis in alle Bereiche des geistigen und moralischen Lebens. Wenn Taschenrechner die mühselige und schöne Kunst des Kopfrechnens übernehmen, wird man bald nicht mehr eins und eins zusammenzählen können. Wenn die richtige Schreibweise eines Wortes, die Syntax und Zeichensetzung der Sätze zu Nebensächlichkeiten werden, kann man auch nicht die Beachtung von Verhaltensregeln durch Schüler erwarten. Wenn die altehrwürdige Universitätsstadt Bologna ihren Namen hergeben muß für eine gesamteuropäische Nivellierung der Hochschulbildung, für die Abschaffung der Autonomie der Universitäten, für ihre Degradierung zu rein beruflichen Ausbildungsstätten, dann erlischt mit dem universitären, mit dem studentischen Leben jeder freie, nicht zweckgebundene Wissensdrang. Die Unterwerfung der Bildung unter das

Diktat der Ökonomie ist lediglich ein Aspekt der allgemeinen Entgeistigung. Ihr vorausgegangen ist das Erlöschen des religiösen Lebens, die Erstarrung der Kirchen zu reinen Moralisierungsanstalten, immer stärker im Einklang mit der jeweils opportunen Politik. Das bedeutet nicht nur eine Verarmung des spirituellen Daseins, das nie durch den Glauben an gesellschaftliche Ideologien ersetzt werden kann, sondern auch des sozialen. Das Diesseits bedarf des Jenseits, um sich einen festlichen Glanz geben zu können. Die Kultur aber der religiösen und Volksfeste verfällt im gleichen Maße, wie Massenevents und Massenmedien ihre Konsumenten in einen permanenten, grund- und strukturlosen Festtaumel versetzen. Das reale Leben der Menschen wird mehr und mehr durch ein fiktives ersetzt. Während sie televisionär sämtliche Zeitalter durchleben, in sämtlichen Weltgegenden sich ansiedeln, in die schwindelndsten Tiefen der Ozeane tauchen und fernste Sternensysteme erkunden können, ist ihr alltägliches Leben von monotoner Ärmlichkeit geprägt.

Sie schlagen noch einmal die Schlachten der Vergangenheit, entdecken und erobern immer wieder Amerika und feiern die rauschendsten Feste einer Aristokratie, die längst nicht mehr existiert. Sie ist, wie alle im Laufe des von Gütersloh beschworenen historischen Continuums entstandenen Schichten, Stände und Klassen einer Egalisierung zum Opfer gefallen, die, als Emanzipation angetreten, sich in einer den Osten wie den Westen des Kontinents erfassenden Nivellierung verwirklicht hat. Was im kommunistischen Machtbereich gewaltsam durch Liquidierung und Enteignung erledigt wurde, hat in den Demokratien auf subtilere und deshalb bestimmte Enklaven verschonende Weise die Macht des

Kapitals geschafft: die Einebnung der Gesellschaft; gewiß auf unterschiedlich hohem Level, aber im Resultat doch ähnlich effektiv. Den Verlust der vertikalen Gliederung begleitete, zögernd und weniger auffällig, der der horizontalen Strukturen. Das, was Europa einmal auszeichnete, war seine ungeheure Vielfalt, seine Kräfteballung auf engsten Raum, die, um sich entfalten zu können, schließlich des gesamten Planeten bedurfte und ihn europäisierte, nicht nur zu dessen Vorteil. Es handelte sich letztendlich um die Kraft des von seinen Banden befreiten Individuums, das Europa inmitten einer kollektivistischen Welt verkörperte. Indem es diese Kraft exportierte und seine eigene, auf dem Kontinent verbliebene in zwei Weltkriegen erschöpfte, wurde es zum Opfer der kollektivistischen Gegenbewegung. Weniger offensichtlich als die aus dem Osten ist die aus der entgegengesetzten Richtung. In seiner ehemaligen nordamerikanischen Kolonie hatte sich der europäische Individualismus scheinbar zur uneingeschränkten Herrschaft erhoben, doch, bar aller historischen Bindungen und sich nur den Gesetzen des freien Marktes unterordnend, ein ähnlich egalitäres System geschaffen, in dem die von Tocqueville gefürchtete Diktatur der Mehrheit in Form der »öffentlichen Meinung« triumphiert. Diesem Ansturm von zwei Seiten zu erliegen, ist auch Westeuropa in Gefahr. Das so hoffnungsvoll begonnene Projekt der Vereinigung des Kontinents erweist sich mehr und mehr als eins zu seiner Planierung. Da es vor allem ein Projekt ist, das sich nach den Forderungen einer auf immer höhere Effizienz bedachten Ökonomie ausrichtet, da die Staaten ihr zu Willen immer weitere Bereiche ihrer Souveränität aufgeben, da insbesondere in Krisenzeiten, seien es die von Finanz-,

Energie- oder durch Epidemien hervorgerufenen Krisen, die innerstaatlichen Kontrollmechanismen außer Kraft gesetzt werden, da die parlamentarischen Demokratien sich im Zuge der allgemeinen Globalisierung selbst zu bestatten drohen – hält auf dem Kontinent eine Uniformität Einzug, die ihm zutiefst wesensfremd ist. Herder sprach einmal von den Nationen als »Gedanken Gottes« und hatte dabei ein Europa vor Augen, das wie kein anderer Erdteil den Gedankenreichtum dieses Gottes auszudrücken imstande war. Der Nationalstaat war für ihn nur eine Form unter anderem, in der sich die Völker organisieren können; wesentlich ist, daß sie ihre ganz spezifische Form von Kultur, Sprache, Sitten, Gebräuchen und gesellschaftlichen Institutionen auszubilden imstande sind, unter welcher staatlicher Aufsicht auch immer. Von diesem alten Europa stehen nur noch die historischen Kulissen. Die Metropolen werden immer austauschbarer mit ihrer wie von Außerirdischen errichteten Architektur aus Beton, Glas und Stahl, mit ihren in ständigem Fluß befindlichen Menschenströmen, die als Touristen, kurzzeitige Residenten und Zuwanderer fern von jenem Bürgerbewußtsein sind, die die Städte einst zu Bastionen der Rechtlichkeit, stabilen Ordnung und individuellen Freiheit gemacht haben. Und das flache oder bergige Land, die Provinz als Quelle jeder Belebung und Erneuerung, droht sich durch die vollständige Industrialisierung der Landwirtschaft und dem daraus resultierenden Bevölkerungsschwund in eine Ödnis zu verwandeln, aus der sich mit den Menschen auch die bäuerliche und kleinstädtische Kultur verabschiedet. Seine Überalterung ist kennzeichnend für die gesamte Gesellschaft. Die Europäer, die einige Jahrhunderte lang mit ihrem zu zahlreichen Nachwuchs die

Welt überschwemmten, sind müde des Kinderzeugens geworden, sind damit müde der Zukunft geworden. Sie sind auch überdrüssig der Familie geworden, ihrer Bedrängnisse, Verpflichtungen und Verantwortlichkeiten. Das befreite Individuum hat sich stattdessen in die Arme des Staates geflüchtet, und Güterslohs Ausruf *Nehmt den Staat und gebt mir wieder die Mutter!* ist der eines Verzweifelten, der sich mit dieser Verstaatlichung seiner Person nicht abfinden will. Sie fällt um so schwerer und ist um so schwerwiegender, als sich dieser Staat immer mehr anonymisiert. Indem er sich seiner Verantwortung durch die Delegation wesentlicher Kompetenzen an europagemeinschaftliche und globale, durch den Bürger nicht mehr kontrollierbare Institutionen entzieht, wird dieser in einen Untertan zurückverwandelt, der seine Sicherheit im möglichst vorbehaltlosen Beachten der Gesetze, dem strikten Befolgen von Verordnungen und Verfügungen suchen muß, wenn er nicht als Paria am Rande der Gesellschaft existieren will. So ist es nicht verwunderlich, daß sich die daraus ergebenden Frustrationen vor allem gegen die in die Leerräume vorstoßenden Immigranten und Flüchtlinge richten. Sie sind all das, was die alteingesessenen Einwohner nicht mehr sind. Sie sind jung, durch ihre Erfahrungen in Despotien weniger staatsgläubig, sind noch nicht domestiziert durch Bürokratie und einen durchrationalisierten Arbeitsalltag, leben vorzugsweise in Familien, die zu vergrößern sie unablässig dabei sind, und haben ihre religiösen Bindungen noch nicht verloren. So nachvollziehbar die Furcht vor ihrem Vordringen ist, es ist nicht aufzuhalten und bleibt kein anderer Weg, als die damit verbundenen Chancen zu suchen und zu finden. Europa wurde immer wieder vom Süden und

Osten aus bedroht, aber auch besiedelt, verwandelt, kultiviert. So wie die osteuropäischen Länder mit ihren ganz eigenen Historien endlich ernstgenommen und integriert werden müssen, so wie Rußland bei Gefahr der Selbstamputation nicht zum ewigen Feindstaat erklärt werden kann, weil er der Konkurrent einer außereuropäischen Macht ist – so müssen die Potenzen der asiatischen und afrikanischen Zuwanderer nicht abgewehrt, sondern genutzt werden. Wenn Europa eine Zukunft haben will, muß es seine Perspektiven korrigieren. Der Glauben an einen linearen Fortschritt beherrscht die Menschheit seit ihrer Motorisierung, die Bewegung nur in einer Richtung und mit möglichst hohem Tempo kennt. Ihm entsprechen sowohl die Glücksverheißungen der Zukunft als auch die apokalyptischen Visionen. Trotz gegenteiliger Bemühungen ist der Mensch aber noch immer Teil der Natur und somit ihren zyklischen Abläufen unterworfen. Seine Geschichte kennt Zusammenbrüche, Stagnationen und immer wieder Aufschwünge, die sich dieser Naturgebundenheit erinnerten und Anknüpfungspunkte in der Vergangenheit suchten. Die fruchtbarsten Entwicklungen, das entschiedenste Fortschreiten verdanken wir Renaissancen früherer als beispielgebend empfundener Epochen, der des Hellenentums im augusteischen Zeitalter, der karolingischen Renaissance, der die Neuzeit eröffnenden Renaissance, die im italienischen Quattrocentro wurzelte, der Wiederbelebung klassischen Ideengutes im 18. Jahrhundert. Sie bereiteten sich oft unterirdisch vor, während die oberirdische Geschichte der Staaten und Gesellschaften vorerst weiter ihren geraden oder krummen, blutigen oder trostlos monotonen Gang nahm. Von dieser ist auch im 21. Säculum nach Christi Geburt nichts zu erwarten. In einer bald achtzigjährigen Friedenszeit hat sich eine aus Politik-, Partei-, Sozial- und Kulturaktivisten bestehende Führungsschicht herausgebildet, die stark oligarchische Züge trägt. Auch wenn sie selten über Hochschulabschlüsse verfügt, kann man von der Erfüllung des Wunschtraums einer Diktatur der Intelligenz oder Intelligenzija sprechen, da ihr das Bewußtsein genügt, ihr anzugehören. Sie besitzt kaum noch Verbindungen zur restlichen Bevölkerung und fühlt sich ihr dementsprechend weniger verpflichtet als ihren jeweiligen Parteien, Instituten und häufig übernationalen Wirtschafts- und sonstigen Organisationen. Die gegenseitige Kontrolle der drei Staatsgewalten ist einer durch gemeinsame Interessen und eine gemeinsame Ideologie bestimmten Kooperation gewichen, und was die vierte, früher Presse, heute Medien genannte, betrifft, so hat sie der ihr zugewachsenen Führungsrolle im Prozeß der geistigen Uniformierung weitgehend ihre kritischen Ambitionen geopfert. Bei den Deutschen, der spätestgeborenen unter den großen europäischen Nationen, ist dieser Prozeß besonders weit gediehen. Ihnen, denen es wegen ihrer verworrenen Geschichte an einem gesunden Selbstbewußtsein stets mangelte, haben diesen Mangel mit den größten nationalistischen und rassistischen Exzessen des vorigen Jahrhunderts kompensiert und diese wiederum, indem sie in die vertraute Selbstverleugnung und -verachtung zurückgefallen sind. Das hindert sie nicht daran, die durch die Wiedervereinigung geschwollenen Muskeln der moralischen Führerschaft auf dem Kontinent spielen zu lassen. Wo aber die Politik »Moral« auf ihre Fahnen geschrieben hat, gleichgültig in welchem System sie flattern, ist die Heuchelei nicht fern. Mit den Begriffen »Menschenrechte« und

»Demokratie« etwa geschieht das gleiche wie mit »Europa«: je mehr sie im Mund geführt werden, desto rarer werden ihre Inhalte. Von den Nationalstaaten ist so wenig wie von ihrer rein merkantilen Interessen dienenden Vereinigung eine Bewahrung, Pflege und Fortentwicklung der fruchtbaren Aspekte europäischer Existenz zu erwarten. Die Hoffnung ist allein auf die noch vitalen Elemente in seinem Inneren zu setzen, die einst im Wettstreit miteinander, in Kämpfen und in Bündnissen diesen so überreichen Kosmos gesellschaftlichen Lebens geschaffen haben. Nur von den Städten und Regionen, von einzelnen Universitäten und Akademien, von wiederbelebten und neu zu gründenden Verbänden und Vereinen, von Bruder- und Schwesternschaften und den Mühen großer Einzelgänger ist eine Weitergabe dieses Erbes zu ermöglichen. Und sollte sie Züge einer Renaissance annehmen, warum nicht die jener Jahrzehnte vor dem Ersten Weltkrieg, in dem Europa seine letzte, so ungeheuer prächtige Blüte erlebte, jener Epoche, in der die Keime für alle Größe und alles Elend der Zukunft gelegt wurden, und in der unsere Protagonisten geboren wurden und aufwuchsen. Die Letzten werden die Ersten sein. Warum sollten sie nicht zu den Ahnen einer Bewegung gehören, die Europa wiederzubeleben imstande ist, ohne seine katastrophalen Fehler zu wiederholen.

Jürgen von der Wense
Albert Vigoleis Thelen
Ernst von Salomon
Friedrich Torberg
Margret Boveri
Albert Paris Gütersloh

Biographie

Bernd Wagner wurde 1948 in Wurzen geboren. Nach Abitur und Studium in Erfurt als Deutsch- und Zeichenlehrer in der Mark Brandenburg tätig. Ab 1977 freiberuflicher Schriftsteller in Berlin. Erste Veröffentlichungen im Aufbau-Verlag. Protest gegen die Biermann-Ausbürgerung. 1983 bis 1985 Mitherausgabe der Untergrundzeitschrift *Mikado*. 1985 Übersiedlung nach West-Berlin. Seitdem in Berlin-Kreuzberg wohnhaft. Auszeichnungen u. a.: Stadtschreiber 2019 in Dresden.

Bibliographie (Auswahl)

Das Treffen, Erzählungen, Aufbau, Berlin 1976
Zweite Erkenntnis, Gedichte, Aufbau, Berlin 1978
G. *in B.*, Prosa, Aufbau, Berlin 1979
Das neue Lumpengesindel, Kinderbuchverlag, Berlin 1981
Reise im Kopf, Prosa, Aufbau, Berlin 1984
Ich will nicht nach Österreich, Erzählungen, Luchterhand, Darmstadt 1987
Der Griff ins Leere, Prosa, Transit, Berlin 1988
Mein zu großes Auge, Gedichte, Luchterhand, Darmstadt 1988
Die Wut im Koffer, Kalamazonische Reden 1 – 11, Rowohlt, Reinbek bei Hamburg 1993
Paradies, Roman, Ullstein, Berlin 1997
Schattenmorelle, Erzählungen, Ullstein, Berlin 1999
Club Oblomow, Roman, Ullstein, Berlin 1999
Wie ich nach Chihuahua kam. Eine amerikanische Reise, Steidl, Göttingen 2003
Berlin für Arme. Ein Stadtführer für Lebenskünstler, Eichborn, Berlin 2008
Den Berliner Blinden. Gedichte und Epigramme, Projekte-Verlag, Halle (Saale) 2013
Die Straße kräht Coqui. Magdeburger Journal, bibliothek forum gestaltung 12, Magdeburg 2013

Die Sintflut in Sachsen, Schöffling & Co., Frankfurt am Main 2018

Poesiealbum 345, Gedichte mit Graphiken von Lutz Leibner, Märkischer Verlag Wilhelmshorst 2019

Mao und die 72 Affen oder Die geheimen Memoiren des Ewigen Vorsitzenden, edition buchhaus loschwitz, Dresden 2021

Verlassene Werke, Faber & Faber, Leipzig 2022